Eduard Windisch

Marktabgrenzung von Luftfrachtleistungen

Analysen – Konzepte – Lösungsansätze

Mit einem Geleitwort
von Prof. Dr. Heinz Isermann

DeutscherUniversitätsVerlag

Die Deutsche Bibliothek - CIP-Einheitsaufnahme

Windisch, Eduard:
Marktabgrenzung von Luftfrachtleistungen : Analysen – Konzepte – Lösungsansätze / Eduard Windisch.
Mit einem Geleitw. von Heinz Isermann.
- Wiesbaden : Dt. Univ.-Verl. ; Wiesbaden : Gabler, 1996
(Gabler Edition Wissenschaft : Logistik und Verkehr)
Zugl.: Frankfurt (Main), Univ., Diss., 1995
ISBN 3-8244-6323-7

Der Deutsche Universitäts-Verlag und der Gabler Verlag sind Unternehmen der Bertelsmann Fachinformation.

Gabler Verlag, Deutscher Universitäts-Verlag, Wiesbaden

Lektorat: Claudia Splittgerber

Höchste inhaltliche und technische Qualität unserer Produkte ist unser Ziel. Bei der Produktion und Auslieferung unserer Bücher wollen wir die Umwelt schonen: Dieses Buch ist auf säurefreiem und chlorfrei gebleichtem Papier gedruckt.

Druck und Buchbinder: Rosch-Buch, Hallstadt
Printed in Germany

ISBN 3-8244-6323-7

Windisch
Marktabgrenzung von Luftfrachtleistungen

Herrn Ernst Gerhardt
Stadtkämmerer a. D.
mit den besten Grüßen
überreicht

Heini [illegible]

GABLER EDITION WISSENSCHAFT

Logistik und Verkehr

Herausgegeben von
Universitätsprofessor Dr. Heinz Isermann

In dieser Schriftenreihe werden aktuelle Ergebnisse der betriebswirtschaftlichen Forschung im Themenfeld Logistik und Verkehrsbetriebslehre präsentiert und zur Diskussion gestellt. Die Schriftenreihe will dabei ein Forum bieten für wissenschaftliche Beiträge, in denen praxisrelevante Problemstellungen unter Einsatz innovativer wissenschaftlicher Methoden gelöst werden.

Geleitwort

Aufgrund seiner außerordentlich hohen Wachstumsraten, der starken Wettbewerbsintensität verbunden mit kurzen Produktlebenszyklen der Dienstleistungsangebote und der Diskontinuitäten hinsichtlich der ordnungspolitischen Rahmenbedingungen zählt der Markt für Luftfrachtleistungen zu den wissenschaftlich interessantesten Dienstleistungsmärkten.

Voraussetzung für ein effektives wie effizientes strategisches und operatives Marketing der Anbieter von Luftfrachtleistungen ist eine Abgrenzung des bedienten Marktes. Durch diese Abgrenzung werden (Vor-) Entscheidungen getroffen über die geographische Ausdehnung der unternehmerischen Aktivitäten, auf welchen Stufen der Leistungserstellung ein Unternehmen tätig sein will sowie über die Zielkunden und die ihnen angebotenen Dienstleistungsbündel und damit auch, mit welchen Wettbewerbern das Unternehmen konkurrieren will.

In der hier vorliegenden Monographie hat Eduard Windisch den Markt für Luftfrachtleistungen einer umfassenden Markt- und Wettbewerbsanalyse unterzogen und dabei für Luftfrachtanbieter

- fruchtbare Ansätze zur Abgrenzung der bedienten Märkte auf der Basis einer nachfrage- und wettbewerbsorientierten Analyse des zugrunde gelegten Marktsuchraumes entwickelt,

- Ansätze zur Nutzensegmentierung von Nachfragern nach Luftfrachtleistungen vorgestellt und ihr Einsatzpotential auf der Basis eigener empirischer Erhebungen umfassend dargestellt,

- unter Einsatz von Simulationsexperimenten dokumentiert, daß sich empirisch gestützte Hypothesen für die Gestaltung von Marketing-Mix-Programmen formulieren lassen.

Die vorliegende Arbeit zeichnet sich durch Praxisnähe aus; sie integriert theoretische und empirische Aspekte in überzeugender Weise und erschließt einen Problemkreis, der bislang sowohl in der Logistik als auch in der Verkehrsbetriebslehre stark vernachlässigt worden ist.

Ich empfehle diese Arbeit sowohl Wissenschaftlern als auch Führungskräften aus dem Speditions- und Luftfrachtbereich und wünsche der Arbeit eine gute Aufnahme am Markt.

Heinz Isermann

Vorwort

Der Markt für Luftfrachtleistungen ist gekennzeichnet durch ein immenses Wachstum. Sowohl weltweit als auch in Deutschland hat sich der Absatz von Luftfrachtleistungen in den letzten 10 Jahren in etwa verdoppelt. Bedingt durch diese Wachstumsdynamik haben sich für die Anbieter von Luftfrachtleistungen wesentliche Veränderungen ergeben. Um ein langfristiges Überleben im Wettbewerb zu sichern, wird die Abgrenzung des bedienten Marktes und die Kenntnis der eigenen strategischen Wettbewerbsvorteile im bedienten Markt für Luftfrachtspeditionen, Luftverkehrsgesellschaften und Integrators zunehmend wichtiger. Vor diesem Hintergrund ist es Ziel der vorliegenden Arbeit, ausgehend von der Analyse der grundlegenden Rahmenbedingungen der Luftfrachtleistungserstellung, praktikable Lösungsansätzen für Luftfrachtanbieter zur Abgrenzung des bedienten Marktes zu formulieren. Auf Basis umfangreicher empirischer Erhebungen bei Luftfrachtanbietern und -nachfragern wird dabei exemplarisch aufgezeigt, wie Luftfrachtanbieter ihren bedienten Markt durch Analyse der Anforderungen und Bedürfnisse der Luftfrachtnachfrager sowie durch Analyse des Luftfrachtwettbewerbs abgrenzen können.

Die vorliegende Arbeit wurde im Oktober 1995 vom Fachbereich Wirtschaftswissenschaften der Johann Wolfgang Goethe-Universität Frankfurt am Main als Dissertation angenommen.

Herrn Prof. Dr. Heinz Isermann bin ich zu besonderem Dank verpflichtet, der diese Arbeit angeregt und betreut hat. Mit Fragen und aufgekommenen Problemen konnte ich mich jederzeit an ihn wenden und von seiner Erfahrung und seinem Wissen profitieren. Durch seine regelmäßigen Doktorandenseminare wurde mir ein Forum geboten, Teile meiner Arbeit einem interessierten Kreis vorzustellen, kritisch zu hinterfragen und über wesentliche Inhalte zu diskutieren.

Herrn Prof. Dr. Heinrich Rommelfanger danke ich herzlich für die Übernahme des Koreferates. Besonders danke ich ihm für die intensiven Diskussionen über meine Arbeit, in denen ich zahlreiche Anregungen und wertvolle Hinweise erhielt.

Meinen ehemaligen Kollegen an der Johann Wolfgang Goethe-Universität möchte ich für die vielfältigen Anregungen und die Unterstützung meiner Arbeit danken. Mein besonderer Dank gilt dabei Frau Dr. Sabine Steffen und Herrn Dipl.-Kfm. Michael Schüpke für die kritische Durchsicht des Manuskriptes.

Ebenfalls danke ich Frau Dipl.-Kauffrau Heike Grund, Herrn Dipl.-Kfm. Martin Stilz, Herrn Dipl.-Kfm. Thomas Kuhn, Herrn Dipl.-Kfm. Armin Rehberg und Herrn Dipl.-Kfm. Waldemar Grosse für Ihre wertvollen Anregungen und ihre Unterstützung bei der Erhebung primärstatistischer Daten.

Desweiteren danke ich Herrn Speditionskaufmann Gottfried Matheis für seine Anregungen und Informationen sowie die Bereitschaft, aktuelle Fragen aus der "Luftfrachtpraxis" mit mir zu diskutieren.

Last, but not least danke ich meinen Eltern für ihre Unterstützung.

Eduard Windisch

Inhaltsverzeichnis

Geleitwort V
Vorwort VII
Inhaltsverzeichnis XI
Abbildungsverzeichnis XV
Tabellenverzeichnis XVII
Abkürzungsverzeichnis XIX

1 Einleitung 1
1.1 Problemstellung 1
1.2 Zielsetzung 5
1.3 Aufbau der Arbeit 5

2 Grundlegende Aspekte und Rahmenbedingungen der Luftfrachtleistungsproduktion 9
2.1 Charakterisierung der Luftfrachtleistungsproduktion 9
2.1.1 Grundlagen der Dienstleistungsproduktion 10
2.1.1.1 Terminologische Grundlagen des Dienstleistungsbegriffs 10
2.1.1.2 Analyse der Dienstleistungsproduktion 12
2.1.2 Prozessuale Analyse der Luftfrachtleistungsproduktion 15
2.1.3 Definition des Luftfrachtleistungsbegriffs 18
2.1.4 Produktionsfaktoren der Luftfrachtunternehmen 21
2.1.5 Tätigkeitsbereiche unterschiedlicher Luftfrachtunternehmensgruppen 22
2.1.5.1 Luftfrachtspeditionen 22
2.1.5.2 Luftverkehrsgesellschaften 25
2.1.5.3 Integrator 27
2.1.5.4 Flughafenunternehmen 27
2.2 Vertragliche und rechtliche Grundlagen der Luftfrachtleistungsproduktion 28
2.3 Staatliche Einflußnahme auf die Luftfrachtleistungsproduktion 31
2.3.1 Luftverkehrspolitische Regulierungsinstrumente 32
2.3.2 Luftverkehrspolitischer Ordnungsrahmen für die Produktion von Luftbeförderungsleistungen 34
2.3.2.1 Internationale Vereinbarungen 34
2.3.2.2 Ordnungsrahmen der EG 35
2.4 Das Luftfrachtaufkommen als Indikator zur Outputquantifizierung der Luftfrachtleistungsproduktion 38
2.4.1 Die Entwicklung des weltweiten Luftfrachtaufkommens seit 1980 38
2.4.2 Das Luftfrachtaufkommen der Bundesrepublik Deutschland 40
2.4.2.1 Die Aufkommensentwicklung seit 1980 40
2.4.2.2 Bedeutung des Luftfrachtersatzverkehrs 44
2.4.2.3 Güterstruktur des Luftfrachtaufkommens 45

3 Spezifikation der Grundlagen zur mehrdimensionalen Marktabgrenzung für Luftfrachtanbieter ... 47
3.1 Definition des Begriffs "Markt" ... 47
3.2 Überblick über die grundlegenden Schritte einer mehrdimensionalen Marktabgrenzung ... 48
3.3 Zweck einer Marktabgrenzung ... 49
3.4 Definition des Marktsuchraums ... 50
3.4.1 Bestimmung der Marktelemente ... 50
3.4.2 Bestimmung der Marktdimensionen und der Ausprägungen in den Marktdimensionen ... 52
3.4.2.1 Kundengruppen und Kundenfunktionen ... 52
3.4.2.2 Eingesetzte Technologien ... 54
3.4.2.3 Grad der vertikalen Integration im Wertschöpfungsprozeß ... 55
3.4.2.4 Geographische Räume ... 56
3.4.3 Festlegung der Marktzellen ... 57
3.5 Abgrenzung des Gesamtmarktes und des bedienten Marktes ... 58
3.5.1 Abgrenzung des Gesamtmarktes ... 58
3.5.2 Abgrenzung des bedienten Marktes ... 61
3.6 Zusammenfassung ... 62

4 Analyse der nachfragerorientierten Perspektive zur Marktabgrenzung für Luftfrachtanbieter ... 63
4.1 Charakterisierung der nachfragerorientierten Perspektive ... 63
4.2 Identifikation homogener Nachfragergruppen ... 64
4.2.1 Grundlegende Vorgehensweise zur Identifikation homogener Nachfragergruppen ... 65
4.2.2 Operationalisierung der Nachfragerbedürfnisse ... 67
4.2.3 Bestimmung der Segmentierungskriterien ... 69
4.2.3.1 Formale Anforderungen an Segmentierungskriterien ... 69
4.2.3.2 Kriterien zur Nutzensegmentierung ... 70
4.2.3.3 Ersatzkriterien ... 71
4.2.3.4 Reaktionskoeffizienten ... 72
4.3 Marketing-Strategien zur Abgrenzung und Bearbeitung des bedienten Marktes ... 73
4.3.1 Definition der Begriffe "Marketing-Strategie" und "Marketing-Mix" ... 74
4.3.2 Grundlegende Strategien zur Abgrenzung des bedienten Marktes ... 75
4.3.3 Grundlegende Strategien zur Bearbeitung des bedienten Marktes ... 79
4.4 Analyse der Produktwahrnehmungen und -bewertungen im bedienten Markt ... 81
4.5 Zusammenfassung ... 83

5 Empirische Untersuchung zur Nutzensegmentierung von Luftfrachtnachfragern ... 85
5.1 Verwendete Marktforschungsverfahren ... 86
5.1.1 Conjoint-Analyse ... 86
5.1.1.1 Vor- und Nachteile des Verfahrens der Conjoint-Analyse ... 86
5.1.1.2 Grundlegende Schritte zur Planung und Durchführung einer Conjoint-Analyse ... 88

5.1.1.2.1 Festlegung des Datenerhebungsverfahrens, des Erhebungsdesigns und der Datenerhebungstechnik 89
5.1.1.2.2 Festlegung der Merkmale und der Attribute für das Erhebungsdesign 90
5.1.1.2.3 Berechnung der individuellen Teilnutzenwerte 91
5.1.1.2.4 Berechnung der aggregierten Teilnutzenwerte 94
5.1.2 Clusteranalyse 95
5.1.2.1 Wahl des Proximitätsmaßes 95
5.1.2.2 Wahl des Algorithmus zur Gruppenbildung 96
5.1.2.3 Kriterien zur Beurteilung der Clusterhomogenität 98
5.2 Empirische Erhebung von Produktpräferenzen bei Luftfrachtnachfragern 99
5.2.1 Analyseziele 99
5.2.2 Beschreibung des Conjoint-Erhebungsdesigns 100
5.2.2.1 Erhebungsdesign der Stufe I zur Nutzenbewertung luftfrachtaffiner Transportleistungen 101
5.2.2.2 Erhebungsdesign der Stufe II zur Nutzenbewertung von Luftfrachtleistungen 105
5.2.2.3 Erhebungsdesign der Stufe III - Datenerhebung zur Simulation von Produktpräferenzen 108
5.2.3 Auswahl der Luftfrachtnachfrager für die Datenerhebung 110
5.2.3.1 Luftfrachtleistungsnachfrage in der Bundesrepublik Deutschland 110
5.2.3.2 Beschreibung der ausgewählten Luftfrachtnachfrager 111
5.3 Analyseergebnisse 114
5.3.1 Ergebnisse der Stufe I 115
5.3.1.1 Produktnutzenbewertung durch die Erhebungsgesamtheit 116
5.3.1.2 Produktnutzenbewertungen durch die Nachfragersegmente 118
5.3.1.3 Erkenntnisse der Nutzensegmentierung für die Marktabgrenzung von Luftfrachtanbietern 124
5.3.2 Ergebnisse der Stufe II 128
5.3.2.1 Produktnutzenbewertung durch die Erhebungsgesamtheit 128
5.3.2.2 Produktnutzenbewertungen durch die Nachfragersegmente 130
5.3.2.3 Erkenntnisse der Nutzensegmentierung für die Marktabgrenzung von Luftfrachtanbietern 134
5.5.3 Ergebnisse der Simulationsanalysen in Stufe III 138
5.3.3.1 Simulation von Produktnutzenbewertungen in der Erhebungsgesamtheit 138
5.3.3.1.1 Produktnutzenbewertung des Conjoint-Erhebungsdesigns durch die Erhebungsgesamtheit 138
5.3.3.1.2 Beschreibung des Aufbaus der durchgeführten Simulationsexperimente 140
5.3.3.1.3 Ergebnisse der Simulationsexperimente 142
5.3.3.2 Simulation von Produktnutzenbewertungen in den Nachfragersegmenten 145
5.3.3.2.1 Produktnutzenbewertungen des Conjoint-Erhebungsdesigns durch die Nachfragersegmente 145
5.3.3.2.2 Aufbau und Ergebnisse der Simulationsexperimente 147

5.3.3.3 Vergleiche zwischen Erhebungsgesamtheit und einzelnen Nachfragergruppen bezüglich der Auswirkungen von Produktverbesserungen auf die Produktpräferenz 148
5.3.3.4 Implikationen der Simulationsergebnisse für Luftfrachtanbieter zur Bearbeitung des bedienten Marktes 151
5.4 Reliabilität und Validität der Conjoint-Nutzenmessungen 154
5.4.1 Reliabilität 155
5.4.2 Validität 156
5.4.2.1 Konvergenzvalidität 156
5.4.2.2 Interne Validität 158
5.4.2.2.1 Korrelationskoeffizient Pearson's R 159
5.4.2.2.2 Kendallscher Rangkorrelationskoeffizient 159
5.4.2.2.3 Anpassungsgüte der geschätzten Nutzenwerte 160
5.4.2.3 Prognosevalidität 162
5.4.2.4 Face-Validität 165
5.5 Zusammenfassung 167

6 Analyse der wettbewerbsorientierten Perspektive zur Marktabgrenzung für Luftfrachtanbieter 170
6.1 Charakterisierung der wettbewerbsorientierten Perspektive 170
6.2 Aus den Theorien der empirischen Planungsforschung abgeleitete strategische Erfolgsfaktoren von Luftfrachtanbietern 175
6.2.1 Das PIMS-Projekt 176
6.2.2 Das Erfahrungskurvenmodell 177
6.2.3 Das Lebenszyklusmodell 178
6.3 Ermittlung marktspezifischer Erfolgsfaktoren von Luftfrachtanbietern dargestellt am Beispiel der Luftfrachtspeditionsbranche und des geographischen Marktes Bundesrepublik Deutschland 181
6.3.1 Erhebung von Primärdaten durch eine Expertenbefragung bei Luftfrachtspeditionen 181
6.3.2 Struktur und Produktangebote der Luftfrachtanbieter in der Bundesrepublik Deutschland 182
6.3.2.1 Luftfrachtspeditionen 182
6.3.2.2 Luftverkehrsgesellschaften 188
6.3.2.3 Integrator 191
6.3.2.4 Unterschiede in den Produktangeboten der drei Anbietergruppen 192
6.3.3. Analyse der Wettbewerbsintensität in der LFS-Branche 193
6.3.3.1 Rivalität zwischen den etablierten Wettbewerbern 194
6.3.3.1.1 Intragruppen-Rivalität zwischen Luftfrachtspeditionen 196
6.3.3.1.2 Intergruppen-Rivalität zwischen der LFS-Branche und den Integrator 197
6.3.3.1.3 Kooperations- und Wettbewerbsbeziehungen zwischen der LFS-Branche und der LVG-Branche 199
6.3.3.2 Verhandlungsmacht der Lieferanten 200
6.3.3.3 Verhandlungsmacht der Nachfrager 202

6.3.3.4 Bedrohung durch potentielle Wettbewerber 202
6.3.3.5 Bedrohung durch Substitute 204
6.3.4 Marktspezifische Erfolgsfaktoren der Luftfrachtspeditionen 204
6.4 Analyseinstrumente zur Ermittlung der Erfolgspotentiale des einzelnen Luftfrachtanbieters 209
6.4.1 Die Wertschöpfungskette 209
6.4.2 Die Konsistenzmatrix der Erfolgsfaktoren 213
6.5 Abgrenzung des bedienten Marktes 214
6.6 Umsetzung der Erfolgspotentiale in strategische Wettbewerbsvorteile 217
6.6.1 Wettbewerbsstrategie und strategische Wettbewerbsvorteile 217
6.6.2 Strategische Wettbewerbsvorteile von Luftfrachtspeditionen 219
6.6.3 Bewertung realisierter strategischer Wettbewerbsvorteile 221
6.7 Zusammenfassung 222

7 Zusammenfassung und Ausblick 224

Anhang 229
Anhang 1: Beispiel für zwei identische Angebotsprofile mit einer unterschiedschiedlichen Präsentationsform hinsichtlich der Reihenfolge der Attribute auf den Karteikarten 230
Anhang 2: Beispiel für eine Erklärungskarte zur Charakterisierung eines im Conjoint-Erhebungsdesign verwendeten Merkmals 232
Anhang 3: Nutzensegmentierung der Stufe I - Conjoint-Schätzungen und Ergebnisse der Prüfstatistiken 233
Anhang 4: Nutzensegmentierung der Stufe II - Conjoint-Schätzungen und Ergebnisse der Prüfstatistiken 235
Anhang 5: Nutzensegmentierung der Stufe III - Conjoint-Schätzungen und Ergebnisse der Prüfstatistiken 238
Anhang 6: Ergebnisse der Simulationsexperimente in den Nachfragersegmenten 241

Literaturverzeichnis 245

Abbildungsverzeichnis

Abb. 1: Festlegung des Marktsuchraums nach *Abell*.. 3
Abb. 2: Der Faktorkombinationsprozeß bei der Dienstleistungserstellung 14
Abb. 3: Knoten, Kettenglieder und logistische Kernprozesse einer Luftfrachttransportkette 16
Abb. 4: Phasenbezogene Teilfunktionen einer logistischen Kette 19
Abb. 5: Beispiele für Luftfrachtleistungen 20
Abb. 6: Produktionsfaktorsystem für Luftfrachtunternehmen 21
Abb. 7: Die Entwicklung des weltweiten Luftfrachtaufkommens in den Jahren 1980-1992 (gemessen in Tonnen) 39
Abb. 8: Die Entwicklung des weltweiten Luftfrachtaufkommens in den Jahren 1980-1992 (gemessen in Tonnenkilometern) 40
Abb. 9: Die Entwicklung des Luftfrachtaufkommens der Bundesrepublik Deutschland (ohne Doppelzählung des Umladeverkehrs) in den Jahren 1980-1992 41
Abb. 10: Anteile der einzelnen Verkehrsregionen am mengenmäßigen Luftfrachtversand aus der Bundesrepublik Deutschland in den Jahren 1980 und 1992 43
Abb. 11: Anteile der einzelnen Verkehrsregionen am mengenmäßigen Luftfrachtempfang der Bundesrepublik Deutschland in den Jahren 1980 und 1992 43
Abb. 12: Anteile der bundesdeutschen Flughäfen am Luftfrachtaufkommen der Bundesrepublik Deutschland in den Jahren 1980 und 1992 44
Abb. 13: Das Relationssystem "Markt" 48
Abb. 14: Festlegung einer Marktzelle entlang den Marktdimensionen "Kundenfunktionen", "Kundengruppen" und "eingesetzte Technologien" 58
Abb. 15: Relative Reife ausgesuchter Luftfrachtleistungen 61
Abb. 16: Segmentierung der Luftfrachtnachfrager durch beobachtbare Nachfragerattribute 66
Abb. 17: Segmentierung der Luftfrachtnachfrager durch individuelle Nutzenbewertungen 67
Abb. 18: Strategien zur Abgrenzung des bedienten Marktes 75
Abb. 19: Grundlegende Marketing-Strategien der Luftfrachtanbieter zur Marktansprache des bedienten Marktes 80
Abb. 20: Produktwahrnehmungen und -bewertungen in einem "joint-space" 82
Abb. 21: Ein Angebotsprofil des Conjoint-Erhebungsdesigns der Stufe I 102
Abb. 22: Ein Angebotsprofil des Conjoint-Erhebungsdesigns der Stufe II 106
Abb. 23: Ein Angebotsprofil des Conjoint-Erhebungsdesigns der Stufe III 108
Abb. 24: Branchenzugehörigkeit der befragten Luftfrachtnachfrager 112
Abb. 25: Festlegung von Ausprägungen in den Marktdimensionen "Kundenfunktionen" und "Kundengruppen" auf der Grundlage der Ergebnisse der Nutzensegmentierung (Stufe I) 125
Abb. 26: Festlegung von Ausprägungen in den Marktdimensionen "Kundenfunktionen" und "Kundengruppen" auf der Grundlage der Ergebnisse der Nutzensegmentierung (Stufe II) 135
Abb. 27: Produktmerkmale und -attribute der Standardleistung 141
Abb. 28: Das Modell der strategischen Wettbewerbsvorteile 172
Abb. 29: Bedeutung strategischer Erfolgsfaktoren in Abhängigkeit von der Phase des Marktlebenszyklus 180
Abb. 30: Modell der Wettbewerbsstruktur 194

Abb. 31: The Generic Value Chain....210
Abb. 32: Die modifizierte Wertschöpfungskette für Luftfrachtanbieter....212
Abb. 33: Konsistenzmatrix der Erfolgsfaktoren....213
Abb. 34: Denkmodell zur Abgrenzung des bedienten Marktes....216

Tabellensverzeichnis

Tab. 1: Das Luftfrachtaufkommen der Bundesrepublik Deutschland (ohne Doppelzählung des Umladeverkehrs) in den Jahren 1980, 1990, 1991 und 1992, aufgeschlüsselt nach unterschiedlichen Verkehrsarten 42
Tab. 2: Anteil ausgewählter Gütergruppen am grenzüberschreitenden Luftfrachtaufkommen der Bundesrepublik Deutschland im Jahr 1987 46
Tab. 3: Verteilung des Umsatzes und der Beschäftigtenanzahl der befragten Luftfrachtnachfrager 113
Tab. 4: Verteilung des Luftfracht- und Gesamtfrachtaufkommens der befragten Luftfrachtnachfrager 113
Tab. 5: Relative Teilnutzenbewertung der Produktmerkmale durch die Erhebungsgesamtheit (Stufe I) 116
Tab. 6: Bewertung von Teilaspekten des Merkmals "Zuverlässigkeitsgarantie" 117
Tab. 7: Die aggregierten relativen Teilnutzenbewertungen der Produktmerkmale in den identifizierten Clustern (Stufe I) 119
Tab. 8: Conjoint-Schätzungen und Ergebnisse der Prüfstatistiken für *Cluster 1* (Stufe I) 120
Tab. 9: Preisinduzierte Präferenzänderungen der Nachfragersegmente (Stufe I) 127
Tab. 10: Relative Teilnutzenbewertung der Produktmerkmale durch die Erhebungsgesamtheit (Stufe II) 129
Tab. 11: Die aggregierten relativen Teilnutzenbewertungen der Produktmerkmale in den identifizierten Clustern (Stufe II) 131
Tab. 12: Preisinduzierte Präferenzänderungen der Nachfragersegmente (Stufe II) 137
Tab. 13: Relative Teilnutzenbewertung der Produktmerkmale durch die Erhebungsgesamtheit (Stufe III) 139
Tab. 14: Alternative Produktverbesserungen gegenüber der Standardleistung und deren Auswirkung auf die Produktpräferenz in der Erhebungsgesamtheit (I) 143
Tab.: 15: Alternative Produktverbesserungen gegenüber der Standardleistung und deren Auswirkung auf die Produktpräferenz in der Erhebungsgesamtheit (II) 144
Tab. 16: Die aggregierten relativen Teilnutzenbewertungen der Produktmerkmale in den identifizierten Clustern (Stufe III) 146
Tab. 17: Auswirkungen von Produktverbesserungen auf die Produktpräferenz - Vergleiche zwischen den prozentualen Produktpräferenzänderungen in der Erhebungsgesamtheit und im Markennamen-Cluster 149
Tab. 18: Auswirkungen von Produktverbesserungen auf die Produktpräferenz - Vergleiche zwischen den prozentualen Produktpräferenzänderungen in der Erhebungsgesamtheit und unterschiedlichen Nachfragergruppen 151
Tab. 19: Preisinduzierte Präferenzänderungen der Nachfragersegmente (Stufe III) 153
Tab. 20: Vergleich der relativen Teilnutzen-Mittelwerte der Conjoint-Schätzungen und der Konstant-Summen-Bewertungen 157
Tab. 21: Häufigkeitsverteilungen der Korrelationskoeffizienten Kendall's τ und Pearson's R in Stufe III (Meßdaten zur Überprüfung der internen Validität) 161
Tab. 22: Meßdaten zur Überprüfung der Prognosevalidität für die Stufen I und II 163
Tab. 23: Häufigkeitsverteilungen der Korrelationskoeffizienten Kendall's τ und Pearson's R in Stufe III (Meßdaten zur Überprüfung der Prognosevalidität) 164

Tab. 24: Vergleich zwischen den Teilnutzenschätzungen für die Attribute und den eigenen "Schätzerwartungen" (Überprüfung der Face-Validität für die Stufe I) 165
Tab. 25: Vergleich zwischen den Teilnutzenschätzungen für die Attribute und den eigenen "Schätzerwartungen" (Überprüfung der Face-Validität für die Stufe II) 166
Tab. 26: Vergleich zwischen den Teilnutzenschätzungen für die Attribute und den eigenen "Schätzerwartungen" (Überprüfung der Face-Validität für die Stufe III) 167
Tab. 27: Kriterien zur Bestimmung der aktuellen Marktlebenszyklus-Phase 179
Tab. 28: Rangliste der Länder mit einem *IATA*-Umsatz von mehr als 100 Millionen US $ 1992 183
Tab. 29: Die Umsätze und Umsatzanteile der 20 größten *IATA*-Luftfrachtspeditionen in der Bundesrepublik Deutschland im Jahr 1992 184
Tab. 30: Mittlere jährliche Veränderung der Kenngrößen *IATA*-Gesamtumsatz, durchschnittlicher Umsatz pro *IATA*-Luftfrachtspedition, Anzahl der *IATA*-Luftfrachtspeditionen und Umsatzkonzentration der ersten 10 bzw. 20 *IATA*-Luftfrachtspeditionen im Zeitraum 185
Tab. 31: Rangfolge der 20 Luftverkehrsgesellschaften mit dem mengenmäßig höchsten internationalen Luftfrachtaufkommen im Jahr 1992 189
Tab. 32: Gesamtumsätze der Integrator im Jahr 1992 (weltweit und Bundesrepublik Deutschland) 191
Tab. 33: Stärke der Konkurrenten im Luftfrachtwettbewerb (Ergebnis der LFS-Befragung) 196
Tab. 34: Maßnahmen der Luftfrachtspeditionen zur Erhaltung bzw. Verbesserung der eigenen Wettbewerbsposition in der LFS-Branche 197
Tab. 35: Maßnahmen der Luftfrachtspeditionen zur Erhaltung bzw. Verbesserung der eigenen Wettbewerbsposition im Intergruppen-Wettbewerb mit den Integrator 199
Tab. 36: Ergebnis der LFS-Befragung, wie gut durch die vorgegebenen Aussagen heute bzw. in fünf Jahren der Markterfolg einer besonders erfolgreichen Luftfrachtspedition erklärt wird 207
Tab. 37: Bedeutung der Kooperationspartner für den Markterfolg von Luftfrachtspeditionen 208
Tab. 38: Bewertung der Effizienz des eigenen Informationssystems durch die befragten Luftfrachtspeditionen 208
Tab. 39: Strategische Wettbewerbsvorteile der befragten Luftfrachtspeditionen 220

Abkürzungsverzeichnis

FAG	Flughafen Frankfurt/Main AG
Fedex	Federal Express
LFS	Luftfrachtspedition
LTK	Luftfrachttransportkette
LVG	Luftverkehrsgesellschaft
K&N	Kühne & Nagel

1 Einleitung

1.1 Problemstellung

Der Luftfrachtmarkt - aufgefaßt als das Zusammentreffen von Luftfrachtleistungsangebot und Luftfrachtleistungsnachfrage - stellt aufgrund seiner Dynamik eines der interessantesten Logistikmärkte dar. Faktoren, die diese Dynamik wesentlich mitbestimmen, sind die kontinuierlich hohen Steigerungsraten des Luftfrachtleistungsabsatzes, die Veränderungen der Kundenanforderungen an die Luftfrachtleistungserstellung, der Wettbewerb zwischen den Luftfrachtanbietern[1], der sich vor allem seit dem Aufkommen der Integrator[2] als Luftfrachtanbieter stark intensiviert hat, und die Veränderungen der ordnungspolitischen Rahmenbedingungen im Luftverkehr.

Seit Anfang der achtziger Jahre hat sich der Absatz von Luftfrachtleistungen[3] weltweit, aber auch in der Bundesrepublik Deutschland mehr als verdoppelt.[4] An dieser Entwicklung haben bedingt durch die veränderten Kundenanforderungen die integrierten Door-to-Door-Leistungen überproportional partizipiert. In Europa wird dieser Trend voraussichtlich dazu führen, daß im Jahr 2000 jede zweite Luftfrachtsendung von "Haustür zu Haustür" befördert wird; Anfang der achtziger Jahre war dies erst jede zehnte Luftfrachtsendung.[5] Insgesamt wird in den nächsten zehn Jahre eine hohe Zunahme des Luftfrachtleistungsabsatzes erwartet. Es werden jährliche Steigerungsraten des weltweiten Luftfrachtleistungsaufkommens zwischen 6% und 7% prognostiziert.[6]

Eine Luftfrachtanbietergruppe, die die Wettbewerbsdynamik auf dem Luftfrachtmarkt nachhaltig beeinflußt, sind die Integrator. Sie übernehmen bei der Luftfrachtleistungserstellung die Funktionen, die "traditionell" Luftfrachtspeditionen und Luftverkehrsgesellschaften gemeinsam erbringen. Dabei vermeiden sie aufgrund der integrierten Leistungserstellung Verzögerungen, die an den Schnittstellen der "traditionellen" Luftfrachttransportkette entstehen können. Die Integrator offerieren den Luftfrachtnachfragern vor allem Door-to-Door-Leistungen; in den letzten Jahren diversifizieren sie darüber hinaus zunehmend ihre Produktpaletten. Insgesamt hat der Markteintritt der Integrator zu einer Intensivierung des

---

1 Die Begriffe "Luftfrachtanbieter" und "Anbieter von Luftfrachtleistungen" werden im weiteren synonym verwendet. Entsprechend werden die "Nachfrager von Luftfrachtleistungen" im weiteren auch "Luftfrachtnachfrager" genannt.

2 Im Rahmen der Arbeit wird der Begriff "Integrator" gegenüber dem Begriff "Integrators" präferiert. In der deutschsprachigen Literatur werden beide Begriffe gleichermaßen verwendet. Vgl. z.B. Hornbacher/Horvath/Munstermann 1990, S. 206-216; Maruhn 1992, S. 146-153.

3 In Anlehnung an den Begriff "Transportleistung" wird im Rahmen der Arbeit der Begriff "Luftfrachtleistung" gegenüber dem Begriff "Luftfrachtdienstleistung" präferiert.

4 Vgl. für eine detaillierte Analyse Abschnitt 2.4.

5 Vgl. Liessem 1992, S. 39; Maruhn 1992, S. 147.

6 Vgl. Wilken 1990, S. 154.

Wettbewerbs zwischen allen Luftfrachtanbietern (Luftfrachtspeditionen, Luftverkehrsgesellschaften, Integrator) geführt.
Schließlich sind noch die Veränderungen der ordnungspolitischen Rahmenbedingungen im Luftverkehr als wichtiger Aspekt zu nennen, der die Dynamik des Wettbewerbs auf dem Luftfrachtmarkt wesentlich mitbestimmt. Seit Ende der siebziger Jahre wurde in vielen Nationalstaaten der Luftverkehr dereguliert oder es wurden zumindest liberalere ordnungspolitische Rahmenbedingungen eingeführt, wodurch sich vor allem der Wettbewerb zwischen den Luftverkehrsgesellschaften erhöht hat.[7]

Eine notwendige Grundlage, damit Luftfrachtanbieter zielgerichtet Maßnahmen zur besseren Erreichung ihrer Unternehmensziele ergreifen können, stellt die Abgrenzung des bedienten Marktes dar. Die Unternehmensaufgabe der Marktabgrenzung bedeutet eine unverzichtbare Voraussetzung für die Präzisierung und Lösung vieler marketing- und unternehmenspolitischer Probleme. Durch die Abgrenzung des bedienten Marktes entscheidet ein Luftfrachtanbieter z.B. indirekt darüber, welche Arten von Produkten welchen Nachfragern angeboten werden, wie groß die geographische Ausdehnung des Marktes ist, auf welchen Stufen der Leistungserstellung er tätig ist und mit welchen Wettbewerbern er konkurrieren möchte. Somit stellt die Abgrenzung des bedienten Marktes eine weitreichende, aber auch eine äußerst schwierige Unternehmensaufgabe dar.[8] Die Abgrenzung des bedienten Marktes gilt deshalb als schwierig, da es keine allgemeingültige Antwort auf die Frage gibt, wie eine Marktabgrenzung vorzunehmen sei.[9] Die Fragestellung: "Was ist unser Markt?", mag banal klingen, gleichwohl wird sie in der Praxis nicht immer richtig beantwortet oder mit der notwendigen Eindringlichkeit gestellt. Wie sonst wäre es zu erklären, daß Luftfrachtanbieter grundlegende Marktentwicklungen nicht erkennen oder einfach "am Markt vorbei produzieren".

Ein wesentliches Problem jeder Marktabgrenzung ist, daß sich der Marktabgrenzungsprozeß nur äußerst schlecht strukturieren läßt. Für jede Marktabgrenzung müssen adäquate Marktabgrenzungskriterien und Methoden zur Festlegung der zu berücksichtigenden Objekte (Anbieter, Nachfrager, Produkte) identifiziert werden. Die Festlegung des Marktabgrenzungsprozesses erschwert weiter, daß ein einmal abgegrenzter Markt kontinuierlichen Wandlungsprozessen unterliegt.[10] Daher muß eine erfolgte Strukturierung der Marktabgrenzungsaufgabe und die Marktabgrenzung selbst im Zeitablauf immer wieder sorgfältig überdacht werden, um mögliche "Fehler" zu korrigieren und um

7 Vgl. hierzu die Ausführungen in Abschnitt 2.3.2.

8 Vgl. Backhaus 1992, S. 151.

9 Diese Feststellung durchzieht die gesamte Literatur zum Thema der Marktabgrenzung. Vgl. z.B. Bartling 1980, S. 92f.; Bauer 1989, S. 18; Buzzel 1978, S. 3; Day/Shocker/Srivastava 1979, S. 9; Sever 1985, S. 23.

10 Vgl. Kreilkamp 1987, S. 107.

Marktentwicklungen wie z.B. neue Technologien oder veränderte Nachfragerbedürfnisse zu berücksichtigen.[11]

Einen theoretischen Ansatz zur Strukturierung einer Marktabgrenzungsaufgabe stellt die von *Abell* konzipierte "Theory of Market Boundary Definition" dar.[12] Dieser Ansatz basiert auf der Analyse der drei Marktdimensionen

- Kundengruppen,
- Kundenfunktionen und
- eingesetzte Technologien (vgl. Abb. 1).[13]

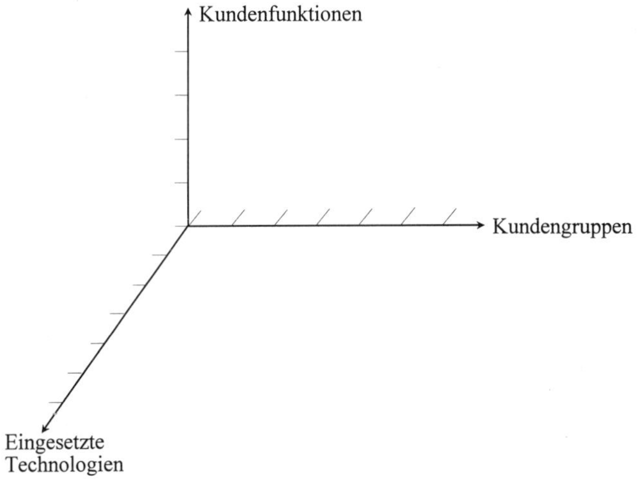

Abb. 1: Festlegung des Marktsuchraums nach *Abell*[14]

Durch diese drei Marktdimensionen wird ein Marktsuchraum aufgespannt, wobei die Strukturierung des Marktsuchraums durch die Festlegung von Ausprägungen entlang den einzelnen Marktdimensionen erfolgt. Ein Markt wird dann im Ansatz von *Abell* festgelegt als Funktionserfüllung von Kundenproblemen einer oder mehrerer Kundengruppen unter Verwendung einer oder mehrerer alternativer Technologien. Innovativ ist am Ansatz von *Abell* im Vergleich zum Ansatz der "traditionellen" Marketing-Theorie, in der man ausgehend von der Abgrenzung des Marktes als Zusammentreffen von Angebot und Nachfrage, von Produkt-Markt-Kombinationen spricht, daß nicht gegenwärtig vorhandene Produkte, sondern anstelle

---

11 Vgl. Gerl/Roventa 1981, S. 857f.; Kreilkamp 1987, S. 107.
12 Vgl. Abell 1980, insb. S. 191-214.
13 Vgl. Abell 1980, S. 12-17.
14 Vgl. Abell 1980, S. 207.

dessen grundlegende Problemlösungsmöglichkeiten und die dafür in Frage kommenden Technologien zur Marktabgrenzung herangezogen werden.[15] Mittlerweile ist diese Sichtweise weitgehend Allgemeingut bei der Abgrenzung von Märkten geworden.[16]

Wählt ein Luftfrachtanbieter den Ansatz von *Abell* als theoretischen Bezugsrahmen zur Marktabgrenzung, so müssen bestimmte Aspekte wie z.B. die Festlegung von Attributen entlang den einzelnen Marktdimensionen präzisiert werden, um eine möglichst exakte Marktabgrenzung vornehmen zu können. Diese Aufgabe ist zumeist sehr aufwendig, da die exakte Segmentierung der Kunden des zugrunde gelegten Marktsuchraums und die Ermittlung der wichtigsten Kundenfunktionen zumeist nur mit einem hohen empirischen Forschungsaufwand zu erreichen sind. Sind diese Aufgaben gelöst, steht der Luftfrachtanbieter weiter vor dem Problem, den bedienten Markt im Marktsuchraum abzugrenzen.

Mit dem Thema der Marktabgrenzung in Marktsuchräumen hat sich *Day* intensiv in seinem Aufsatz "Strategic Market Analysis and Definition: An Integrated Approach" beschäftigt.[17] Aufbauend auf dem Ansatz von *Abell* wird durch den Aufsatz verdeutlicht, daß Unternehmen je nach Blickrichtung auf den Marktsuchraum zu unterschiedlichen Marktabgrenzungen kommen können. Als Blickrichtungen auf den Marktsuchraum unterscheidet *Day* zwischen der nachfragerorientierten Perspektive ("bottom-up perspective"), bei der die Befriedigung der Kundenbedürfnisse, und der wettbewerbsorientierten Perspektive ("top-down perspective"), bei der der profitable Ressourceneinsatz als Bezugspunkt für eine Marktabgrenzung dient.[18] *Day* verdeutlicht, daß es bei einer Marktabgrenzung durch die isolierte Betrachtung einer Perspektive zu Unzulänglichkeiten kommen kann. Beispielsweise kann die alleinige Betrachtung eines Marktsuchraums aus der wettbewerbsorientierten Perspektive heraus leicht dazu führen, daß Veränderungen in den Kundenanforderungen und damit das Entstehen neuer Nachfragersegmente übersehen werden.[19]
Als zentrale Implikation folgert *Day*, daß eine Marktabgrenzung auf der Grundlage einer integrierten Analyse beider Perspektiven erfolgen sollte. "Both top-down and bottom-up analyses of strategic markets are necessary to avoid myopic market definitions, for there are inherent deficiencies to each approach which need to be balanced by the contrasting perspective."[20]

Eine auf den Ansätzen von *Abell* und *Day* aufbauende Diskussion des Marktabgrenzungsproblems erfolgt nun im Rahmen dieser Arbeit für die Anbieter von Luftfrachtleistungen. Die Ziele der Arbeit werden im folgenden dargelegt.

---

15 Vgl. Abell 1980, S. 25; Kreilkamp 1987, S. 97.
16 Vgl. Day 1981a, S. 282f.; Day 1984, S. 73; Köhler 1981, S. 270f.; Kreikebaum 1993, S. 72; Kreilkamp 1987, S. 97.
17 Vgl. Day 1981a, S. 281-299.
18 Vgl. Day 1981a, S. 282-285.
19 Vgl. Day 1981a, S. 291.
20 Day 1981a, S. 298.

1.2 Zielsetzung

Die Zielsetzung dieser Arbeit ist die Analyse von Lösungsansätzen zur Marktabgrenzung von Luftfrachtleistungen. Ausgehend von dieser übergeordneten Zielsetzung werden bei der Marktabgrenzungsdiskussion verschiedene ineinander übergreifende Ziele verfolgt. Da die Luftfrachtleistungen einen zentralen Bezugspunkt der Marktabgrenzungsdiskussion bilden, besteht ein erstes Ziel in der terminologischen Abgrenzung des Luftfrachtleistungsbegriffs sowie in der Analyse der grundlegenden Aspekte und Rahmenbedingungen für eine Luftfrachtleistungsproduktion. Daran anschließend soll in Anlehnung an das Modell von *Abell* eine grundsätzliche Vorgehensweise für eine mehrdimensionale Marktabgrenzung für die Anbieter von Luftfrachtleistungen erarbeitet werden. Dadurch soll für Luftfrachtanbieter ein allgemeiner theoretischer Bezugsrahmen als Konzept zur Strukturierung von Marktabgrenzungsaufgaben geschaffen werden. Darauf aufbauend sollen dann Lösungsansätze zur Marktabgrenzung formuliert und diskutiert werden. Dabei soll erarbeitet werden, wie Luftfrachtanbieter den bedienten Markt durch Analyse ihres zugrunde gelegten Marktsuchraums aus einer nachfrager- und einer wettbewerbsorientierten Perspektive abgrenzen können. Der Schwerpunkt im Rahmen der Diskussion der komplementären Perspektiven zur Marktabgrenzung soll beim Analyseaspekt der Nachfragersegmentierung gesetzt werden. Anhand primärstatistischer Daten soll insbesondere untersucht werden, wie Luftfrachtnachfrager durch eine Nutzensegmentierung in homogene Nachfragergruppen unterteilt werden können.

Hervorzuheben ist noch, daß durch die Diskussion der Marktabgrenzungsaufgabe nicht die Abgrenzung des bedienten Marktes für einzelne Luftfrachtanbieter angestrebt wird. Hierfür ist eine Analyse der Stärken und Schwächen ausgewählter Luftfrachtanbieter zwingend notwendig, was eine innerbetriebliche Datenerhebung voraussetzt.

1.3 Aufbau der Arbeit

Ausgangspunkt für die Diskussion der Marktabgrenzungsaufgabe stellen in dieser Arbeit die Luftfrachtleistungen dar. In den Luftfrachtleistungen konkretisieren sich einerseits die Bedürfnisse der Luftfrachtnachfrager, sie stellen andererseits ein Bündel von Funktionen dar, von denen die Luftfrachtanbieter hoffen, daß sie die Anforderungen möglichst vieler Zielkunden erfüllen. Vor diesem Hintergrund ist es zunächst notwendig, grundlegende Aspekte und Rahmenbedingungen der Luftfrachtleistungsproduktion zu durchleuchten, um damit eine Basis für die Diskussion der Marktabgrenzungsaufgabe aus dem Blickwinkel der Luftfrachtanbieter zu schaffen.

In Kapitel 2 wird zuerst auf den Dienstleistungscharakter der Luftfrachtleistungsproduktion eingegangen und die Erkenntnisse der betriebswirtschaftlichen Literatur zur Abgrenzung des Dienstleistungsbegriffs aufgezeigt. Darauf aufbauend wird dann die prozessuale Analyse der Luftfrachtleistungsproduktion durchgeführt und es werden terminologische Abgrenzungen von verkehrswissenschaftlichen Begriffen wie Transport-, Luftfracht- oder Luftbeförderungsleistung vorgenommen. Ebenso werden die Tätigkeitsbereiche der wichtigsten Unternehmensgruppen, die an der Luftfrachtleistungserstellung beteiligt sind, charakterisiert.
Um die staatliche Einflußnahme auf die Luftfrachtleistungsproduktion einordnen zu können, werden im weiteren die rechtlichen Rahmenbedingungen für die Erstellung von Luftfrachtleistungen und die ordnungspolitischen Regulierungsinstrumente des Luftverkehrs analysiert. Insbesondere werden dabei die Möglichkeiten der staatlichen Einflußnahme vor dem Hintergrund der Liberalisierung des Luftverkehrs in der EG untersucht.
Am Ende dieses Kapitels werden die Entwicklungen des weltweiten sowie des Luftfrachtaufkommens in der Bundesrepublik Deutschland analysiert.

In Kapitel 3 werden ausgehend von der Definition des Marktbegriffs die grundlegenden Schritte einer mehrdimensionalen Marktabgrenzung für die Anbieter von Luftfrachtleistungen dargelegt. Es wird insbesondere dargelegt, wie Luftfrachtanbieter in Anlehnung an den Ansatz von *Abell* einen strukturierten, in Marktzellen unterteilten mehrdimensionalen Marktsuchraum festlegen können. Darauf aufbauend wird die grundsätzliche Schwierigkeit diskutiert, einen Markt in einem mehrdimensionalen Marktsuchraum über Marktzellen abzugrenzen. In Anlehnung an *Day* wird daher in den folgenden Kapiteln ein integriertes Konzept entwickelt, wie Luftfrachtanbieter durch die Analyse eines zugrundeliegenden Marktsuchraums aus der nachfrager- und aus der wettbewerbsorientierten Perspektive heraus den bedienten Markt abgrenzen können.

Die nachfragerorientierte Perspektive zur Abgrenzung des bedienten Marktes wird in Kapitel 4 diskutiert. Da bei Betrachtung dieser Perspektive die Befriedigung der Kundenbedürfnisse den Bezug für die Abgrenzung des bedienten Marktes bildet, werden hier zunächst Kriterien zur Operationalisierung der Bedürfnisse von Luftfrachtnachfragern ermittelt und hinsichtlich ihrer Eignung für eine Nachfragersegmentierung bewertet. Daran anschließend werden als weitere Aspekte der nachfragerorientierten Perspektive grundlegende Marketing-Strategien zur Abgrenzung und Bearbeitung des bedienten Marktes diskutiert. Schließlich wird in diesem Kapitel noch dargestellt, wie Luftfrachtanbieter Produktpositionierungsmodelle als Kontrolle ihres gewählten Marketing-Mix für den bedienten Markt einsetzen können.

Als eine tragende Säule einer Marktabgrenzung kann das Auffinden geeigneter Abgrenzungskriterien und Methoden zur Segmentierung der Nachfrager eines Marktsuchraums bezeichnet

werden.[21] Daher wird in Kapitel 5 die Analyse, wie Luftfrachtanbieter die Luftfrachtnachfrager ihres Marktsuchraums in homogene Nachfragergruppen segmentieren können, vertieft. Zu diesem Zweck sind primärstatistische Daten zur Produktnutzenbewertung von Luftfrachtleistungen bei aktuellen Luftfrachtnachfragern erhoben und dahingehend untersucht worden, ob und wie sich die erfaßten Luftfrachtnachfrager auf der Basis von Nutzenkriterien segmentieren lassen.
Den zentralen Punkt in diesem Kapitel bildet die Analyse der Ergebnisse der empirischen Untersuchung. Bevor jedoch darauf eingegangen wird, werden in diesem Kapitel zunächst die Verfahren der Conjoint-Analyse und der Clusteranalyse vorgestellt, mit denen die empirischen Daten ausgewertet worden sind. Danach werden die mit der Segmentierung verbundenen Analyseziele präzisiert und das dreistufige Conjoint-Design, das zur Datenerfassung verwendet wurde, detailliert beschrieben. Erst anschließend werden dann die Ergebnisse und die daraus abgeleiteten Implikationen für die einzelnen Stufen des Conjoint-Designs dargestellt. Zum Abschluß dieses Kapitels wird die Güte der verwendeten empirischen Daten auf der Grundlage durchgeführter Validitätsanalysen untersucht.

Die wettbewerbsorientierte Perspektive zur Abgrenzung des bedienten Marktes wird in Kapitel 6 diskutiert. Dabei wird zunächst ein Überblick über die wettbewerbsorientierte Sichtweise gegeben und verdeutlicht, daß die wesentliche Voraussetzung für einen langfristig profitablen Einsatz der Unternehmensressourcen im bedienten Markt das Erreichen von strategischen Wettbewerbsvorteilen darstellt. Entsprechend wird in den weiteren Abschnitten dieses Kapitels aus dem Blickwinkel der Luftfrachtanbieter diskutiert, wie diese in einem Marktsuchraum ihre Erfolgspotentiale zur Erreichung strategischer Wettbewerbsvorteile ermitteln und bewerten können.
Eine wesentliche Voraussetzung, damit Luftfrachtanbieter ihre Erfolgspotentiale für einen bestimmten Markt ermitteln können, ist die Kenntnis der strategischen Erfolgsfaktoren dieses Marktes. Im weiteren wird daher zunächst untersucht, welche allgemeinen, marktübergreifenden strategischen Erfolgsfaktoren sich aus den PIMS-Studien, dem Erfahrungskurven- und dem Lebenszyklusmodell ableiten lassen.
Anschließend wird dann am Beispiel der Luftfrachtspeditionen und des geographischen Marktes der Bundesrepublik Deutschland analysiert, welche weiteren marktspezifischen strategischen Erfolgsfaktoren diese Luftfrachtanbietergruppe hat. Um diese Analyse durch primärstatistische Daten stützen zu können, ist eine Befragung bei Luftfrachtspeditionen durchgeführt worden. Die Ableitung der marktspezifischen strategischen Erfolgsfaktoren der Luftfrachtspeditionen erfolgt dann auf der Grundlage einer detaillierten, empirisch gestützten Analyse des Luftfrachtwettbewerbs, die - in Anlehnung an das Wettbewerbsstrukturmodell von *Porter* - für die Luftfrachtspeditionsbranche durchgeführt wird.

[21] Vgl. Bauer 1989, S. 20f..

Darauf aufbauend kann dann ein Luftfrachtanbieter sein Erfolgspotential für einen bestimmten Markt bestimmen, indem er seine Stärken und Schwächen bezüglich der strategischen Erfolgsfaktoren im Vergleich zum Wettbewerb bewertet. Da es, wie oben bereits angesprochen, nicht der Zielsetzung dieser Arbeit entspricht, Stärken-/Schwächenanalysen für einzelne Luftfrachtanbieter durchzuführen, werden ausschließlich zur Verdeutlichung der Vorgehensweise bei einer solchen Analyse die Verfahren "Wertschöpfungskette" und "Konsistenzmatrix der Erfolgsfaktoren", die der Identifikation und Visualisierung der Erfolgspotentiale des einzelnen Luftfrachtanbieters dienen, vorgestellt.
Hat ein Luftfrachtanbieter seine Erfolgspotentiale für den zugrunde gelegten Marktsuchraum bzw. einen Ausschnitt des Marktsuchraums bestimmt, so dienen Wettbewerbsstrategien dazu, die ermittelten Erfolgspotentiale in strategische Wettbewerbsvorteile zu transformieren. Damit jedoch eine zielgerichtete Formulierung und Implementierung einer Wettbewerbsstrategie erfolgen kann, sollte zunächst der bediente Markt aus der wettbewerbsorientierten Perspektive abgegrenzt werden. Wie dies geschehen kann und wie darüber hinaus die Abgrenzung des bedienten Marktes durch "Gegenüberstellung" der nachfrager- und wettbewerbsorientierten Perspektive erfolgen kann, wird durch ein Modell zur Abgrenzung des bedienten Marktes verdeutlicht.
Zum Abschluß des Kapitels wird noch aufgezeigt, welche strategischen Wettbewerbsvorteile deutsche Luftfrachtspeditionen derzeit erreichen bzw. zukünftig erreichen wollen und wie Luftfrachtanbieter das Problem der quantitativen Bewertung erreichter strategischer Wettbewerbsvorteile angehen können.

In Kapitel 7 wird eine Zusammenfassung der Arbeit und ein Ausblick auf Forschungsprojekte gegeben, die auf dieser Arbeit aufbauen können.

2 Grundlegende Aspekte und Rahmenbedingungen der Luftfrachtleistungsproduktion

Eine Marktabgrenzung für Anbieter von Luftfrachtleistungen setzt - wie bereits angesprochen - implizit voraus, daß grundlegende Aspekte und Rahmenbedingungen der Luftfrachtleistungsproduktion ausreichend präzisiert sind. Daher wird in diesem Kapitel - ausgehend von den theoretischen Grundlagen der Dienstleistungsproduktion - die Luftfrachtleistungserstellung charakterisiert und der Luftfrachtleistungsbegriff definiert (Abschnitt 2.1). Im Anschluß daran werden die vertraglichen und rechtlichen Grundlagen der Luftfrachtleistungsproduktion (Abschnitt 2.2) sowie die staatliche Einflußnahme auf die Erstellung von Luftfrachtleistungen dargestellt (Abschnitt 2.3). Schließlich wird in Abschnitt 2.4 ein Überblick über die quantitative Entwicklung der weltweiten und der nationalen Luftfrachtleistungsproduktion gegeben.

2.1 Charakterisierung der Luftfrachtleistungsproduktion

Grundsätzlich läßt sich eine Luftfrachtleistung als das Ergebnis eines Faktorkombinationsprozesses interpretieren, der durch ein oder mehrere Luftfrachtunternehmen unter Verwendung des Produktionsfaktors Flugzeug erstellt wird. Um im weiteren komplexe Problemstellungen - vor allem die Marktabgrenzung für die Anbieter von Luftfrachtleistungen - diskutieren zu können, wird eine Abgrenzung des Luftfrachtleistungsbegriffs benötigt. Im folgenden wird daher über die Analyse der Dienstleistungsproduktion und die Analyse der logistischen Leistungen, die Luftfrachtunternehmen in einer Luftfrachttransportkette erstellen, eine Definition des Begriffs "Luftfrachtleistung" erarbeitet.

2.1.1 Grundlagen der Dienstleistungsproduktion

2.1.1.1 Terminologische Grundlagen des Dienstleistungsbegriffs

In der wirtschaftswissenschaftlichen Literatur wird der Begriff der Dienstleistung mit ganz unterschiedlichen Begriffsinhalten belegt.[22] Insgesamt hat sich im Rahmen der theoretischen Diskussion zum Dienstleistungsbegriff die Auffassung durchgesetzt, daß eine genaue Definition des Begriffs der Dienstleistung nur über die konstitutiven Merkmale einer Dienstleistung möglich ist.[23]

Hilke verbindet die verschiedenen Ansätze der merkmalsorientierten Dienstleistungsdefinition zu einem Phasen-Modell mit dem Ziel, "den Wesenskern des Phänomens Dienstleistungen"[24] durch drei verschiedene Phasen zu erfassen. Die phasenbezogenen Abgrenzungen des Dienstleistungsbegriffs werden nachfolgend dargestellt:[25]

- Potential-Orientierung der Dienstleistung

In der potentialorientierten Sichtweise wird die Dienstleistung als Leistungsbereitschaft interpretiert, die der Dienstleistungsanbieter vorhält, indem er interne Faktoren (Menschen, materielle Güter, Informationen) kombiniert. Das durch die Kombination interner Faktoren geschaffene Leistungspotential ist immateriell und dient dazu, eine Zustandsänderung des externen Faktors (Dienstleistungsnehmer bzw. dessen Verfügungsobjekt) zu bewirken oder einen bestimmten Zustand zu erhalten. Das konstitutive Merkmal der potentialorientierten Dienstleistungsdefinition kann als die Fähigkeit und die Bereitschaft des Dienstleistungsanbieters zur Leistungserstellung charakterisiert werden.

- Prozeß-Orientierung der Dienstleistung

Die prozessuale Betrachtungsweise der Dienstleistung bezieht sich auf den Vorgang der Leistungserstellung. Es wird dabei ausschließlich der Ablauf der Dienstleistungserstellung betrachtet, jedoch nicht das Leistungsergebnis des Dienstleistungsprozesses. Konstitutives Merkmal des Dienstleistungsprozesses ist die Synchronität zwischen der Erbringung der Leistung durch den Dienstleistungsanbieter und dem "zur Verfügung stellen" des externen Faktors durch den Dienstleistungsnehmer. Synchronität besagt in diesem Zusammenhang, daß der Prozeß der Leistungserstellung nur dann in Anspruch genommen bzw. vollzogen werden

---

22 Einen Überblick über die Diskussion des Dienstleistungsbegriffs in der Literatur geben *Corsten* und *Meyer*. Vgl. Corsten 1990, S. 23-41; Meyer 1983, S. 10-13.

23 Vgl. Maleri 1991, S. 27-34.

24 Corsten 1988, S. 81.

25 Vgl. Hilke 1989, S. 11-15.

kann, wenn gleichzeitig der externe Faktor des Dienstleistungsnehmers und die im Leistungspotential gebundenen Fähigkeiten des Dienstleistungsanbieters zusammengeführt werden.

- Ergebnis-Orientierung der Dienstleistung

In der ergebnisorientierten Sichtweise ist das konstitutive Merkmal jeder Dienstleistung die Immaterialität. Die Dienstleistung wird dabei als ein immaterielles Ergebnis eines Leistungserstellungsprozesses verstanden, wobei sich das immaterielle Ergebnis als "Wirkung" am externen Faktor konkretisiert (z.B. Gesundheit des Patienten als Wirkung einer Operation).

Die angeführten phasenbezogenen Überlegungen zum Dienstleistungsbegriff verdeutlichen, daß es eine eindeutige Sichtweise des Phänomens Dienstleistung nicht gibt. Welche der dargestellten Phasen zur Definition des Dienstleistungsbegriffs herangezogen wird, ist daher letztlich von der jeweils zugrunde gelegten Problemstellung abhängig.[26]

In Anlehnung an *Corsten* sollen im folgenden unter Dienstleistungen immaterielle Produkte verstanden werden, "... die von personellen oder materiellen Leistungsträgern an einem externen Faktor, der sich nicht im uneingeschränkten Verfügungsbereich des Leistungsgebers befindet, erbracht werden und teilweise materieller Trägersubstanzen wie Papier, Magnetbänder, Disketten etc. bedürfen."[27] Die Definition des Dienstleistungsbegriffs von *Corsten* wird im Rahmen der Arbeit übernommen, da beim Kauf von Luftfrachtleistungen - denen im weiteren Verlauf dieser Arbeit besonderes Interesse gilt - lediglich das Ergebnis des Leistungserstellungsprozesses, aber nicht der Leistungserstellungsprozeß selbst Relevanz besitzt.[28] Fragt beispielsweise ein Dienstleistungsnehmer zur Beförderung von Blumen aus Kenia in die Bundesrepublik Deutschland eine Luftfrachtleistung nach, so ist für den Dienstleistungsnehmer nur das immaterielle Ergebnis des Leistungserstellungsprozesses von Interesse; z.B. daß die Blumen zu einem vereinbarten Zeitpunkt und in einer entsprechenden Qualität (nicht angewelkt usw.) am Zielort verfügbar sind. Die wahrgenommenen Merkmalsausprägungen[29] des immateriellen Ergebnisses am externen Faktor Blumen (z.B. Zeitspanne zwischen vereinbarten und tatsächlichen Lieferzeitpunkt, "Frischegrad" der Blumen) stiften dabei für den Dienstleistungsnehmer den Nutzen des Leistungsergebnisses.

---

26 Vgl. Corsten 1988, S. 82.
27 Corsten 1988, S. 82.
28 Vgl. Bendixen 1966, S. 9f.; Diederich 1966, S. 38f.; Diederich 1977, S. 29f..
29 Die Begriffe "Merkmalsausprägung" und "Attribut" werden im weiteren synomym verwendet.

2.1.1.2 Analyse der Dienstleistungsproduktion

In Anlehnung an *Maleri* wird nachfolgend unter "... Produktion die systematische, durch Menschen veranlaßte und gelenkte Herstellung von Sachgütern oder Dienstleistungen mit Hilfe anderer Sachgüter oder Dienstleistungen verstanden."[30] Nach dieser Definition werden somit Dienstleistungen ebenso produziert wie Sachgüter. Die spezifischen Merkmale der Dienstleistungsproduktion werden im folgenden herausgestellt. Dabei wird zunächst auf typische Produktionsfaktoreinsätze und anschließend auf die Analyse des Faktorkombinationsprozesses bei Dienstleistungsproduktionen eingegangen.

Typische Produktionsfaktoreinsätze in der Dienstleistungsproduktion

Als Produktionsfaktoren werden die für die Produktion und den Absatz sowie für die Erhaltung der Leistungsbereitschaft eingesetzten Sachgüter und Dienstleistungen bezeichnet.[31] Um die Produktionsfaktoren nach ihren Wirkungsweisen im Produktionsprozeß zu gliedern, werden in der betriebswirtschaftlichen Literatur Faktorsystematiken vorgeschlagen. Dabei bildet der Ansatz von *Gutenberg* den Ausgangspunkt aller Faktorsystematiken.[32] Im Laufe der Zeit hat der *Gutenberg*-Ansatz auch einige dienstleistungsspezifische Modifikationen erfahren. Auf eine umfassende Darstellung dienstleistungsspezifischer Faktorsystematiken wird im folgenden verzichtet,[33] jedoch soll auf einige für Dienstleistungsproduktionen typische Produktionsfaktoreinsätze eingegangen werden.[34]

- Dominanz immaterieller Produktionsfaktoren

Ein bedeutender Unterschied zwischen Dienstleistungs- und Sachgüterproduktionen liegt darin, daß der Einsatz von Rohstoffen bei Dienstleistungsproduktionen völlig entfällt. So wird beispielsweise bei der Erstellung einer Luftbeförderungsleistung durch eine Luftverkehrsgesellschaft lediglich ein Flugzeug, ein Luftweg, Arbeitsleistungen, Betriebs- und Hilfsstoffe als Produktionsfaktoren eingesetzt.

---

30 Maleri 1991, S. 3.
31 Vgl. Busse von Colbe/Laßmann 1991, S. 76.
32 Vgl. Gutenberg 1983, S. 2-8.
33 Vgl. hierzu Corsten 1990, S. 98-102.
34 Vgl. Maleri 1991, S. 102-106.

- Produktionsfaktoren mit Speicherfunktion

Der Einsatz von materiellen Trägersubstanzen (z.B. Papier, Disketten) oder elektronischen Medien als Faktoreinsätze ist für viele Dienstleistungsproduktionen typisch. Die materiellen Trägersubstanzen und elektronischen Medien haben dabei für Dienstleistungsproduktionen eine mediale Funktion, die sich darin ausdrückt, daß nicht erwünschte, unmittelbare "Verbindungen" der Dienstleistungsproduktion mit dem externen Faktor in diesen Produktionsfaktoren gespeichert werden. Theoretisch ist die Leistungserstellung in den meisten Dienstleistungsbereichen (z.B. Verkehrsunternehmen, Banken, Versicherungen) auch ohne den Einsatz von Produktionsfaktoren mit medialer Funktion denkbar, jedoch gilt dies nicht für Massenproduktionen in diesen Bereichen.

- Existenz externer Produktionsfaktoren

Im Vergleich zur Sachgüterproduktion ist für die Dienstleistungsproduktion typisch, daß die objektbezogenen Leistungserstellungen des Einsatzes "zusätzlicher" Produktionsfaktoren bedürfen. Diese "zusätzlichen" Produktionsfaktoren sind in der erforderlichen Ausprägung nicht durch den Produzenten beschaffbar, sondern müssen zwingend vom Dienstleistungsnehmer in den Produktionsprozeß eingebracht werden. Dabei können die aus dem externen Bereich eingebrachten Faktoren äußerst unterschiedliche Ausprägungen aufweisen. Sie können als materielle Güter (z.B. Transportobjekte), immaterielle Güter (z.B. Informationen, Rechte), aktiv beteiligte Personen (z.B. Flugzeugpassagiere) oder passiv beteiligte Personen (z.B. Dienstleistungsnehmer einer Versicherung) auftreten.

Abschließend ist zur vorgenommenen Charakterisierung dienstleistungstypischer Produktionsfaktoren festzustellen, daß diese grundsätzlich auch zur Sachgüterproduktion eingesetzt werden können. D.h., es existieren keine Produktionsfaktoren, die ausschließlich zur Dienstleistungsproduktion eingesetzt werden, lediglich die Bedeutung einzelner Faktoren kann im Vergleich zur Sachgüterproduktion unterschiedlich sein.[35]

Analyse des Faktorkombinationsprozesses

Für eine Dienstleistungsproduktion werden die internen Produktionsfaktoren und der externe Faktor im Rahmen eines geeigneten Produktionsverfahren zielgerichtet derart kombiniert, daß die Produktionsfaktoren in das angestrebte Ergebnis des Leistungserstellungsprozesses transformiert werden.[36] Das Ergebnis einer Kombination von Produktionsfaktoren in Produktionsprozessen wird im weiteren auch als Produkt oder Output bezeichnet.[37]

---

35 Vgl. Corsten 1988, S. 83.
36 Vgl. Corsten 1988, S. 83.
37 Vgl. Busse von Colbe/Laßmann 1991, S. 83.

Die Faktorkombination einer Dienstleistungsproduktion läßt sich in eine Vor- und eine Endkombination unterteilen.[38] Die Abbildung 2 verdeutlicht, daß die Leistungsbereitschaft das Ergebnis der Vorkombination ist. Die Vorkombination hat somit einen vorbereitenden Charakter und dient dem Aufbau eines sofort verfügbaren Leistungspotentials, das das Dienstleistungsunternehmen befähigt, bestimmte absetzbare Produkte zu erstellen.[39] Das Ziel der Endkombination ist dann, aufbauend auf der Vorkombination, durch weitere interne Produktionsfaktoren und durch die Integration des externen Faktors absetzbare Marktleistungen zu erstellen.[40] Die Notwendigkeit der Einbeziehung des externen Faktors stellt dabei für den Dienstleistungsanbieter ein Produktionsrisiko dar, weil dieser die Mitwirkung des externen Faktors für die Dienstleistungserstellung nur in Grenzen beeinflussen kann.[41]

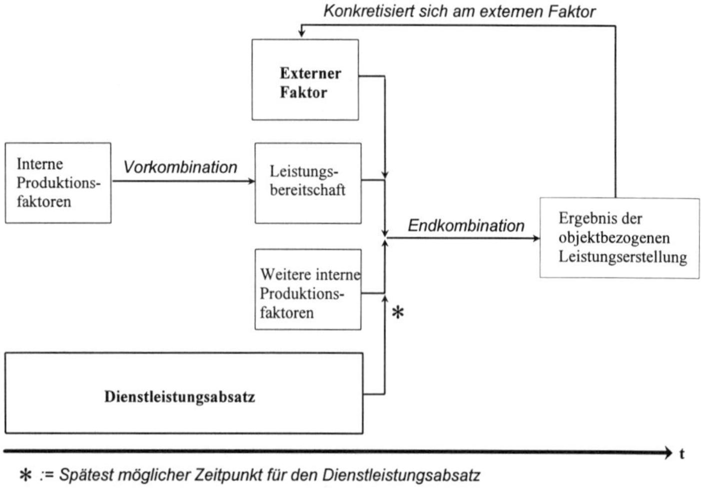

Abb. 2: Der Faktorkombinationsprozeß bei der Dienstleistungserstellung[42]

Die Abbildung 2 visualisiert, daß der Dienstleistungsabsatz der Dienstleistungsproduktion zeitlich voraus geht. Dabei kann der Dienstleistungsabsatz keinem bestimmten Zeitpunkt innerhalb des Erstellungsprozesses einer Dienstleistung zugeordnet werden, jedoch muß der Absatz bis zum Eintritt des externen Faktors in den Faktorkombinationsprozeß erfolgt sein. Dadurch, daß der Dienstleistungsabsatz vor der Leistungserstellung erfolgen muß, ist eine

38 Vgl. Corsten 1984, S. 263; Maleri 1991, S. 144.
39 Vgl. Corsten 1990, S. 103.
40 Vgl. Corsten 1988, S. 83.
41 Vgl. Engelhardt 1990, S. 281.
42 Vgl. Corsten 1990, S. 105; Maleri 1991, S. 144.

Vorratsproduktion für den anonymen Markt ausgeschlossen.[43] Aus der Nicht-Lagerfähigkeit der Dienstleistungen ergeben sich unter Umständen für den Dienstleistungsanbieter hohe Beschäftigungs- und Leerkostenrisiken.[44] Diese sind gerade im Luftverkehr sehr groß. Aufgrund der teuren Betriebsmittel und des hohen Personalaufwandes zum Aufbau der Leistungsbereitschaft ergibt sich in diesem Dienstleistungsbereich ein geschätzter Fixkostenanteil von etwa 85%, wodurch wiederum das Betriebsergebnis entscheidend vom Kapazitätsauslastungsgrad abhängig ist.[45] So wird z.B. als ein wesentlicher Faktor für das negative Betriebsergebnis der *Deutsche Lufthansa AG* (im weiteren als *Lufthansa* bezeichnet) im Jahre 1992 der mangelnde durchschnittliche Kapazitätsauslastungsgrad genannt. 1992 lag dieser unter 65%, für eine Break-Even-Konstellation wäre aber ein Auslastungsgrad von über 70% notwendig gewesen.[46]

2.1.2 Prozessuale Analyse der Luftfrachtleistungsproduktion

Ausgehend von der allgemeinen Analyse der Dienstleistungsproduktion wird nun der Luftfrachtleistungserstellungsprozeß untersucht. Hierfür ist es zunächst notwendig, den Begriff "Logistik" einzuführen.

Werden unter dem Begriff der Logistik "... alle Tätigkeiten der Planung, Steuerung, Durchführung und Kontrolle aller Materialbewegungen, z.B. für Rohmaterial, Halbfertigerzeugnisse, Fertigerzeugnisse und Reststoffe mit den dazugehörigen Informationen über den Verbrauch bis zur Entsorgung - mit dem Ziel, Kundenwünsche mit hoher Effizienz und Wirtschaftlichkeit zu erfüllen,"[47] verstanden, so lassen sich die logistischen Funktionen *Befördern, Umschlagen* und *Lagern* als logistische Kernprozesse interpretieren, die in einer Luftfrachttransportkette erstellt werden.[48] Eine Luftfrachttransportkette wird dabei als eine Folge von technisch und organisatorisch verknüpften Vorgängen aufgefaßt, durch die Güter unter Verwendung des Transportmittels Flugzeug von einer Quelle zu einer Senke bewegt werden.[49]

Abbildung 3 veranschaulicht die logistischen Kernprozesse, die in einer Luftfrachttransportkette erstellt werden (Ebene 2). Die einzelnen logistischen Kernprozesse werden dabei bestimmten Knoten (Verlader, Empfänger, Flughäfen) oder Kettengliedern (Landwege, Luft-

---

43 Vgl. Maleri 1991, S. 77.
44 Vgl. Staffelbach 1988, S. 278.
45 Vgl. Maleri 1991, S. 161.
46 Vgl. o.V. 1992a, S. 2.
47 Steffen 1994, S. 27. Vgl. hierzu auch Bloech 1984, S. 6; Isermann 1994, S. 21f.; Pfohl 1990, S. 12; Redenz 1992, S. 20.
48 Vgl. Isermann 1994, S. 22; Pfohl 1990, S. 8f..
49 Vgl. Boldt 1982, S. 9.

weg) zugeordnet (Ebene 1). So werden beispielsweise am Knoten Versandflughafen die auf dem Landweg eintreffenden Güter umgeschlagen, gelagert und wieder umgeschlagen, bevor sie auf dem Luftweg zum Empfangsflughafen befördert werden.

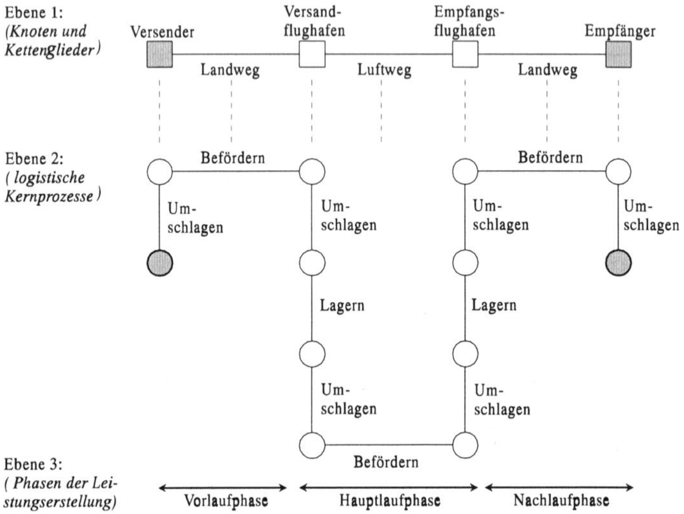

Abb. 3: Knoten, Kettenglieder und logistische Kernprozesse einer Luftfrachttransportkette

Beförderungs-, Umschlags- und Lageraktivitäten erfüllen in einer Luftfrachttransportkette unterschiedliche Funktionen, die nachfolgend beschrieben werden:

- Die logistische Funktion *Befördern*

Durch die logistische Funktion *Befördern* wird die räumliche Distanz zwischen zwei Knoten in einer Luftfrachttransportkette überwunden. Innerhalb einer Luftfrachttransportkette tritt die logistische Funktion *Befördern* mehrfach auf, zumeist unter Benutzung unterschiedlicher Transportmittel. In der Regel befördern Lastkraftwagen die Güter vom Versender zum Sammelpunkt Versandflughafen. Diese Phase im Luftfrachtleistungserstellungsprozeß wird im folgenden auch Vorlauf genannt. In der sich daran anschließenden Hauptlaufphase[50] werden die Güter mit einem Flugzeug vom Versand- zum Empfangsflughafen befördert und

[50] Neben der Luftbeförderung werden der Hauptlaufphase auch alle Umschlags- und Lageraktivitäten auf den Flughäfen zugerechnet. Vgl. hierzu Abbildung 3.

von dort in der Nachlaufphase z.B. wiederum per Lastkraftwagen auf die einzelnen Empfänger verteilt.[51]

- Die logistische Funktion *Umschlagen*

Die logistische Funktion *Umschlagen* dient der Überführung von Gütern zwischen zwei Transportmitteln oder zwischen einem Lager und einem Transportmittel.[52]

- Die logistische Funktion *Lagern*

Die logistische Funktion *Lagern* erfüllt die Aufgabe, zwischen dem Zu- und Abgang des Güterflusses den Zeitunterschied zu überbrücken.[53]

Transport-, Umschlags- oder Lagerprozesse verändern isoliert die räumliche oder zeitliche Determiniertheit des externen Faktors in einer Luftfrachttransportkette.[54] Damit darüber hinaus in einer Luftfrachttransportkette ein Güterfluß entstehen kann, müssen die logistischen Kernprozesse der Luftfrachtleistungserstellung in der Regel mit unterstützenden logistischen Prozessen, wie Markierungs-, Verpackungs- und/oder Kommissionierungsprozessen verknüpft werden.[55] Die logistischen Kernprozesse und die unterstützenden logistischen Prozesse, die die logistische Determiniertheit des externen Faktors verändern, werden im weiteren zusammenfassend direkte logistische Leistungsprozesse genannt.[56] Alle Aktivitäten, die zur Durchführung der direkten logistischen Leistungsprozesse zwingend notwendig sind, werden als indirekte logistische Leistungsprozesse bezeichnet.[57] Zu den indirekten logistischen Leistungen in einer Luftfrachttransportkette sind

– die Bereitstellung von Beförderungsmitteln (z.B. Flugzeuge, Lastkraftwagen, Gabelstapler), Stationen (z.B. Flughäfen, andere Frachtumschlagsplätze), Ladehilfsmittel (z.B. Paletten, Container, Pferdeboxen),[58]
– die Wegsicherungsleistungen (z.B. Flugsicherungsleistungen) und Wegbereithaltungsleistungen (z.B. Bereitstellung von Land- und Luftwegen durch die Öffentliche Hand),[59]
– die Leistungen, die zur Erfüllung der Abfertigungsfunktion erbracht werden (z.B. Disposition von Beförderungs- und Ladehilfsmitteln, Ausstellung von Begleitpapieren),[60]

---

51 Vgl. Brauer 1991, S. 24.
52 Vgl. Teller 1982, S. 16f..
53 Vgl. Ploog 1974, S. 220; Teller 1982, S. 22.
54 Vgl. Ihde 1991, S. 3; Isermann 1994, S. 23.
55 Vgl. Pfohl 1990, S. 8.
56 Vgl. Steffen 1994, S. 28.
57 Vgl. Steffen 1994, S. 28.
58 Vgl. z.B. Claussen 1979a, S. 249; Peters 1981, S. 36f..
59 Vgl. z.B. Illetschko 1959, S. 28; Illetschko 1966, S. 6; Kaspar, 1977, S. 22.
60 Vgl. z.B. Illetschko 1959, S. 28; Illetschko, 1966, S. 6; Kaspar 1977, S. 22.

– die Leistungen, die zur Erstellung von Informationsflüssen erbracht werden (z.B. Auftragsübermittlung, -bearbeitung, Bereitstellung eines Luftfracht-Informationssystems),[61]
– die Leistungen zur Planung, Steuerung und Kontrolle des Güterflusses sowie der dazugehörigen Informationsflüsse[62]

zu zählen.

2.1.3 Definition des Luftfrachtleistungsbegriffs

Die Einteilung der Leistungsprozesse, die in einer Luftfrachttransportkette erstellt werden, in direkte logistische Prozesse und indirekte logistische Prozesse bilden das Begriffsinstrumentarium, um den Luftfrachtleistungsbegriff zu definieren. Zusammen mit dem Luftfrachtleistungsbegriff werden auch die im weiteren Verlauf der Arbeit benötigten Begriffe der Logistik-, Transport- und Verkehrsleistung eingeführt.

- Logistikleistungsbegriff

Die Erbringung eines Transport-, Lager-, Umschlagsprozesses verändert isoliert die räumliche oder zeitliche Determiniertheit eines Gutes. Um einen Güterfluß zu bewirken, müssen jedoch direkte logistische Prozesse zu einer logistischen Kette verknüpft werden. In Anlehnung an *Steffen* wird im weiteren "das Ergebnis einer logistischen Kette - als der Aggregation aller in ihrem Verlauf erbrachten direkten logistischen Leistungen - ... als Logistikleistung bezeichnet."[63]

Abbildung 4 veranschaulicht die phasenbezogenen Teilfunktionen einer unternehmensübergreifenden logistischen Kette. Grundsätzlich können die Funktionsphasen Beschaffungs-, Produktions-, Distributions- und Entsorgungslogistik unterschieden werden.

---

61 Vgl. z.B. Pfohl 1990, S. 8.
62 Vgl. Ballou 1992, S. 7f.; Weber 1986, 1204f.; S. 20; Stock/Lambert 1987, S. 7f..
63 Steffen 1994, S. 32.

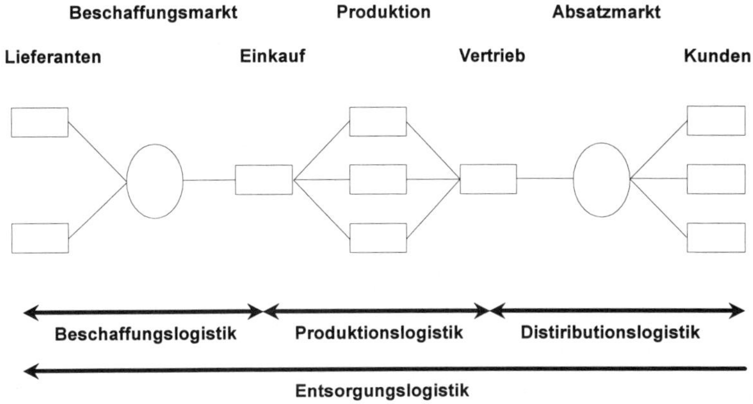

Abb. 4: Phasenbezogene Teilfunktionen einer logistischen Kette[64]

- Luftfrachtleistungsbegriff (Transportleistungsbegriff)

Luftfrachttransportketten bzw. allgemein Transportketten können als Teilmengen von logistischen Ketten aufgefaßt werden, die dazu dienen, die raum-zeitliche Determiniertheit eines Gutes zu verändern. Das Ergebnis einer Luftfrachttransportkette (Transportkette) - als der Aggregation aller in ihrem Verlauf erbrachten direkten logistischen Leistungen - wird im weiteren als Luftfrachtleistung (Transportleistung) bezeichnet.[65]

Abbildung 5 veranschaulicht nochmals die logistischen Leistungen *Befördern*, *Lagern* und *Umschlagen*, die bei der Erstellung einer Luftfrachttransportkette vom Versender zum Empfänger erbracht werden. Um in Anlehnung an die Praxis sowohl die Haustür-zu-Haustür-Leistungen als auch die Flughafen-zu-Flughafen-Leistungen der Luftfrachtanbieter unter dem Luftfrachtleistungsbegriff subsummieren zu können, wird im weiteren folgende Konvention getroffen: Immer dann wenn eine Logistikleistung die direkten logistischen Leistungen der Hauptlaufphase in einer Luftfrachttransportkette umfaßt, wird diese als Luftfrachtleistung bezeichnet. Zur Verdeutlichung der getroffenen Konvention werden in Ebene 3 der Abbildung 5 eine Flughafen-zu-Flughafen-Leistung und in Ebene 4 eine Haustür-zu-Haustür-Leistung skizziert.

---

64 Steffen 1994, S. 32. Vgl. auch Pfohl 1990, S. 16; Klöpper 1991, S. 30.

65 Vgl. Steffen 1994, S. 32.

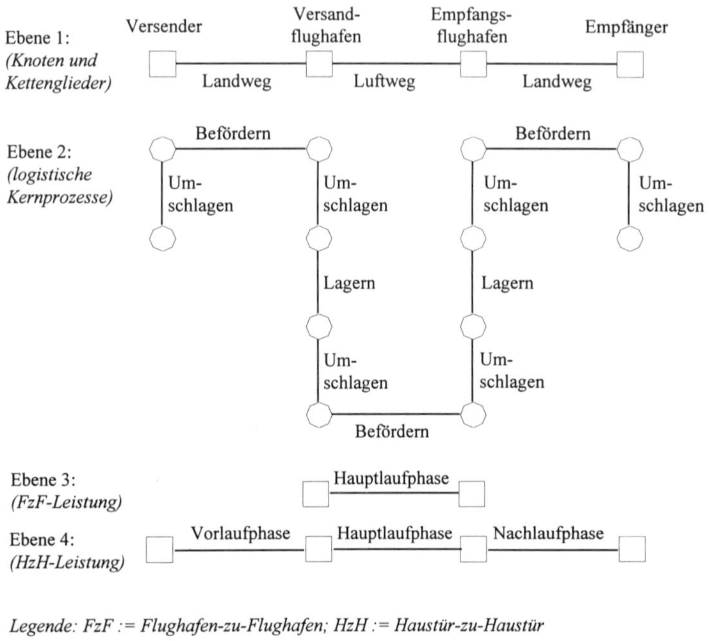

Abb. 5: Beispiele für Luftfrachtleistungen

- Verkehrsleistungsbegriff

Beförderungsleistungen sowie die Ergebnisse der indirekten logistischen Leistungsprozesse[66], die erforderlich sind, um die Ortsveränderung eines Sachgutes herbeizuführen, werden im weiteren unter dem Begriff der Verkehrsleistung subsummiert.[67] Unter einer Beförderungsleistung wird dabei die vollzogene Ortsveränderung eines Sachgutes verstanden.[68] Wird zur Erstellung einer Beförderungsleistung außerdem das Betriebsmittel Flugzeug eingesetzt, so wird im weiteren von einer Luftbeförderungsleistung gesprochen.

Nachdem die für diese Arbeit relevanten vekehrsbetrieblichen Begriffe geklärt wurden, werden nun die Produktionsfaktoren der Luftfrachtunternehmen dargestellt.

---

66 Zur Beschreibung der indirekten logistischen Leistungsprozesse, die in einer Luftfrachttransportkette erstellt werden, siehe den Abschnitt 2.1.2.

67 Vgl. Steffen 1994, S. 30.

68 Vgl. Steffen 1994, S. 30.

2.1.4 Produktionsfaktoren der Luftfrachtunternehmen

Bevor auf die Produktionsfaktoren der Luftfrachtunternehmen eingegangen wird, scheint es sinnvoll, zunächst den Begriff des Luftfrachtunternehmens festzulegen.

Unter einem Luftfrachtunternehmen soll im folgenden ein Dienstleistungsunternehmen verstanden werden, daß in einer Luftfrachttransportkette werteschaffende Leistungen erstellt, um den Aufenthaltsort von Objekten zu verändern. Die wichtigsten Luftfrachtunternehmen können den Unternehmensgruppen der Luftfrachtspeditionen, Luftverkehrsgesellschaften, Integrator oder Flughafenunternehmen zugeordnet werden.

Die Abbildung 6 stellt die Produktionsfaktoren der Luftfrachtunternehmen in einer Produktionsfaktorsystematik dar. Typische Produktionsfaktoren, die speziell von Luftfrachtunternehmen zur Leistungserstellung verwendet werden, sind die Betriebsmittel Luftwege, Flugzeuge und Flughäfen.[69]

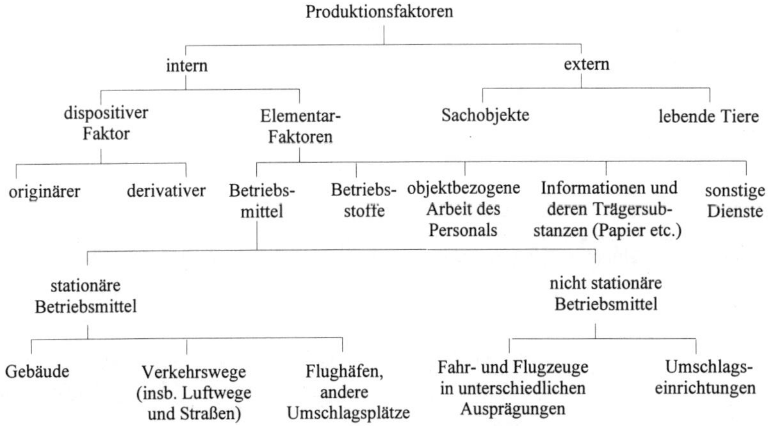

Abb. 6: Produktionsfaktorsystem für Luftfrachtunternehmen[70]

---

69 Vgl. Willeke 1979, Sp. 2113.

70 Vgl. Corsten 1985, S. 67; Claussen 1979b, S. 102.

2.1.5 Tätigkeitsbereiche unterschiedlicher Luftfrachtunternehmensgruppen

Aufgrund der historischen Entwicklung der Luftfrachtleistungsproduktion werden die direkten und indirekten logistischen Leistungsprozesse zur Erstellung von Luftfrachtleistungen durch unterschiedliche, funktional spezialisierte Luftfrachtunternehmen erbracht.[71] Die Tätigkeitsbereiche der wichtigsten Unternehmensgruppen (Luftfrachtspeditionen, Luftverkehrsgesellschaften, Integrator und Flughafenunternehmen) werden nachfolgend beschrieben.

2.1.5.1 Luftfrachtspeditionen

Definitionen zum Begriff der Luftfrachtspedition werden in der verkehrswissenschaftlichen Literatur[72] oder in Gesetzestexten nicht vorgenommen. In Anlehnung an die Praxis werden daher im weiteren Unternehmen, die

- die Verkehrsmittlertätigkeit für Luftverkehrsgesellschaften,
- die Planung, Steuerung und Kontrolle des Güterflusses in einer Luftfrachttransportkette,
- die Abwicklung des Vor- und Nachlaufphase bei einer Luftfrachtleistungserstellung und
- die Organisation und Durchführung von Luftfrachtsammelladungsverkehren

übernehmen, Luftfrachtspeditionen genannt.

Verkehrsmittlertätigkeit für Luftverkehrsgesellschaften

Im Gegensatz zu einem Spediteur, der im eigenen Namen Verträge über Güterbeförderungen abschließt, vermittelt ein Luftfrachtspediteur auf Provisionsbasis Vertragsabschlüsse zwischen einem Luftfrachtführer[73] (zumeist eine Luftverkehrsgesellschaft) und dessen Vertragspartner (zumeist der Absender der Güter). Die meisten Luftfrachtspeditionen, die für Luftverkehrsgesellschaften vermitteln, sind *IATA*-Frachtagenturen.[74],[75] In der Bundesrepublik

---

71 Vgl. Riebel 1974, Sp. 2079f.; Riebel 1979, S. 56.

72 Beispielsweise wird in den Standardwerken der Verkehrsbetriebslehre von *Brauer*, *Claussen*, *Diederich* oder *Voigt* eine Definition des Begriffs "Luftfrachtspedition" nicht vorgenommen. Vgl. Brauer 1991, Teil 1; Claussen 1979b; Diederich 1977; Voigt 1973, Band 1.1 und 1.2.

73 Vgl. hierzu Ruhwedel 1985, S. 35. Zum Begriff des Luftfrachtführers siehe den Abschnitt 2.2.

74 Die *IATA (International Air Transport Association)* ist ein Verband internationaler Luftverkehrsgesellschaften mit der Absicht, Tarife, Dokumente, Bordservice, Freigepäckgrenzen und die Zulassung zu Verkaufsagenturen zu vereinheitlichen. Der *IATA* gehören über 160 internationale Luftverkehrsgesellschaften als Mitglieder an. Vgl. hierzu Zantke 1990, S. 256-259; Rödig 1990, S. 48-55.

75 Die Anforderungen für die Zulassung zur *IATA*-Agentur, wie z.B. ausreichende Kapitaldecke, qualifiziertes Personal, geeignete Büroräumlichkeiten usw., sind von der *IATA* nur "vage" formuliert worden. In der Praxis kann die Zulassung zur IATA-Frachtagentur von jedem Unternehmen problemlos erworben werden. Vgl. zu den genauen Anforderungen für die Zulassung zur *IATA*-Agentur z.B. Bischof 1990, S. 396-398. Im weiteren werden die Begriffe "*IATA*-Agentur" und "*IATA*-Luftfrachtspedition" synonym verwendet.

Deutschland wird der überwiegende Teil des Luftfrachtaufkommens über *IATA*-Agenturen abgewickelt.[76]

Planung, Steuerung und Kontrolle des Güterflusses in einer Luftfrachttransportkette

Eine Grundaufgabe von Luftfrachtspeditionen ist die "Konstruktion" von Luftfrachttransportketten.[77] Die Planung des Güterflusses besteht im wesentlichen darin, die notwendigen direkten und indirekten logistischen Prozesse zur Luftfrachtleistungserstellung zu antizipieren und in der Entscheidung, welche der logistischen Prozesse selbst erbracht bzw. bei anderen Luftfrachtunternehmen nachgefragt werden sollen, so daß die von den Dienstleistungsnehmern gewünschte raum-zeitliche Transformation der Güter durchgeführt werden kann. Meistens müssen hierbei von der Luftfrachtspedition bestimmte Anforderungen der Luftfrachtnachfrager an den Leistungserstellungsprozeß (z.B. Vorgabe der Luftverkehrsgesellschaft oder des Versandflughafens) berücksichtigt werden.[78]

Die direkten logistischen Leistungsprozesse (Transport-, Lager-, Umschlagsprozesse etc.) zur Luftfrachtleistungserstellung werden von Informationsprozessen begleitet und müssen durch Informationen gesteuert werden.[79] Um eine beschleunigte Luftfrachtleistungserstellung zu gewährleisten, sollten die auf die direkten logistischen Leistungsprozesse bezogenen Informationen diesen vorauseilen.[80] Damit nun eine Luftfrachtspedition als "Konstrukteur" einer Luftfrachttransportkette alle an der Luftfrachtleistungserstellung beteiligten Luftfrachtunternehmen jederzeit mit relevanten Informationen versorgen und darüber hinaus auch den physischen Güterfluß vollständig kontrollieren kann, wird ein unternehmensübergreifendes Luftfracht-Informationssystem benötigt, mit dem alle Luftfrachtunternehmen der Luftfrachttransportkette vernetzt sind. In der Realität befinden sich unternehmensübergreifende Luftfracht-Informationssysteme, wie z.B. *EDI*FRA*,[81] derzeit noch in der Einführungsphase. Dies führt dazu, daß eine vollständige Steuerung und Kontrolle des Güterflusses durch eine Luftfrachtspedition zumeist nur für den Bereich der Leistungserstellung möglich ist, den sie selbst physisch abwickelt.

76 Vgl. Bischof 1990, S. 396.
77 Vgl. Pfohl 1990, S. 207.
78 Vgl. Lempio 1989, S. 89.
79 Vgl. Ihde 1991, S. 112.
80 Vgl. Fiege 1987, S. 43.
81 *EDI*FRA* ist ein Luftfracht-Informationssystem der *Flughafen Frankfurt/Main AG*, das jeden beliebigen Datenaustausch zwischen allen Luftfrachtunternehmen in der Luftfrachttransportkette sowie den Verladern und Empfängern der Luftfracht gestattet. Dieses System ermöglicht beispielsweise einer Luftfrachtspedition Frachtraum bei Luftverkehrsgesellschaften zu buchen, Luftfrachtbrief-Daten an andere Luftfrachtunternehmen der Luftfrachttransportkette zu übertragen, die zolltechnische Frachtabwicklung durchzuführen und Fracht-Statusinformationen abzufragen. Vgl. hierzu Flughafen Frankfurt/Main AG 1990, S. 7-10.

Um eine hohe Frequenz des physischen Güterflusses in Luftfrachttransportketten zu gewährleisten, versuchen die Luftfrachtunternehmen die direkten und indirekten logistischen Prozesse möglichst zu standardisieren und aufeinander abstimmen, da fallweise Einzelentscheidungen Verzögerungen und eine stärkere Kontrolle bedingen.[82] Eine derartige Systemintegration ist für Luftfrachtspeditionen sehr wichtig, denn je stärker die Abläufe in einer Luftfrachttransportkette vereinheitlicht werden, desto höher wird die Zuverlässigkeit der gesamten Luftfrachttransportkette, was wiederum die Steuerung und Kontrolle der logistischen Prozesse erleichtert.[83]

Abwicklung der Vor- und Nachlaufphase bei einer Luftfrachtleistungserstellung

Die physische Abwicklung der Vorlaufphase beinhaltet - wie bereits in Abschnitt 2.1.2 ausgeführt - den Gütertransport vom Versender zum Versandflughafen. Dort werden die Güter der beauftragten Luftverkehrsgesellschaft übergeben.

Bis eine Luftfrachtsendung als "abflugfertig" gilt, werden außerdem im Rahmen der Vorlaufphase von einer Luftfrachtspedition folgende Tätigkeiten durchführt:[84]

- Der Luftfrachtbrief für die Gütersendung wird vollständig erstellt.
- Sofern erforderlich wird die zolltechnische Exportabwicklung durchgeführt.
- Falls dies für die Luftbeförderung erforderlich ist (z.B. bei der Gefahrgutbeförderung), werden die Güter der Luftverkehrsgesellschaft speziell verpackt und/oder markiert übergeben.

In der Nachlaufphase des Luftfrachtleistungserstellungsprozesses erbringt eine Luftfrachtspedition schließlich folgende Leistungen:[85]

- Die zolltechnische Importabwicklung wird durchgeführt.
- Die Güter werden umverpackt, wenn dies für die Beförderung vom Empfangsflughafen zum Empfänger erforderlich ist.
- Die Güter werden vom Empfangsflughafen zum Empfänger befördert.

---

82 Vgl. Schulte 1991, S. 67.
83 Vgl. Schulte 1991, S. 67.
84 Vgl. Oelfke 1992, S. 379f..
85 Vgl. Oelfke 1992, S. 380.

Organisation und Durchführung von Luftfrachtsammelladungsverkehren

Aufgrund der Gewichtsdegression der Frachtraten bei der Luftbeförderung ist es für Luftfrachtspeditionen lohnend, mehrere Sendungen eines Versandflughafens zum gleichen Bestimmungsflughafen zu einer Sammelsendung ("consolidation") zusammenzufassen.[86] Für den Luftfrachtnachfrager hat die Frachtbeförderung im Luftfrachtsammelladungsverkehr den Vorteil, daß sie relativ günstig ist, da die Luftfrachtspeditionen die Gewichtsdegression der Frachtraten über luftfrachtspeditionseigene Sammelladungstarife an den Kunden weitergeben. Jedoch dauert die raum-zeitliche Transformation der Güter im Luftfrachtsammelladungsverkehr in der Regel länger, da in der Vor- und Nachlaufphase zusätzliche logistische Prozesse erbracht werden müssen. Beispielsweise werden die Güter in der Vorlaufphase nicht direkt von den Versendern zum Versandflughafen befördert und dort der Luftverkehrsgesellschaften übergeben. Vielmehr sammeln die Luftfrachtspeditionen zunächst die Sendungen verschiedener Dienstleistungsnehmer in einem Sammellager, sortieren diese dort nach Empfangsflughäfen, fassen die sortierten Einzelsendungen zusammen und befördern erst dann die zusammengefaßten Sammelsendungen zum Versandflughafen, wo diese dann den einzelnen Luftverkehrsgesellschaften übergeben werden.[87]

2.1.5.2 Luftverkehrsgesellschaften

Die Tätigkeitsbereiche der Luftverkehrsgesellschaften bei der Luftfrachtleistungserstellung sind die physische Abwicklung sowie die Steuerung und Kontrolle der Hauptlaufphase.

Die physische Steuerung des Güterflusses in der Luftfrachttransportkette durch eine Luftverkehrsgesellschaft beginnt zumeist auf dem Versandflughafen durch die Übernahme der Güter von einer Luftfrachtspedition. Vom Lastkraftwagen der Luftfrachtspedition werden die Güter in ein Luftfrachtzentrum umgeschlagen. Dort werden sie sortiert und auch zwischengelagert, falls dies die Zeitdifferenz zwischen dem Gütereingang und der Luftbeförderung der Güter erfordert. Abhängig vom Startzeitpunkt der Luftbeförderung werden dann Sendungen für einen bestimmten Empfangsflughafen zusammengefaßt und auf bzw. in Flugzeuglademittel (Paletten, Container) verladen. Vom Luftfrachtzentrum werden anschließend die Flugzeuglademittel zum Flugzeug befördert und dort umgeschlagen. Nach der Luftbeförderung erfolgen auf dem Empfangsflughafen die bisher beschriebenen Tätigkeiten zur Abwicklung des physischen Güterflusses in umgekehrter Reihenfolge.

---

86 Vgl. Oelfke 1992, S. 381.

87 Vgl. Bischof 1990, S. 435.

Bis auf die Erstellung des Beförderungsprozesse zwischen Versand- und Empfangsflughafen führen viele Luftverkehrsgesellschaften die eben beschriebene physischen Abwicklung bei der Luftfrachtleistungserstellung nicht selbst durch, sondern beauftragen spezialisierte Luftfrachtunternehmen hierfür. Auf dem Flughafen Frankfurt beispielsweise übernehmen diese Tätigkeiten die *Lufthansa* und die *Flughafen Frankfurt/Main AG (FAG)*, die dort jeweils ein Luftfrachtzentrum betreiben. Die meisten Luftverkehrsgesellschaften, die Frankfurt anfliegen, lassen die physische Frachtabfertigung in einem der beiden Luftfrachtzentren durchführen.[88] Bestimmte Teilbereiche der physischen Abfertigung (die Flugzeugabfertigung und die Frachtbeförderung vom Flugzeug zu einem der Frachtzentren) werden sogar ausschließlich von der *FAG* durchgeführt.[89]

Damit die Luftverkehrsgesellschaften bzw. die von ihnen beauftragten Luftfrachtunternehmen eine hohe Kapazität zur Leistungserstellung bereithalten und auch einsetzen können (auf dem Flughafen Frankfurt wurden z.B. 1992: 1,1 Mio. Tonnen Luftfracht umgeschlagen)[90], ist eine Unterstützung der physischen Luftfrachtabfertigung durch ein Luftfracht-Informationssystem unverzichtbar. Um die Vielzahl der logistischen Prozesse zu steuern, die für eine Luftfrachtabfertigung durchzuführen sind, setzen z.B. auf dem Flughafen Frankfurt sowohl die *Lufthansa* als auch die *FAG* Luftfracht-Informationssysteme ein. Beispielsweise werden im Luftfracht-Informationssystem der *FAG*, genannt *Cargo Information System (CIS)*, folgende Informationen eingegeben, gespeichert und zum Teil automatisch an das eigenen Personal, an die "betreuten" Luftverkehrsgesellschaften und/oder andere in nachgelagerte Stufen der Luftfrachttransportkette eingebundene Luftfrachtunternehmen weitergeleitet:[91]

- Es werden wichtige Sendungsinformation gespeichert, wie z.B.
  - der Zeitpunkt der Sendungsübernahme durch das Luftfrachtzentrum,
  - die Lagerstelle der Sendung im Luftfrachtzentrum,
  - die Stückzahl, das Gewicht und die Klassifizierung der Sendung,
  - der Name der Luftverkehrsgesellschaft, die die Sendung befördern soll u.a.m.
- Es werden Informationen zur schnelleren zolltechnischen Im- und Exportabwicklung per Kopplung an das Informationssystem des Zolls weitergeleitet.
- Es werden sog. Checkmanifeste als Unterstützung zur Sendungsverladung auf Luftfrachtpaletten bzw. in Luftfrachtcontainern erstellt.
- Über das Datenfernübertragungs-Verbundnetz der internationalen Luftverkehrsgesellschaften, genannt *SITA*, werden Sendungsinformationen an die jeweiligen Empfangsflughäfen übermittelt.

88 Vgl. Löwer 1987, S. 115.
89 Vgl. Flughafen Frankfurt/Main AG 1991, S. 5.
90 Vgl. Flughafen Frankfurt/Main AG 1993a, S. 6.
91 Vgl. Flughafen Frankfurt/Main AG o.J., S. 9-12.

Aufgrund der eingegebenen und gespeicherten Informationen erlaubt *CIS* auch eine Kontrolle darüber, auf welchem Flug und in welchem Luftfrachtcontainer bzw. auf welcher Luftfrachtpalette eine Sendung abgeflogen wurde, so daß beispielsweise ein schnelles Reagieren bei Fehlleitungen oder bei Suchmeldungen möglich ist.[92]

2.1.5.3 Integrator

Als Integrator werden die großen internationalen Kurier-, Expreß- und Paketdienste bezeichnet.[93] Die logistischen Leistungen in einer Luftfrachttransportkette, die Integrator erstellen, umfassen die logistischen Leistungen, die sowohl die Luftfrachtspeditionen als auch die Luftverkehrsgesellschaften in einer Luftfrachttransportkette durchführen. Das Ziel eines Integrators ist dabei in bezug auf die Luftfrachtleistungserstellung, daß möglichst alle direkten logistischen Leistungsprozesse in einer Luftfrachttransportkette durch das eigene Unternehmen erbracht werden.[94] In der Realität beziehen jedoch auch Integrator Fremdleistungen, um den Güterfluß in einer Luftfrachttransportkette zu bewirken. Beispielsweise kooperiert der Integrator *Federal Express* in der Bundesrepublik Deutschland seit 1992 mit dem *Lo-Go-Lieferservice*, der in bestimmten Regionen die Güterabholung und -auslieferung für *Federal Express* übernimmt.[95]

2.1.5.4 Flughafenunternehmen

Als Flughafenunternehmen werden die Eigentümer der Flughäfen bezeichnet. Die deutschen Flughäfen sind dabei überwiegend im Eigentum der Öffentlichen Hand, sie werden aber im Interesse einer beweglichen Geschäftsleitung als juristische Personen des Privatrechts geführt.[96] Beispielsweise ist in Frankfurt am Main die *FAG* Eigentümerin des gesamten Flughafengeländes, wobei die Aktien dieses Flughafenunternehmens der Bundesrepublik Deutschland, dem Land Hessen und der Stadt Frankfurt am Main gehören.[97]

Für eine Luftfrachtleistungserstellung werden durch die Flughafenunternehmen die Luftfrachtabfertigung durchgeführt und bestimmte, zur Luftfrachtleistungserstellung notwendige Produktionsfaktoren bereitgehalten (z.B. Luftfrachtzentren, Fahrzeuge, Luftfrachtlademittel, Personal, Start-/Landebahnen, Wegsicherungseinrichtung). Der Umfang der Tätigkeiten eines Flughafenunternehmens richtet sich jeweils danach, inwieweit die Über-

---

92 Vgl. Bischof 1990, S. 529.
93 Vgl. Kille 1991, S. 28.
94 Vgl. Hornbacher/Horvath/Munstermann 1990, S. 208.
95 Vgl. Hector 1993, S. 3.
96 Vgl. Brauer 1991, S. 87.
97 Vgl. Flughafen Frankfurt/Main AG 1993a, S. 69.

nahme bestimmter logistischer Leistungen mit Luftverkehrsgesellschaften oder Integrator vertraglich vereinbart wurden. Der weitestgehende Tätigkeitsumfang umfaßt die Durchführung der gesamten Luftfrachtabfertigung für Luftverkehrsgesellschaften,[98] der engste Tätigkeitsumfang beschränkt sich auf die Verwaltung von Betriebsmitteln (Gebäude, Start-/ Landebahnen, Wegsicherungseinrichtungen u.a.m.), die von Flughafenunternehmen zur Luftfrachtleistungserstellung bereitgestellt werden.[99]

Nachdem der Luftfrachtleistungsbegriff eingeführt und die Tätigkeiten der wichtigsten Luftfrachtunternehmen entlang der Luftfrachttransportkette dargestellt worden sind, wird im folgenden auf die vertraglichen und rechtlichen Grundlagen der Luftfrachtleistungsproduktion eingegangen.

2.2 Vertragliche und rechtliche Grundlagen der Luftfrachtleistungsproduktion

Vertragliche Grundlage für die Erstellung einer Luftfrachtleistung bildet ein Luftbeförderungsvertrag. Dieser wird zwischen einem Luftfrachtführer und in der Regel einem Versender von Gütern abgeschlossen; er stellt zwischen den Vertragspartnern eine rechtlich gültige Vereinbarung dar über das zu produzierende Luftfrachtleistungsergebnis.[100] Als Luftfrachtführer wird dabei in der rechtswissenschaftlichen Literatur unabhängig vom Gegenstand der Beförderung (Personen oder Güter) "die mit einer Beförderung auf dem Luftweg betraute - natürliche oder juristische - Person ... bezeichnet."[101] Die Funktion eines Luftfrachtführers übernehmen in der Praxis Luftverkehrsgesellschaften, Luftfrachtspeditionen oder Integrator.

Nach deutschen Recht handelt es sich bei einem Luftbeförderungsvertrag um einen Werkvertrag im Sinn der §§ 631ff. BGB.[102] Nach herrschender Auffassung stellt ein Luftbeförderungsvertrag einen formlosen Konsensualvertrag dar. Das heißt, für sein Zustandekommen bedarf es lediglich zweier übereinstimmender Willenserklärungen.[103]

Obwohl ein Luftbeförderungsvertrag für seine Wirksamkeit an keine Form gebunden ist, wird in der Praxis in Zusammenhang mit dem Abschluß eines Luftbeförderungsvertrages regelmäßig ein Luftfrachtbrief ("airway bill") ausgestellt. Dieser ist vom rechtlichen

---

98 Vgl. zur Beschreibung der Tätigkeiten, die bei einer Luftfrachtabfertigung erbracht werden, den Abschnitt 2.1.5.2.

99 Vgl. Brauer 1991, S. 85.

100 Vgl. Ruhwedel 1985, S. 17.

101 Ruhwedel 1985, S. 35.

102 Vgl. Ruhwedel 1985, S. 17.

103 Vgl. Bischof 1990, S. 399.

Standpunkt aus gesehen ein internationales Beförderungsdokument, das "... den Beweis für den Vertrag zwischen dem Absender und dem Luftfrachtführer über die Beförderung von Gütern im Luftverkehr erbringt."[104] Auf Veranlassung der *IATA* ist für den Luftfrachtbrief ein Einheitsdokument geschaffen worden, das von den meisten Luftfrachtanbietern zum Abschluß eines Luftbeförderungsvertrages verwendet wird.[105] Neben dem Beweis des Vertragsabschlusses erfüllt der Luftfrachtbrief noch weitere Funktionen. Er dient beispielsweise als Empfangsbestätigung des Luftfrachtführers über die darin aufgeführte Sendung, er wird als Unterlage für die Zolldeklaration verwendet und er dient als Nachweis für das Verfügungsrecht des Dienstleistungsnehmers.[106]

Die Rechte und Pflichten, die die Parteien mit Abschluß eines Luftbeförderungsvertrages erwerben, sind nicht einheitlich geregelt. Sie ergeben sich in erster Linie aus den zwischen den Parteien geschlossenen Vereinbarungen sowie aus dem auf den Luftbeförderungsvertrag anwendbare Recht.[107] Dabei stellt das Luftbeförderungsrecht eine komplexe Materie dar, die geprägt ist durch ein Ineinandergreifen von völkerrechtlichen Abkommen (Warschauer Abkommen, Haager Protokoll, Guadalajara-Abkommen)[108], innerstaatlichem Gesetzesrecht[109] und den Allgemeinen Geschäftsbedingungen der *IATA*.[110] Prinzipiell wird auf einen Luftbeförderungsvertrag dasjenige Recht angewendet, das sowohl Abgangs- als auch Zielland ratifiziert haben.[111]

Zur Verdeutlichung der Rechte und Pflichten, die die Parteien mit dem Abschluß eines Luftbeförderungsvertrages erwerben, wird im folgenden auf die gesetzliche Regelung der Haftpflicht- und Vergütungsansprüche eingegangen.

Haftpflichtansprüche des Absenders

Die Haftpflichtansprüche des Absenders leiten sich aus den Allgemeinen Beförderungsbedingungen des Luftfrachtführers und dem jeweils anzuwendenden Luftbeförderungsrecht ab (Warschauer Abkommen, Haager Protokoll etc.).[112] Findet beispielsweise das Warschauer

---

104 Zantke 1990, S. 302.

105 Vgl. Ruhwedel 1985, S. 75.

106 Einen genauen Überblick über die Funktionen, die ein Luftfrachtbrief erfüllt bzw. erfüllen kann, gibt z.B. *Bischof*. Vgl. Bischof 1990, S. 407.

107 Vgl. Ruhwedel 1990, S. 50.

108 Das Warschauer Abkommen, Haager Protokoll und Guadalajara-Abkommen sind die wichtigsten völkerrechtlichen Abkommen zur Vereinheitlichung von Regeln über die Beförderung im internationalen Luftverkehr. Vgl. für den Wortlaut der einzelnen Abkommen und die jeweiligen Unterzeichnerstaaten Zantke 1990, S. 241-247 und S. 464-482.

109 In der Bundesrepublik Deutschland sind dies LuftVG, BGB und HGB.

110 Einen Überblick über das auf einen Luftbeförderungsvertrag anwendbare Recht gibt *Ruhwedel*. Vgl. hierzu Ruhwedel 1985, S. 13-16.

111 Einen Überblick über die grundsätzlichen Reihenfolge in der Anwendung luftbeförderungsrechtlicher Bestimmungen gibt *Landbeck*. Vgl. hierzu Landbeck 1972, S. 36-38.

112 Vgl. Deutsche Lufthansa AG 1986, S. 105f..

Abkommen oder das Haager Protokoll als Rechtsgrundlage Anwendung, dann haftet ein Luftfrachtführer für Schäden, die aufgrund von Ereignissen während der Zeitspanne eintreten, in der er das Frachtgut in seiner Obhut hat.[113] Jedoch ist die Haftpflicht des Luftfrachtführers grundsätzlich limitiert und bei Anwendung des Warschauer Abkommens oder des Haager Protokolls folgenden Beschränkungen unterworfen:[114]

- Der Luftfrachtführer haftet nur im Falle eines eigenen Verschuldens, wobei bezüglich dieses Verschuldens die Beweislast umgekehrt ist. Das heißt, bei einem Schadensfall muß der Luftfrachtführer sein Nicht-Verschulden nachweisen, wenn er den Schadensforderungen des Dienstleistungsnehmers nicht nachkommen möchte.
- Der Luftfrachtführer haftet nicht für Beschaffenheitsschäden (z.B. Blumen aus Afrika erreichen angewelkt den Kunden, weil beim Umladen die Kühlkette mehrfach unterbrochen werden mußte) oder indirekte Folgeschäden (z.B. Gewinnausfall, weil ein Ersatzteil nicht zum vereinbarten Zeitpunkt eingetroffen ist).
- Die Haftungshöchstgrenze beträgt international 53,50 DM und in der Bundesrepublik Deutschland[115] 67,50 DM je Kilo beförderter Fracht.

Vergütungsanspruch des Luftfrachtführers

Nach deutschen Recht hat der Luftfrachtführer gemäß § 631 (1) BGB für die Luftfrachtleistung einen Vergütungsanspruch gegenüber dem Dienstleistungsnehmer.[116] In der Praxis wird die Vergütung für eine Luftfrachtleistung zwischen einem Dienstleistungsnehmer und einem Luftfrachtführer frei vereinbart.

Einen Orientierungsrahmen für die Vergütung von Luftfrachtleistungen bilden die *IATA*-Frachtraten, die früher staatlich regulierte Preise für Beförderungsleistungen von Flughafen zu Flughafen darstellten. Unter einer Frachtrate wird im weiteren der Beförderungspreis verstanden, der für eine Beförderungsleistung von Flughafen zu Flughafen auf einer bestimmten Beförderungsstrecke für eine Einheit (z.B. kg) zu zahlen ist.[117] Die Höhe der *IATA*-Frachtrate auf einer bestimmten Beförderungsstrecke wird durch die Beförderungsrichtung, das Gewicht bzw. Volumen der Güter und die Zuordnung der Güter zu bestimmten

113 Vgl. Deutsche Lufthansa AG 1986, S. 106.
114 Vgl. Ruhwedel 1985, S. 85, S. 110f. und S. 130f.; Bischof 1990, S. 404f..
115 Hier bildet das LuftVG die Rechtsgrundlage. Vgl. hierzu Ruhwedel 1990, S. 131.
116 Vgl. Ruhwedel 1990, S. 65.
117 Vgl. Landbeck 1972, S. 51.

Ratenklassen determiniert.[118] Die *IATA*-Frachtraten für die wichtigsten Verbindungen sind im *IATA*-Tarifsystem zusammengestellt.[119]

Neben der Luftfrachtrate hat der Luftfrachtführer gegenüber dem Dienstleistungsnehmer auch Vergütungsansprüche für direkte und indirekte logistische Leistungen, die im Rahmen der Produktion einer Luftfrachtleistung erbracht werden, aber über die Erstellung einer Beförderungsleistung von Flughafen zu Flughafen hinausgehen und deshalb nicht durch die Luftfrachtrate abgegolten sind. Eine Orientierung für die Vergütung dieser Leistungen bildet der Luftfracht-Nebengebührentarif (LNTG), der u.a. Tarife für die Erstellung folgender Leistungen ausweist:[120]

– Das Ausstellen des Luftfrachtbriefes,
– die Abfertigung von Luftfrachtsendungen,
– die zollamtliche Vorabfertigung,
– das Vorlegen von Zoll und Frachten (sog. Vorlageprovisionen),
– das Besorgen von Konsulatsfakturen und Ursprungszeugnissen,
– die Zustellung, die Abholung und das Lagern von Luftfrachtsendungen.

2.3 Staatliche Einflußnahme auf die Luftfrachtleistungsproduktion

Im internationalen Luftverkehr wird die Erstellung von Luftbeförderungsleistungen staatlich reguliert. Durch die Regulierung beabsichtigen die einzelnen Nationalstaaten vor allem ihre "heimischen" Luftverkehrsgesellschaften im Wettbewerb zu schützen. Da mit Ausnahme der Beförderung im Luftfrachtersatzverkehr[121] jede Luftfrachtleistung eine Luftbeförderungsleistung einschließt,[122] beeinflussen staatliche Beschlüsse zur Regulierung von Luftbeförderungsleistungen unmittelbar auch die Produktion von Luftfrachtleistungen. Um zu verdeutlichen, wie durch staatliche Luftverkehrspolitik die Erstellung von Luftbeförderungsleistungen und damit auch die Luftfrachtleistungsproduktion reguliert wird, werden im folgenden die wichtigsten luftverkehrspolitischen Regulierungsinstrumente beschrieben. Darauf aufbauend werden der internationale luftverkehrspolitische Ordnungsrahmen und der

---

118 Die Regeln zur Bestimmung von *IATA*-Frachtraten sind in den TACT Rules beschrieben. Vgl. hierzu Air Canada 1993a. Beispiele für Frachtratenberechnungen finden sich bei *Bischof*. Vgl. hierzu Bischof 1990, S. 416-422.

119 Das *IATA*-Tarifsystem wird halbjährlich im Tarifhandbuch "The Air Cargo Tariff" veröffentlicht. Vgl. hierzu Air Canada 1993b; Air Canada 1993c.

120 Vgl. Bischof 1990, S. 438f.; Oelfke 1992, S. 381.

121 Vgl. hierzu den Abschnitt 2.4.2.2.

122 Vgl. hierzu die Definitionen der Begriffe "Luftfrachtleistung" und "Luftbeförderungsleistung" in Abschnitt 2.1.3.

luftverkehrspolitische Ordnungsrahmen der EG sowie deren jeweilige Bedeutung für die Erstellung von Luftbeförderungsleistungen dargestellt.

2.3.1 Luftverkehrspolitische Regulierungsinstrumente

Die wichtigsten luftverkehrspolitischen Regulierungsinstrumente, mit denen die Nationalstaaten das Angebot zur Erstellung von Luftbeförderungsleistungen steuern, sind die ordnungspolitischen Instrumente "Marktzugang", "Kapazitätsregelung", "Tarifgenehmigung" und "Gestaltung von Kooperationen".[123] Wie die Nationalstaaten durch diese Regulierungsinstrumente grundsätzlich Einfluß auf die Produktion von Luftbeförderungsleistungen nehmen können, wird im folgenden beschrieben:

- Marktzugang

Mit dem Instrument des Marktzugangs kann das Angebot zur Erstellung von Luftbeförderungsleistungen in einem geographischen Verkehrsgebiet durch die verfügungsberechtigten Nationalstaaten reguliert werden. Die Regulierung des Marktzugangs erfolgt in der Praxis vielfach durch eine restriktive Verteilung von Streckenrechten und eine Beschränkung der Verkehrsfreiheiten für bestimmte Luftverkehrsgesellschaften bzw. Integrator.[124] Die einzelnen Verkehrsfreiheiten des Luftverkehrs ("Freiheiten der Luft"), die ein Staat zu Überflug-, Start- und Landezwecken über seinem Hoheitsgebiet verteilen kann, können wie folgt formuliert werden:[125]

– Durch die *erste Freiheit* erhält eine Luftverkehrsgesellschaft bzw. ein Integrator das Recht, das Hoheitsgebiet eines fremden Staates ohne Landung zu überfliegen.
– Durch die *zweite Freiheit* erhält eine Luftverkehrsgesellschaft bzw. ein Integrator das Recht zur nichtgewerblichen Zwischenlandung (Tanken, Wechsel des Flugpersonals) in einem fremden Staat. Fracht darf weder abgesetzt noch aufgenommen werden.
– Durch die *dritte Freiheit* erhält eine Luftverkehrsgesellschaft bzw. ein Integrator das Recht, Fracht aus dem Heimatstaat in einen fremden Staat zu transportieren.
– Durch die *vierte Freiheit* erhält eine Luftverkehrsgesellschaft bzw. ein Integrator das Recht, Fracht im Vertragsstaat aufzunehmen und in den Heimatstaat zu befördern.
– Durch die *fünfte Freiheit* erhält eine Luftverkehrsgesellschaft bzw. ein Integrator das Recht, Fracht von und nach einem Drittstaat zu befördern, wobei der Flug entweder im Heimatstaat beginnen oder enden muß.

---

123 Vgl. Pompl 1992, S. 230.

124 Vgl. Pompl 1992, S. 230f..

125 Vgl. Zantke 1990, S. 234 und S. 429. Vgl. zur Kommentierung der einzelnen "Freiheiten der Luft" Biermann 1985, S. 15-24.

- Durch die *sechste Freiheit* erhält eine Luftverkehrsgesellschaft bzw. ein Integrator das Recht, Fracht in einem Vertragsstaat aufzunehmen und nach einer Zwischenlandung im Heimatland in einen Drittstaat weiterzubefördern und umgekehrt.
- Durch die *siebte Freiheit* erhält eine Luftverkehrsgesellschaft bzw. ein Integrator das Recht, Fracht zwischen zwei fremden Staaten zu befördern, ohne daß auf diesem Flug der Heimatstaat berührt wird.
- Durch die *achte Freiheit* erhält eine Luftverkehrsgesellschaft bzw. ein Integrator das Recht, Fracht zwischen zwei Orten innerhalb eines fremden Staates zu befördern (Kabotagerecht).

• Kapazitätsregelung

Neben der direkten Kontingentierung der Frachtraumkapazitäten stellen noch der Umfang der Streckenrechts- und der Umfang der Flugfrequenzvergabe Möglichkeiten dar, um über Kapazitätsbeschränkungen die Erstellung von Luftbeförderungsleistungen staatlich zu regulieren.[126]

• Tarifgenehmigung

Durch eine staatliche Tarifsgenehmigungspflicht besteht die Möglichkeit, die Preise für Luftbeförderungsleistungen zu regulieren. Dabei gibt es für den Abschluß von Tarifgenehmigungsvereinbarungen zwischen zwei Nationalstaaten grundsätzlich folgende vier Vorgehensweisen:[127]

- "Double Approval": Beide Vertragsstaaten müssen der Tarifgenehmigung zustimmen.
- "Country of Origin Rule": Nur der Staat, in dem die Luftbeförderung beginnt, muß der Tarifgenehmigung zustimmen.
- "Double Disapproval": Ein Tarif gilt von beiden Vertragsstaaten als genehmigt, falls er nicht von beiden Staaten abgelehnt wird.
- "Automatic Approval": Ein Tarif gilt von beiden Vertragsstaaten genehmigt, wenn dieser lediglich den relevanten Aufsichtsbehörden gemeldet wird.

• Gestaltung von Kooperationen

Nach dem GWB § 99 ist der Verkehrsträger Luft in der Bundesrepublik Deutschland von der Anwendung des Gesetzes gegen Wettbewerbsbeschränkung ausgenommen.[128] Dadurch erlaubt der Gesetzgeber, daß beispielsweise die *Lufthansa* Absprachen mit anderen Luftverkehrsgesellschaften trifft, die eine wettbewerbsbeschränkende Wirkung zur Folge haben.

126 Vgl. Pompl 1992, S. 243f..
127 Vgl. Reifart 1985, 74-77.
128 Vgl. Pompl 1992, S. 247.

Grundsätzlich sind folgende kommerzielle Kooperationen zwischen Luftverkehrsgesellschaften auf internationalen Strecken von wettbewerblicher Bedeutung:[129]

- Absprachen über Flugpläne, Frequenzen und Kapazitäten (in sog. Poolabkommen),
- gemeinsame Festsetzung von Tarifen und Beförderungsbedingungen,
- Vereinbarungen über die technische Zusammenarbeit bei Flugzeugwartung, Personalschulung und Ersatzteilvorhaltung,
- Nutzung eines gemeinsamen Vertriebssystems (z.B. gemeinsamer Betrieb eines Frachtbuchungssystems).

Wie stark durch die beschriebenen ordnungspolitischen Instrumente die Erstellung von Luftbeförderungsleistungen reguliert wird, hängt maßgeblich von den luftverkehrspolitischen Ordnungsrahmen der einzelnen Nationalstaaten ab.

Insgesamt haben sich seit Ende der siebziger Jahren die luftverkehrspolitischen Ordnungsvorstellungen in vielen Nationalstaaten grundlegend geändert. Die luftverkehrspolitischen Instanzen dieser Staaten sind zur Überzeugung gekommen, daß der bisher weitgehend regulierte Ordnungsrahmen des Luftverkehrs verändert werden sollte, um verbesserte Wettbewerbsmöglichkeiten durch Erleichterung des Marktzugangs, Reduzierung von Kapazitätsbeschränkungen und ein flexibleres Tarifsystem zu schaffen. Diesem Gedanken zufolge wurde 1978 der Luftverkehr in den USA dereguliert.[130] Ebenso wurden in Australien, Japan und Kanada[131] sowie in der EG[132] die wettbewerblichen Rahmenbedingungen des Luftverkehrs liberalisiert.

2.3.2 Luftverkehrspolitischer Ordnungsrahmen für die Produktion von Luftbeförderungsleistungen

2.3.2.1 Internationale Vereinbarungen

Rechtliche Vereinbarungen, die für die Erstellung von Luftbeförderungsleistungen weltweit Gültigkeit haben, wurden auf der Convention on International Civil Aviation (genannt: Abkommen von Chicago) verabschiedet.[133] Aufgrund unterschiedlicher Vorstellungen der

---

129 Pompl 1992, S. 247.

130 Einen Überblick über die Deregulierung des Luftverkehrs in den USA geben z.B. *Pompl* und *Desel*. Vgl. Pompl 1992, 249-268; Desel 1988, S. 1152-1154.

131 Einen Überblick über die Liberalisierung des Luftverkehrs in Australien, Kanada und Japan gibt z.B. *Gialloreto*. Vgl. Gialloreto 1988, S. 114-122.

132 Einen Überblick über die Liberalisierung des Luftverkehrs in Europa gibt z.B. *Kark*. Vgl. Kark 1989, S. 23-69.

133 Dieser internationale Vertrag wurde 1944 zwischen 52 Staaten ausgehandelt und unterzeichnet. Nahezu alle Staaten der Welt, die Bundesrepublik Deutschland 1956, sind diesem Vertragswerk beigetreten. Vgl. hierzu Wenglorz/Wittmann 1991, S. 145f..

Teilnehmerstaaten wurden jedoch keine weitreichenden Vereinbarungen zur Gestaltung der ordnungspolitischen Rahmenbedingungen im internationalen Luftverkehr getroffen. Lediglich die ersten beiden "Freiheiten der Luft" und Vereinbarungen über den gewerblichen Gelegenheitsluftverkehr, die allerdings von den Vertragsstaaten "beliebig" restriktiv gehandhabt werden können, wurden durch die Teilnehmerstaaten beschlossen.[134] Weitergehende Vereinbarungen zur Gestaltung der ordnungspolitischen Rahmenbedingungen im internationalen Luftverkehr (Vereinbarungen über die Vergabe von Flugrouten, Kapazitäts-, Tarifvereinbarungen u.a.m.) werden seit dem Abkommen von Chicago in bilateralen Verträgen zwischen den einzelnen Nationalstaaten geschlossen.[135] Derzeit existieren etwa 2.500 bilaterale Abkommen im internationalen Luftverkehr.[136] Die meisten Abkommen sind dabei sehr restriktiv, da sie auf der genauen Einhaltung des Grundsatzes der Gegenseitigkeit basieren.[137]

Umfangreiche Vereinbarungen zur Gestaltung der ordnungspolitischen Rahmenbedingungen im Luftverkehr hat die Bundesrepublik Deutschland mit den Staaten der EG getroffen. Diejenigen Vereinbarungen, die für die Erstellung von Luftbeförderungsleistungen in der EG relevant sind, werden im folgenden dargestellt.

2.3.2.2 Ordnungsrahmen der EG

Die Ziele einer gemeinschaftlichen Luftverkehrspolitik wurden durch die EG-Kommission in den Luftverkehrsmemoranda Nr. 1 und Nr. 2 festgelegt.[138] In den Memoranda wurde die Empfehlung ausgesprochen, die bilateralen Abkommen zwischen den einzelnen EG-Staaten zu harmonisieren und dahingehend weiterzuentwickeln, daß die Luftverkehrsgesellschaften der EG-Staaten einen stärkeren Wettbewerbsdruck ausgesetzt werden.[139] Der zunehmende Wettbewerb soll dabei bewirken, daß die Luftverkehrsgesellschaften der EG-Staaten ihre Produktivität steigern und höhere Ladefaktoren durch eine freizügigere Preis- und Angebotsgestaltung erreichen.

Die ordnungspolitischen Rahmenbedingungen des Luftverkehrs sind in den einzelnen Mitgliedsstaaten der EG schrittweise durch EG-Rechtsvorschriften harmonisiert worden. Die relevanten Rechtsvorschriften, die sich auf die Erstellung von Luftbeförderungsleistungen

---

134 Vgl. Zantke 1990, S. 9 und S. 426.
135 Vgl. Kark 1989, S. 76.
136 Vgl. Wenglorz/Wittmann 1991, S. 146.
137 Vgl. Kark 1989, S. 78.
138 Vgl. EG-Kommission 1979; EG-Kommission 1984.
139 Vgl. EG-Kommission 1984, S. 28-36; EG-Kommission 1989, S. 8.

beziehen, sind dabei in den "Luftverkehrspaketen" vom 14. Dezember 1987[140], vom 24. Juli 1990[141] und 23. Juli 1992[142] sowie in der Verordnung über den Betrieb von Luftfrachtdiensten zwischen den Mitgliedsstaaten vom 4. Februar 1991[143] enthalten. Dabei wurden durch die verabschiedeten Rechtsvorschriften in bezug auf die ordnungspolitischen Instrumente "Marktzugang", "Kapazitätsregelung", "Tarifgenehmigung" und "Gestaltung von Kooperationen" folgende Übereinkommen erzielt:

- Marktzugang

– Ein Unternehmen erhält die Betriebsgenehmigung zur Durchführung von Luftbeförderungsleistungen in der EG, wenn es seine Hauptniederlassung oder eingetragenen Sitz in einem Mitgliedstaat hat und wenn es grundlegende Eignungsvoraussetzungen zur Erstellung von Luftbeförderungsdiensten erfüllt.[144]

– Seit dem 4. Februar 1991 dürfen alle in der EG zugelassenen Luftverkehrsgesellschaften und Integrator bei der Erstellung von Luftbeförderungsleistungen die Verkehrsfreiheiten *eins* bis einschließlich *sechs* ausüben.[145] Außerdem werden allen zugelassenen Luftverkehrsgesellschaften und Integrator ab 1. April 1997 die Rechte der *siebten* und *achten* "Freiheit der Luft" gestattet.[146]

– Die Häufigkeit, in der eine Luftverkehrsgesellschaft oder ein Integrator eine bestimmte Strecke bedienen möchte, wird im Rahmen der gewährten Verkehrsfreiheiten grundsätzlich nicht beschränkt.[147] Im Fall einer Streckenüberlastung (z.B. aufgrund der zu geringen Anzahl von Start- und Landezeiten auf einem Flughafen[148]) kann der jeweils verantwortliche Mitgliedstaat die Häufigkeit der Streckenbedienung einschränken oder die Streckenbedienung sogar verweigern.[149]

---

140 Die Rechtsvorschriften des "ersten Luftverkehrspaketes" sind im Amtsblatt der Europäischen Gemeinschaft vom 31. Dezember 1987 veröffentlicht worden. Von den verabschiedeten Rechtsvorschriften sind derzeit noch folgende Verordnungen gültig: EG-Rat 1987, Verordnung Nr. 3975 und Verordnung Nr. 3976.

141 Die Rechtsvorschriften des "zweiten Luftverkehrspaketes" sind im Amtsblatt der Europäischen Gemeinschaft vom 11. August 1990 veröffentlicht worden. Von den verabschiedeten Rechtsvorschriften ist derzeit noch folgende Verordnung gültig: EG-Rat 1990, Verordnung Nr. 3343.

142 Die Rechtsvorschriften des "dritten Luftverkehrspaketes" sind im Amtsblatt der Europäischen Gemeinschaft vom 24. August 1992 veröffentlicht worden und umfassen folgende Verordnungen: EG-Rat 1992, Verordnung Nr. 2407, Verordnung Nr. 2408, Verordnung Nr. 2409, Verordnung Nr. 2410 und Verordnung Nr. 2411.

143 EG-Rat 1991, Verordnung Nr. 294.

144 Vgl. EG-Rat 1992, Verordnung Nr. 2407, Artikel 4-6.

145 Vgl. EG-Rat 1991, Verordnung Nr. 294, Artikel 5.

146 Vgl. EG-Rat 1992, Verordnung Nr. 2408, Artikel 3 Abschnitt 2.

147 Vgl. EG-Rat 1991, Verordnung Nr. 294, Artikel 6 Abschnitt 2.

148 Vgl. zur Problematik der Vergabe von Start- und Landerechten in der EG Holz 1991, S. 229-250.

149 Vgl. EG-Rat 1992, Verordnung Nr. 2409, Artikel 9 Abschnitt 7 und 8.

- Tarifgenehmigung

Der Preis für eine Luftbeförderungsleistung innerhalb der EG wird von den Vertragsparteien des Luftbeförderungsvertrages frei vereinbart.[150]

- Kapazitätsregelung

Die Frachtmenge, die Luftverkehrsgesellschaften oder Integrator aufgrund der gewährten Verkehrsfreiheiten befördern dürfen, bleibt unbeschränkt.[151]

- Gestaltung von Kooperationen

Luftverkehrsgesellschaften oder Integrator dürfen ihr Verhalten zeitlich begrenzt aufeinander abstimmen, sofern es eine der nachfolgenden Positionen betrifft:[152]

- Gemeinsame Koordinierung der Flugpläne,
- Konsultationen über die Beförderung von Fracht im Linienflugverkehr,
- Vereinbarungen über den gemeinsamen Betrieb neuer Linienflugdienste mit geringem Verkehrsaufkommen,
- Zuweisung von Zeitnischen auf Flugplätzen und Planung der Flugzeiten, falls die getroffenen Absprachen in Einklang mit den vom EG-Rat erlassenen Verhaltenskodex stehen,
- gemeinsamer Erwerb, gemeinsame Entwicklung und/oder gemeinsamer Betrieb von Frachtbuchungssystemen.

Die Ausführungen zu den Rechtsvorschriften der drei "Luftverkehrspakete" und die Verordnung 294/91 über den Betrieb von Luftfrachtdiensten verdeutlichen, daß die EG-Staaten durch die ordnungspolitischen Instrumente "Marktzugang", "Kapazitätsregelung", "Tarifgenehmigung" und "Gestaltung von Kooperationen" kaum noch einen Ansatzpunkt zur Regulierung der Luftbeförderungsleistungsproduktion haben. Mit der Einführung des Kabotagerechts zum 1. April 1997 werden die ordnungspolitischen Rahmenbedingungen für die Erstellung von Luftbeförderungsleistungen noch stärker liberalisiert werden. Um jedoch für alle in der EG zugelassenen Luftverkehrsgesellschaften und Integrator einheitliche Wettbewerbsbedingungen zu schaffen, muß darüber hinaus eine marktwirtschaftliche Regelung für die knappen Start- und Landezeiten auf Flughäfen geschaffen[153] und ein leistungsfähiges

---

150 Vgl. EG-Rat 1992, Verordnung Nr. 2409, Artikel 3 und 4.

151 Vgl. EG-Rat 1991, Verordnung Nr. 294, Artikel 6 Abschnitt 2 und Artikel 8.

152 Vgl. EG-Rat 1992, Verordnung Nr. 2411, Artikel 2 und 3; EG-Rat 1987, Verordnung Nr. 3976, Artikel 2.

153 Vgl. Holz 1991, S. 229f..

gesamteuropäisches Flugsicherungssystem implementiert werden, das die Kapazitätsprobleme im Bereich der Verkehrsflußsteuerung von Flugzeugen löst.[154]

2.4 Das Luftfrachtaufkommen als Indikator zur Outputquantifizierung der Luftfrachtleistungsproduktion

In den nationalen und internationalen Verkehrsstatistiken wird die mengenmäßige Luftfrachtleistungsproduktion nicht erfaßt. Den wichtigsten Indikator, um Aussagen über die quantitative Luftfrachtleistungsproduktion treffen zu können, bildet das Luftfrachtaufkommen.[155] Gemessen wird das Luftfrachtaufkommen sowohl in Tonnen als auch in Tonnenkilometern.[156] Es ist zwar offensichtlich, daß dadurch das Ergebnis der Luftfrachtleistungsproduktion nicht ausreichend gemessen wird. Eine Hinzunahme weiterer Indikatoren, wie z.B. die Differenzierung der Luftfrachtleistungen nach unterschiedlichen Produktgruppen (Door-to-Door-Leistungen, Door-to-Airport-Leistungen usw.) oder die Erfassung der Outputqualität, würde jedoch einen sehr hohen zusätzlichen Datenerfassungsaufwand erfordern.

2.4.1 Die Entwicklung des weltweiten Luftfrachtaufkommens seit 1980

Das weltweite Luftfrachtaufkommen hat sich seit dem Ende des zweiten Weltkrieges kontinuierlich erhöht. Während es 1955 lediglich 1,3 Milliarden Tonnenkilometer betrug,[157] stieg es 1992 auf über 62,1 Milliarden Tonnenkilometer.[158] Trotz dieses starken Anstiegs ist das Frachtaufkommen des Verkehrsmittels Flugzeug im Vergleich zu anderen Verkehrsmitteln gering. Der Anteil des Luftfrachtaufkommens am gesamten mengenmäßigen Güterverkehrsaufkommen beträgt etwa 0,1%; gemessen am Warenwert liegt sein Anteil immerhin bei etwa 10%.[159]

Die enormen Wachstumsimpulse des weltweiten Luftfrachtaufkommens sind im wesentlichen auf die flugzeugtechnischen Entwicklungen[160] und die Veränderungen der weltweiten Industrie- und Handelsstrukturen zurückzuführen.[161]

---

154 Vgl. zur Darstellung und für Lösungsansätze zur Überwindung der Kapazitätsprobleme im Luftraum Hillebrand 1992, S. 60-69; Planungsbüro Luftraumnutzer 1989, S. 1-12.

155 Da der Dienstleistungsabsatz bis zu einem bestimmten Zeitpunkt im Dienstleistungsproduktionsprozeß erfolgen muß, stellt das Luftfrachtaufkommen auch einen Indikator zur Erfassung des mengenmäßigen Luftfrachtleistungsabsatzes dar. Vgl. hierzu den Abschnitt 2.1.1.2.

156 Vgl. Corsten 1990, S. 112f.. Die Einheit Tonnenkilometer ist definiert als die Frachtmenge (gemessen in Tonnen) multipliziert mit der zurückgelegten Entfernung (gemessen in Kilometern). Vgl. zu dieser Definition Deutsche Lufthansa AG 1990, S. 25.

157 Vgl. Maruhn 1988, S. 97.

158 Vgl. hierzu die Abbildung 8.

159 Vgl. Bachmann 1989, S. 9.

160 Vgl. Blattmann 1977, S. 1.

161 Vgl. Ihde/Bjelicic 1989, S. 63.

Das weltweite Luftfrachtaufkommen wird jährlich durch die *International Civil Aviation Organisation (ICAO)* veröffentlicht.[162] Dabei beruhen die *ICAO*-Daten auf den nationalen Verkehrsstatistiken der Mitgliedsländer. Die Entwicklung des weltweiten Luftfrachtaufkommens zeigen die Abbildungen 7 und 8. 1992 belief sich das weltweite Luftfrachtaufkommen auf 17,3 Millionen Tonnen (siehe Abb. 7). Dies bedeutet eine Steigerung gegenüber 1980 von mehr als 50%. Das Luftfrachtaufkommen, gemessen in Tonnenkilometern, hat sich im Zeitraum 1980-1992 sogar von 29,1 Milliarden Tonnenkilometer auf 62,1 Milliarden Tonnenkilometer mehr als verdoppelt (siehe Abb. 8). Der durchschnittliche Zuwachs des Luftfrachtaufkommens betrug im Zeitraum 1980-1992 nach Tonnenkilometern (Tonnen) gerechnet 6,5% (3,7%) pro Jahr. 1992 wurde die Tonne Luftfracht im Durchschnitt rund 3.590 km weit geflogen. Dies entspricht einer durchschnittlichen Steigerung von 2,7% pro Jahr seit 1980. Die jährlichen Steigerungsraten der Luftfrachtbeförderungsweite sind dabei vor allem auf die überdurchschnittlichen Steigerungsraten des Luftfrachtaufkommens auf den Routen Europa-Fernost und Nordamerika-Fernost sowie der Nordatlantikroute zurückzuführen.[163]

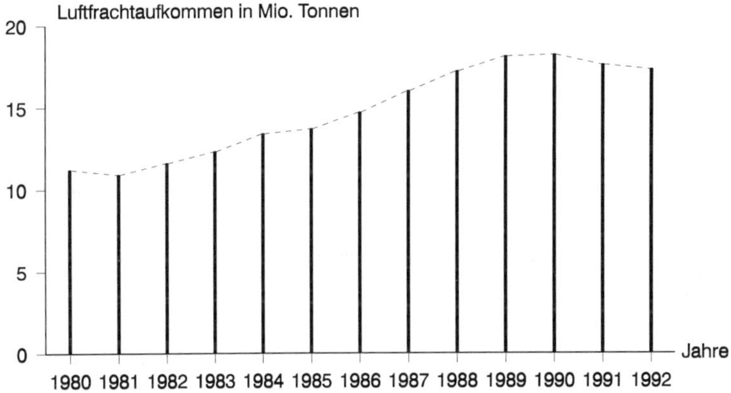

Abb. 7: Die Entwicklung des weltweiten Luftfrachtaufkommens in den Jahren 1980-1992 (gemessen in Tonnen)[164]

---

162 Die *ICAO* ist die öffentlich-rechtliche Vertretung aller am internationalen Zivilluftverkehr teilnehmenden Staaten, die der *UNO* angehören. Die *ICAO* wurde 1944 gegründet und hatte 1990: 162 Mitgliedsstaaten. Vgl. hierzu Zantke 1990, S. 264 und S. 266.

163 Vgl. o.V. 1991a, S. 7.

164 ICAO 1981-1993.

In bezug auf die zukünftige Entwicklung des weltweiten Luftfrachtaufkommens prognostiziert die *ICAO*, daß sich das Luftfrachtaufkommen gemessen in Tonnenkilometern im Zeitraum 1990-2001 jährlich um 7,5% steigern wird.[165]

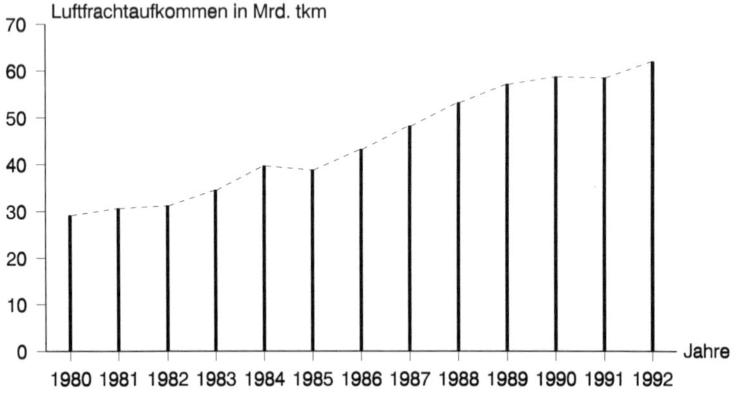

Abb. 8: Die Entwicklung des weltweiten Luftfrachtaufkommens in den Jahren 1980-1992 (gemessen in Tonnenkilometern)[166]

2.4.2 Das Luftfrachtaufkommen der Bundesrepublik Deutschland

2.4.2.1 Die Aufkommensentwicklung seit 1980

Die nachfolgende Analyse des Luftfrachtaufkommens der Bundesrepublik Deutschland für den Zeitraum 1980-1992 basiert in erster Linie auf Verkehrsstatistiken, die in der Fachserie 8.6 des *Statistischen Bundesamtes* veröffentlicht worden sind. In Ergänzung dazu werden Verkehrsstatistiken der *Arbeitsgemeinschaft Deutscher Verkehrsflughäfen* und der *FAG* verwendet.

Die Abbildung 9 zeigt die Entwicklung des Luftfrachtaufkommens der Bundesrepublik Deutschland (ohne Doppelzählung des Umladeverkehrs) für den Zeitraum 1980-1992. Im Jahr 1992 belief sich das Luftfrachtaufkommen (ohne Doppelzählung des Umladeverkehrs) auf 1.151,0 Tausend Tonnen und stellt damit das bisher höchste jährliche Luftfrachtaufkommen der Bundesrepublik Deutschland dar.[167] Der Anteil des Luftfrachtaufkommens der Bundesre-

165 Vgl. o.V. 1992b, S. 12.

166 ICAO 1981-1993.

167 Das *Statistische Bundesamt* erfaßt das Luftfrachtaufkommen der Bundesrepublik Deutschland sowohl mit als auch ohne Doppelzählung des Umladeverkehrs. Als Umladeverkehr werden diejenigen

publik Deutschland entspricht 6,7% des weltweiten Luftfrachtaufkommens im Jahr 1992. Im Zeitraum 1980-1992 steigerte sich das jährliche Luftfrachtaufkommen der Bundesrepublik Deutschland um durchschnittlich 5,5%. Dieser Wert liegt damit um 1,8 Prozentpunkte höher als der Vergleichswert des weltweiten Luftfrachtaufkommens.

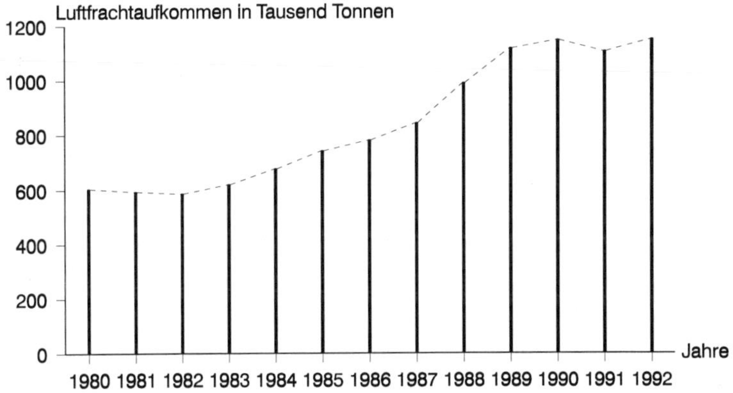

Abb. 9: Die Entwicklung des Luftfrachtaufkommens der Bundesrepublik Deutschland (ohne Doppelzählung des Umladeverkehrs) in den Jahren 1980-1992[168]

Die Tabelle 1 stellt die Frachtbeförderung im Luftverkehr aufgeschlüsselt nach unterschiedlichen Verkehrsarten dar. 1992 steigerte sich im Vergleich zu 1991 das Luftfrachtaufkommen der Bundesrepublik Deutschland um 4,2%. Einen überproportionalen Verkehrszuwachs erzielte dabei der grenzüberschreitende Versand (9,0%).

Frachtmengen erfaßt, die mit einem anderen Flugzeug weiterbefördert werden als sie angekommen sind. 1992 betrug das Luftfrachtaufkommen der Bundesrepublik Deutschland mit Doppelzählung des Umladeverkehrs 1.397,0 Tausend Tonnen. Vgl. hierzu Statistisches Bundesamt 1994, S. 14.

168 Statistisches Bundesamt 1981-1992 und 1994.

Verkehrsart	1980	1990	1991	1992	1992 gegenüber 1991
	1000 Tonnen				%
Verkehr innerhalb des Bundesgebietes	14,7	17,8	16,8	16,6	- 1,2
Verkehr mit Gebieten außerhalb des Bundesgebietes	458,4	914,4	883,4	930,2	+ 5,3
Versand	224,6	443,2	419,8	457,5	+ 9,0
Empfang	233,8	471,2	463,7	472,7	+ 1,9
Durchgangsverkehr	130,5	215,9	204,3	204,3	+ 0,0
insgesamt	603,5	1.148,1	1.104,6	1.151,1	+ 4,2

Tab. 1: Das Luftfrachtaufkommen der Bundesrepublik Deutschland (ohne Doppelzählung des Umladeverkehrs) in den Jahren 1980, 1990, 1991 und 1992, aufgeschlüsselt nach unterschiedlichen Verkehrsarten[169]

Die Abbildungen 10 und 11 zeigen die Anteile der einzelnen Verkehrsregionen am mengenmäßigen Luftfrachtversand aus der Bundesrepublik Deutschland bzw. am mengenmäßigen Luftfrachtempfang der Bundesrepublik Deutschland für die Jahre 1980 und 1992.[170] Asien/Australien und Nordamerika bildeten in den beiden Vergleichsjahren sowohl im Versand als auch im Empfang die wichtigsten Verkehrsregionen. Im Vergleich zum Jahr 1980 fällt vor allem auf, daß sich bis 1992 der Afrikaanteil am Luftfrachtversand halbiert hat und daß der Anteil von Asien/Australien am Luftfrachtempfang um 5,7 Prozentpunkte zugenommen hat.

169 Statistisches Bundesamt 1981, 1991, 1992 und 1994.

170 Das mengenmäßige Aufkommen des Luftfrachtversands und des Luftfrachtempfangs für die beiden Vergleichsjahre zeigt die Tabelle 1.

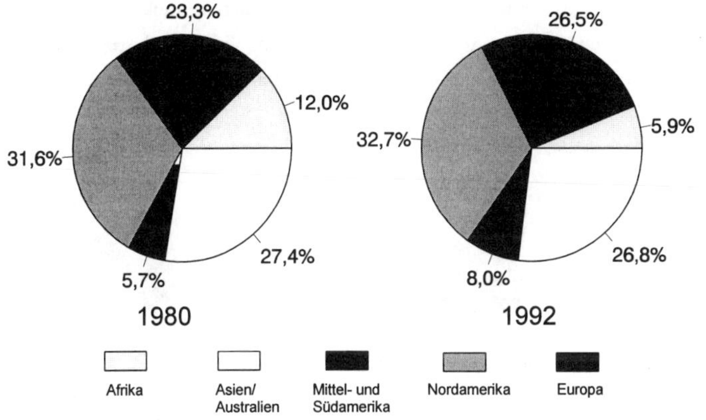

Abb. 10: Anteile der einzelnen Verkehrsregionen am mengenmäßigen Luftfrachtversand aus der Bundesrepublik Deutschland in den Jahren 1980 und 1992[171]

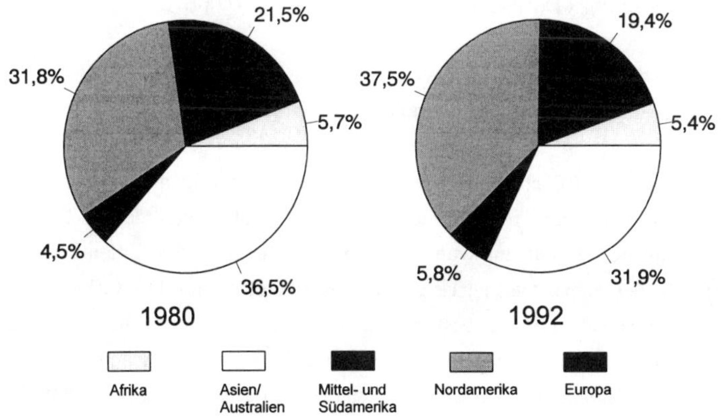

Abb. 11: Anteile der einzelnen Verkehrsregionen am mengenmäßigen Luftfrachtempfang der Bundesrepublik Deutschland in den Jahren 1980 und 1992[172]

171 Statistisches Bundesamt 1981 und 1994; eigene Berechnungen.

172 Statistisches Bundesamt 1981 und 1994; eigene Berechnungen.

In der Bundesrepublik Deutschland ist der Flughafen Frankfurt die mit Abstand wichtigste Luftfrachtumschlags-Station (siehe Abb. 12). 1992 wurden 1.083 Tausend Tonnen Luftfracht (mit Doppelzählung des Umladeverkehrs) über den Flughafen Frankfurt umgeschlagen. Dies entspricht 73,6% des gesamten Luftfrachtaufkommens der Bundesrepublik Deutschland. Frankfurt hatte 1992 auch das höchste Luftfrachtaufkommen aller europäischen Flughäfen.[173]

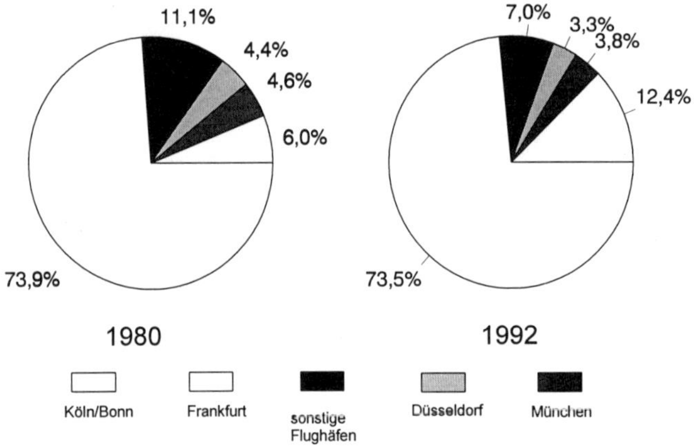

Abb. 12: Anteile der bundesdeutschen Flughäfen am Luftfrachtaufkommen der Bundesrepublik Deutschland in den Jahren 1980 und 1992[174]

2.4.2.2 Bedeutung des Luftfrachtersatzverkehrs

Im kontinentalen Luftfrachtverkehr werden Sendungen häufig nicht mehr in Flugzeugen, sondern in Lastkraftwagen im Luftfrachtersatzverkehr (LEV) befördert.[175] Diese "spezielle" Form der Luftfrachtbeförderung wurde von der *IATA* durch die Resolution 507b ursprünglich zum Einsatz bei Kapazitätsengpässen oder Verspätungen im Flugverkehr zugelassen.[176] Aufgrund der günstigeren Kostenstruktur des Luftfrachtersatzverkehrs im Vergleich zum "normalen" Luftfrachtverkehr verlor der Luftfrachtersatzverkehr schon bald seine Ersatzfunktion.[177] Mittlerweile werden LEV-Leistungen der Luftverkehrsgesellschaften regelmäßig angeboten und im Flugplan veröffentlicht.[178]

173 Vgl. Flughafen Frankfurt/Main AG 1993b, S. 25.
174 Arbeitsgemeinschaft Deutscher Verkehrsflughäfen 1981 und 1993; eigene Berechnungen.
175 Vgl. Müller-Sartori 1987, S. 37; Müller-Sartori 1989, S. 40.
176 Vgl. o.V. 1987a, S. 2f.; Zantke 1990, S. 59.
177 Vgl. Biermann 1985, S. 231.
178 Vgl. o.V. 1987b, S. 30.

Durch die Verkehrsform des Luftfrachtersatzverkehrs wird in starkem Maße ursprünglich deutsches Luftfrachtaufkommen in das benachbarte Ausland transferiert. Die LEV-Leistungen erstellen dabei vor allem ausländische Luftverkehrsgesellschaften, die auf bestimmten Flugstrecken mit der Bundesrepublik Deutschland keine oder nur in einem beschränktem Umfang Streckenrechte besitzen, und Luftfrachtspeditionen, die die günstige Tarifstruktur bestimmter ausländischer Flughafenstandorte (z.B. Amsterdam, Brüssel, Paris) ausnutzen wollen.[179]

Beispielsweise bietet die Luftverkehrsgesellschaft *Cargolux* Luftfrachtleistungen auf der Länderrelation Deutschland-USA an, obwohl sie auf dieser Länderrelation keine Streckenrechte besitzt.[180] *Cargolux* bedient die Länderrelation Deutschland-USA "indirekt", indem sie die Luftbeförderung der Fracht auf der Länderrelation Luxemburg-USA durchgeführt und den Vor- bzw. Nachlauf auf der Länderrelation Luxemburg-Deutschland im Luftfrachtersatzverkehr erstellt.

In der Bundesrepublik Deutschland wird das Aufkommen des Luftfrachtersatzverkehrs durch das *Statistische Bundesamt* nicht erfaßt.[181] Hinweise auf das bundesdeutsche Luftfrachtersatzverkehrsaufkommen geben jedoch die Statistiken der *FAG*.[182] Nach Schätzung der *FAG* betrug 1992 das Luftfrachtersatzverkehrsaufkommen des Flughafen Frankfurt 374,8 Tausend Tonnen. Damit werden rund 26% des lokalen Luftfrachtaufkommens[183] des Flughafen Frankfurt im Luftfrachtersatzverkehr befördert.

2.4.2.3 Güterstruktur des Luftfrachtaufkommens

Die Güterstruktur der Luftfracht wird vor allem durch hochwertige und eilbedürftige Güterarten geprägt, wie z.B. Ersatzteile, Druckerzeugnisse, Medikamente, Chemikalien mit kurzen Verfallszeiten, Textilien (vor allem Warenproben und Muster), Agrarprodukte (Fleisch, Obst, Gemüse, Blumen).[184] Eine genaue Erfassung der Güterstruktur des grenzüberschreitenden Luftfrachtaufkommens der Bundesrepublik Deutschland erfolgte bis einschließlich 1987 nach der Gütersystematik der Verkehrsstatistik durch das *Statistische Bundesamt*.[185] Die Tabelle 2 zeigt den Anteil der Gütergruppen mit dem höchsten Luftfrachtaufkommen für das Jahr 1987.

---

179 Vgl. Fischer 1981, S. 7.

180 Vgl. o.V. 1989a, S. 10.

181 Vgl. Statistisches Bundesamt 1994, S. 11.

182 Vgl. Flughafen Frankfurt/Main AG 1993b, S. 25.

183 Das lokale Luftfrachtaufkommen umfaßt die ankommenden und abgehenden Frachtmengen des Flughafen Frankfurt. Umladungen werden dabei doppelt erfaßt. Vgl. hierzu Flughafen Frankfurt/Main AG 1993b, S. 48.

184 Vgl. Maruhn 1988, S. 98f..

185 Die Gütersystematik der Verkehrsstatistik untergliedert sich in 10 Güterabteilungen, 52 Güterhauptgruppen und 175 Gütergruppen. Vgl. hierzu Statistisches Bundesamt 1988, S. 168-172.

38,2% des grenzüberschreitenden Luftfrachtaufkommens verteilten sich dabei auf neun Gütergruppen, 37,1% entfielen auf Sammelgüter.

Die Fortschreibung der Gütersystematik der Verkehrsstatistik wurde 1988 vom *Statistischen Bundesamt* eingestellt, da 1988 mehr als die Hälfte des grenzüberschreitenden Luftfrachtaufkommens der Bundesrepublik Deutschland als Sammelgüter befördert wurden, die für die Verkehrsstatistik nur global erfaßt werden können.[186]

Nr. in der Verkehrsstatistik	Name der Gütergruppe	Anteil in %
939	Sonstige Maschinen	8,9
931	Elektroerzeugnisse	6,3
963	Bekleidung	6,3
099	Schnittblumen	3,9
974	Druckereierzeugnisse	3,9
962	Garne, Gewebe u.ä.	3,4
910	Kraftfahrzeuge	2,8
939	Büromaschinen	1,8
979	Feinmechanische und optische Erzeugnisse	1,0
999	Sammelgüter	37,1
	übrige Güter	24,6
		zusammen 100,0

Tab. 2: Anteil ausgewählter Gütergruppen am grenzüberschreitenden Luftfrachtaufkommen der Bundesrepublik Deutschland im Jahr 1987[187]

Nachdem in diesem Kapitel die für diese Arbeit relevanten terminologischen Grundlagen (Luftfrachtleistung, Transportleistung u.a.m.) geschaffen und zum besseren Verständnis des Luftfrachtgeschäfts wichtige Aspekte und Rahmenbedingungen der Luftfrachtleistungsproduktion dargelegt worden sind, wird nun das eigentliche Thema dieser Arbeit diskutiert. Dabei werden zunächst die Grundlagen einer mehrdimensionalen Marktabgrenzung für Luftfrachtanbieter spezifiziert.

186 Vgl. Statistisches Bundesamt 1989, S. 10.

187 Statistisches Bundesamt 1988, S. 45.

3 Spezifikation der Grundlagen zur mehrdimensionalen Marktabgrenzung für Luftfrachtanbieter

Ein Auseinandersetzen mit der Aufgabenstellung der Marktabgrenzung für Luftfrachtanbieter setzt das Verständnis über die konzeptionelle Vorgehensweise zur Abgrenzung eines mehrdimensionalen Marktes voraus. Daher werden in diesem Kapitel ausgehend von der Definition des Marktbegriffs (Abschnitt 3.1) die grundlegenden Schrittfolgen einer mehrdimensionalen Marktabgrenzung für die Anbieter von Luftfrachtleistungen dargelegt (Abschnitte 3.2-3.5).

3.1 Definition des Begriffs "Markt"

Eine analytische Betrachtung des Begriffs "Markt" läßt zwei semantische Bedeutungen erkennen.[188] Zum einen kann der Terminus "Markt" als Vorgang verstanden werden, bei dem Angebot und Nachfrage aufeinandertreffen und Anbieter und Nachfrager, eingebettet in einen Wettbewerbsprozeß, Leistungen austauschen. Zum anderen kann der Markt als Menge von Elementen interpretiert werden, wobei der Marktvorgang von Subjekten getragen wird und sich auf Objekte bezieht. D.h., der Markt ist eine Menge von Anbietern, die Produkte offerieren, und von Nachfragern, die Produkte als Merkmalsausprägungsbündel wahrnehmen und dabei dasjenige Produkt zur Befriedigung ihrer Bedürfnisse präferieren, dessen Merkmalsausprägungsbündel den höchsten Nutzen stiftet.[189]

Nicht zuletzt aufgrund der unterschiedlichen semantischen Bedeutung des Marktbegriffs, lassen sich unzählige Definitionen des Begriffs "Markt" in der Literatur finden.[190] Eine prägnante Definition, die beide semantischen Bedeutungen des Marktbegriffs einbezieht, gibt *Schobert*:[191]

"Der Markt fungiert nicht nur als Ort zum bilateralen Tausch von Leistungen zwischen Anbietern und Nachfragern, sondern in einem umfassenderen Sinne als Relationssystem von Elementen, d.h. von Unternehmen (Anbietern), repräsentiert durch ihre Produkte, und deren Einschätzung durch die Bedarfsträger (Abnehmer)."

Die Abbildung 13 zeigt in der Grundstruktur auf, was unter dem Begriff "Markt" zu verstehen ist. Sie stellt den Markt als Relationssystem dar, d.h. als eine Menge von Elementen

---

188 Vgl. zur analytischen Betrachtung der zwei semantischen Bedeutungen des Begriffs "Markt" Bauer 1989, S. 18.

189 Vgl. Lancaster 1966, S. 133-135; Lancaster 1971, S. 7.

190 Eine Rezeption ist hier weder sinnvoll noch möglich.

191 Schobert 1979, S. 17.

(Anbieter, Nachfrager, Produkte und Umwelt) zwischen denen bestimmte Beziehungen bestehen. Die Abbildung veranschaulicht insbesondere, daß die Nachfrager die angebotenen Produkte über die wahrgenommenen Produktattribute beurteilen. Durch ihr Verhalten, das in Abbildung 13 durch die Pfeilsymbole ausgedrückt wird, wirken Anbieter, Nachfrager und Umwelt permanent auf das Relationssystem "Markt" ein.

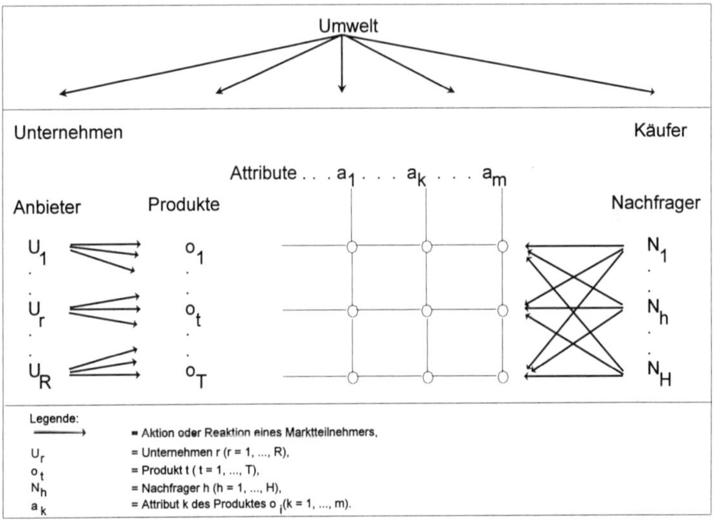

Abb. 13: Das Relationssystem "Markt"[192]

Nachdem durch die Definition von *Schobert* festgelegt wurde, was im weiteren unter dem Marktbegriff verstanden werden soll, werden nun die theoretischen Grundlagen für eine mehrdimensionale Marktabgrenzung aufgezeigt.

3.2 Überblick über die grundlegenden Schritte einer mehrdimensionalen Marktabgrenzung

Heterogene Kundenanforderungen und die komplexen Wettbewerbsstrukturen im Luftfrachtgeschäft führen mit dazu, daß eine Marktabgrenzung für Luftfrachtanbieter zu einer besonders schwierigen Unternehmensaufgabe wird. Damit ein Luftfrachtanbieter alle relevanten Kundenanforderungen an die Marktleistung und alle relevanten Wettbewerbsbeziehungen in

192 Vgl. Schobert 1979, S. 19.

einer Marktagrenzung berücksichtigen kann, bedarf es einer mehrdimensionalen Marktabgrenzung.[193]

Um eine mehrdimensionale Marktabgrenzung durchzuführen, muß zunächst der Zweck der Marktabgrenzung und darauf aufbauend die Marktelemente (Anbieter, Produkte, Nachfrager), die Marktdimensionen und die Ausprägungen in den Marktdimensionen festgelegt werden. Die Marktdimensionen spannen dabei einen Marktsuchraum auf, die Ausprägungen in den einzelnen Marktdimensionen strukturieren die Elemente im Marktsuchraum und ordnen diese in Teilmengen an. Einen Markt innerhalb des Marktsuchraums abzugrenzen bedeutet dann für einen Luftfrachtanbieter, bestimmte Konturen in der Struktur des Marktsuchraums hervorzuheben und diese als Grenzen zwischen den Teilmengen zu betrachten.[194]

Die einzelnen Schritte einer mehrdimensionalen Marktabgrenzung und die dabei auftretenden Probleme werden im folgenden dargestellt.

3.3 Zweck einer Marktabgrenzung

Die Konkretisierung der Marktelemente und der Marktdimensionen sowie Festlegung der Ausprägungen in den Marktdimensionen leitet sich für einen Luftfrachtanbieter aus dem Zweck der Marktabgrenzung ab. Der allgemeine Zweck einer Marktabgrenzung besteht aus Unternehmenssicht in der Analyse der komplexen Beziehungen zwischen Anbietern, Produkten und Nachfragern, um das Nachfrager- und Anbieterverhalten besser antizipieren und letztlich Maßnahmen zur besseren Erreichung der Unternehmensziele ergreifen zu können.[195]

Beispielsweise kann sich ein konkreter Zweck für eine Marktabgrenzung aus dem Erfordernis ergeben, marketingpolitische Entscheidungen zu treffen.[196] Für die Entscheidungen, ob es sinnvoll ist, eine neue Luftfrachtleistung einzuführen, eine angebotene Luftfrachtleistung an die Bedürfnisse verschiedener Nachfragergruppen in Form einer Produktdifferenzierung anzupassen oder eine Luftfrachtleistung weltweit anzubieten, müssen zunächst die Marktgrenzen dieser Luftfrachtleistung festgelegt werden. Erst wenn diese Grenzen bestimmt sind, kann das Unternehmen das Marktgeschehen erforschen und daraus Entscheidungen für die Marketingpolitik ableiten.

---

193 Vgl. z.B. Zöllner 1990, S. 44.

194 Vgl. Bauer 1989, S. 20.

195 Vgl. Bauer 1989, S. 30.

196 Einen umfangreichen Überblick über den möglichen Zweck für eine Marktabgrenzung gibt *Bauer*. Vgl. hierzu Bauer 1989, S. 23-30.

Ein weiterer konkreter Zweck für eine Marktabgrenzung kann z.B. aus der Aufgabe entstehen, die strategische Unternehmenspolitik festzulegen.[197] Hierbei dient eine Marktabgrenzung unter anderem dazu, aktuelle Konkurrenten zu bestimmen sowie Substitutionsprodukte und -technologien zu erkennen. Der Zweck dieser Marktabgrenzung besteht für einen Luftfrachtanbieter darin, jenen Unternehmensfunktionen (z.B. Vertrieb, Qualifikation der Mitarbeiter) besondere Aufmerksamkeit zu widmen, die dazu führen, daß das Unternehmen im Wettbewerb erfolgreich ist.[198] Dadurch kann ein Luftfrachtanbieter Bedrohungen des eigenen Erfolgpotentials durch die Wettbewerber frühzeitig erkennen und, falls erforderlich, Maßnahmen zur Stärkung der eigenen Wettbewerbsfähigkeit ergreifen.

3.4 Definition des Marktsuchraums

Hat ein Luftfrachtanbieter den Zweck der Marktabgrenzung formuliert, dann werden im nächsten Schritt einer mehrdimensionalen Marktabgrenzung die Elemente des Marktsuchraums (Anbieter, Produkte, Nachfrager)[199] festgelegt.

3.4.1 Bestimmung der Marktelemente

Da Produkte die Objekte von Marktprozessen sind, bietet es sich für einen Luftfrachtanbieter prinzipiell an, zunächst die Produkte des Marktsuchraums zu bestimmen. Abhängig vom Zweck der Marktabgrenzung kann dabei für einen Luftfrachtanbieter

- sein gesamtes Luftfrachtleistungsangebot,
- eine bestimmte Produktgruppe seines Luftfrachtleistungsangebotes (z.B. Haustür-zu-Haustür-Leistungsangebote) oder
- ein einzelnes Produkt seines Luftfrachtleistungsangebotes (z.B. könnte dies bei *Lufthansa* das Produkt *SameDay* sein)[200]

den Bezug darstellen, um die Produkte des Marktsuchraums festzulegen.

Bei der Vorgehensweise, die Produkte des Marktsuchraums zu ermitteln, besteht für einen Luftfrachtanbieter grundsätzlich die Möglichkeit, eine Luftfrachtleistung als Ausgangspunkt zu wählen, die "sicher" zu dem noch abzugrenzenden Markt gehören wird. Zu diesem Ausgangsprodukt bestimmt dann der Luftfrachtanbieter im weitesten Sinne Substitutions-

197 Vgl. zur Darstellung der Theorie der strategischen Unternehmensplanung z.B. Kreikebaum 1993.
198 Vgl. Bauer 1989, S. 27.
199 Die Begriffe "Elemente des Marktsuchraums" und "Marktelemente" werden im weiteren synonym verwendet.
200 Vgl. zur Beschreibung der Produktpalette von *Lufthansa* Althen 1991, S. 106-108.

produkte. Da die subjektive Wahrnehmung des Ausgangsproduktes durch die Nachfrager darüber entscheidet, welche Produkte des Marktsuchraums im Vergleich zum Ausgangsprodukt Substitute darstellen, bietet sich z.B. das Konzept des "evoked set" an, diese Substitute zu bestimmen. Als "evoked set" wird dabei eine Menge von Produkten bezeichnet, die die Nachfrager für einen bestimmten Verwendungszweck als austauschbar ansehen.[201] Eine weitere Möglichkeit zur Bestimmung der Produkte des Marktsuchraums ist die Festlegung der Produkte durch Experten.

Durch die Erfassung der Produkte des Marktsuchraums werden gleichzeitig auch die Anbieter des Marktsuchraums festgelegt, die aufgrund eines vergleichbaren Problemlösungsangebotes im Wettbewerb miteinander stehen. Die Anbieter, die den Nachfragern eine ähnliche Problemlösung offerieren, können, müssen aber nicht die Gesamtmenge der Anbieter des Marktsuchraums darstellen. Da bekanntlich nicht nur die Produkte, sondern auch die Anbieter selbst Elemente einer Marktstrukturierung sind, muß ein Luftfrachtanbieter, falls es der Zweck der Marktabgrenzung erfordert, ebenfalls diejenigen Anbieter als Elemente des Marktsuchraums berücksichtigen, die aufgrund nicht produktbezogener Wettbewerbsparameter (z.B. Absatzkanäle, Finanzkraft)[202] potentielle Konkurrenten darstellen. Diskutiert dieser Luftfrachtanbieter darüber hinaus, ob er mit diesen Wettbewerbern zukünftig auf Produktebene konkurrieren soll, so ist es - abhängig vom Zweck der Marktabgrenzung - unter Umständen sinnvoll, die Produkte der potentiellen Konkurrenten und deren Substitute als Elemente des Marktsuchraums zu betrachten.

Für die Bestimmung der Nachfrager des Marktsuchraums bieten einem Luftfrachtanbieter empirische Kundenanalysen sowie unternehmensinterne und -externe Quellen Ansatzpunkte,[203] um Informationen darüber zu erlangen, wer die aktuellen und potentiellen Nachfrager nach den Produkten des Marktsuchraums sind. Zudem kann ein Luftfrachtanbieter auch eigene subjektive Einschätzungen zur Bestimmung der Nachfrager des Marktsuchraums heranziehen.

201 Vgl. Dichtl/Andritzky/Schobert 1977, S. 293f.; Dichtl/Bauer/Schölch 1983, S. 420f..

202 Einen Überblick über nicht produktbezogene Wettbewerbsparameter gibt z.B. *Porter*. Vgl. Porter 1980, S. 127f..

203 Einen ausführlichen Überblick, welche Quellen der Primär- und Sekundärforschung ein Unternehmen grundsätzlich heranziehen kann, um Informationen über die aktuellen und potentiellen Nachfrager eines Produktes zu erhalten, geben *Nieschlag/Dichtl/Hörschgen*. Vgl. Nieschlag/Dichtl/Hörschgen 1991, S. 636-638.

3.4.2 Bestimmung der Marktdimensionen und der Ausprägungen in den Marktdimensionen

Sind die Anbieter, Produkte und Nachfrager des Marktsuchraums bestimmt, dann werden im nächsten Schritt zur Marktabgrenzung die Marktdimensionen und die Ausprägungen in den Marktdimensionen festgelegt. In Anlehnung an *Abell* wird im weiteren der dreidimensionale Marktsuchraum, der durch die Marktdimensionen "Kundengruppen", "Kundenfunktionen" und "eingesetzte Technologien" aufgespannt wird, als allgemeiner Bezugsrahmen für eine mehrdimensionale Marktabgrenzung gewählt.[204] Zudem wird der allgemeine Bezugsrahmen von *Abell* für die Zwecke dieser Arbeit um die beiden Marktdimensionen "Grad der vertikalen Integration im Wertschöpfungsprozeß"[205] und "geographische Räume"[206] erweitert.

Im folgenden wird nun aus Sicht eines Luftfrachtanbieters die Bedeutung der fünf Marktdimensionen für eine Marktabgrenzung charakterisiert und grundsätzliche Möglichkeiten zur Festlegung von Ausprägungen in den Marktdimensionen aufgezeigt.

3.4.2.1 Kundengruppen und Kundenfunktionen

Kundengruppen

Diese Dimension bezieht sich auf die Bestimmung unterschiedlicher Kundengruppen. Dazu teilt der Luftfrachtanbieter die Nachfrager des Marktsuchraums anhand kaufentscheidungsrelevanter Kriterien (z.B. demographische Kundenmerkmale, Marktreaktionsfunktionen der Kunden, gemessener Kundennutzen der Produktmerkmale) in Kundengruppen auf, wobei die gebildeten Kundengruppen für sich gesehen möglichst homogen und im Vergleich zueinander möglichst heterogen sein sollten. Entlang dieser Marktdimension legt der Luftfrachtanbieter fest, welche Nachfrager er gegenwärtig als Abnehmer seiner Problemlösungen betrachtet und welche Nachfrager er zukünftig als Abnehmer seiner Problemlösungen betrachten will.

Kundenfunktionen

Entlang dieser Marktdimension analysiert der Luftfrachtanbieter, welche Kundenfunktionen Problemlösungen für die Nachfrager des Marktsuchraums darstellen, welche Kundenfunktionen das eigene Unternehmen derzeit zur Lösung der Kundenprobleme erfüllt und welche es in Zukunft den Kunden anbieten will.

---

204 Vgl. Abell 1980, S. 25, S. 170-173 und S. 207; Abell/Hammond 1979, S. 392-395; Köhler 1981, S. 268-270.

205 Vgl. Day 1981a, S. 283; Day 1984, S. 19f.; S. 62; Zöllner 1990, S. 44.

206 Vgl. Stackelberg 1974, S. 62; Thaler 1990, S. 170; Zöllner 1990, S. 44.

Grundsätzlich erfordert die Festlegung von Ausprägungen in der Marktdimension "Kundenfunktionen" eine Analyse, welche Bedürfnisstrukturen die Nachfrager des Marktsuchraums aufweisen und welche Funktionen die Marktsuchraumprodukte für die Nachfrager erfüllen. "Products can be thought of in terms of the functions they perform or the ways they are used."[207] Aufbauend auf dieser Analyse legt dann der Luftfrachtanbieter entlang der Marktdimension relevante Kundenfunktionen fest. Prinzipiell kann ein Luftfrachtanbieter die Marktdimension "Kundenfunktionen" auf vielfältige Weisen strukturieren. Die unterschiedlichen Kundenverwendungszwecke von Transportleistungen bzw. Luftfrachtleistungen[208] oder die physikalisch/technischen Eigenschaften der Frachtgüter[209] sind Beispiele für die Festlegung von Ausprägungen in der Marktdimension "Kundenfunktionen". Werden die Kundenfunktionen sehr "eng" festgelegt, können diese den Nutzenmerkmalen der Produkte (z.B. bei Luftfrachtleistungen: Zuverlässigkeit, Termingarantie u.a.m.) entsprechen.[210]

Grundsätzlich sollten die Ausprägungen in den Marktdimensionen "Kundengruppen" und "Kundenfunktionen" derart gewählt werden, daß ein relativ hoher Grad an Dauerhaftigkeit gewährleistet ist.[211] Nach *Abell* ist der Nutzen, der mit der Funktionserfüllung durch eine Problemlösung verknüpft ist, ein wichtiges Auswahlkriterium Festlegung von Ausprägungen in der Marktdimension "Kundenfunktionen".[212] Andere Autoren, wie z.B. *Haley* oder *Moriarty/Reibstein* haben herausgestellt, daß der Produktnutzen das entscheidende Kriterium ist, um die Produktpräferenz von Kunden zu erklären, und daß der unterschiedliche Nutzen, den ein Produkt bei unterschiedlichen Kunden stiftet, der Hauptgrund ist, weshalb unterschiedliche Kundensegmente existieren.[213] Damit der Produktnutzen, den die Nutzentheorie als kausalen, im Zeitablauf relativ konstant bleibenden Erklärungsfaktor für die Produktpräferenz von Kunden interpretiert,[214] bei der Marktabgrenzung Berücksichtigung findet, sollten Luftfrachtanbieter die Nutzenbewertung von Transportleistungen durch die Nachfrager des Marktsuchraums als Ansatzpunkt wählen, um die Ausprägungen in den Marktdimensionen "Kundengruppen" und "Kundenfunktionen" festzulegen.

Da die Nachfrager Produkte als Merkmalsausprägungsbündel wahrnehmen, bietet es sich für Luftfrachtanbieter an, wichtige Nutzenmerkmale oder Nutzenattribute der Produkte des Marktsuchraums als Ausprägungen der Marktdimension "Kundenfunktionen" und auch als Segmentierungsvariablen zur Unterteilung der Nachfrager des Marktsuchraums in Kunden-

---

207 Day 1981a, S. 282.
208 Vgl. Shaw 1985, S. 42-45.
209 Vgl. z.B. Zöllner 1990, S. 55.
210 Vgl. Abell 1980, S. 171; Day 1984, S. 18.
211 Vgl. Zöllner 1990, S. 54.
212 Vgl. Abell 1980, S. 170.
213 Vgl. Haley 1968, S. 30; Moriarty/Reibstein 1986, S. 465.
214 Vgl. Haley 1968, S. 31.

gruppen zu wählen. Die ermittelten Segmente entlang der Marktdimension "Kundengruppen" können dann noch - falls es der Zweck der Marktabgrenzung erfordert - durch weitere Kriterien (z.B. durch beobachtbare Kundenmerkmale, wie die Branchenzugehörigkeit oder die Verwendungshäufigkeit) tiefer untergliedert werden.

3.4.2.2 Eingesetzte Technologien

Unter einer Technologie wird in diesem Zusammenhang eine "bestimmte Form" der Lösung von Kundenproblemen verstanden.[215] Die gleiche Funktionserfüllung kann dabei mit alternativen Technologien erfolgen. Grundsätzlich analysiert ein Luftfrachtanbieter entlang dieser Marktdimension, welche alternativen Wege zur Lösung der Kundenprobleme eingesetzt werden, welche Technologien der Luftfrachtanbieter derzeit einsetzt und welche Technologien er zukünftig zur Lösung der Kundenprobleme einsetzen möchte.

Die grundlegenden technologischen Alternativen, um das Transportproblem zu lösen, ergeben sich aus den unterschiedlichen Verkehrswegen (Straßen-, Schienen-, Luftweg etc.), die für die Erstellung einer Transportleistung genutzt werden können.[216] Durch die Verwendung der Technologiedimension können Luftfrachtanbieter physikalisch/technische Eigenschaften zur Lösung des Transportproblems berücksichtigen und somit verkehrsträgerübergreifende Wettbewerbsbeziehungen in die Marktabgrenzung mit einbeziehen.

Als grundlegende Ausprägungen der Technologiedimension bieten sich für Luftfrachtanbieter die unterschiedlichen Güterverkehrsarten an. Grundsätzlich kann im Güterverkehr unterschieden werden zwischen

- Luftverkehr,
- Schienenverkehr,
- Straßenverkehr,
- Seeverkehr,
- Binnenschiffahrt und
- Rohrleitungsverkehr.[217]

Weitere eingesetzte Technologien sind außerdem die kombinierten Verkehre dieser Güterverkehrsarten. Unter kombiniertem Verkehr soll dabei die Beförderung von Gütern in Ladeeinheiten mit mehreren Transportmitteln eines oder mehrerer Verkehrsträger, wobei der Übergang zwischen verschiedenen Transportmitteln ohne Wechsel des Transportgefäßes

---

215 Vgl. Abell 1980, S. 172.

216 Vgl. Ihde 1991, S. 48.

217 Vgl. z.B. Zöllner 1990, S. 57.

erfolgt, verstanden werden.[218] Unter den kombinierten Verkehren ist für die Luftfrachtanbieter vor allem der kombinierte See-/Luftverkehr als Technologie von Bedeutung, um das Kundenproblem des Transports zu lösen.[219]

Normalerweise ist es nicht notwendig, daß Luftfrachtanbieter alle angesprochenen Güterverkehrsarten als Ausprägungen der Technologiedimension berücksichtigen. So können beispielsweise die Binnenschiffahrt und der Rohrleitungsverkehr als Ausprägungen vernachlässigt werden, da offensichtlich ist, daß diese Güterverkehrsarten für potentielle Luftfrachtnachfrager keine technologischen Alternativen zum Luftverkehr darstellen.

3.4.2.3 Grad der vertikalen Integration im Wertschöpfungsprozeß

Für die Stellung eines Luftfrachtanbieters im Wettbewerb ist von Bedeutung, welche Wertschöpfungsaktivitäten in einer Luftfrachttransportkette er und seine Wettbewerber erbringen. Je nachdem, welche Wertschöpfungsaktivitäten ein Luftfrachtanbieter in einer Luftfrachttransportkette erstellt, steht dieser unterschiedlichen Wettbewerbssituationen und Wettbewerbern gegenüber.[220] Durch diese Marktdimension wird nun sichergestellt, daß der Grad der vertikalen Integration der Luftfrachtanbieter in der Luftfrachttransportkette bei der Marktabgrenzung Berücksichtigung findet.

Entlang dieser Marktdimension bietet es sich grundsätzlich an, die logistischen Kernprozesse als Ausprägungen zu wählen, die in einer Luftfrachttransportkette erbracht werden.[221] Werden diese Ausprägungen noch als zu unpräzise erachtet, können die unterstützenden logistischen Leistungen und indirekten logistischen Leistungen als weitere Ausprägungen hinzugenommen werden.[222]

Die logistischen Leistungsprozesse zur Erstellung von Luftfrachtleistungen werden bekanntlich durch unterschiedliche, funktional spezialisierte Luftfrachtunternehmen (Luftfrachtspeditionen, Luftverkehrsgesellschaften, Integrator, Flughafenunternehmen) erbracht.[223] Jede dieser vier Unternehmensgruppen führt "typische" Wertschöpfungsaktivitäten zur Erstellung von Luftfrachttransportketten aus. Dabei sind alle Luftfrachtunternehmen mit Ausnahme der Flughafenunternehmen auch Anbieter von Luftfrachtleistungen. Diese Marktdimension bietet nun den Luftfrachtanbietern einen Ansatzpunkt, um mit den

---

218 Vgl. Seidenfus 1974, S. 2f..
219 Vgl. hierzu Bergmann 1987, Kapitel 2, 3 und 5; Cart 1989, S. 18-21; Knappik 1989, S. 8.1-8.12; Wörnlein 1989, S. 80-87.
220 Vgl. Day 1981a, S. 283.
221 Siehe hierzu auch die Abbildung 3 und 5 in Kapitel 2.
222 Vgl. Abschnitt 2.1.2.
223 Vgl. Abschnitt 2.1.5.

festgelegten Ausprägungen die Wettbewerbs- und Kooperationsbeziehungen zu den wichtigsten Luftfrachtunternehmen der vier Unternehmensgruppen zu analysieren, zu bewerten und dann darauf aufbauend die logistischen Leistungen zu bestimmen, die sie zukünftig in Luftfrachttransportketten erbringen wollen.

3.4.2.4 Geographische Räume

Entlang dieser Marktdimension analysiert der Luftfrachtanbieter, in welchen geographischen Räumen er seine Produkte derzeit anbietet bzw. zukünftig anbieten will. Um die geographische Ausdehnung von Märkten entlang dieser Marktdimension festzulegen, bietet es sich für Luftfrachtanbieter grundsätzlich an, als Ausprägungen Verkehrsregionen (z.B. Länder) oder Relationen (z.B. Länderrelationen) zu wählen.

Mit der Einbeziehung der geographischen Räume als Dimension zur Marktabgrenzung können Luftfrachtanbieter auch staatliche und infrastrukturelle Restriktionen, die die Wettbewerbsbeziehungen zwischen den Anbietern von Transportleistungen beeinflussen, bei der Festlegung von Marktgrenzen berücksichtigen:[224]

- Staatliche Restriktionen ergeben sich in einem geographischen Raum z.B. durch die Regulierung der Luftverkehrs. Zwar sind weltweit Deregulierungsansätze unverkennbar, diese beschränken sich jedoch weitestgehend auf eine Liberalisierung der ordnungspolitischen Rahmenbedingungen innerhalb eines geographischen Gebiets (z.B. EG, USA).[225]
- Infrastrukturelle Restriktionen für Luftfrachtanbieter entstehen z.B. durch Kapazitätsprobleme.[226] So wird beispielsweise in Europa die Wahl der Städterelationen, die Luftverkehrsgesellschaften grundsätzlich bedienen könnten, durch fehlende Start-/Landebahnkapazitäten eingeschränkt.[227]

Sind für einen Luftfrachtanbieter außer den fünf "grundlegenden" Marktdimensionen noch weitere Aspekte zur Abgrenzung eines Marktes von Bedeutung, so sollten diese Aspekte in das Marktsuchraummodell mit einbezogen werden, indem der fünfdimensionale Bezugsrahmen entsprechend erweitert wird.

224 Vgl. Zöllner 1990, S. 54.
225 Vgl. Abschnitt 2.3.1.
226 Vgl. Meier 1991, S. 45-48.
227 Vgl. Woolley 1990, S. 16f..

3.4.3 Festlegung der Marktzellen

Erachtet ein Luftfrachtanbieter den fünfdimensionalen Bezugsrahmen als ausreichend für eine mehrdimensionale Marktabgrenzung, so werden durch die Entscheidung des Luftfrachtanbieters,

- wie die Nachfrager des Marktsuchraums zu Kundengruppen zusammengefaßt werden,
- welche Kundenfunktionen Problemlösungen für die Kundengruppen des Marktsuchraums darstellen,
- welche Technologien für die Erstellung der Kundenfunktionen eingesetzt werden,
- wie der Luftfrachtleistungserstellungsprozeß als Grad der vertikalen Integration dargestellt wird und
- welche geographischen Räume betrachtet werden,

fünfdimensionale Marktzellen im Marktsuchraum festgelegt.[228] Die Abbildung 14 visualisiert am Beispiel eines dreidimensionalen Bezugsrahmens, wie durch Ausprrägungen in den Marktdimensionen "Kundengruppen", "Kundenfunktionen" und "eingesetzte Technologien", dreidimensionale Marktzellen festgelegt werden.[229] Die Marktzelle aus Abbildung 14 repräsentiert dabei eine bestimmte Kundenfunktion, die ein Kundenproblem für eine bestimmte Kundengruppe unter Zugrundelegung einer bestimmten Technologie löst. Da bekanntlich die Produkte des Marktsuchraums für die Nachfrager des Marktsuchraums bestimmte Funktionen erfüllen und da gleichzeitig die Produkte auch die Anbieter des Marktsuchraums repräsentieren, können nun die vorab festgelegten Elemente des Marktsuchraums (Anbieter, Produkte, Nachfrager) einzelnen Marktzellen zugeordnet werden.

228 Vgl. Day 1981a, S. 284.
229 Vgl. Abell 1980, S. 207.

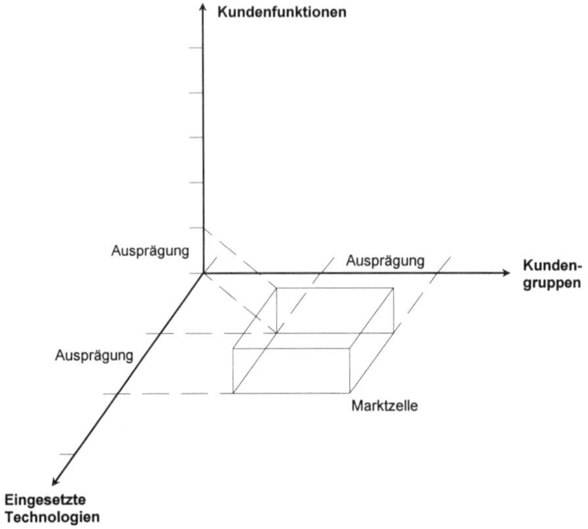

Abb. 14: Festlegung einer Marktzelle entlang den Marktdimensionen "Kundenfunktionen", "Kundengruppen" und "eingesetzte Technologien"[230]

3.5 Abgrenzung des Gesamtmarktes und des bedienten Marktes

Mit Hilfe der gebildeten Marktzellen kann nun ein Luftfrachtanbieter eine mehrdimensionale Marktabgrenzung vornehmen. Für die Abgrenzung eines Marktes soll im folgenden zwischen Gesamtmarkt ("total market") und bedienter Markt ("served market") unterschieden werden.[231]

3.5.1 Abgrenzung des Gesamtmarktes

Für die Gesamtmarktabgrenzung bestimmt ein Luftfrachtanbieter entlang der Marktdimensionen des Marktsuchraums den "Bereich wirksamer Konkurrenz".[232] Der Luftfrachtanbieter legt dann seinen Gesamtmarkt fest, indem er eine oder mehrere Marktzellen auswählt und diese als Gesamtmarkt betrachtet. Der Gesamtmarkt besteht

---

230 Vgl. Abell 1980, S. 207.

231 Vgl. Day 1981a, S. 283f..

232 Vgl. Kaufer 1980, S. 22; Kreilkamp 1987, S. 96.

mindestens aus einer Marktzelle, meistens jedoch aus einer Reihe aneinandergrenzender Marktzellen.[233]

Rein formal ist die Abgrenzung des Gesamtmarktes über Marktzellen für einen Luftfrachtanbieter unproblematisch. In der Realität bereitet die Gesamtmarktabgrenzung jedoch große Schwierigkeiten. Neben dem grundsätzlichen Problem entlang den Marktdimensionen geeignete Ausprägungen und damit Marktabgrenzungskriterien festzulegen, resultieren diese Schwierigkeiten aus

(1) der Tatsache, daß für den Praxiseinsatz kein geeignetes Verfahren zur Verfügung steht, mit dem gemessen werden kann, welche Marktzellen zum Gesamtmarkt gehören,

(2) der Multifunktionalität von Luftfrachtleistungen,

(3) der Position der Luftfrachtleistungen im Lebenszyklus.

Mangelnde Meßverfahren zur Identifikation der Marktzellen des Gesamtmarktes

Die wirtschaftswissenschaftliche Theorie stellt lediglich die Meßmethode der Kreuz-Preis-Elastizität zur Verfügung,[234] um aus angebotsorientierter Sichtweise über den Grad der Austauschbarkeit von Transportleistungen den Bereich eines wirksamen Wettbewerbs zu messen und damit den Gesamtmarkt eines Luftfrachtanbieter festzulegen. Eine für den Praxiseinsatz geeignete Umsetzung dieses Konzeptes ist jedoch nicht möglich. Beispielsweise spricht gegen die Praxistauglichkeit der Kreuz-Preis-Elastizität, daß die Reaktion eines Luftfrachtanbieters auf die Preisänderungen eines anderen nicht in das Konzept mit einbezogen werden kann.[235]

Multifunktionalität von Luftfrachtleistungen

Luftfrachtanbieter haben Probleme ihren Gesamtmarkt festzulegen, weil Luftfrachtleistungen in der Regel mehrere Kundenfunktionen erfüllen.[236] Mit dem Komplexitätsgrad einer Luftfrachtleistung steigt die Anzahl der Kundenfunktionen, die dieses Produkt erfüllt, aber auch dessen Verwendungszwecksvielfalt. Dabei liegt eine Austauschbeziehung zwischen einer Luftfrachtleistung und einer anderen Transportleistungen bereits dann vor, wenn diese nur eine gemeinsame Kundenfunktion erfüllen. Wie "weit" nun der Gesamtmarkt abgegrenzt wird, hängt davon ab, wieviele und welche Kundenfunktionen der einzelne Luftfrachtanbieter

233 Vgl. Day 1981a, S. 284.

234 Vgl. Aberle 1977, S. 314f.; Hoppmann 1974, S. 38; Oberender 1975, 576f..

235 Vgl. hierzu und zu weiteren Unzulänglichkeiten des Konzeptes der Kreuz-Preis-Elastizität Day/Shocker/Srivastava 1979, S. 11.

236 Vgl. Day 1981a, S. 284. Beispiele für Kundenfunktionen, die Transportleistungen erfüllen, werden in Abschnitt 3.4.2.1 gegeben.

für den Gesamtmarkt als relevant erachtet. Grundsätzlich ist es jedoch für einen Luftfrachtanbieter ratsam, den Gesamtmarkt nicht "zu eng" um den gewählten Bezugspunkt (z.B. ein bestimmtes Produkt des eigenen Luftfrachtleistungsangebotes) abzugrenzen, wie das nachfolgende Beispiel der amerikanischen Eisenbahngesellschaften zeigt:[237]

Bis Ende des 19. Jahrhunderts verzeichneten die amerikanischen Eisenbahngesellschaften eine stetige Steigerung ihres Transportleistungsabsatzes. Damals war für die amerikanischen Eisenbahngesellschaften die Lösung eines Transportproblems unweigerlich mit dem Verkehrsträger Schiene verknüpft. Daß Speditionen, die Transportleistungen mit Hilfe von Lastkraftwagen erstellen, Wettbewerber für die amerikanischen Eisenbahngesellschaften darstellen, wurde von diesen "zu spät" erkannt. Dieses Versäumnis führte dazu, daß heute Transportleistungen, die nicht mit dem Produktionsfaktor Schiene erstellt werden, den Kundenbedürfnissen vielfach besser entsprechen und den Transportleistungsangeboten der amerikanischen Eisenbahngesellschaften in der Regel vorgezogen werden.

Position im Lebenszyklus der Luftfrachtleistungen

Dem Lebenszyklus-Konzept liegt die Hypothese zugrunde, daß Luftfrachtleistungen eine begrenzte Lebensdauer besitzen und die Produktlebensdauer in unterschiedliche Phasen unterteilt werden kann (siehe Abbildung 15). Dabei kann das Lebenszyklus-Konzept auf unterschiedlichen Ebenen angewendet werden.[238] Beispielsweise kann der Lebenszyklus eines einzelnen Produktes oder einer Produktgruppe betrachtet werden.[239] Abhängig von der jeweiligen Phase im Lebenszyklus ergeben sich hierbei unterschiedliche Bedrohungen und Chancen für das Produkt oder die Produktgruppe, was eine andauernde, phasenabhängige Änderung der eingesetzten Marketing-Strategien[240] induziert. Zudem beeinflußt auch die jeweilige Produktlebensphase den Schwierigkeitsgrad für eine "geeignete" Abgrenzung des Gesamtmarktes.[241] Befindet sich beispielsweise eine bestimmte Luftfrachtleistung in der Markteinführungsphase und ist dessen Tauglichkeit zur Substitution anderer Transportleistungen noch nicht hinreichend bekannt, so ist es in dieser Phase für einen Luftfrachtanbieter schwieriger, den Gesamtmarkt des Produktes abzugrenzen, als beispielsweise in einer Phase, in der das Produkt bereits etabliert ist und die Substitute weitgehend bekannt sind.

237 Vgl. Levitt 1975, S. 26 und S. 176.
238 Vgl. für eine ausführliche Darstellung des Lebenszyklus-Konzeptes Day 1986a, S. 59-61; Day 1981b, S. 60-67; Levitt 1965, S. 81-95.
239 Einen Überblick über die grundlegenden Aggregationsebenen des Lebenszyklus-Konzptes geben z.B. *Aaker* oder *Hilleke-Daniel*. Vgl. Aaker 1984a, S. 93f.; Hilleke-Daniel 1989, S. 7.
240 Der Begriff "Marketing-Strategie" wird in Abschnitt 4.3.1 erklärt.
241 Vgl. Bauer/Hermann 1992, S. 1343.

Abbildung 15 visualisiert als Beispiele die Positionen der Produktgruppen Haustür-zu-Haustür- und Flughafen-zu-Flughafen-Leistungen in ihrem Lebenszyklus.

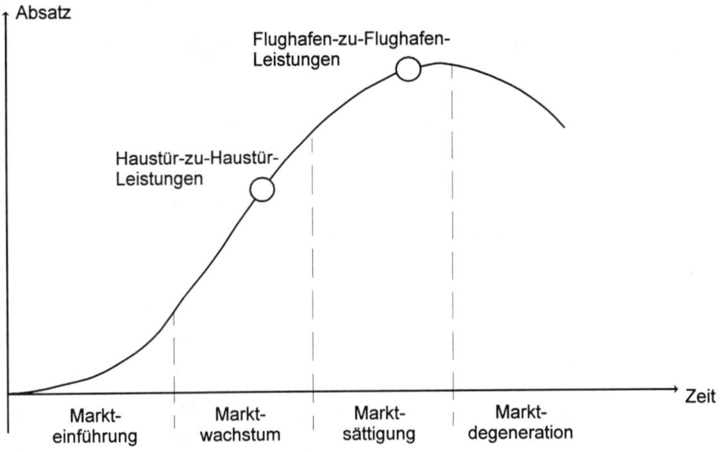

Abb. 15: Relative Reife ausgesuchter Luftfrachtleistungen [242]

3.5.2 Abgrenzung des bedienten Marktes

Ein Luftfrachtanbieter legt seinen bedienten Markt fest, indem er eine Teilmenge des Gesamtmarktes auswählt und diese Teilmenge als seinen bedienten Markt ansieht. Dabei kann der bediente Markt aus nur einer Marktzelle des Gesamtmarktes bestehen, er kann aber auch dem Gesamtmarkt entsprechen.[243]

Viele Luftfrachtanbieter grenzen ihren Markt zunächst entlang der Technologiedimension ab, indem sie nur die Ausprägungen "Luftverkehr" und "kombinierter See-/Luftverkehr" als eingesetzte Technologien des eigenen Unternehmens betrachten, um die Transportprobleme der Kunden zu lösen. Für die endgültige Entscheidung, welche Marktzellen des Marktsuchraums ein Luftfrachtanbieter bedienen möchte, kann beispielsweise die Diskussion der folgenden Fragestellungen eine Entscheidungshilfe bilden:

---

242 Vgl. Ihde 1991, S. 38.
243 Vgl. Day 1981a, S. 284.

- Welche strategischen Wettbewerbsvorteile besitzt das Unternehmen und welche kann es zukünftig erreichen?
- Was sind die relevanten Ressourcenrestriktionen des Unternehmens und erfordern diese eine - im Vergleich zum Gesamtmarkt - engere Abgrenzung des bedienten Marktes?
- Existieren Marktzellen im Gesamtmarkt, die aus Unternehmenssicht besonders rentabel bzw. nicht rentabel sind?
- Wie werden die Wachstumsmöglichkeiten und wie wird die Wettbewerbsintensität für die einzelnen Bereiche des Gesamtmarktes eingeschätzt?
- Wie ist die subjektive Produktwahrnehmung der Kunden und für welche Kundengruppen stiften die eigenen Produktangebote einen besonders hohen Nutzen?

3.6 Zusammenfassung

In der bisherigen Diskussion zur Marktabgrenzung ist eine theoretische Vorgehensweise aufgezeigt worden, wie Luftfrachtanbieter eine mehrdimensionale Definition des Marktsuchraums unter Berücksichtigung aller für sie relevanten Umwelteinflüsse vornehmen können. Ebenso ist verdeutlicht worden, wie Luftfrachtanbieter über Marktzellen ihren Gesamtmarkt und bedienten Markt abgrenzen können. Jedoch ist durch die dargelegte Theorie zur mehrdimensionalen Marktabgrenzung noch kein betriebswirtschaftliches Konzept zur Verfügung gestellt worden, das Luftfrachtanbieter bei der Marktabgrenzung "unterstützt". Die strategisch bedeutsame Entscheidung, wie Luftfrachtanbieter ihren bedienten Markt festlegen, bleibt somit - auf der Grundlage der bisherigen Darstellung - ausschließlich dem subjektiven Ermessen der einzelnen Luftfrachtanbieter überlassen.

Damit im weiteren Luftfrachtanbieter für die Abgrenzung ihres bedienten Marktes auch betriebswirtschaftliche Methoden mit einbeziehen können, wird nun eine konzeptionelle Vorgehensweise aufgezeigt, wie Luftfrachtanbieter durch die Analyse komplementärer Sichtweisen die Abgrenzung des bedienten Marktes vornehmen können. Implizit wird dabei auch die Abgrenzung des Gesamtmarktes diskutiert, da sowohl die Gesamtmarktabgrenzung als auch die Abgrenzung des bedienten Marktes auf derselben Informationsgrundlage basieren.[244]

---

244 Vgl. Zöllner 1990, S. 65.

4 Analyse der nachfragerorientierten Perspektive zur Marktabgrenzung für Luftfrachtanbieter

Der konzeptionelle Ansatz, die Abgrenzung des Marktes aus zwei komplementären Perspektiven vorzunehmen, einer nachfragerorientierten und einer wettbewerbsorientierten Perspektive, ist - wie bereits in Abschnitt 1.1 angesprochen - von *Day* in die Marketing-Literatur eingeführt worden.[245] Ein wesentlicher Vorteil des Ansatzes von *Day* besteht im Vergleich zu einem "ganzheitlichen" Marktabgrenzungsansatz darin, daß die Komplexität des Marktabgrenzungsproblems reduziert wird, da die Betrachtung von zwei komplementären Perspektiven zur Abgrenzung des Marktes jeweils eine Vernachlässigung bedeutender Marktabgrenzungsaspekte in den einzelnen Perspektiven erlaubt.

Im folgenden wird das Konzept zur mehrdimensionalen Marktabgrenzung von *Day* aufgegriffen und zunächst die nachfragerorientierte Perspektive zur Abgrenzung des Marktes diskutiert.

4.1 Charakterisierung der nachfragerorientierten Perspektive

In der nachfragerorientierten Perspektive betrachtet ein Luftfrachtanbieter seinen festgelegten Marktsuchraum aus der Perspektive der aktuellen und potentiellen Luftfrachtnachfrager.[246] Dabei wird der in Marktzellen unterteilte Marktsuchraum als ein Modell interpretiert, in dem die Bedürfnisse der Luftfrachtnachfrager durch unterschiedliche Transportleistungen befriedigt werden können.[247]

Im allgemeinen untergliedern sich die Nachfrager eines Marktsuchraums in verschiedene Gruppen, die unterschiedliche Bedürfnisse haben und die unterschiedlich auf marketingpolitische Maßnahmen reagieren. Dabei erfordert das zunehmende Streben der Nachfrager nach Individualität eine gruppenspezifische Bearbeitung des Marktsuchraums.[248] Diesen Aspekt greift die nachfragerorientierte Perspektive zur Abgrenzung des Marktes auf und zielt auf die Beantwortung der folgenden drei Fragen:[249]

---

245 Vgl. Day 1981a, S. 281-299. Vgl. hierzu auch Day/Wensley 1988, S. 1-20; Day/Wensley 1983, S. 79-89.

246 Vgl. Day 1981a, S. 286.

247 Vgl. hierzu Day 1981a, S. 287f..

248 Vgl. Uebele 1984, S. 158.

249 Vgl. Day 1981a, S. 286; Doyle/Saunders 1985, S. 26; Kotler 1991, S. 263; Kotler/Armstrong 1991, S. 218f..

(1) Durch welche Segmentierungsvariablen können die Nachfragergruppen des Marktsuchraumes identifiziert werden?

(2) Welche und wieviele Nachfragergruppen soll ein Luftfrachtanbieter bedienen? Welches Marketing-Mix soll ein Luftfrachtanbieter zur Bearbeitung des bedienten Marktes wählen?

(3) Wie werden die Produkte eines Luftfrachtanbieters im Vergleich zu den Konkurrenzprodukten in den bedienten Nachfragergruppen wahrgenommen? Entsprechen die Positionen der eigenen Produkte den erwünschten Produktpositionen in der Kundenwahrnehmung?

In bezug auf die Abgrenzung seines bedienten Marktes erlangt ein Luftfrachtanbieter durch die Analyse dieser Fragen detaillierte Kenntnisse,

- welche Anforderungen an Transport- bzw. Luftfrachtleistungen die verschiedenen Nachfragergruppen des Marktsuchraums haben,
- welche grundlegenden Strategien zur Abgrenzung und Bearbeitung des bedienten Marktes für das eigene Unternehmen in Frage kommen und
- wie sich die eigenen Produktangebote im Vergleich zu Konkurrenzprodukten in der Kundenwahrnehmung positionieren.

In den folgenden Abschnitten werden die Fragen (1) bis (3) aufgegriffen und diskutiert.

4.2 Identifikation homogener Nachfragergruppen

Das Problem der Identifikation von homogenen Nachfragersegmenten wurde bereits bei der Festlegung von Marktzellen entlang der Marktdimension "Kundengruppen" angesprochen.[250] Im folgenden wird diese Problemstellung aufgrund ihrer zentralen Bedeutung für eine Marktabgrenzung erneut aufgegriffen und präzisiert.

[250] Vgl. hierzu Abschnitt 3.4.2.1.

4.2.1 Grundlegende Vorgehensweise zur Identifikation homogener Nachfragergruppen

Die Segmentierung der Nachfrager eines Marktsuchraums kann charakterisiert werden als "... the act of dividing ... [the customers] into distinct groups of buyers who might require separate products and/or marketing mixes."[251] Durch den Segmentierungsprozeß sollen die Nachfrager eines Marktsuchraums möglichst so in Gruppen aufgeteilt werden, daß die ermittelten Gruppen in sich betrachtet möglichst homogen, im Vergleich zueinander jedoch möglichst heterogen sind. Je genauer einem Unternehmen die Nachfragersegmentierung gelingt, desto klarer können dann Schlußfolgerungen für gruppenspezifische Marketingaktivitäten abgeleitet werden.[252]

Wird eine Segmentierung der aktuellen und potentiellen Luftfrachtnachfrager eines Marktsuchraums angestrebt, so stellen sich grundsätzlich die beiden folgenden Fragen:

- Wie können die Bedürfnisse der Nachfrager des Marktsuchraums operationalisiert werden?
- Welche Variablen sind geeignet, die Nachfrager so zu segmentieren, daß Nachfrager mit einer ähnlichen Bedürfnisstruktur einer Gruppe zugeordnet werden?

Sind diese Fragen beantwortet, dann werden die Nachfrager durch die identifizierten Segmentierungsvariablen in Gruppen eingeteilt. Einen methodischen Ansatzpunkt, um eine Nachfragersegmentierung durchzuführen, bietet dabei die Clusteranalyse.

Zur Abstraktion der Funktionsweise einer Nachfragersegmentierung zeigen die Abbildungen 16 und 17 Luftfrachtnachfrager, die durch unterschiedliche Segmentierungskriterien gruppiert werden. Die Abbildung 16 visualisiert fünf unterschiedliche Segmentierungsmöglichkeiten von sieben Luftfrachtnachfragern. Die Abbildungen 16.1 und 16.2 zeigen dabei die "Extremergebnisse" einer Nachfragersegmentierung. Abbildung 16.1 bildet einen Umweltzustand ab, in dem die Nachfragerstruktur homogen ist, so daß eine gruppenspezifische Marktbearbeitung aus Unternehmenssicht vernachlässigt werden kann. Im Gegensatz dazu zeigt Abbildung 16.2 einen Umweltzustand, in dem die Nachfragerstruktur derart heterogen ist, daß die Nachfrager individuell bedient werden sollten. Die Abbildungen 16.3-16.5 veranschaulichen schließlich die Möglichkeiten, die sieben Luftfrachtnachfrager durch ihre Branchenzugehörigkeit ("Maschinenbau" oder "Elektro"; Abb. 16.3), ihr Luftfrachtaufkommen ("heavy user", "intensive user" oder "small user"; Abb. 16.4) oder durch beide Variablen (Abb. 16.5) zu segmentieren.

---

[251] Kotler 1991, S. 263.

[252] Vgl. Hölzel 1987, S. 10.

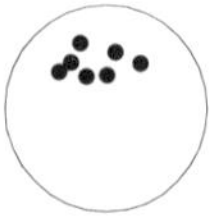

16.1: Homogene Nachfragerstruktur.

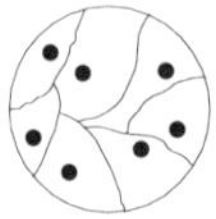

16.2: Vollkommene Nachfragersegmentierung.

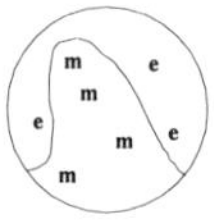

16.3: Nachfragersegmentierung durch die Variable "Branche".

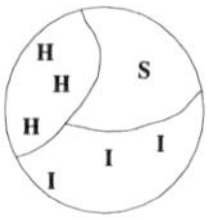

16.4: Nachfragersegmentierung durch die Variable "Luftfrachtaufkommen".

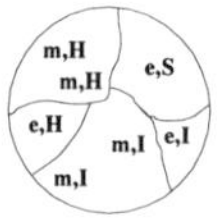

16.5: Nachfragersegmentierung durch beide Variablen.

Legende: m := Maschinenbaubranche; e := Elektrobranche;
H := "heavy user"; I := "intensive user"; S := "small user".

Abb. 16: Segmentierung der Luftfrachtnachfrager durch beobachtbare Nachfrager-attribute

Die Variablen "Branche" und "Luftfrachtaufkommen" in Abbildung 16 sind Beispiele für Segmentierungen durch beobachtbare Nachfragerattribute. Eine Nachfragersegmentierung durch beobachtbare Nachfragerattribute gewährleistet jedoch nicht, daß auch die Produktpräferenzen der Nachfrager in den gebildeten Gruppen homogen sind. Wie nun Präferenzurteile der Nachfrager in eine Nachfragersegmentierung mit einbezogen werden können, veranschaulicht Abbildung 17. Diese Abbildung zeigt drei Beispiele, wie sich Luftfrachtnachfrager aufgrund ihrer individuellen Nutzenbewertungen der Produktmerkmale "Door-to-Door-Beförderung" und "Flexibilität für Sonderanforderungen" segmentieren lassen. In den Abbildungen 17.1 und 17.2 bewerten die Nachfrager den Nutzen der Produktmerkmale derart homogen bzw. diffus, daß eine gruppenspezifische Marktbearbeitung vernachlässigt werden kann bzw. die Nachfrager individuell bedient werden sollten. Die Abbildung 17.3 visualisiert schließlich drei Nachfragergruppen, deren Gruppenmitglieder jeweils ähnliche individuelle Nutzenbewertungen der Produktmerkmale vornehmen.

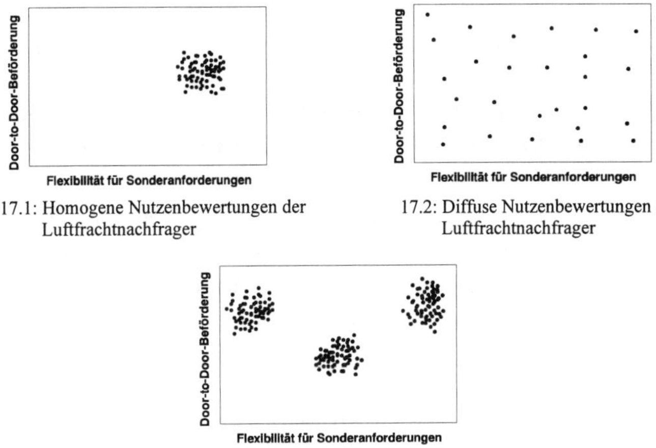

17.1: Homogene Nutzenbewertungen der Luftfrachtnachfrager

17.2: Diffuse Nutzenbewertungen der Luftfrachtnachfrager

17.3: Geclusterte Nutzenbewertungen der Luftfrachtnachfrager

Abb. 17: Segmentierung der Luftfrachtnachfrager durch individuelle Nutzenbewertungen

Nachdem ein Vorverständnis über die grundsätzliche Vorgehensweise für eine Nachfragersegmentierung gewonnen worden ist, wird auf die beiden am Anfang des Abschnitts gestellten Fragen eingegangen. Zunächst wird dabei untersucht, wie Luftfrachtanbieter die Bedürfnisse der Nachfrager des Marktsuchraums erschließen können.

4.2.2 Operationalisierung der Nachfragerbedürfnisse

Einen grundlegenden Ansatz, um Bedürfnisse der aktuellen und potentiellen Luftfrachtnachfrager zu operationalisieren, stellt der Prozeß der Bedürfniskonkretisierung dar, der im folgenden beschrieben wird:

Die Befriedigung eines Nachfragerbedürfnisses kann als ein Konkretisierungsprozeß aufgefaßt werden, der sich in die Phasen Bedürfnis, Bedarf, Nachfrage und Kaufakt unterteilen läßt.[253] Das Bedürfnis kann dabei als ein subjektives Mangelgefühl charakterisiert werden, das nach Beseitigung strebt.[254] Jedoch ist das Bedürfnis eine unspezifische Antriebsart, die auf kein konkretes Objekt der Bedürfnisbefriedigung (z.B. ein Produkt)

253 Vgl. für eine ausführlich Darstellung des Prozesses der Bedürfniskonkretisierung z.B. Nieschlag/Dichtl/Hörschgen 1991, S. 144-147.

254 Vgl. Zentes 1992, S. 35.

ausgerichtet ist.[255] Durch den Antrieb, den Mangel zu beheben, entsteht eine objektorientierte Handlungsabsicht, die als Bedarf bezeichnet wird.[256] Dabei entspricht jedem Bedürfnis ein fixierter Bedarf,[257] wobei in einer Bedarfssituation unter Umständen nur ein, in einer anderen Bedarfssituation aber eine Vielzahl von Objekten in Frage kommen, um ein bestimmtes Bedürfnis zu befriedigen. Der Bedarf determiniert jedoch nicht automatisch den Kaufakt, da er lediglich objektorientiert, aber nicht auf einen bestimmten Kaufzeitpunkt oder Kaufort bezogen ist.[258] Erst wenn ein Kunde Beschaffungsdispositionen trifft und dadurch eigene knappe Ressourcen (Geldmittel, Zeit, psychische und physische Energie) dem Bedarfsobjekt zuweist, wird aus dem Bedarf eine marktwirksame Nachfrage.[259] Die Entscheidung, ein bestimmtes Bedarfsobjekt zu beschaffen, schlägt sich dann unmittelbar in einem Kaufakt nieder, falls nicht situative Gegebenheiten (z.B. das anvisierte Produkt ist am Beschaffungsort nicht vorhanden) den Kauf verhindern.

Der dargestellte Bedürfniskonkretisierungsprozeß verdeutlicht, daß Bedürfnisse intrapersonale Tatbestände und deshalb nicht beobachtbar sind.[260] Sie können auch nicht gemessen werden, sondern nur aus anderen beobachtbaren Vorgängen erschlossen werden.[261] Die Existenz von Nachfragerbedürfnissen kann somit nur aus dem tatsächlichen Nachfragerverhalten, also dem Kauf eines bestimmten Produktes, abgeleitet werden. Um nun die Bedürfnisse der Nachfrager eines Marktsuchraums zu operationalisieren und um Nachfrager zu erkennen, die homogene Bedürfnisse haben, müssen bestimmte Annahmen über das Kaufverhalten der Nachfrager getroffen werden.

Wird im weiteren unterstellt,

- daß die Nachfrager dasjenige Produkt des Marktsuchraums kaufen, das für sie den größten Nutzen stiftet und
- daß die Produktpräferenz des einzelnen Nachfragers das Ergebnis eines Nutzenvergleichs ist,[262]

dann bilden Präferenzanalysen[263] eine geeignete Möglichkeit, um das Kaufverhalten von aktuellen und potentiellen Luftfrachtnachfragern durch den gemessenen Produktnutzen zu operationalisieren. Da durch Präferenzanalysen auch der gestiftete Teilnutzen der Produktmerkmale und -attribute gemessen werden kann (z.B. durch eine Conjoint-Analyse), können

255 Vgl. Böcker 1991, S. 13f..
256 Vgl. Scharf 1991, S. 45.
257 Vgl. Leonhäuser 1988, S. 56.
258 Vgl. Böcker 1991, S. 14.
259 Vgl. Nieschlag/Dichtl/Hörschgen 1991, S. 146.
260 Vgl. Böcker 1991, S. 13; Leonhäuser 1988, S. 56.
261 Vgl. Böcker 1991, S. 13; Leonhäuser 1988, S. 56.
262 Vgl. Trommsdorff/Bleicker/Hildebrandt 1980, S. 270.
263 Einen Überblick über die gebräuchlichsten Entscheidungsregeln bzw. -modelle der Präferenzbildung gibt z.B. *Bleicker*. Vgl. hierzu Bleicker 1983, S. 29-44.

Produktmerkmale oder -attribute auch als Segmentierungskriterien einer Nutzensegmentierung verwendet werden. Durch die Nutzensegmentierung werden dann die Nachfrager des Marktsuchraums, die Produktmerkmale oder -attribute ähnlich bewerten, derselben Nachfragergruppe zugeordnet.

Da sich Nutzenkriterien im Vergleich zu anderen Segmentierungskriterien verhältnismäßig schwierig identifizieren und messen lassen, wird in der Marketing-Literatur noch eine Vielzahl weiterer Segmentierungskriterien diskutiert, die aus dem tatsächlichen Nachfragerverhalten oder aus Annahmen über das Nachfragerverhalten abgeleitet werden. Im folgenden Abschnitt wird ein Überblick gegeben, welche grundlegenden Möglichkeiten für Luftfrachtanbieter existieren, um die Nachfrager ihres Marktsuchraums durch Segmentierungskriterien zu gruppieren.

4.2.3 Bestimmung der Segmentierungskriterien

Die Bestimmung geeigneter Segmentierungskriterien wird von vielen Autoren als das zentrale Problem einer Nachfragersegmentierung angesehen.[264] Dementsprechend werden zur Segmentierung von Nachfragern in der Marketing-Literatur eine Vielzahl von Kriterien diskutiert, die zur Lösung von Segmentierungsproblemen herangezogen werden können.[265] Bevor auf einzelne Kriterien zur Segmentierung aktueller und potentieller Luftfrachtnachfrager näher eingegangen wird, werden zunächst die formalen Anforderungen an Segmentierungskriterien beschrieben.

4.2.3.1 Formale Anforderungen an Segmentierungskriterien

Eine grundlegende Voraussetzung für die erfolgreiche Bewältigung eines gegebenen Segmentierungsproblems ist, daß die verwendeten Segmentierungsvariablen bestimmten formalen Anforderungen genügen müssen, die sich folgendermaßen zusammenfassen lassen:[266]

---

264 Vgl. z.B. Becker 1993, S. 229; Freter 1983, S. 15; Kols 1986, S. 3.

265 Einen Überblick über häufig verwendete Segmentierungskriterien geben z.B. *Freter* oder *Frank/Massy/Wind*. Vgl. Freter 1983, S. 43-99; Frank/Massy/Wind 1972, S. 25-111.

266 Vgl. Böhler 1977, S. 36-38; Bruno 1988, S. 131-135; Freter 1983, S. 43f.; Gröne 1977, S. 44-50; Meffert 1991, S. 244f..

- Die Segmentierungsvariablen müssen einen Bezug zu den Bestimmungsfaktoren des Kaufverhaltens der Nachfrager aufweisen.
- Die Ausprägungen der Segmentierungskriterien sollten Ansatzpunkte für einen differenzierten Einsatz der Marketing-Mix-Variablen[267] bieten.
- Die Kriterien müssen für den Einsatz von Marktforschungsverfahren operationalisierbar und durch diese meßbar sein.
- Damit Marketing-Maßnahmen zur Bearbeitung einzelner Nachfragersegmente getroffen, umgesetzt und die Kosten der Segmentbearbeitung von den einzelnen Nachfragersegmenten getragen werden können, wird eine zeitliche Stabilität der Segmentierungskriterien gefordert.
- Die Segmentierungsvariablen sollen Segmente abgrenzen helfen, deren Bearbeitung lohnt. Die Kosten der Segmentierungsmaßnahmen, wie z.B. die Kosten der Informationsgewinnung und -bearbeitung sowie die Kosten, die durch eine differenzierte Segmentbearbeitung entstehen, sollten durch den Nutzen der Nachfragersegmentierung (höherer Gewinn, verbesserte Wettbewerbsposition) kompensiert werden.

Um die Vielzahl der Segmentierungskriterien zu ordnen, die in der Marketing-Literatur Beachtung finden, werden diese im folgenden in die Gruppen

- Kriterien zur Nutzensegmentierung,
- Ersatzkriterien und
- Reaktionskoeffizienten

eingeteilt.[268]

4.2.3.2 Kriterien zur Nutzensegmentierung

Der Begriff Nutzensegmentierung ("benefit segmentation") ist von *Haley* in die Marketing-Literatur eingeführt worden.[269] Die Nutzensegmentierung geht von der Annahme aus, daß Nutzenbewertungen von Produktmerkmalen durch Nachfrager im Zeitablauf konstant sind und somit als kausale Faktoren angesehen werden können, um das zukünftige Kaufverhalten der Nachfrager zu prognostizieren. Deshalb bedeutet in bezug auf die Segmentierung von Nachfragern "... that the benefits which people are seeking in consuming a given product are the basic reasons for the existence of true market segments."[270]

---

267 Die Begriffe "Marketing-Mix" und "Marketing-Mix-Variable" werden in Abschnitt 4.3.1 erklärt.

268 Die gleiche Klassifizierung von Segmentierungsvariablen wählt z.B. *Bauer*. Vgl. Bauer 1977, S. 70-96.

269 Vgl. Haley 1968, S. 30-35; Haley 1984, S. 19-24.

270 Haley 1968, S. 31. Vgl. hierzu auch Kluyver, de/Whitlark 1986, S. 275; Myers 1979, S. 31.

Unterstellt nun ein Luftfrachtanbieter,

- daß das Kriterium der Nachfrager für den Kauf einer Transportleistung die Nutzenmaximierung ist und
- daß die einzelnen Merkmale einer Transportleistung vom Nachfrager unabhängig bewertet werden,

dann ist der individuelle relative Teilnutzen der Produktmerkmale ein effektives Kriterium, um die Nachfrager seines Marktsuchraums zu segmentieren.[271] Der individuelle relative Teilnutzen der Produktmerkmale ist dabei dem absoluten Teilnutzen für eine Segmentierung vorzuziehen, da Nachfrager in bezug auf ein Produktmerkmal immer nach der größtmöglichen Nutzenstiftung streben, die Nutzenbewertung zwischen mehreren Ausprägungen eines Produktmerkmals aber erheblich differieren kann.[272]

Die Identifikation der Produktmerkmale und -attribute, durch die die Nutzensegmentierung der aktuellen und potentiellen Luftfrachtnachfrager eines Marktsuchraums erfolgt, kann z.B. in Expertengesprächen mit Nachfragern des zugrunde gelegten Marktsuchraums herausgearbeitet werden. Die Berechnung der individuellen relativen Teilnutzenwerte der einzelnen Produktmerkmale und die anschließende Nutzensegmentierung der Nachfrager kann dann z.B. mit den Marktforschungsverfahren Conjoint-Analyse und Clusteranalyse erfolgen.[273]

4.2.3.3 Ersatzkriterien

Ersatzkriterien werden diejenigen Segmentierungskriterien genannt, die beobachtbare Eigenschaften oder das Verhalten von Nachfragern beschreiben.[274] Um die Vielzahl denkbarer Ersatzkriterien zu ordnen, wird in der Marketing-Literatur meist eine erste grundlegende Unterscheidung zwischen den Ersatzkriterien nach dem jeweiligen Bedarfsträger vorgenommen.[275] So wird z.B. unterstellt, daß private Haushalte Konsumgüter kaufen und verwenden, während die Unternehmen Produktivgüter beschaffen, um damit andere Produkte zu erstellen.[276]

---

271 Vgl. Haley 1968, S. 32.
272 Vgl. Haley 1968, S. 32.
273 Siehe hierzu die Ausführungen in Kapitel 5.
274 Vgl. Freter 1983, S. 45.
275 Vgl. z.B. Kotler 1991, S. 268 und 276; Uebele 1984, S. 159.
276 Dem Aspekt, daß private Haushalte und Unternehmen auch Dienstleistungen nachfragen und in Folge dessen auch typische Segmentierungskriterien für Dienstleistungen existieren können, wird selbst in der Literatur zum Dienstleistungsmarketing kaum Beachtung geschenkt. Vgl. z.B. Scheuch 1989, S. 297f..

Aktuelle und potentielle Luftfrachtnachfrager lassen sich z.B. durch folgende Ersatzkriterien segmentieren:[277]

– Demographische Kriterien (z.B. Branchenzugehörigkeit, Beschäftigtenzahl, Umsatz, Luftfrachtaufkommen),

– Geographische Kriterien (z.B. regionale Standorte, Wirtschaftsregionen),

– Beobachtbare Kriterien des Kaufverhaltens (z.B. Kaufhäufigkeit, Kaufmenge, Produktloyalität) und

– Merkmale des Einkaufsgremiums ("buying-centers")[278] in Unternehmen.

Als Hauptkritikpunkt der Verwendung von Ersatzkriterien zur Nachfragersegmentierung wird vor allem die mangelnde Kaufverhaltensrelevanz angeführt.[279] Ersatzkriterien beschreiben lediglich, daß bestimmte Nachfrager bestimmte Produkte kaufen, ohne zu erklären, warum diese Produktwahl erfolgt.[280]

Sinnvolle Einsatzmöglichkeiten für Ersatzkriterien, um Nachfrager zu segmentieren, ergeben sich z.B. aus der Aufgabenstellung, marketingpolitische Entscheidungen zu unterstützen.[281] Beispielsweise bietet eine Segmentierung von Luftfrachtnachfragern durch geographische Variablen Ansatzpunkte, eine regionale Aufteilung des Werbebudgets vorzunehmen.

4.2.3.4 Reaktionskoeffizienten

Reaktionskoeffizienten charakterisieren die Reaktion des einzelnen Nachfragers auf den Einsatz von Marketing-Mix-Variablen.[282] Durch eine Segmentierung anhand von Reaktionskoeffizienten werden Nachfrager, die ähnlich auf den Einsatz von Marketing-Mix-Variablen reagieren, derselben Nachfragergruppe zugeordnet.

Für eine Nachfragersegmentierung durch Reaktionskoeffizienten besteht zunächst die Schwierigkeit, die individuellen Reaktionskoeffizienten zu messen. Um beispielsweise zu bestimmen, wie Luftfrachtnachfrager auf den Einsatz von produktpolitischen Marketing-Maßnahmen reagieren, stehen Luftfrachtanbietern keine geeigneten Verfahren zur direkten Messung der individuellen Reaktionskoeffizienten zur Verfügung.

---

277 Vgl. Aaker/Day 1986, S. 544; Becker 1993, S. 242f.; Engelhardt/Günter 1981, S. 89-92; Kotler 1991, S. 276; Uebele 1984, S. 161f..

278 Der Begriff "buying-center" wurde von *Webster/Wind* in die Marketing-Literatur eingeführt. Vgl. zur Erklärung des Begriffs Webster/Wind 1972, S. 12-19.

279 Vgl. Freter 1983, S. 56, S. 60f., S. 84f. und S. 93f..

280 Vgl. Freter 1983, S. 56; Moriarty/Reibstein 1986, S. 464.

281 Vgl. Freter 1983, S. 56; Haley 1968, S. 31.

282 Vgl. Freter 1980, S. 456.

Einen Ansatzpunkt, Reaktionskoeffizienten mit Ersatzkonstrukten zu messen, bietet die Nutzensegmentierung. Hat beispielsweise ein Luftfrachtanbieter für ein konkretes Segmentierungsproblem mit Hilfe der Nutzensegmentierung bereits homogene Nachfragergruppen identifiziert, dann können z.B. durch eine anschließende Bearbeitung eines identifizierten Nutzensegments mit Hilfe von Marketing-Instrumenten Nutzenänderungen in diesem Segment herbeigeführt werden. Diese Nutzenänderungen können nun durch eine abermalige Nutzenmessung in dem Nutzensegment aufgezeigt werden. Aus den Nutzenänderungen lassen sich dann Reaktionskoeffizienten für die einzelnen Nachfrager des betrachteten Nutzensegments bestimmen. Auf Basis der gewonnenen Ergebnisse ist unter Umständen eine weitere Nachfragersegmentierung dieses Nutzensegments unter Zugrundelegung der ermittelten Reaktionskoeffizienten sinnvoll.

Nachdem analysiert worden ist, wie aktuelle und potentielle Luftfrachtnachfrager eines Marktsuchraums segmentiert werden können, wird nun diskutiert, welche Möglichkeiten ein Luftfrachtanbieter grundsätzlich hat, um seinen bedienten Markt und sein Marketing-Mix zur Bearbeitung des bedienten Marktes festzulegen.

4.3 Marketing-Strategien zur Abgrenzung und Bearbeitung des bedienten Marktes

In der Marketing-Literatur wird über die Gestaltungsmöglichkeiten von Marktbearbeitungsstrategien aufgezeigt, welche grundlegenden Möglichkeiten für ein Unternehmen existieren, den bedienten Markt und ein Marketing-Mix zur Bearbeitung des bedienten Marktes festzulegen.

Eine Marktbearbeitungsstrategie läßt sich anhand der Dimensionen "Differenzierung des Marketing-Mix" und "Abdeckung der Nachfragersegmente" klassifizieren.[283] Aus der Analyse von allgemeinen Strategien zur Nachfragersegmentwahl und der Marktansprache werden dann die grundlegenden Marktbearbeitungsstrategien abgeleitet. Diese stellen globale Strategien dar, bei denen weder eine Bezugnahme auf die Art, wie die Nachfragersegmente identifiziert worden sind, erfolgt, noch darauf, welche der Nachfragersegmente konkret bearbeitet werden sollen.[284] Das Entscheidungsproblem, welche Marktbearbeitungsstrategie ein Unternehmen letztlich wählt, hängt von weiteren Determinanten ab, wie z.B. der Finanzkraft des Unternehmens, der Homogenität der Nachfragerbedürfnisse, der Homogenität der Produkte

283 Vgl. Freter 1980, S. 457.

284 Vgl. Freter 1980, S. 457.

des Marktsuchraums, deren erreichter Position im Lebenszyklus und dem Verhalten der Wettbewerber.[285]

Bevor im folgenden darauf eingegangen wird, welche Marktbearbeitungsstrategien einem Luftfrachtanbieter grundlegend zur Verfügung stehen, werden zunächst die in diesem Zusammenhang relevanten Begriffe "Marketing-Strategie" und "Marketing-Mix" erklärt.

4.3.1 Definition der Begriffe "Marketing-Strategie" und "Marketing-Mix"

Marketing-Strategien lassen sich allgemein charakterisieren als längerfristige, an den Bedürfnissen der Nachfrager des bedienten Marktes und an den Leistungspotentialen des Unternehmens orientierte Konzepte zur Realisierung von Marketing-Zielen (z.B. Erreichung eines bestimmten Umsatzes, Marktanteils, Images etc.).[286] Um die anvisierten Marketing-Ziele realisieren zu können, benötigt ein Unternehmen ein Marketing-Budget in bestimmter Höhe und ein Marketing-Mix, worunter "... the set of marketing tools that the firm uses to pursue its marketing objectives in the target market" verstanden werden soll.[287] Innerhalb der Marketing-Literatur werden die "marketing tools" meist klassifiziert als Produkt-, Entgelt-, Distributions- und Kommunikationspolitik, wobei die einzelnen Marketing-Mix-Variablen einem dieser vier Variablenbündel zugeordnet sind.[288] Beispielsweise läßt sich die Kommunikationspolitik in die Marketing-Mix-Variablen "Werbung", "Verkaufsförderung" und "Öffentlichkeitsarbeit" unterteilen. Die Ausgestaltung aller verwendeten Marketing-Mix-Variablen zu einem konkreten Marketing-Maßnahmenbündel (z.B. Konkretisierung der Werbeaktivitäten usw.) wird dann Marketing-Mix genannt. Ist das Marketing-Mix formuliert, muß zur Umsetzung dieser Maßnahmen schließlich noch entschieden werden, wie das Marketing-Budget auf die einzelnen Maßnahmen verteilt wird. Zusammenfassend läßt sich dann eine Marketing-Strategie folgendermaßen definieren:[289]

"Marketing strategy comprises the broad principles by which marketing management expects to achieve its business and marketing objectives in a target market. It consists of basic decisions on marketing expenditures, marketing mix, and marketing allocation."

---

285 Vgl. Freter 1980, S. 457.
286 Vgl. Nieschlag/Dichtl/Hörschgen 1991, S. 822.
287 Kotler 1991, S. 68.
288 Vgl. z.B. Kotler 1991, S. 68; Nieschlag/Dichtl/Hörschgen 1991, S. 15f.; Schewe/Smith 1983, S. 57.
289 Kotler 1991, S. 68.

4.3.2 Grundlegende Strategien zur Abgrenzung des bedienten Marktes

Die Abbildung 18 visualisiert die grundlegenden Wahlmöglichkeiten, wie Luftfrachtanbieter ihren bedienten Markt definieren können. Aus Gründen der Übersichtlichkeit werden in der Abbildung - wie in der Marketing-Literatur üblich[290] - nur die Marktdimensionen "Kundengruppen" und "Kundenfunktionen" gezeigt.[291]

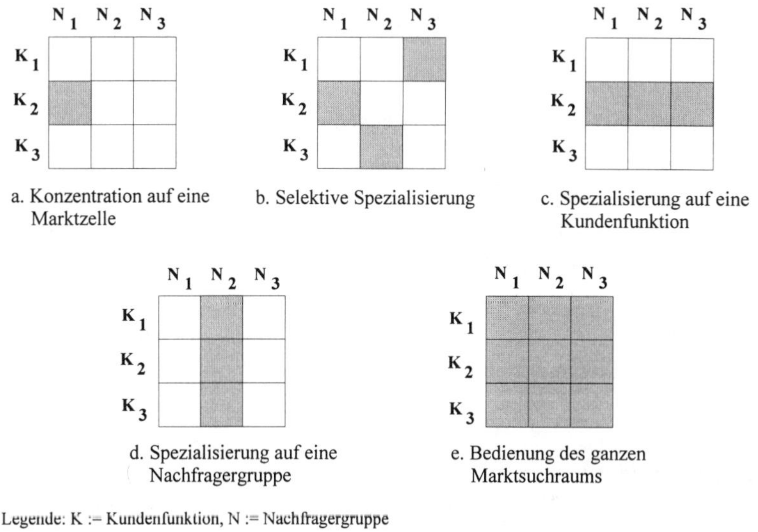

Abb. 18: Strategien zur Abgrenzung des bedienten Marktes[292]

Entlang der nicht in Abbildung 18 visualisierten grundlegenden Marktdimensionen "eingesetzte Technologien", "Grad der vertikalen Integration im Wertschöpfungsprozeß" und "geographische Räume" definieren Luftfrachtanbieter ihren bedienten Markt zumeist folgendermaßen:

---

290 Vgl. z.B. Abell 1980, S. 203f.; Kotler 1991, S. 281.

291 Vgl. Abell 1980, S. 203f.; Kotler 1991, S. 281.

292 Vgl. Abell 1980, S. 203f.; Kotler 1991, S. 281.

Eingesetzte Technologien

– Luftverkehrsgesellschaften wählen ausschließlich den Luftverkehr,

– die Integrator den Luft- und Straßenverkehr als eingesetzte Technologien, um Transportleistungen zu erstellen.

– Bei den Luftfrachtspeditionen ist die Spannweite der eingesetzten Technologien für die Erstellung einer Transportleistung sehr unterschiedlich. Diese reicht vom Luftverkehr bis hin zu einer Angebotspalette an eingesetzten Technologien, die alle Arten der Güterbeförderung und die kombinierten Verkehre umfaßt.

Grad der vertikalen Integration im Wertschöpfungsprozeß

Integrator versuchen nahezu alle logistischen Leistungsprozesse zur Erstellung von Luftfrachtleistungen selbst zu erbringen, während Luftfrachtspeditionen und Luftverkehrsgesellschaften nur bestimmte logistische Leistungen zur Erstellung von Luftfrachttransportketten durchführen.[293] Der vergleichsweise geringe Grad der vertikalen Integration der Luftfrachtspeditionen und Luftverkehrsgesellschaften bei der Erstellung von Luftfrachtleistungen führt dazu, daß die Schnittstellenproblematik in "traditionellen" Luftfrachttransportketten größer ist als in Luftfrachttransportketten, die durch Integrator erstellt werden.

Geographische Räume

– Bei Luftverkehrsgesellschaften und Integrator werden die geographischen Räume, in denen Luftfrachtleistungen angeboten werden, wesentlich durch das eigene Streckennetz bestimmt. Tendenziell sind dabei die Streckennetze der Luftverkehrsgesellschaften und Integrator global ausgerichtet. Während jedoch die Länderrelationen der Integrator eher "weltumspannend" sind,[294] werden die Länderrelationen der Luftverkehrsgesellschaften vor allem durch das Zulassungsland und das Streckennetz der einzelnen Luftverkehrsgesellschaft bestimmt (z.B. bei *Lufthansa*: Deutschland-USA, Deutschland-Japan, Deutschland-Frankreich etc.[295]).

– Luftfrachtspeditionen bieten in einem Land, in dem sie als *IATA*-Agentur zugelassen sind, zumeist für alle Länderrelationen des Zulassungslandes Luftfrachtleistungen an.

---

293 Zur detaillierten Beschreibung der logistischen Leistungsprozesse, die Luftfrachtspeditionen, Luftverkehrsgesellschaften und Integrator zur Erstellung von Luftfrachttransportketten erbringen, siehe die Abschnitte 2.1.5.1. bis 2.1.5.3.

294 Vgl. z.B. Hogen 1987, S. 15-19; McMullen 1989, S. 21.

295 Vgl. Muscati 1986, S. 107-117.

Kundengruppen und Kundenfunktionen

Im folgenden werden nun die grundlegenden Wahlmöglichkeiten eines Luftfrachtanbieters zur Abgrenzung seines bedienten Marktes entlang den Marktdimensionen "Kundengruppen" und "Kundenfunktionen" charakterisiert (vgl. Abb. 18):[296]

- Konzentration auf eine Marktzelle

Der bediente Markt des Luftfrachtanbieters besteht aus genau einer Marktzelle. Der Luftfrachtanbieter bearbeitet somit nur eine Nachfragergruppe des Marktsuchraums und bietet eine oder nur wenige Luftfrachtleistungen an, um ein bestimmtes Transportproblem dieser Nachfragergruppe zu lösen. Da sich der Luftfrachtanbieter lediglich auf die Bearbeitung einer Marktzelle konzentriert, sollte er darauf achten, daß die bediente Marktzelle Wachstumschancen bietet und daß die Eintrittsbarrieren möglichst hoch sind. Darüber hinaus sollte der Luftfrachtanbieter versuchen, genaue Kenntnisse über das Kundenproblem und die dahinter stehenden Nachfragerbedürfnisse zu erlangen, die durch das eigene Leistungsangebot gelöst werden sollen. Darauf aufbauend kann dann diese Nachfragergruppe durch den Einsatz eines konzentrierten Marketings[297] segmentspezifisch bearbeitet werden.

- Selektive Spezialisierung

Der Luftfrachtanbieter bearbeitet mehrere, nicht zusammenhängende Marktzellen des Marktsuchraums. Er bedient mehrere Nachfragergruppen und bietet jeder Nachfragergruppe ein oder nur wenige Produkte an, um in jedem der Nachfragersegmente ein unterschiedliches Kundenproblem zu lösen. Im Vergleich zur Konzentration auf nur eine Marktzelle erfolgt zumeist eine Streuung des Unternehmensrisikos, weil in der Regel zwischen den bedienten Marktzellen weniger Synergien bei der Erstellung von Leistungsprozessen bestehen.

- Spezialisierung auf eine Kundenfunktion

Der Luftfrachtanbieter bearbeitet mehrere, zusammenhängende Marktzellen des Marktsuchraums. Er bedient alle Nachfragergruppen des Marktsuchraums und bietet jeder Nachfragergruppe eine oder mehrere Luftfrachtleistungen an, um ein bestimmtes Transportproblem zu lösen. Risiken durch die Erfüllung lediglich einer Kundenfunktion ergeben sich für den Luftfrachtanbieter, wenn z.B. die Nachfrager Produktinnovationen nachfragen, deren Erstellung der Luftfrachtanbieter nicht beherrscht.

[296] Vgl. Abell 1980, S. 192-204; Kotler 1991, S. 281f..

[297] Die Strategieform des konzentrierten Marketings wird in Abschnitt 4.3.3 beschrieben.

- Spezialisierung auf eine Nachfragergruppe

Der Luftfrachtanbieter bearbeitet mehrere, zusammenhängende Marktzellen des Marktsuchraums. Es bedient eine Nachfragergruppe und bietet dieser ein umfassendes Produktangebot an, um deren gesamte Kundenprobleme zu lösen. Der Vorteil dieser Abgrenzung des bedienten Marktes besteht darin, daß der Luftfrachtanbieter seine gesamten Marketing-Aktivitäten auf eine Nachfragergruppe konzentrieren kann.

Von den Luftfrachtanbietern, die in der Bundesrepublik Deutschland Luftfrachtleistungen offerieren, werden die bisher beschriebenen Möglichkeiten zur Abgrenzung des bedienten Marktes entlang der Marktdimensionen "Kundengruppen" und "Kundenfunktionen" nur in wenigen Fällen gewählt. Eine selektive Spezialisierung als Strategie zur Abgrenzung des bedienten Marktes verfolgt z.B. die *Möller International Aircargo GmbH*, die als wichtigste Felder ihrer Geschäftstätigkeit Luftfrachtleistungen zum Transport von Presseerzeugnissen und Reisebüroleistungen anbietet.[298] Ein Luftfrachtanbieter, der sich auf eine Kundenfunktion spezialisiert hat, ist z.B. die *Brink's Schenker GmbH*, die sich auf die Erstellung von Luftfrachtleistungen zur Beförderung von Wertfracht konzentriert.

Die Integrator, die Luftverkehrsgesellschaften und die großen, umsatzstarken Luftfrachtspeditionen verfolgen entlang der Marktdimensionen "Kundengruppen" und "Kundenfunktionen" die Bedienung des ganzen Marktsuchraums als Strategie zur Abgrenzung des bedienten Marktes.

- Bedienung des ganzen Marktsuchraums

Hierbei versucht ein Luftfrachtanbieter alle relevanten Kundenprobleme in allen Nachfragergruppen des Marktsuchraums zu lösen. Um den gesamten Marktsuchraum zu bedienen, kann ein Luftfrachtanbieter in bezug auf die Gestaltung seines Marketing-Mix die Strategie des undifferenzierten Marketings oder die Strategie des differenzierten Marketings verfolgen.

298 Vgl. o.V. 1991b, S. 8.

4.3.3 Grundlegende Strategien zur Bearbeitung des bedienten Marktes

Neben den Strategien des undifferenzierten Marketings oder des differenzierten Marketings kann ein Luftfrachtanbieter noch die Strategie des konzentrierten Marketings als grundlegende Strategie zur Gestaltung seines Marketing-Mix verfolgen. Diese drei grundlegenden Strategien werden im folgenden charakterisiert (vgl. hierzu auch Abb.19):[299]

Strategie des undifferenzierten Marketings

Bei Wahl dieser Strategie ignoriert ein Luftfrachtanbieter die unterschiedlichen Kundenprobleme der einzelnen Nachfragergruppen. Der Luftfrachtanbieter zielt darauf ab, Gemeinsamkeiten der Luftfrachtnachfrager in bezug auf deren Bedürfnisse herauszustellen und versucht möglichst mit nur einer Luftfrachtleistung und einem Marketing-Mix die größtmögliche Zahl von Luftfrachtnachfragern anzusprechen. Zur Rechtfertigung eines undifferenzierten Marketings werden vor allem Kostenersparnisse angeführt.

Beispielsweise verfolgten die meisten Integrator bei ihrem Markteintritt Ende der siebziger Jahre die Strategie des undifferenzierten Marketings.[300]

Strategie des differenzierten Marketings

Bei Wahl dieser Strategie entwickelt ein Luftfrachtanbieter eine Vielzahl verschiedener Luftfrachtleistungen und unterschiedliche Marketing-Mix-Programme, um die Bedürfnisse der bedienten Nachfragergruppen bestmöglich zu befriedigen. Im Vergleich zum undifferenzierten Marketing führt das differenzierte Marketing zumeist zu einem höheren Umsatz, aber auch zu höheren Kosten. Dadurch kann keine generelle Aussage über die Vorteilhaftigkeit einer der beiden Strategien gegeben werden.

Kühne & Nagel ist beispielsweise ein Luftfrachtanbieter, der mit unterschiedlichen Produkten (*KNX*, *KN Air Consol*, *KN Air Charter*, *KN Sea-Air* u.a.) die unterschiedliche Transportprobleme verschiedener Nachfragergruppen bestmöglich lösen möchte.[301]

---

299 Vgl. Kotler 1991, S. 282-284; Smith 1956, S. 3-8; Bauer 1976, S. 84-112.

300 Vgl. Blochmann 1989, S. 38; Manner-Romberg 1993, S. 6.

301 Vgl. Kühne & Nagel 1990, S. 40f..

Strategie des konzentrierten Marketings

Diese Strategie ist vor allem für Luftfrachtanbieter mit beschränkten finanziellen Mitteln attraktiv. Der Luftfrachtanbieter bündelt seine Ressourcen und versucht in einer oder einigen wenigen Marktzellen des Marktsuchraums eine gute Position zu erzielen. Die Strategien "Konzentration auf eine Marktzelle" und "selektive Spezialisierung" zur Abgrenzung des bedienten Marktes determinieren dabei den Einsatz eines konzentrierten Marketings.

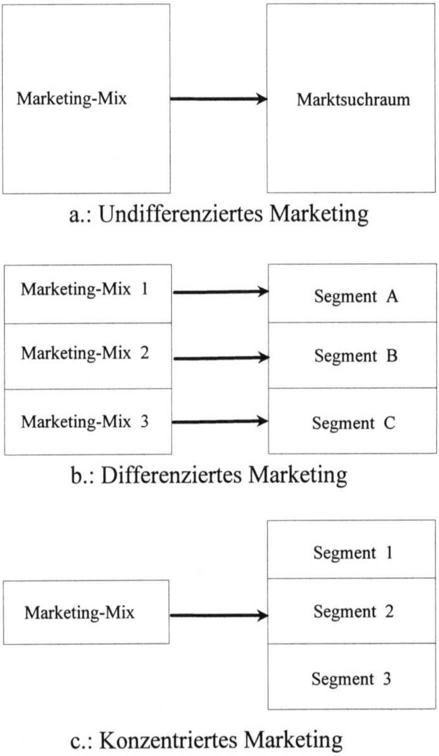

Abb. 19: Grundlegende Marketing-Strategien der Luftfrachtanbieter zur Marktansprache des bedienten Marktes[302]

302 Vgl. Abell 1980, S. 203f.; Kotler 1991, S. 284.

4.4 Analyse der Produktwahrnehmungen und -bewertungen im bedienten Markt

Hat ein Luftfrachtanbieter seinen bedienten Markt und seine Marketing-Strategie zur Bearbeitung des bedienten Marktes festgelegt, so ist weiter von besonderem Interesse, ob die Nachfrager des bedienten Marktes durch das gewählte Marketing-Mix auch in der gewünschten Weise angesprochen werden. Rückschlüsse, ob die gewünschten Produktwahrnehmungen und -bewertungen der Nachfrager mit den tatsächlichen übereinstimmen, erlauben Produktpositionierungsmodelle.[303]

In einem Produktpositionierungsmodell werden Produkte und die Nachfrager dieser Produkte in einem mehrdimensionalen Merkmalsraum positioniert. Die Dimensionen des Merkmalsraums bilden die relevanten wahrgenommenen Produktmerkmale oder -attribute. Produktpositionierungsmodelle messen nun, wie die Produktmerkmale bzw. -attribute von den Nachfragern wahrgenommen[304] und/oder in bezug auf die Produktpräferenz beurteilt werden.[305] Die Ergebnisse der Messung können dann in einem Wahrnehmungsraum ("perceptual space")[306], einem Präferenzraum ("preference space")[307] oder einer Kombination aus beiden Räumen ("joint-space")[308] abgebildet werden.

Aufgrund der unterschiedlichen Vorgehensweise bei der Datenerfassung und -analyse können sich die Produktpositionierungsmodelle deutlich unterscheiden.[309] An Gemeinsamkeiten weisen jedoch alle Produktpositionierungsmodelle - unabhängig von diesen Einflußfaktoren - drei konstitutive Elemente auf.[310] Diese Elemente sind

- die relevanten Wahrnehmungs- bzw. Beurteilungsdimensionen, hinsichtlich derer sich die konkurrierenden Produkte aus Sicht der Nachfrager unterscheiden,
- die räumlichen Positionen der konkurrierenden Produkte, die aus den Beurteilungen der Nachfrager resultieren und
- ein Algorithmus, auf dessen Grundlage die Konstruktion des quantitativen Produktpositionierungsmodells erfolgt.

---

303 Vgl. Freter 1980, S. 459f..

304 Produktwahrnehmungsurteile von Probanden können z.B. mit dem multivariaten Verfahren der Mehrdimensionalen Skalierung gemessen werden. Vgl. zur Erklärung des Verfahrens z.B. Dichtl/Schobert 1979, S. 1-13; Bingham/ Raffield III 1990, S. 211f..

305 Produktpräferenzurteile können z.B. durch das Idealpunkt-Modell oder das Idealvektor-Modell gemessen werden. Vgl. zur Erklärung der Verfahren z.B. Böcker 1986, S. 557f.; Brockhoff 1988, S. 79f.; Nieschlag/Dichtl/Hörschgen 1991, S. 159-162.

306 Vgl. Freter 1980, S. 459.

307 Vgl. Dickson/Ginter 1987, S. 7; Urban/Hauser 1980, S. 185-187.

308 Vgl. Kaas 1987, S. 232f..

309 Vgl. hierzu Schobert 1980, S. 145f..

310 Vgl. Scharf 1991, S. 64.

Zur Verdeutlichung der "Funktionsweise" von Produktpositionierungsmodellen visualisiert Abbildung 20 das Ergebnis einer hypothetischen Produktpositionierung. Die Abbildung zeigt die aggregierten Produktwahrnehmungen der Produktangebote von zehn Luftfrachtspeditionen und Integrator, wobei in diesem Beispiel unterstellt wird, daß die Nachfrager die Produktangebote durch die Merkmale "Flexibilität für Sonderanforderungen" und "Informationen zum Sendungsstatus" wahrnehmen. Die Position der Luftfrachtnachfrager stellt in Abbildung 20 der eingezeichnete Idealpunkt dar. Der Idealpunkt visualisiert hierbei die aggregierten Bewertungen der Luftfrachtnachfrager, die eine ideale Luftfrachtleistung bezüglich der beiden Merkmalsdimensionen aufweisen sollte. Durch die Distanzen der einzelnen Leistungsangebote zum Idealpunkt können dann Aussagen über die Präferenz der Nachfragergruppe abgeleitet werden. In dem Beispiel präferieren die Luftfrachtnachfrager das Leistungsangebot der Luftfrachtspedition *Thyssen Haniel*, weil dieses die kürzeste richtungsunabhängige Distanz zum Idealpunkt aufweist.

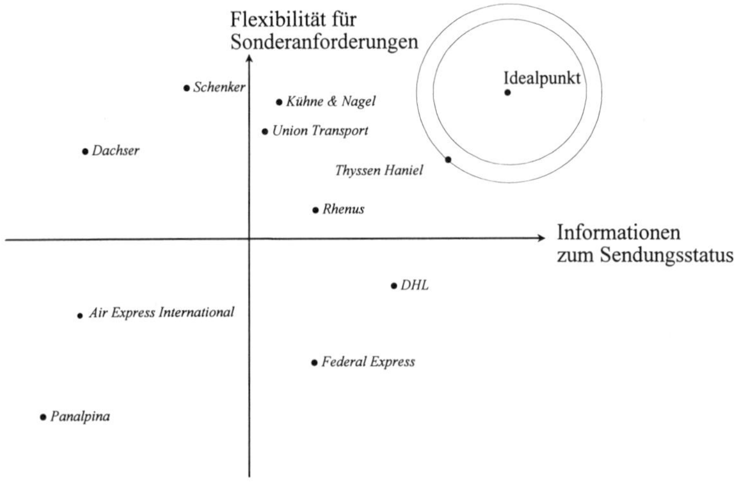

Abb. 20: Produktwahrnehmungen und -bewertungen in einem "joint-space"

Erkennt nun ein Luftfrachtanbieter, gestützt durch die Analyse eines Produktpositionierungsmodells, daß z.B. die Nachfrager des bedienten Marktes das eigene Produktangebot nicht in der gewünschten Weise wahrnehmen und/oder bewerten, so kann der Luftfrachtanbieter Umpositionierungen der eigenen Produkte in den Wahrnehmungs- und/oder Bewertungsräumen der Nachfrager durch den Einsatz einer Differenzierungsstrategie anstreben.[311]

---

[311] Zur Erklärung des Strategietyps der Differenzierung siehe auch Abschnitt 6.5.2. Vgl. ebenso Kotler 1991, S. 301f.; Porter 1980, S. 37f..

Eine typische Situation, in der Luftfrachtanbieter ihre Luftfrachtleistungen durch eine Differenzierungsstrategie umpositionieren wollen, liegt vor, wenn das eigene Produktangebot in den Merkmalsräumen der Nachfrager der Distanz nach "sehr weit" von den Idealprodukten der bedienten Nachfragergruppen entfernt ist.[312] Durch den Einsatz einer Differenzierungsstrategie wird nun eine gruppenspezifische Befriedigung der Nachfragerbedürfnisse angestrebt. "Differentiation in this sense means differentiation the offerings of a single firm across the segments it serves, not differentiation between the products of one competitor and another."[313]

Eine weitere typische Situation, in der Luftfrachtanbieter ihre Luftfrachtleistungen durch eine Differenzierungsstrategie umpositionieren sollten, liegt vor, wenn die eigenen Produkte in den Merkmalsräumen der Nachfrager ähnliche oder sogar identische Positionen wie Konkurrenzprodukte einnehmen. D.h., von den Nachfragern werden die eigenen Luftfrachtleistungen als nur eine Kaufmöglichkeit unter gleichwertigen Alternativen wahrgenommen. Mit einer Differenzierungsstrategie wird in dieser Situation "... the act of designing a set of meaningful differences to distinguish the company's offer from competitors' offers"[314] als Ziel verfolgt.

Um nun eine konkrete Differenzierungsstrategie zu formulieren, gibt es für einen Luftfrachtanbieter eine Vielzahl denkbarer Ansatzpunkte, wie z.B. der Service, das Personal, das Image und/oder die Produktattribute der eigenen Luftfrachtleistungsangebote.[315]

4.5 Zusammenfassung

In der nachfragerorientierten Perspektive zur Abgrenzung des Marktes stellen die Nachfragerbedürfnisse den Bezugspunkt für eine Marktabgrenzung dar. Im Rahmen der Marktabgrenzungsdiskussion aus dem Blickwinkel der nachfragerorientierten Perspektive ist zunächst erarbeitet worden, daß Luftfrachtanbieter Nachfragerbedürfnisse nur über das beobachtbare Kaufverhalten erschließen können und daß Präferenzanalysen ein geeignetes Instrument sein können, um das beobachtbare Kaufverhalten der Luftfrachtnachfrager durch den gemessenen Produktnutzen zu operationalisieren. Im Anschluß daran ist ein Überblick gegeben worden, welche grundlegenden Möglichkeiten existieren, um Nachfrager durch Nutzenkriterien, aber auch andere Segmentierungskriterien, zu gruppieren. Als Entscheidungshilfe für Luftfrachtanbieter zur Wahl einer unternehmenspezifischen Marktbearbeitungsstrategie sind dann grundlegende Strategien der Marktzellenwahl zur Abgrenzung des bedienten Marktes und grundlegende Marketing-Strategien zur Bearbeitung des bedienten Marktes dargelegt worden.

312 Vgl. Mazanec/Wiegele 1977, S. 47.
313 Abell 1980, S. 13.
314 Kotler 1991, S. 302.
315 Vgl. z.B. Levitt 1980, S. 88; Kotler 1991, S. 293-300.

Schließlich ist aufgezeigt worden, wie Luftfrachtanbieter durch den Einsatz von Produktpositionierungsmodellen überprüfen können, ob die Nachfrager des bedienten Marktes das eigene Produktangebot in gewünschter Weise wahrnehmen und bewerten.

Nachdem in diesem Kapitel erarbeitet worden ist, wie Luftfrachtanbieter durch die Diskussion der Analysefelder "Nachfragersegmentierung", "grundlegende Marktbearbeitungsstrategien" und "Produktpositionierung" eine bessere Informationsbasis zur Abgrenzung des bedienten Marktes erlangen können, wird nun durch eine empirische Untersuchung verdeutlicht, wie Luftfrachtanbieter die Aufgabenstellung der Nachfragersegmentierung lösen können.

5 Empirische Untersuchung zur Nutzensegmentierung von Luftfrachtnachfragern

In Kapitel 4 ist aufgezeigt worden, daß für Luftfrachtanbieter die Nachfragersegmentierung eine zentrale Aufgabenstellung darstellt, um den bedienten Markt festzulegen. Innerhalb dieses Kapitels wird diese Aufgabenstellung aufgegriffen und am Beispiel einer empirischen Segmentierungsstudie demonstriert, wie die Anbieter von Luftfrachtleistungen aktuelle Luftfrachtnachfrager durch Nutzenkriterien segmentieren können.

Als Datenerhebungsgrundlage für die angestrebte Nutzensegmentierung wurde ein Conjoint-Erhebungsdesign benutzt. Das Conjoint-Erhebungsdesign unterteilte sich in drei Erhebungsdesign-Stufen (Stufe I, Stufe II und Stufe III), in denen Luftfrachtnachfrager jeweils den Nutzen vorgegebener Produkte bewerten sollten. Die Erhebungsdaten der Stufen I und II wurden erhoben, um die Aufgabenstellung der Nachfragersegmentierung zu lösen, während die Erhebungsdaten der Stufe III die Grundlage für Simulationsexperimente darstellten. Mit den Simulationsexperimenten wurde die Zielsetzung verfolgt, Implikationen für Luftfrachtanbieter zur Bearbeitung des bedienten Marktes abzuleiten.

Im folgenden werden zunächst die Verfahren der Conjoint-Analyse und Clusteranalyse vorgestellt, mit denen die empirischen Daten ausgewertet wurden (Abschnitt 5.1). Daran anschließend werden die Analyseziele präzisiert und die einzelnen Stufen des dreistufigen Conjoint-Erhebungsdesigns beschrieben (Abschnitt 5.2). Die Ergebnisse der Datenauswertungen und die daraus gefolgerten Implikationen für die Anbieter von Luftfrachtleistungen werden im Anschluß daran für die einzelnen Stufen dargestellt (Abschnitt 5.3). Schließlich wird in Abschnitt 5.4 die Güte der verwendeten empirischen Datengrundlage überprüft.

5.1 Verwendete Marktforschungsverfahren

5.1.1 Conjoint-Analyse

Die Conjoint-Analyse ist ein dekompositionelles Verfahren[316] zur Ermittlung des Zusammenhanges zwischen der Nutzenbewertung eines Produktes und den Teilnutzenbewertungen der Attribute dieses Produktes.[317] Dabei schätzt die Methode der Conjoint-Analyse ausgehend von den empirisch ermittelten Nutzenwerten für jeden Probanden individuell in Form von Teilnutzenwerten den Nutzenbeitrag, den die einzelnen Attribute der vorgegebenen Produkte stiften. Die empirischen Nutzenwerte stellen dabei Präferenzurteile der Probanden bezüglich vorgegebener Leistungsangebote dar.

Bevor die einzelnen Schritte der Planung und Durchführung einer Conjoint-Analyse konkretisiert werden, wird im folgenden zunächst auf die Vor- und Nachteile des Verfahrens der Conjoint-Analyse eingegangen.

5.1.1.1 Vor- und Nachteile des Verfahrens der Conjoint-Analyse

Die Vorteile der Conjoint-Analyse im Vergleich zu kompositionellen Präferenzanalyseverfahren liegen in der realitätsnahen Beurteilungssituation für die Probanden bei der Ermittlung der Erhebungsdaten, in der geringen Anforderung an das Skalenniveau der Erhebungsdaten und den vielfältigen Anwendungsmöglichkeiten.

Realitätsnahe Beurteilungssituation

Im Rahmen der Datenerfassung für eine Conjoint-Analyse werden den Probanden realisierbare Attributskombinationen vorgegeben, die bestimmte Produkte repräsentieren. Diese Produkte werden dann von den Probanden bezüglich eines vorgegebenen Präferenzkriteriums bewertet. Da die Probanden in einer Conjoint-Analyse unterschiedliche Attributsbündel bewerten, müssen sie - wie in einer realen Kaufsituation - die positiven und

---

316 Dekompositionelle Verfahren verlangen von den befragten Probanden die Angabe von Nutzenbewertungen für vorgegebene Produkte, um die Parameter einer vorgegebenen Präferenzfunktion zu schätzen. Im Gegensatz dazu wird ein Verfahren als kompositionell bezeichnet, wenn die Nutzenbewertungen für vorgegebene Produkte durch Aggregation der Teilnutzenbewertungen der einzelnen Attribute gebildet werden. Vgl. zum Unterschied dekompositioneller und kompositioneller Verfahren z.B. Schweikl 1985, S. 34f..

317 In der Literatur werden die Begriffe "Conjoint-Analyse" und "Conjoint-Measurement" häufig synonym verwendet. Der Unterschied zwischen den Begriffen besteht darin, daß das Conjoint-Measurement überprüft, inwieweit sich Präferenzmodelle zur Beschreibung der Präferenzurteile eines Probanden eignen, während die Conjoint-Analyse ein spezielles Verfahren zur Parameterschätzung eines vorgegebenen Präferenzmodells bezeichnet. Vgl. hierzu Green/Srinivasan 1978, S. 103f.; Thomas 1979, S. 199.

negativen Produktattribute gegeneinander abwägen, um zu einem Gesamtnutzenurteil zu kommen. Im Gegensatz hierzu werden bei kompositionellen Ansätzen die Produktmerkmale und -attribute isoliert bewertet. Diese Vorgehensweise ist jedoch in vielen Fällen kein sinnvoller Weg, um Kundenpräferenzen zu erfassen, da bei einer isolierten Beurteilung von Produktmerkmalen oder -attributen unberücksichtigt bleibt, daß realistischerweise kaum Produkte entwickelt werden können, die über alle urteilsrelevanten Merkmale nur positiv bewertete Attribute aufweisen.[318]

Geringe Anforderung an das Skalenniveau der Erhebungsdaten

Um eine Conjoint-Analyse durchführen zu können, müssen lediglich ordinale Produktpräferenzurteile von Probanden erhoben werden. Von den individuellen Präferenzordnungen der Probanden ausgehend, schätzt dann das Verfahren der Conjoint-Analyse für jeden Probanden die Nutzenbeiträge der Produktattribute, so daß die empirisch erhobenen Präferenzordnungen möglichst gut "reproduziert" werden.[319] In bezug auf die Nutzenschätzungen der Produktattribute haben darüber hinaus empirische Methodenvergleiche zwischen der Conjoint-Analyse und kompositionellen Verfahrensansätzen (direkte Nutzenbewertung der Attribute durch die Probanden, sog. "self-explicated models"[320], oder dem Analytic Hierarchy Process[321]) ergeben, daß die Conjoint-Analyse kompositionellen Verfahren zumindest nicht unterlegen ist.[322, 323]

---

318 Vgl. Thomas 1979, S. 199.

319 Vgl. Dichtl /Schobert 1979, S. 159; Dichtl/Thomas 1986 , S. 28.

320 Als Grundmodelle der "self-explicated models" können die mehrdimensionalen Einstellungsmodelle von *Rosenberg* und *Fishbein* angesehen werden. Vgl. hierzu z.B. Green/Srinivasan 1990, S. 9; Wilkie/ Pessemier 1973, S. 428f..

321 Der Analytic Hierarchy Process (AHP) ist eine spezielle kompositionelle Methode zur Ermittlung der individuellen relativen Teilnutzenwerte von Merkmalen. Grundlage zur Schätzung der relativen Teilnutzenwerte der Merkmale bildet ein vollständiger Paarvergleich der Merkmale, in dem die Probanden den Teilnutzen von je zwei Merkmalen gegeneinander abwägen. Vgl. zur Darstellung und zu Anwendungen des Verfahrens Haedrich/Kuß/Kreilkamp 1986, S. 120-126; Golden/Wasil/Harker 1989; Saaty 1980; Saaty 1986, S. 841-855; Wind/Saaty 1980, S. 641-658.

322 *Green/Carmone/Wind* kommen in einer empirischen Analyse zu dem Ergebnis, daß die Conjoint-Analyse und die "self-explicated models" in etwa gleich gute Schätzwerte für Nutzenattribute liefern, während *Akaah/Korgaonkar* und *Green/Goldberg/Montemayor* in ihren empirischen Analysen zu dem Ergebnis gelangen, daß die Conjoint-Analyse besser die Teilnutzenwerte von Produktattributen schätzt als die "self-explicated models". Vgl. für die detaillierten Untersuchungsergebnisse Akaah/Korgaonkar 1983, S. 194f.; Green/Carmone/Wind 1972, S. 293f.; Green/Goldberg/Montemayor 1981, S. 39.

323 *Tscheulin* ermittelt in seinen Validitätsanalysen eine deutlich höhere Prognosegüte der Conjoint-Analyse gegenüber dem AHP. Werden jedoch nur Probanden beachtet, die den AHP verstanden haben (in der Analyse 68%), so erweist sich der AHP in bezug auf die untersuchte Prognosevalidität der Conjoint-Analyse leicht überlegen. Vgl. für die detaillierten Untersuchungsergebnisse Tscheulin 1991, S. 1267-1280.

Vielfältige Anwendungsmöglichkeiten

Seit Anfang der achtziger Jahre werden in den USA jährlich schätzungsweise 400 kommerzielle Conjoint-Analysen durchgeführt.[324] Eine von *Wittink/Cattin* durchgeführte Untersuchung von 1062 Anwendungsfällen zeigt auf,[325] daß der kommerzielle Einsatz von Conjoint-Analysen hauptsächlich im Konsumgüterbereich (59%) und im Industriegüterbereich (18%) erfolgt. Weitere Einsatzbereiche für Conjoint-Analysen sind Finanzdienstleistungen (9%), sonstige Dienstleistungen (9%) und sonstige Einsatzbereiche (5%).[326] Die typischen Anwendungsgebiete in der kommerziellen Anwendung sind die Marktsegmentierung, die Preis- und Produktpolitik sowie die Wettbewerbsanalyse.[327]

Nachteile des Verfahrens der Conjoint-Analyse bestehen darin, daß bei der Verwendung des Preises in einem Conjoint-Erhebungsdesign zumeist unakzeptable Angebotsprofile für die Probanden entstehen[328] und daß das Verfahren vielfältige Ansatzpunkte besitzt, um die Reliabilität oder die Validität der Nutzenmessungen zu beeinflussen (z.B. durch die Anzahl der Attribute oder die Reihenfolge der Attribute auf den Karteikarten).[329]

5.1.1.2 Grundlegende Schritte zur Planung und Durchführung einer Conjoint-Analyse

In diesem Abschnitt werden entlang der nachfolgenden Phaseneinteilung die Planung und die Durchführung einer Conjoint-Analyse beschrieben:[330]

(1) Festlegung des Datenerhebungsverfahrens, des Erhebungsdesigns und der Datenerhebungstechnik,
(2) Festlegung der Merkmale und der Attribute für das Erhebungsdesign,
(3) Berechnung der individuellen Teilnutzenwerte und
(4) Berechnung der aggregierten Teilnutzenwerte.

324 Vgl. Wittink/Cattin 1989, S. 92.

325 Vgl. Wittink/Cattin 1989, S. 92. Vgl. zu den kommerziellen Einsatzbereichen und Anwendungsmöglichkeiten der Conjoint-Analyse auch Cattin/Wittink 1982, S. 45.

326 Eine repräsentative Zusammenstellung von Anwendungsfällen für eine Conjoint-Analyse geben *Green/Tull.* Vgl. Green/Tull 1982, S. 462.

327 Vgl. zu den potentiellen Anwendungsgebieten für eine Conjoint-Analyse auch Green/Wind 1975, S. 112; Weisenfeld 1989, S. 3.

328 Siehe hierzu den Abschnitt 5.1.1.2.3.

329 Vgl. für einen ausführlichen Überblick über die Möglichkeiten, die ein Marktforscher besitzt, um die Reliabilität und Validität der Ergebnisse bei Conjoint-Analyse zu beeinflussen, Weisenfeld 1989, S. 56-70.

330 Vgl. zur Phaseneinteilung der Conjoint-Analyse z.B. Kucher/Simon 1987, S. 30.

5.1.1.2.1 Festlegung des Datenerhebungsverfahrens, des Erhebungsdesigns und der Datenerhebungstechnik

Unter Berücksichtigung des Realitätsbezugs und des Zeitaufwands für die Probanden kommt als Datenerhebungsverfahren für eine Conjoint-Analyse nur die Profilmethode in Betracht.[331] Bei Anwendung der Profilmethode wird den Probanden zumeist ein Karteikartensatz vorgelegt. Auf jeder Karte des Karteikartensatzes sind dabei Attributskombinationen vermerkt, welche die in die Conjoint-Analyse aufgenommenen Produkte repräsentieren. Auf der Grundlage eines Präferenzkriteriums bewerten dann die Probanden die Karteikarten.[332]

Grundsätzlich kann bei Anwendung der Profilmethode ein vollständiges Design zur Bildung der Attributskombinationen verwendet werden. In der Regel ist ein vollständiges Erhebungsdesign jedoch völlig ungeeignet für die empirische Datenerfassung, da die Probanden bereits bei drei Produktmerkmalen mit jeweils drei Attributen $3^3 = 27$ Karteikarten bewerten müßten. Aus diesem Grund werden den Probanden normalerweise reduzierte symmetrische Erhebungsdesigns (hierbei haben alle Merkmale die gleiche Anzahl an Ausprägungen) oder asymmetrische Erhebungsdesigns zur Bewertung vorgelegt.[333] Statt der 27 Karteikarten für das vollständige Erhebungsdesign werden den Probanden im reduzierten symmetrischen Design nur 9 Karteikarten zur Bewertung vorgelegt.

In der Datenerhebungstechnik ist die persönliche Befragung einer schriftlichen Befragung vorzuziehen. Dadurch wird vor allem bei Unternehmensbefragungen besser gewährleistet, daß in den Unternehmen in Hinblick auf das Untersuchungsproblem die jeweils entscheidungsrelevanten bzw. meinungsbildenden Mitarbeiter befragt werden. Außerdem können eventuelle Unklarheiten in bezug auf das Erhebungsdesign beseitigt werden, was zu einer Verbesserung der Reliabilität der Daten führt.

---

331 Vgl. zur Profilmethode Backhaus 1994, S. 505f.. Zum Studium der wenig praxisrelevanten Trade-Off-Methode siehe Johnson 1974, S. 121-127.

332 Im kommerziellen Einsatz der Conjoint-Analyse überwiegen als Methoden zur Präferenzmessung die ordinalskalierte Rangfolgenbildung und die Bewertung auf einer Ratingskala. Vgl. Wittink/Cattin 1989, S. 92. *Leigh/Mackay/Summers* zeigen in einer Studie, daß das verwendete Präferenzmodell die Reliabilität beeinflußt. Abhängig von der Anzahl der Stimuli weisen dabei unterschiedliche Präferenzmeßmethoden den höchsten Reliabilitätsgrad auf. Vgl. hierzu Leigh/Mackay/Summers 1980, S. 320.

333 Die Techniken, um reduzierte symmetrische bzw. asymmetrische Erhebungsdesigns zu erhalten, werden z.B. bei *Addelman* und *Green* beschrieben. Vgl. hierzu Addelman 1972, S. 103-111; Green 1974, S. 61-68.

5.1.1.2.2 Festlegung der Merkmale und der Attribute für das Erhebungsdesign

Bereits die Vorauswahl der potentiell relevanten Produktmerkmale und -attribute ist von zentraler Bedeutung für das Gelingen einer Conjoint-Analyse. Die gewählten Verfahren zur Informationsgewinnung (z.B. Experten-, Nachfragerbefragungen, Testberichte, Prospekte) sollten dabei sicherstellen, daß kein für die Kaufentscheidung bedeutendes Merkmal oder Attribut unberücksichtigt bleibt.[334]

Bei der Auswahl der Merkmale und Attribute für das Erhebungsdesign sollten folgende Aspekte beachtet werden:

- Die ausgewählten Merkmale und Attribute sollten für die Kaufentscheidung der Probanden besonders wichtig sein.[335] Durch Validitätsanalysen sollte der Untersucher überprüfen, ob die Merkmale und Attribute des Erhebungsdesigns wirklich von Bedeutung sind und auf die Produktpräferenz der Probanden Einfluß nehmen.
- Die ausgewählten Merkmale sollten inhaltlich unabhängig sein, damit im Erhebungsdesign die Ausprägungen der Merkmale beliebig miteinander kombiniert werden können, ohne daß unglaubwürdige Produktalternativen entstehen.[336]
- Um die praktische Umsetzung gewonnener Analyseergebnisse zu gewährleisten, ist weiter zu beachten, daß die verwendeten Attribute (beispielsweise für eine Neuproduktgestaltung) auch realisierbar sind.[337]
- Bei der Festlegung des Erhebungsdesigns ist darauf zu achten, daß nicht zu viele Merkmale und Attribute verwendet werden. Wird deren Anzahl zu groß, hat dies zur Folge, daß der Befragungsaufwand stark zunimmt, die Probanden überfordert werden und dadurch die Reliabilität[338] und Validität[339] der Schätzparameter nachläßt. *Green/Srinivasan* empfehlen die Anzahl der Merkmale auf *sechs* zu beschränken.[340]

---

334 Vgl. Schweikl 1985, S. 92f..

335 Vgl. Backhaus 1994, S. 503.

336 Vgl. Backhaus 1994, S. 503; Schweikl 1985, S. 99.

337 Vgl. Backhaus 1994, S. 503.

338 *Weisenfeld* zeigt durch Reliabilitätstests, daß eine genauere Parameterschätzung (= höhere Reliabilität) erzielt wird, wenn die Anzahl der Merkmale gering ist. Vgl. Weisenfeld 1989, S. 156.

339 *Acito/Olshavsky* zeigen in einem Vergleichstest zur Prognosevalidität auf, daß mit der Anzahl der Attribute die Prognosegenauigkeit der Conjoint-Analyse nachläßt. Vgl. hierzu die Untersuchung von Acito/Olshavsky 1980, S. 313-316.

340 Vgl. Green/Srinivasan 1978, S. 108.

5.1.1.2.3 Berechnung der individuellen Teilnutzenwerte

Bei dem Modell der Conjoint-Analyse wird angenommen, daß eine globale Präferenzeinschätzung eines Probanden (abhängige Variable) in attributspezifische Teilnutzenwerte (unabhängige Variablen) zerlegt werden kann. Im allgemeinen wird für eine Conjoint-Analyse ein linear-additives Präferenzmodell zugrunde gelegt, da unterstellt wird, daß eine lineare Bewertungsfunktion mit additiver Verknüpfung aufgrund ihrer Einfachheit und Robustheit besonders gute Prognoseeigenschaften aufweist.[341] Der linear-additive Conjoint-Ansatz läßt sich wie folgt formalisieren:[342]

$$y_k = \sum_{j=1}^{J} \sum_{m=1}^{M_j} a_{jm} \cdot x_{jm} \qquad (1)$$

mit:
y_k := Geschätzter Nutzenwert für Produkt k,
a_{jm} := Geschätzter Teilnutzenwert des Attributs m bei Merkmal j,
x_{jm} := 1, falls bei Produkt k das Attribut m des Merkmals j vorliegt und
x_{jm} := 0, sonst.

Das Modell der Conjoint-Analyse geht weiter davon aus, daß ein Entscheidungsträger eine Präferenzordnung besitzt, die den sechs Axiomen (A1) Reflexivität und Transitivität, (A2) Nutzenunabhängigkeit, (A3) *Thomsom*-Bedingung, (A4) begrenzte Lösbarkeit, (A5) Archimedische Eigenschaft und (A6) Essentialität genügt.[343] Von diesen Axiomen ist für den praktischen Einsatz einer Conjoint-Analyse insbesondere das Axiom der Nutzenunabhängigkeit von Bedeutung. Die Forderung der Nutzenunabhängigkeit bedeutet dabei, daß die Präferenzrangfolge der Attribute eines Merkmals unabhängig von den realisierten Attribute aller anderen Merkmale ist.[344] Wird das Axiom der Nutzenunabhängigkeit verletzt, können für die Probanden unakzeptable Produkte im Untersuchungsdesign entstehen oder einem bestimmten Merkmal wird von den Probanden eine Akzeptanzschwelle zugeordnet, ab der sie dann eine abwägende, nichtkompensatorische Produktbewertung vornehmen.[345] Dadurch wird die Validität des Meßmodells Conjoint-Analyse in Frage gestellt. In diesem Zusammenhang ist vor allem die Verwendung des Merkmals "Preis" in einer Conjoint-Analyse problematisch, da aus Kundensicht der Preis den Gegenwert für den Nutzen darstellt, den ein Produkt stiftet.

---

[341] Vgl. Böcker 1986, S. 559. Ein empirischer Vergleich von *Cattin* zur Prognosevalidität von Präferenzfunktionen ergab, daß der linear-additiven Conjoint-Ansatz im Vergleich zum quadratisch-additiven Conjoint-Ansatz bessere Prognoseeigenschaften aufweist. Vgl. hierzu Cattin 1981, S. 368f..

[342] Vgl. Schweikl 1985, S. 45.

[343] Vgl. zur ausführlichen mathematischen Darstellung der Axiome Rao 1977, S. 262f..

[344] Vgl. Theuerkauf 1989, S. 1186.

[345] Vgl. Thomas 1979, S. 204.

Die ermittelten metrischen Teilnutzenwerte a_{jm}, sind Kleinste-Quadrate-Schätzungen und werden derart vorgenommen, daß die Summe der quadratischen Abweichungen zwischen den empirischen und den geschätzten Nutzenwerten minimal wird. Dieses Zielkriterium Z läßt sich wie folgt formalisieren:[346]

$$Z = \underset{a_{jm}}{\mathrm{Min}} \sum_{k=1}^{K} \left(p_k - y_k\right)^2, \text{ wobei } j = 1,\ldots,J \text{ und } m = 1,\ldots,M_j. \qquad (2)$$

mit:

y_k := Geschätzter Nutzenwert für Produkt k,
a_{jm} := Geschätzter Teilnutzenwert des Attributs m bei Merkmal j,
p_k := Empirisch ermittelter Nutzenwert für Produkt k.

Da die Kleinste-Quadrate-Methode metrisches Skalenniveau voraussetzt, fordert die Meßtheorie, daß die empirisch ermittelten Nutzenwerte p_k ebenfalls metrisches Skalenniveau besitzen müssen.

Für diese Arbeit wurden ordinal skalierte Nutzenwerte bei Probanden erhoben. Die zur Schätzung der Teilnutzenwerte eingesetzte Standardsoftware von SPSS verwendet auch dann die Kleinste-Quadrate-Methode[347] als Zielkriterium. Daß dieses nach meßtheoretischen Überlegungen unzulässige Vorgehen tolerierbar ist, wird im folgenden mit dem Meßverfahren "funktionales Messen" begründet:[348]

Das funktionale Messen benötigt ordinale Erhebungsdaten und basiert auf der Theorie der Informationsintegration. Diese Theorie - übertragen auf die Nutzenbewertung von Produkten - unterstellt wie der Conjoint-Ansatz, daß Probanden einzelne Produktinformationen additiv zu einem Gesamteindruck verknüpfen. Beim funktionalen Messen wird versucht, durch monotone Transformationen der geschätzten Produktnutzenwerte mit Hilfe der Varianzanalyse eine additive Lösung für das Zusammenwirken der unabhängigen Variablen zu finden. Ist eine solche Transformation gefunden, so wird gefolgert, daß die abhängige Produktnutzen-Variable eine additive Funktion der unabhängigen Teilnutzen-Variablen ist

346 Vgl. z.B. Backhaus 1994, S. 514.

347 Die Untersuchung von *Wittink/Cattin* ergab, daß in der kommerziellen Anwendung in 54% der Fälle als Schätzverfahren die Kleinste-Quadrate-Methode und in 11% der Fälle das nichtmetrische, auf der Methode der monotonen Varianzanalyse basierende Verfahren MONANOVA eingesetzt wurde. Als Präferenzfunktion wurde dabei in 49% der untersuchten Fälle die Ratingskala und in 34% der Fälle die Rangreihenfolge zur Präferenzermittlung benutzt. Vgl. Wittink/Cattin 1989, S. 92.

348 Vgl. Orth 1974, S. 67.

und daß diese auf Intervallskalenniveau meßbar sind.[349] Da Vergleiche der monotonen Varianzanalyse[350] und anderer nichtmetrischer Verfahren mit dem Kleinste-Quadrate-Verfahren zu vergleichbaren Ergebnissen bei Conjoint-Analysen führten, wird von SPSS und somit in der Arbeit das Kleinste-Quadrate-Methode als Zielkriterium verwendet, obwohl ordinale Erhebungsdaten vorliegen.[351]

Sind für alle Probanden die Teilnutzenwerte der im Erhebungsdesign verwendeten Attribute geschätzt worden, so kann nun für den einzelnen Probanden der relative Teilnutzenwert eines Merkmals bestimmt werden, indem - wie im folgenden dargestellt - die Differenz zwischen dem höchsten und dem niedrigsten Teilnutzenwert der Attribute eines Merkmals errechnet wird:[352]

$$b_j = \underset{m}{\mathrm{Max}}\left(a_{jm}\right) - \underset{m}{\mathrm{Min}}\left(a_{jm}\right) \qquad (3)$$

mit:
a_{jm} := Geschätzter Teilnutzenwert des Attributs m bei Merkmal j,
b_j := Relativer Teilnutzenwert von Merkmal j.

Da die Probanden in bezug auf ein Produktmerkmal möglichst immer das Attribut realisieren wollen, das für sie den höchsten Teilnutzen stiftet, und da die Teilnutzenbewertung zwischen mehreren Attributen eines Merkmals erheblich differieren kann, ist grundsätzlich zu betonen, daß Teilnutzenwerte immer nur relativ zueinander zu interpretieren sind, die absolute Höhe eines Teilnutzenwertes also keine Bedeutung hat.[353]

Um auch die relativen Teilnutzenwerte mehrerer Probanden vergleichen zu können, müssen die relativen Teilnutzenwerte der einzelnen Probanden noch wie folgt normiert werden:[354]

---

349 *Baron* entwickelte für ordinalskalierte Präferenzwerte einen axiomatischen Ansatz, bei dessen Erfüllung, die zu schätzenden Parameter einer Präferenzfunktion als metrisch angenommen werden dürfen. Vgl. Baron 1977, S. 550f.. Vgl. hierzu auch Bauer/Thomas 1984, S. 202.

350 Das bekannteste nichtmetrische Verfahren ist die monotone Varianzanalyse. Das Methode schätzt iterativ metrische Gesamtnutzenwerte, die einer schwachen Monotoniebedingung genügen müssen. Vgl. zum Verfahren der monotonen Varianzanalyse z.B. Dichtl/Thomas 1986, S. 28f..

351 Vgl. SPSS 1990, S. A-3.

352 Vgl. Backhaus 1994, S. 522.

353 Vgl. Theuerkauf 1989, S. 1183.

354 Vgl. Backhaus 1994, S. 521.

$$B_j = \frac{b_j}{\sum_{j=1}^{J} b_j} \qquad (4)$$

mit:

B_j := Normierter relativer Teilnutzenwert[355] des relativen Teilnutzenwertes b_j,

b_j := Relativer Teilnutzenwert von Merkmal j.

5.1.1.2.4 Berechnung der aggregierten Teilnutzenwerte

Es wurde bisher gezeigt, wie sich mit Hilfe der Conjoint-Analyse die Nutzenstruktur von einzelnen Probanden analysieren läßt. In vielen Fällen aber interessieren den Marktforscher nicht nur die individuellen Nutzenwerte, sondern auch die aggregierten Nutzenwerte für alle Probanden oder eine bestimmte Probandengruppe.

Zur Erlangung von aggregierten relativen Teilnutzenwerten existieren grundsätzlich zwei Möglichkeiten:

– Es werden Einzelanalysen für alle interessierenden Probanden der Erhebungsgesamtheit durchgeführt und - wie in Abschnitt 5.1.1.2.3 beschrieben - die relativen Teilnutzenwerte berechnet. Anschließend wird der Mittelwert der relativen Teilnutzenwerte für jedes Merkmal gebildet. Ein auf diese Weise ermittelter relativer Teilnutzenwert wird im weiteren relativer Teilnutzen-Mittelwert genannt.

– Für alle interessierenden Probanden der Erhebungsgesamtheit wird eine gemeinsame Conjoint-Analyse durchgeführt. Dazu werden - als eine Möglichkeit der Datenaggregation - die empirisch ermittelten Präferenzdaten der Probanden gemittelt.[356] Anschließend werden dann - wie in einer Einzelanalyse - die relativen Teilnutzenwerte für jedes Merkmal berechnet. Ein auf diese Weise ermittelter relativer Teilnutzenwert wird im weiteren aggregierter relativer Teilnutzenwert genannt.

Grundsätzlich ist die Durchführung einer aggregierten Conjoint-Analyse mit einem Informationsverlust verbunden. Es sollte daher geprüft werden, ob die aggregierten Nutzenstrukturen der Probanden in der Erhebungsgesamtheit nicht zu heterogen sind, da sonst wesentliche Informationen durch die Aggregation verloren gehen würden. Liegt eine starke Heterogenität der Nutzenstruktur in der Erhebungsgesamtheit vor, so lassen sich durch Anwendung einer

355 Da im weiteren Verlauf der Arbeit nur noch normierte relative Teilnutzenwerte betrachtet werden, werden diese im weiteren verkürzt "relative Teilnutzenwerte" genannt.

356 Vgl. Backhaus 1994, S. 522f..

Clusteranalyse homogene Nutzensegmente unter den Probanden der Erhebungsgesamtheit identifizieren, wobei die Clusterung auf Basis der durch die Einzelanalysen gewonnenen Teilnutzenwerte vorgenommen werden kann.[357]

5.1.2 Clusteranalyse

Clusteranalyse ist ein Sammelbegriff für mathematisch-statistische und heuristische Verfahren mit der gemeinsamen Zielvorstellung "... eine Menge von Objekten, die durch die Ausprägungen einer Anzahl von Merkmalen charakterisiert werden, so in Klassen zu zerlegen, daß die zu einer Klasse gehörigen Objekte möglichst ähnlich sind und die Klassen untereinander möglichst unähnlich sind."[358] Die Verfahren der Clusteranalyse arbeiten dabei nach dem Prinzip der systematischen Informationsverdichtung, so daß aus den gegebenen Einzeldaten die wesentlichen Charakteristika der Struktur der Objektmenge erkannt werden können.[359]

In dieser Arbeit wird das Verfahren der Clusteranalyse eingesetzt, um homogene Nutzensegmente unter den Probanden der Luftfrachtnachfrager-Befragung zu identifizieren.[360] Dafür müssen - wie bei jeder anderen Clusteranalyse auch - zunächst ein Proximitätsmaß und ein Clusteralgorithmus festgelegt werden.

5.1.2.1 Wahl des Proximitätsmaßes

Als Proximitätsmaß wird in dieser Arbeit die quadrierte euklidische Distanz verwendet, um die "Ähnlichkeit" der Nutzenstruktur zwischen jeweils zwei Probanden zu messen.[361] Die quadrierte euklidische Distanz läßt sich folgendermaßen berechnen:[362]

$$d(A,B) = \sum_{j=1}^{J} (x_{Aj} - x_{Bj})^2 \qquad (5)$$

mit:
d(A, B) := Quadrierte euklidische Distanz zwischen den Probanden A und B,
x_{Aj} (x_{Bj}) := Teilnutzenwert der Klassifikationsvariablen j bei Proband A (B).

---

357 Vgl. Backhaus 1994, S. 523.

358 Bergs 1981, S. 4.

359 Vgl. Steinhausen/Langer 1977, S. 15.

360 Vgl. zur Luftfrachtnachfrager-Befragung den Abschnitt 5.2.3.

361 Einen umfangreichen Überblick über die grundlegenden Methoden zur Ähnlichkeitsmessung geben z.B. *Backhaus* oder *Hüttner*. Vgl. Backhaus 1994, S. 263-278; Hüttner 1989, S. 244-246.

362 Vgl. z.B. Backhaus 1994, S. 273; Böhler 1985, S. 229.

Durch die Quadrierung werden große Differenzwerte (x_{Aj} - x_{Bj}) bei der Berechnung der Distanz d(A, B) stärker berücksichtigt, während geringen Differenzwerten ein kleineres Gewicht zukommt. Je größer dabei die Distanz zwischen zwei Probanden wird, desto unähnlicher sind sich die Probanden in ihrer Nutzenstruktur.
Bei der Berechnung der Distanzen sollte beachtet werden, daß die quadrierte euklidische Distanz nicht skaleninvariant ist.[363] Um eine Vergleichbarkeit der Klassifikationsvariablen zu erreichen, muß daher eine geeignete Skalentransformation durchgeführt werden. Daher sind für die Analysen die Ausprägungen der Klassifikationsvariablen zunächst Z-transformiert worden. Die Normierung durch die Z-Transformation bewirkt, daß die Verteilungen der Ausprägungen aller Klassifikationsvariablen den Mittelwert 0 und die Varianz 1 aufweisen.[364]

5.1.2.2 Wahl des Algorithmus zur Gruppenbildung

Die mit Hilfe der quadrierten euklidische Distanz ermittelten "Ähnlichkeiten" zwischen den Probanden der Erhebungsgesamtheit bilden den Ausgangspunkt für einen Clusteralgorithmus, der eine Aggregation der Probanden zum Ziel hat. Hier wird das *Ward*-Verfahren eingesetzt.[365]

Das Verfahren von *Ward* wird im Rahmen dieser Arbeit als Clusteralgorithmus präferiert, da es im experimentellen Vergleich mit anderen Clusteralgorithmen als einziges "... gleichzeitig sehr gute Partitionen findet und meistens die richtige Clusterzahl signalisiert."[366] Die Distanzbildung zwischen dem zuletzt gebildeten Cluster (B+C) und den anderen Clustern wird im *Ward*-Verfahren wie folgt ermittelt:[367]

$$d(A,B+C)=\frac{1}{N_A+N_B+N_C}\cdot\left(N_A+N_B\cdot d(A,B)+(N_A+N_C)\cdot d(A,C)-N_A\cdot d(B,C)\right) \quad (6)$$

mit:
d(I, J) := Quadrierte euklidische Distanz zwischen den Clustern I und J,
wobei I ε {A, B} und J ε {B+C, B, C},
N_K := Anzahl der Probanden in Cluster K, wobei K = A, B, C.

363 Vgl. Steinhausen/Langer 1977, S. 58.

364 Eine ausführliche Darstellung und Erklärung der Z-Transformation gibt z.B. *Schaich*. Vgl. Schaich 1990, S. 53f..

365 Einen Überblick über die grundlegenden Clusteralgorithmen geben z.B. *Backhaus* oder *Hüttner*. Vgl. Backhaus 1994, S. 288-300; Hüttner 1989, S. 247-250.

366 Bergs 1981, S. 97. *Bergs* analysierte in einem experimentellen Vergleich die Clusteralgorithmen "Single Linkage", "Complete Linkage", "Average Linkage", "Weighted Average Linkage", "Median", "Zentroid", "Ward" und "Flexible Strategie".

367 Vgl. zur formalen und inhaltlichen Darstellung des *Ward*-Verfahrens Backhaus 1994, S. 292-294; Eckes/ Roßbach 1980, S. 74-77.

Das *Ward*-Verfahren ist ein hierarchischer Fusionierungsalgorithmus, der eine Optimierung der Clusterbildung in einer Folge von Partitionen auf unterschiedlichen Homogenitätsniveaus anstrebt. Dabei werden ausgehend von der feinsten Partition durch sukzessives Fusionieren zweier Cluster immer gröbere Partitionen gebildet, bis in der gröbsten Partition alle Objekte in einem einzigen Cluster vereint sind. Das Zielkriterium des *Ward*-Verfahren für die Zusammenfassung der Cluster lautet dabei:[368]

"Vereinige diejenigen Cluster, die die Fehlerquadratsumme am wenigsten erhöhen."

Die Fehlerquadratsumme für ein Cluster wird dabei wie folgt berechnet:[369]

$$V_A = \sum_{i=1}^{n_A} \sum_{j=1}^{J} (x_{ij} - M(x_j, A))^2 \qquad (7)$$

mit:

V_A := Fehlerquadratsumme des Clusters A,

x_{ij} := Teilnutzenwert der Klassifikationsvariablen j (j = 1, ..., J) bei Proband i (i = 1, ... n_A) in Cluster A,

$M(x_j,A)$:= Mittelwert über alle Teilnutzenwerte der Variablen j in Cluster A.

Mit Hilfe der ermittelten Fehlerquadratsummen für jeden Fusionierungsschritt läßt sich nun anhand des Elbow-Kriteriums entscheiden, wie viele Cluster als endgültige Lösung heranzuziehen sind. Dabei wird als Elbow der "schärfste Knick" in einem Polygonzug bezeichnet, wobei der Polygonzug die Fehlerquadratsumme in Relation zur Clusterzahl in einem Koordinatensystem abbildet.[370] Der Elbow signalisiert, daß im nächsten Fusionierungsschritt ein relativ großer Heterogenitätszuwachs erfolgt und daher die Clusterzahl des Elbows als Clusterlösung gewählt werden sollte.

Es ist jedoch zu beachten, daß das Elbow-Kriterium keine hinreichende Bedingung für die Ermittlung der "richtigen" Clusterlösung bedeutet. Ist das Elbow-Kriterium angewendet worden, sollten darüber hinaus durch Homogenitätsanalysen überprüft werden, ob die ermittelten Cluster den eigenen "Homogenitätsansprüchen" genügen.

---

368 Vgl. z.B. Backhaus 1994, S. 293.

369 Vgl. z.B. Backhaus 1994, S. 293.

370 Vgl. Bergs 1981, S. 94.

5.1.2.3 Kriterien zur Beurteilung der Clusterhomogenität

Eine formales Kriterium zur Beurteilung der Clusterhomogenität stellt der F-Wert dar, der wie folgt berechnet wird:[371]

$$F = \frac{V(x_j, A)}{V(x_j)} \quad (8)$$

mit:
$V(x_j, A)$:= Varianz der Klassifikationsvariablen j in Cluster A.
$V(x_j)$:= Varianz der Klassifikationsvariablen j in der Erhebungsgesamtheit.

Ein Cluster wird im weiteren als homogen bezeichnet, wenn die Streuung der Klassifikationsvariablen im jeweils betrachteten Cluster kleiner als in der Erhebungsgesamtheit ist.[372] Ein Cluster ist dabei um so homogener je kleiner der F-Wert für jede Klassifikationsvariable ist. Eine Klassifikationsvariable wird im weiteren als inhomogen bezeichnet, wenn der F-Wert für diese Variable größer als 1 ist. Liegt dieser Fall vor, so ist die Streuung der Variable im betrachteten Cluster größer als in der Erhebungsgesamtheit.

Ein weiteres Kriterium, das allerdings primär zur Interpretation der identifizierten Cluster dient, stellt der T-Wert dar, der sich für jede Klassifikationsvariable in einem Cluster wie folgt berechnen läßt:[373]

$$T = \frac{M(x_j, A) - M(x_j)}{S(x_j)} \quad (9)$$

mit:
$M(x_j, A)$:= Mittelwert der Klassifikationsvariablen j in Cluster A,
$M(x_j)$:= Mittelwert der Klassifikationsvariablen j in der Erhebungsgesamtheit,
$S(x_j)$:= Standardabweichung der Variablen j in der Erhebungsgesamtheit.

---

371 Vgl. Backhaus 1994, S. 310.
372 Vgl. Backhaus 1994, S. 310.
373 Vgl. Backhaus 1994, S. 311.

Die T-Werte stellen normierte Werte dar und dienen zur Charakterisierung der einzelnen Cluster:

- Ist der T-Wert einer Klassifikationsvariablen positiv (negativ), so bedeutet dies, daß die betrachtete Variable im Vergleich zur Erhebungsgesamtheit überrepräsentiert (unterrepräsentiert) ist.
- Ist der T-Wert einer Variablen größer als 1 (kleiner als -1), so bedeutet dies, daß die betrachtete Variable im Vergleich zur Erhebungsgesamtheit stark überrepräsentiert (stark unterrepräsentiert) ist.

Nachdem die zur Datenanalyse eingesetzten Marktforschungsverfahren erklärt worden sind, werden nun die Ziele, der Aufbau und die Durchführung der Luftfrachtnachfrager-Befragung dargestellt.

5.2 Empirische Erhebung von Produktpräferenzen bei Luftfrachtnachfragern

5.2.1 Analyseziele

Eine empirischen Erhebung von Produktpräferenzen bei aktuellen Luftfrachtnachfragern wurde vor dem Hintergrund durchgeführt,

- um Luftfrachtanbietern aufzeigen zu können, wie sie zum Zweck einer Marktabgrenzung die Marktdimensionen "Kundengruppen" und "Kundenfunktionen" unter Einbeziehung von Kundennutzenbewertungen festlegen können (Hauptziel) und
- um anhand von Kundennutzenbewertungen simulieren zu können, wie sich Variationen in den Leistungsangeboten konkurrierender Luftfrachtanbieter auf die Präferenzen der Luftfrachtnachfrager auswirken (ergänzendes Ziel).

Für die Datenerhebung bei den Luftfrachtnachfragern wurde die Profilmethode verwendet. Bei der Erstellung des Conjoint-Erhebungsdesigns wurde folgenden Fragen besondere Aufmerksamkeit gewidmet:

- Welches sind die relevanten Nutzenmerkmale, die bei den zu befragenden Probanden der Erhebungsgesamtheit die Präferenz für eine bestimmte Luftfrachtleistung determinieren?
- Welche Nutzenattribute sollen verwendet werden?
- Wie kann im Erhebungsdesign berücksichtigt werden, daß potentielle Kunden einer Luftfrachtleistung unabhängig vom Transportmittel die Nutzenattribute einer Transportleistung bewerten?
- Wie soll das Merkmal "Preis" bei der Datenerhebung berücksichtigt werden?

Auf der Grundlage der Diskussion obiger Fragestellungen wurde ein dreistufiges Conjoint-Erhebungsdesign zur Datenerhebung bei Luftfrachtnachfragern entworfen. Die Motivation für dieses dreistufige Conjoint-Erhebungsdesign sowie dessen formaler und inhaltlicher Aufbau wird im folgenden beschrieben.

5.2.2 Beschreibung des Conjoint-Erhebungsdesigns

Der formale experimentelle Aufbau für die Ermittlung von Präferenzurteilen war in allen drei Stufen des Conjoint-Erhebungsdesigns identisch. Die Probanden sollten ordinale Präferenzurteile über Angebotsprofile abgeben, die Transportleistungen repräsentieren. Die Angebotsprofile für alle drei Stufen wurden computergestützt durch das Verfahren der reduzierten Profilmethode mit dem Programmteil ORTHOPLAN der Software SPSS Categories erstellt.[374] Die jeweils so ermittelten Angebotsprofile der einzelnen Stufen wurden auf Karteikarten gedruckt. Die Karteikarten der einzelnen Stufen wurden den Probanden in Form eines Kartensatzes zur Bewertung vorgelegt.[375] Die Angebotsprofile eines Kartensatzes sollten dabei von jedem Probanden in eine eindeutige Präferenzrangfolge gebracht werden.

---

374 Vgl. zum Ablauf des Programmteils ORTHOPLAN SPSS 1990, S. B4-B9.

375 Die Nutzenbewertung der Angebotsprofile durch die Probanden wird durch die Reihenfolge der Attribute auf den Karteikarten beeinflußt. Vgl. zum Einfluß der Reihenfolge der Attribute auf Präferenzbewertungen der Probanden Weisenfeld 1989, S. 65. Um den Einfluß der Reihenfolge der Attribute auf die Präferenzbewertung zu relativieren, wurden in den drei Stufen des Conjoint-Erhebungsdesigns jeweils zwei unterschiedliche Kartensätze verwendet. Die Kartensätze unterschieden sich dahingehend, daß sich die Reihenfolge der Attribute in den Angebotsprofilen des einen Kartensatzes in bezug auf den anderen Kartensatz umkehrten (siehe hierzu Anhang 1). Das Verhältnis der verwendeten Kartensätze in der Luftfrachtnachfrager-Befragung betrug 36 zu 33.

5.2.2.1 Erhebungsdesign der Stufe I zur Nutzenbewertung luftfrachtaffiner Transportleistungen

In der Stufe I wurde den Probanden ein acht Karteikarten umfassender Kartensatz vorgelegt. Die Probanden sollten die Karteikarten vor dem Hintergrund, daß sie eine grenzüberschreitende Transportleistung zur Beförderung luftfrachtaffiner Güter[376] benötigen, in eine eindeutige Präferenzrangfolge ordnen. Dabei sollten die Probanden unter einem luftfrachtaffinen Gut ein Transportgut verstehen, daß sich durch eine oder mehrere der folgenden Eigenschaften auszeichnet:[377]

"Eilig, umlade- und bruchempfindlich, hochwertig, klimaempfindlich, besonders zu behandeln, leicht verderblich, und/oder überdurchschnittliche Wert-/Gewichts-Relation."

Der Begriff des luftfrachtaffinen Gutes wurde zur Bewertung des Erhebungsdesigns in Stufe I eingeführt, damit die Probanden die weite Klasse der Transportgüter auf diejenigen einengen konnten, die für den Lufttransport potentiell geeignet sind. Die Einführung des Begriffs des luftfrachtaffinen Gutes gewährleistete außerdem, daß die Probanden mit den vorgegebenen Angebotsprofilen kein bestimmtes Transportmittel zur Leistungserstellung assoziieren konnten. Somit simulierte das Erhebungsdesign dieser Stufe für die befragten Probanden eine Entscheidungssituation, in der sie unabhängig vom Transportmittel Transportleistungen bewerteten.

Die Abbildung 21 zeigt ein im Conjoint-Erhebungsdesign der Stufe I verwendetes Angebotsprofil. Zur besseren Kennzeichnung wurden die Attribute, die das Leistungsangebot repräsentieren, schattiert.

---

376 Die Begriffe "grenzüberschreitende Transportleistung zur Beförderung luftfrachtaffiner Güter" und "luftfrachtaffine Transportleistung" werden im weiteren synonym verwendet.

377 Sustrate 1986, S. 36.

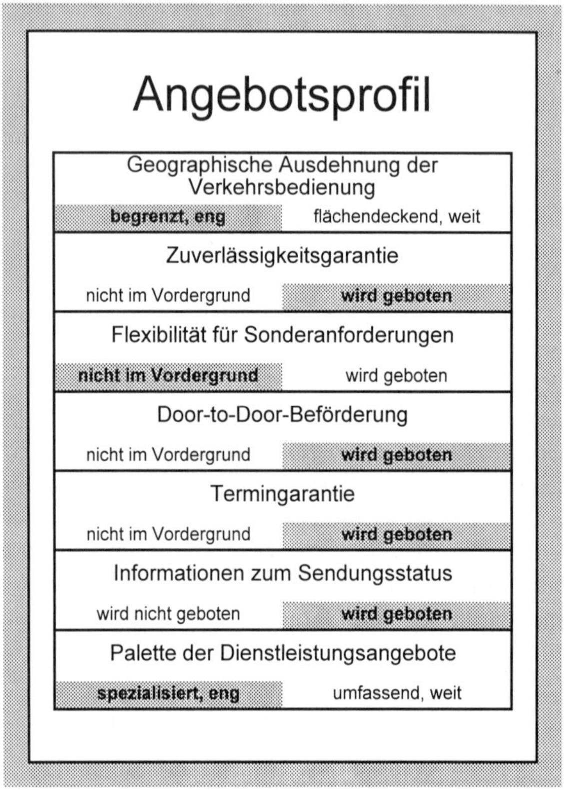

Abb. 21: Ein Angebotsprofil des Conjoint-Erhebungsdesigns der Stufe I

Zur Festlegung der Merkmale für die drei Stufen des Conjoint-Erhebungsdesigns wurden Literaturrecherchen sowie zahlreiche Expertengespräche bei Luftfrachtanbietern und Luftfrachtnachfragern durchgeführt. Validitätsanalysen konnten darüber hinaus bestätigen, daß die wesentlichen Merkmale, die die Produktpräferenz der Probanden bestimmen, auch in den einzelnen Stufen des Conjoint-Erhebungsdesigns verwendet wurden.[378]

Vor dem Hintergrund, daß Teilnutzenwerte von Merkmalen immer nur relativ zueinander zu interpretieren sind, wurden in Stufe I des Conjoint-Erhebungsdesigns pro Merkmal genau zwei Attribute derart vorgegeben, daß die Nutzendifferenz der beiden Attribute die größtmögliche Bandbreite der realisierbaren Attribute für das jeweilige Merkmal repräsentiert.

---

378 Vgl. hierzu die Konvergenzvaliditätstests in Abschnitt 5.4.2.1.

Im folgenden werden die in der Stufe I des Conjoint-Erhebungsdesigns verwendeten Merkmale und Attribute charakterisiert:[379]

- Geographische Ausdehnung der Verkehrsbedienung

Durch dieses Merkmal werden die "geographische Weite" und die Netzdichte der Transportleistungsangebote von Transportleistungsanbietern charakterisiert. Ein Beispiel für eine *begrenzte, enge* geographische Ausdehnung ist z.B. ein Transportleistungsanbieter, der Transportleistungen zu allen Gebietspunkten eines begrenzten geographischen Gebietes (z.B. Portugal) anbietet. Ein Beispiel für eine *flächendeckende, weite* Ausdehnung ist ein Transportleistungsanbieter, der für ein großes geographisches Gebiet (z.B. Afrika) eine eingeschränkte Verkehrsbedienung (z.B. nur Hauptstädte) anbietet.

- Zuverlässigkeitsgarantie

Die Zuverlässigkeitsgarantie sichert den Transportleistungsnehmern zu, daß ihre Anforderungen an die Transportleistungserstellung erfüllt werden. Kriterien, um aus Kundensicht die Einhaltung einer gegebenen Zuverlässigkeitsgarantie für eine Transportleistung zu bewerten, sind z.B. die Pünktlichkeit, die Einhaltung von Zusagen oder die geringe Schadens-/Verlusthäufigkeit bei der Leistungserstellung.

- Flexibilität für Sonderanforderungen

Flexibilität für Sonderanforderungen bedeutet, daß den Transportleistungsnehmern über die eigentliche "Kerndienstleistung" (Gütertransport vom Verlader zum Empfänger) hinaus ergänzende Dienstleistungen (z.B. Kommissionierung, Verpackung, Lagerung, Finanzdienstleistungen) angeboten werden.

- Door-to-Door-Beförderung

Eine Door-to-Door-Beförderung charakterisiert eine Transportleistung, die mit der Abholung der Güter beim Verlader beginnt und mit der Zustellung der Waren beim Empfänger endet. Darüber hinaus existieren weitere Anlieferungs- und Abholmodalitäten. Beispielsweise ist eine gängige Anlieferungsmodalität von Gütersendungen, daß die Güter vom Versender lediglich zu einem bestimmten Frachtumschlagsplatz (Empfangshafen, Empfangsflughafen) befördert werden.

---

379 Traten bei den Probanden der Luftfrachtnachfrager-Befragung Verständnisprobleme in bezug auf vorgegebene Merkmale oder Attribute des Conjoint-Erhebungsdesigns auf, so wurden diesen Karteikarten vorgelegt, worauf standardisierte Erklärungen zu den jeweils interessierenden Merkmalen oder Attributen gedruckt waren (siehe hierzu den Anhang 2).

- Termingarantie

Die Termingarantie sichert den Kunden zu, daß die Transportleistungserstellung innerhalb eines bestimmten Zeitintervalls (z.B. 24h oder 48h) erfolgt.

- Informationen zum Sendungsstatus

Für die Kunden besteht für den Zeitraum der Transportleistungserstellung die Möglichkeit der schnellen Auskunft über den jeweiligen Status der Frachtsendung.

- Palette der Dienstleistungsangebote

Das Merkmal "Palette der Dienstleistungsangebote" gibt an, wie groß die Angebotsvielfalt des Transportleistungsanbieters ist. Die Dienstleistungspalette heißt *spezialisiert, eng*, wenn sich das Transportleistungsangebot an eine bestimmte Verladergruppe mit speziellen Anforderungen an die Leistungserstellung richtet (z.B. Versender von Gefahrgütern). Falls sich das Leistungsangebot an möglichst viele Verladergruppen richtet, die untereinander unterschiedliche Anforderungen an die Transportleistungserstellung haben, heißt die Leistungspalette *umfassend, weit*.

Der Preis konnte als Merkmal für das Conjoint-Erhebungsdesign nicht berücksichtigt werden, da sonst inhaltliche Abhängigkeiten mit den Merkmalen "Zuverlässigkeitsgarantie", "Termingarantie", "Flexibilität für Sonderanforderungen" und "Door-to-Door-Beförderung" entstanden wären. Als Folge wären den Probanden unrealistische Angebotsprofile zur Bewertung vorgelegt worden.

Um den Preisaspekt dennoch im Rahmen der Datenerhebung zu erfassen, wurden die Probanden - nachdem sie eine Stufe des Conjoint-Erhebungsdesigns bewertet hatten - jeweils befragt, ab welcher prozentualen Frachtratendifferenz in DM/kg sie nicht mehr das Angebotsprofil auf Rang X in der Präferenzrangfolge, sondern das Angebotsprofil auf Rang Y ($X < Y$) vorziehen würden. Um die Probanden nicht zu überfordern, wurden Daten über preisinduzierte Produktpräferenzänderungen nur für $X = 1,2$ und $Y= 2,3$ erhoben.

5.2.2.2 Erhebungsdesign der Stufe II zur Nutzenbewertung von Luftfrachtleistungen

In der Stufe II wurde den Probanden ebenfalls ein acht Karteikarten umfassender Kartensatz vorgelegt. Die Probanden sollten die Karteikarten nun vor dem Hintergrund, daß sie eine Luftfrachtleistung zur Güterbeförderung benötigen, in eine eindeutige Präferenzrangfolge ordnen. Der Versuchsaufbau dieser Stufe simulierte für die Probanden eine Entscheidungssituation, in der sie sich bereits zur Nachfrage einer Luftfrachtleistung entschieden haben, aber noch kein konkretes Luftfrachtleistungsangebot präferieren.

Die Abbildung 22 zeigt ein im Conjoint-Erhebungsdesign der Stufe II verwendetes Angebotsprofil. Da im Vergleich zur Stufe I die Angebotsprofile dieser Stufe ausschließlich Luftfrachtleistungen repräsentieren sollen, konnten die Merkmale und Attribute für das Erhebungsdesign präzisiert werden. Im Vergleich zur Stufe I wurden im Erhebungsdesign der Stufe II in bezug auf die verwendeten Merkmale und Attribute folgende Änderungen vorgenommen:

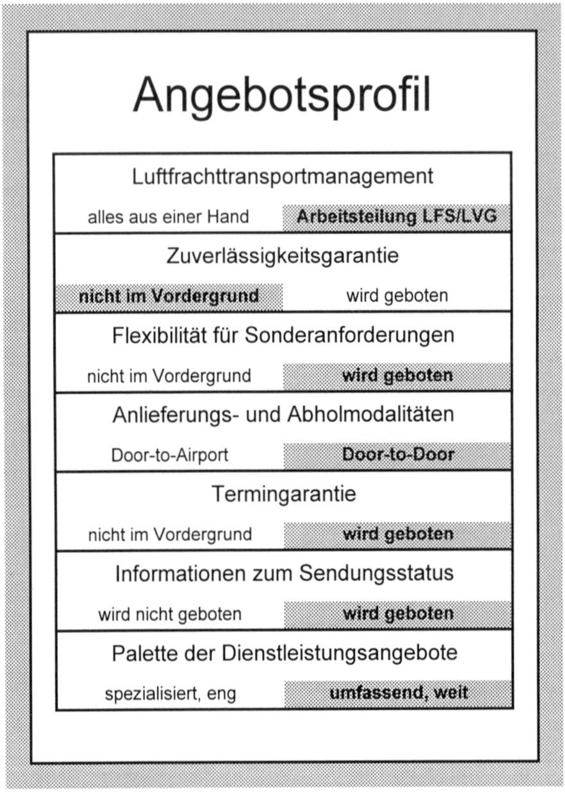

Abb. 22: Ein Angebotsprofil des Conjoint-Erhebungsdesigns der Stufe II

- Luftfrachttransportmanagement

Das Merkmal "Luftfrachttransportmanagement" wurde in das Erhebungsdesign dieser Stufe aufgenommen, weil die "integrierten" Luftfrachtleistungen, bei denen die Leistungserstellung auf unterschiedlichen Wertschöpfungsstufen in einer Luftfrachttransportkette durch ein Luftfrachtunternehmen erfolgt, von den Luftfrachtnachfragern zunehmend nachgefragt werden. Das Attribut "alles in einer Hand" charakterisiert die integrierte Luftfrachtleistungserstellung durch ein Luftfrachtunternehmen, während das Attribut "Arbeitsteilung Luftfrachtspedition/Luftverkehrsgesellschaft" darauf hinweist, daß mehrere Luftfrachtunternehmen wesentliche Abschnitte der Luftfrachtleistungserstellung in einer Luftfrachttransportkette erbringen.

- Anlieferungs- und Abholmodalitäten

Gegenüber Stufe I konnten die Attribute des Merkmals "Anlieferungs- und Abholmodalitäten" präzisiert werden. Der relative Teilnutzen, den das Merkmal "Anlieferungs- und Abholmodalitäten" für einen Probanden stiftet, wird durch die beiden, für Luftfrachtleistungsangebote typischen Attribute "Door-to-Door-Beförderung" und "Door-to-Airport-Beförderung" gemessen.

- Geographische Ausdehnung der Verkehrsbedienung

In Vergleich zu Stufe I wird in dieser Stufe das Merkmal "geographische Ausdehnung der Verkehrsbedienung" nicht berücksichtigt, da in den realen Leistungsangebote der Luftfrachtanbieter die Attribute dieses Merkmals kaum Unterschiede in bezug auf die Netzdichte aufweisen.

Die Beschreibungen der Stufen I und II zeigen, daß der formale Aufbau der beiden Conjoint-Erhebungsdesigns identisch ist und auch der inhaltliche Aufbau große Ähnlichkeiten aufweist. Lediglich in bezug auf die vorgegebenen Entscheidungssituationen zur Bewertung der jeweiligen Angebotsprofile unterscheiden sich die beiden Stufen signifikant. Die Verwendung dieser beiden Stufen zur Datenerhebung ist motiviert worden durch die Frage, ob die Probanden den relativen Teilnutzen der Merkmale in den beiden unterschiedlichen Entscheidungssituationen - zum einen ohne, zum anderen mit der Vorgabe des Transportmittels Flugzeug als Produktionsfaktor zur Transportleistungserstellung - unterschiedlich oder ähnlich bewerten. Können signifikante Unterschiede in den beiden Entscheidungssituationen in bezug auf die relativen Teilnutzenbewertungen der Merkmale identifiziert werden, so bietet dies einen Ansatzpunkt, um Luftfrachtleistungen gegenüber anderen Transportleistungen abzugrenzen, die nicht unter Verwendung des Transportmittels Flugzeug produziert werden.

5.2.2.3 Erhebungsdesign der Stufe III - Datenerhebung zur Simulation von Produktpräferenzen

Die Stufe III wurde in das Conjoint-Erhebungsdesign aufgenommen, um anhand der Teilnutzenbewertungen der Probanden simulieren zu können, wie sich Variationen in den Leistungsangeboten konkurrierender Luftfrachtanbieter auf die Präferenzen der Luftfrachtnachfrager auswirken.

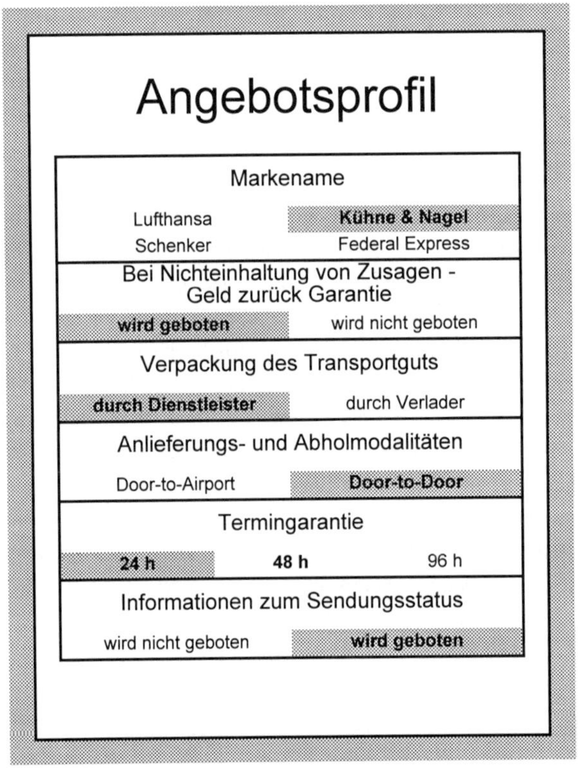

Abb. 23: Ein Angebotsprofil des Conjoint-Erhebungsdesigns der Stufe III

In der Stufe III wurde den Probanden ein zwanzig Karteikarten umfassender Kartensatz vorgelegt. Die Probanden sollten die Karteikarten vor dem Hintergrund in eine eindeutige Präferenzrangfolge ordnen, daß sie eine 100 kg schwere Normalfrachtsendung per Luftfracht via Frankfurt in die Nähe von New York transportieren möchten.

Im Vergleich zu den ersten beiden Stufen erfolgte durch die Vorgabe des Transportmittels, der Relation, der Frachtart und -menge eine Präzisierung der Entscheidungssituation für die Probanden. Dies geschah vor dem Hintergrund, die Attribute der zu bewertenden Angebotsprofile möglichst genau zu formulieren, damit die simulierten Produktnutzenänderungen der Probanden, die durch eine oder mehrere Attributsänderungen im Leistungsangebot eines Luftfrachtanbieters hervorgerufen werden, konkret produktpolitischen Entscheidungen zugeordnet werden können. So kann dann beispielsweise in Stufe III ausgehend von einem bestimmten Angebotsprofil für einen Probanden gemessen werden, wie sich der Probandennutzen in bezug auf dieses Leistungsangebot ändert, falls die Luftfrachtleistungserstellung statt in 96h jetzt in 24h durchgeführt wird.

Im Vergleich zur Stufe II wurden im Erhebungsdesign der Stufe III in bezug auf die verwendeten Merkmale und Attribute folgende Änderungen vorgenommen:

- Markenname

Es wurde das Merkmal "Markenname" mit den Attributen *Lufthansa*, *Kühne & Nagel*, *Schenker* und *Federal Express* in das Angebotsprofil neu aufgenommen, damit Konkurrenzbeziehungen zwischen Luftfrachtanbietern abgebildet werden können. Die Luftfrachtspeditionen *Kühne & Nagel* und *Schenker*, die Luftverkehrsgesellschaft *Lufthansa* und der Integrator *Federal Express* gehören zu den bedeutendsten Luftfrachtunternehmen, die in Deutschland Luftfrachtleistungen anbieten.

- Luftfrachttransportmanagement

Durch die Aufnahme des Merkmals "Markenname" wird in dieser Stufe das Merkmal "Luftfrachttransportmanagement" aus Stufe II redundant, da im allgemeinen Luftfrachtnachfrager mit dem Markennamen *Federal Express* das Attribut "alles in einer Hand" und mit den Markennamen *Lufthansa*, *Kühne & Nagel* und *Schenker* das Attribut "Arbeitsteilung Luftfrachtspedition/Luftverkehrsgesellschaft" des Merkmals "Luftfrachttransportmanagement" verbinden.

- Geld-zurück-Garantie bei Nichteinhaltung von Zusagen

Es wurde statt des Merkmals "Zuverlässigkeitsgarantie" das Merkmal "Geld-zurück-Garantie bei Nichteinhaltung von Zusagen" in das Erhebungsdesign dieser Stufe aufgenommen. Das Versprechen der Geld-zurück-Garantie bei Nichteinhaltung von Zusagen bietet einem Luftfrachtanbieter die Möglichkeit, den potentiellen Luftfrachtnachfragern bereits vor der Leistungserstellung zu signalisieren, daß dem Zuverlässigkeitsaspekt bei der Luftfrachtleistungserstellung besondere Aufmerksamkeit gewidmet wird.

- Verpackung des Transportguts

Es wurde in dieser Stufe das Merkmal "Flexibilität für Sonderanforderungen" durch die spezielle Sonderanforderung "Verpackung des Transportguts" ersetzt.

- Termingarantie

Beim Merkmal "Termingarantie" bedeuten die Attribute "24h", "48h" und "96h" eine realistische Bandbreite der Beförderungszeiten vom Versender in Deutschland via Frankfurt nach New York.

- Palette der Dienstleistungsangebote

In dieser Stufe des Erhebungsdesigns wird eine eindeutige Problemstellung (Versendung von 100 kg Normalfracht nach New York) vorgegeben, auf die sich alle Angebotsprofile beziehen. Dadurch wurde das Merkmal "Palette der Dienstleistungsangebote" aus Stufe II redundant.

5.2.3 Auswahl der Luftfrachtnachfrager für die Datenerhebung

Da für die Auswahl der Luftfrachtnachfrager-Befragung ausschließlich Unternehmen in der Bundesrepublik Deutschland berücksichtigt wurden, wird im folgenden zunächst die Beschreibung der Luftfrachtleistungsnachfrage in der Bundesrepublik Deutschland vorangestellt.

5.2.3.1 Luftfrachtleistungsnachfrage in der Bundesrepublik Deutschland

Die bedeutendsten Wirtschaftszweige, die Luftfrachtleistungen nachfragen, sind die Branchen Chemie, Maschinenbau, Fahrzeugbau, Zeitungen/Zeitschriften, Elektro, Mode und Optik sowie der Handel.[380] Der wichtigste Indikator zur Beschreibung der mengenmäßigen Nachfrage nach Luftfrachtleistungen ist - wie in Abschnitt 2.4 ausgeführt - das Luftfrachtaufkommen. Dieses betrug 1992 in der Bundesrepublik Deutschland 1,1 Millionen Tonnen und steigerte sich im Durchschnitt seit 1980 um jährlich 5,5%. Experten schätzen das jährliche Potential des bundesdeutschen Luftfrachtaufkommens auf 17 bis 20 Millionen Tonnen.[381] Damit entspricht das derzeitige Luftfrachtaufkommen nur rund 5% des geschätzten Gesamtpotentials.

---

380 Vgl. Prognos 1987, S. 14.

381 Vgl. Maruhn 1990, S. 13; Prognos 1987, S. 15.

Eine Studie des Marktforschungsinstituts *Prognos* aus dem Jahr 1986 ergab, daß in der Bundesrepublik Deutschland etwa 82.000 Unternehmen[382] potentielle Luftfrachtnachfrager darstellen, von denen schätzungsweise 29.000 Luftfrachtleistungen zur Lösung ihrer Transportprobleme nutzen.[383] Etwa 3.500 Unternehmen (sog. "intensive user") haben dabei ein jährliches Luftfrachtaufkommen von mehr als 100 Tonnen und bei schätzungsweise 50 Unternehmen (sog. "heavy user") liegt das jährliche Luftfrachtaufkommen sogar über 1.000 Tonnen.[384]

An der Steigerung der Luftfrachtleistungsnachfrage in der Bundesrepublik Deutschland haben Expreßprodukte aufgrund ihrer hohen Qualitätsstandards überdurchschnittlich partizipiert.[385] Als Expreßprodukte werden dabei Luftfrachtleistungen zur Beförderung von Stückgütern bis zu einer festgelegten Gewichtsobergrenze bezeichnet. Die Frachtsendungen werden in der Regel vom Versender zum Empfänger befördert, wobei der späteste Zeitpunkt für die Erstellung des Leistungsergebnisses garantiert wird.

Neben standardisierten, qualitativ hochwertigen Luftfrachtleistungen, werden bei den Anbietern von Luftfrachtleistungen zunehmend auch individuelle Leistungen nachgefragt, die eine hohe Logistikkompetenz der Anbieter erfordern und über die Erstellung einer Luftfrachtleistung zum Teil weit hinausgehen.[386]

5.2.3.2 Beschreibung der ausgewählten Luftfrachtnachfrager

Zur Bewertung des beschriebenen dreistufigen Conjoint-Erhebungsdesigns wurden grundsätzlich nur solche Probanden in die Erhebungsgesamtheit aufgenommen, für die die vorgegebenen Situationen zur Bewertung der drei Stufen des Conjoint-Erhebungsdesigns einen hohen Wirklichkeitscharakter haben. Ein wichtiges Kriterium für die Probandenauswahl war, daß die Probanden in ihren Unternehmen maßgeblich verantwortlich sind für die Vergabe von Aufträgen zur die Erstellung von Luftfrachtleistungen.

Insgesamt wurden im Rahmen der Datenerhebung 69 Probanden aus 65 Unternehmen persönlich befragt. Die Branchenzugehörigkeit der befragten Unternehmen bzw. Experten zeigt die Abbildung 24.

---

382 Handelsunternehmen wurden bei der *Prognos*-Schätzung nicht berücksichtigt. Vgl. Prognos 1987, S. 14.

383 Vgl. Prognos 1987, S. 16; Bühl 1989, S. 36; Maruhn 1990, S. 13.

384 Vgl. Prognos 1987, S. 16f..

385 Vgl. Hecht 1990, S. 8; Hector 1989, S. 21; Kille 1990, S. 22; o.V. 1987c, S. 15.

386 Vgl. Fischer 1993, S. 40; Vedder 1991, S. 13. Vgl. hierzu auch den Abschnitt 6.3.2.1.

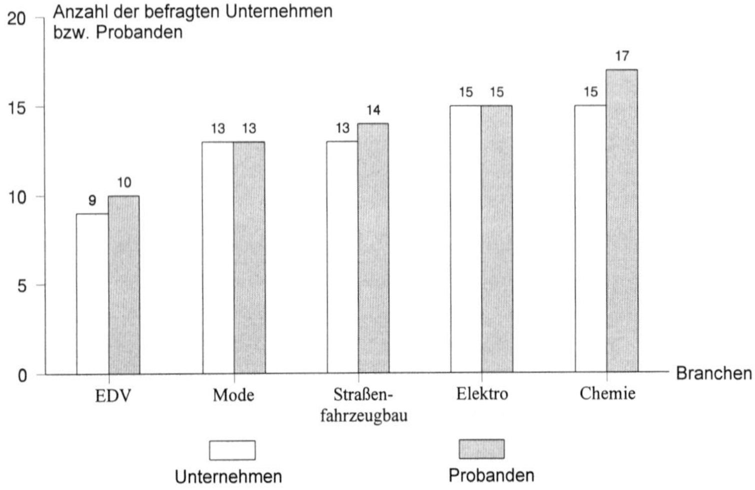

Abb. 24: Branchenzugehörigkeit der befragten Luftfrachtnachfrager

Mit der Datenerhebung bei aktuellen Luftfrachtnachfragern wurde aus Kostengründen keine repräsentative Erhebung angestrebt. Die Auswahl der befragten Luftfrachtnachfrager wurde unter der Beachtung der folgenden beiden Kriterien vorgenommen:

- Die Zusammensetzung der befragten Luftfrachtnachfrager wurde so gewählt, daß empirische Zusammenhänge zwischen der Nutzenbewertung von Produktmerkmalen und dem Luftfrachtaufkommen abgeleitet werden können. Daher sollten in der Erhebungsgesamtheit Unternehmen vertreten sein, die ein jährliches Luftfrachtaufkommen bis 100 Tonnen, von 100 Tonnen bis 1.000 Tonnen ("intensive user") und über 1.000 Tonnen ("heavy user") aufweisen.
- Als weiteres Kriterium sollten in der Erhebungsgesamtheit Luftfrachtnachfrager überrepräsentiert sein, die ein hohes Luftfrachtaufkommen aufweisen. Als hohes Luftfrachtaufkommen wird hier ein jährliches Aufkommen von mehr als 100 Tonnen angesehen.

Die befragten 65 Unternehmen hatten nach eigenen Angaben 1990 ein Luftfrachtaufkommen von zusammen 121.159 Tonnen. Dies entspricht einem Anteil von 10,4% des gesamten Luftfrachtaufkommens der Bundesrepublik Deutschland im Jahr 1990.

Neben den Angaben zur Branchenzugehörigkeit wurden die befragten Unternehmen auch gebeten, ihren Umsatz, ihre Beschäftigtenanzahl sowie das Luftfracht- und Gesamtfrachtaufkommen für das Jahr 1990 zu nennen. Diese Strukturdaten zeigen die Tabellen 3 und 4:

Umsatzklassen in DM	Anzahl der Unternehmen	Anzahl der beschäftigten Personen	Anzahl der Unternehmen
bis 0,1 Mrd.	6	bis 1.000	12
von 0,1 Mrd. bis 1 Mrd.	21	von 1.000 bis 10.000	21
von 1 Mrd. bis 10 Mrd.	25	von 10.000 bis 100.000	26
mehr als 10 Mrd.	13	mehr als 100.000	6

Tab. 3: Verteilung des Umsatzes und der Beschäftigtenanzahl der befragten Luftfrachtnachfrager

Luftfracht-aufkommen	Anzahl der Unternehmen	Gesamtfracht-aufkommen	Anzahl der Unternehmen
bis 100 t	15	bis 1.000 t	9
von 100 t bis 1.000 t	24	von 1.000 t bis 10.000 t	21
von 1.000 t bis 10.000 t	23	von 10.000 t bis 100.000 t	16
mehr als 10.000 t	3	mehr als 100.000 t	15
		keine Angaben	4

Tab. 4: Verteilung des Luftfracht- und Gesamtfrachtaufkommens der befragten Luftfrachtnachfrager

5.3 Analyseergebnisse

Mit den durch das Conjoint-Erhebungsdesign erfaßten Präferenzdaten und der Gleichung (1) wurden im ersten Schritt der Datenanalyse die Teilnutzenbewertungen der Attribute durch die einzelnen Probanden errechnet. Zur Schätzung der Teilnutzenwerte wurde dabei die Prozedur CONJOINT der Software SPSS Categories eingesetzt,[387] die als Zielkriterium die Minimierung der Fehlerquadratsumme der Gleichung (2) hat.[388]

Auf Basis der durch die Einzelanalysen gewonnenen Teilnutzenwerte wurden dann für die einzelnen Stufen des Erhebungsdesigns Nutzensegmentierungen durchgeführt. Wie bereits in Abschnitt 5.1.2 angesprochen, wurde die quadrierte euklidische Distanz als Proximitätsmaß (siehe Gleichung (5)) und das *Ward*-Verfahren als Fusionierungsalgorithmus (siehe Gleichung (6)) zur Nutzensegmentierung der Probanden eingesetzt. Die Errechnung der Nutzencluster wurde in allen drei Analysestufen mit der Prozedur CLUSTER der Software SPSS 4.0 durchgeführt.[389]

Als Klassifikationsvariablen zur Clusterbildung wurden in allen drei Stufen der Nutzensegmentierung Attribute des jeweiligen Erhebungsdesigns verwendet.[390] Die Segmentierung erfolgte dabei durch die Teilnutzenwerte der Klassifikationsvariablen. Diese Vorgehensweise wurde gewählt, da die empirische Überprüfung der F-Werte und T-Werte zeigt, daß eine Klassifikation durch die Teilnutzenschätzungen der Attribute zu einer höheren Homogenität der identifizierten Nutzensegmente führt als die direkte Klassifikation durch die relativen Teilnutzen-schätzungen der Merkmale.

Bevor eine Clusteranalyse in den einzelnen Stufen durchgeführt werden konnte, wurden zunächst die Korrelationen der Klassifikationsvariablen untersucht, da durch die Verwendung der quadrierten euklidischen Distanz als Ähnlichkeitsmaß hochkorrelierte Variablen stärker gewichtet werden als schwach- oder unkorrelierte Variablen.[391] Da die Korrelationen der Klassifikationsvariablen in den einzelnen Stufen dem Betrag nach deutlich unter 0,40 liegen (zwei Ausnahmen: Korrelationsbetrag 0,55 bzw. 0,42), wurde auf eine vorgeschaltete Faktorenanalyse zur Variablenreduktion verzichtet.

---

387 Vgl. zum Ablauf der Prozedur CONJOINT SPSS 1990, S. B15-B20.

388 Vgl. SPSS 1990, S. A3.

389 Vgl. zum Ablauf der Prozedur CLUSTER Brosius 1989, S. 194-198.

390 In Stufe III weisen zwei Merkmale mehr als zwei Attribute auf. Für diese Merkmale erwies es sich als sinnvoll, die relativen Teilnutzenbewertungen der Merkmale als Klassifikationsvariablen zu wählen. Zur Begründung dieser Vorgehensweise siehe Abschnitt 5.3.3.2.1.

391 Vgl. z.B. Deimer 1987, S. 46 und 48.

Zur Nutzensegmentierung auf den einzelnen Stufen wurde die "richtige" Anzahl der Cluster ermittelt, indem zuerst mit Hilfe des Elbow-Kriteriums die mögliche Clusterzahl eingegrenzt wurde. Eine eindeutige Klassifikation konnte durch das Elbow-Kriterium noch nicht identifiziert werden, da in allen drei Analysestufen bei den Polygonzügen, die die Fehlerquadratsumme in Abhängigkeit der Clusterzahl in einem Koordinatensystem beschreiben, mehrere, nahezu gleich große Elbows auftreten. Um die Clusterzahl für die einzelnen Stufen letztlich festzulegen, wurde die Clusterhomogenität der potentiellen Clusterlösungen untersucht. Diejenige Clusterzahl, bei der alle Cluster auf der "gröbsten" Fusionierungsstufe in bezug auf die verwendeten Klassifikationsvariablen homogen sind, wurde dann als die "richtige" Clusterzahl angesehen.

Nachdem die Anzahl der Nutzensegmente ermittelt worden ist, wurden weitere Clusteralgorithmen daraufhin untersucht, ob diese Clusterlösungen erzeugen können, bei denen die Homogenität der gebildeten Cluster größer ist als die Homogenität der Clusterlösungen des *Ward*-Verfahrens. Die Überprüfung ergab schließlich, daß diejenigen Clusterlösungen die größte Homogenität aufweisen, die mit dem *Ward*-Verfahren ermittelt wurden.[392]

Im folgenden werden nun die Ergebnisse der einzelnen Analysestufe beschrieben.

5.3.1 Ergebnisse der Stufe I

Die Ergebnisdarstellung der Stufe I untergliedert sich in eine Analyse der Produktnutzenbewertung durch die Erhebungsgesamtheit und die Analyse der Produktnutzenbewertungen durch die identifizierten Nachfragersegmente.

---

392 Neben dem *Ward*-Verfahren wurden die Inputdaten ebenfalls durch die Clusteranalyseverfahren "Average Linkage", "Single Linkage", "Complete Linkage", "Zentroid" und "Median" untersucht.

5.3.1.1 Produktnutzenbewertung durch die Erhebungsgesamtheit

Das Ergebnis der Produktnutzenbewertung durch die Erhebungsgesamtheit dient vor allem als Bezug, um die Ergebnisse der Produktnutzenbewertungen durch die identifizierten Nachfragersegmente vergleichen zu können. Neben den relativen Teilnutzenbewertungen der Merkmale luftfrachtaffiner Transportleistungsangebote wird im folgenden ebenfalls aufgezeigt, welche Bedeutung der Preis für die Produktpräferenz hat.

Relativer Teilnutzen der Produktmerkmale

Zur Analyse des Nutzens, den die Produktmerkmale der luftfrachtaffinen Transportleistungsangebote für die Erhebungsgesamtheit stiften, wurde der aggregierte relative Teilnutzenwert, der relative Teilnutzen-Mittelwert, die Varianz des relativen Teilnutzen-Mittelwertes sowie der kleinste und größte relative Teilnutzenwert der Individualanalysen für jedes Produktmerkmal bestimmt (siehe Tabelle 5).

Merkmale	Erhebungs-gesamtheit	Einzelanalysen			
	Aggregierter relativer Teilnutzenwert	*Relativer Teilnutzen-Mittelwert*	*Höchster relativer Teilnutzenwert*	*Niedrigster relativer Teilnutzenwert*	*Varianz*
Zuverlässigkeitsgarantie	35,20%	29,44%	57,14%	0,00%	265,76
Termingarantie	30,95%	26,55%	57,14%	0,00%	238,83
Informationen zum Sendungsstatus	13,66%	11,75%	50,00%	0,00%	121,96
Door-to-Door-Beförderung	9,01%	10,70%	57,14%	0,00%	105,25
Flexibilität für Sonderanforderungen	7,14%	8,72%	38,89%	0,00%	75,19
Geograph. Ausdehnung der Verkehrsbedienung	3,00%	6,38%	57,14%	0,00%	86,27
Palette der Dienst-leistungsangebote	1,04%	6,47%	25,00%	0,00%	31,54

Tab. 5: Relative Teilnutzenbewertung der Produktmerkmale durch die Erhebungsgesamtheit (Stufe I)

Die Tabelle 5 verdeutlicht, daß für die Erhebungsgesamtheit die Merkmale "Zuverlässigkeitsgarantie" und "Termingarantie" die größten relativen Teilnutzen bei der Nutzenbewertung luftfrachtaffiner Transportleistungsangebote stiften. Die aggregierten relativen Teilnutzenwerte betragen 35,20% bzw. 30,95%. Diese sind dabei um 5,76 bzw. 4,40 Prozentpunkte höher als die entsprechenden relativen Teilnutzen-Mittelwerte der Individualanalysen. Die Schätzung der höheren aggregierten relativen Teilnutzenwerte in der Erhebungsgesamtheit kommt dadurch zustande, daß nahezu alle Probanden aus einer gebotenen Zuverlässigkeits- und Termingarantie einen positiven Teilnutzen ziehen und gleichzeitig Merkmale existieren, wie z.B. das Merkmal "Palette der Dienstleistungsangebote", bei denen beide Attribute für jeweils einen beachtenswerten Teil der Probanden einen positiven Teilnutzen stiften.

Die Ergebnisse der Tabelle 5 verdeutlichen weiter, daß einzelne Probanden der Erhebungsgesamtheit den relativen Teilnutzen der einzelnen Merkmale zum Teil sehr unterschiedlich gewichten. Dies verdeutlicht die großen Spannweiten zwischen der höchsten und der niedrigsten relativen Teilnutzenbewertung der Merkmale in den Einzelanalysen. Auch sind die Varianzen der relativen Teilnutzen-Mittelwerte der Merkmale "Zuverlässigkeitsgarantie" und "Termingarantie" im Vergleich zu den anderen Merkmalen hoch, was eine geringe Homogenität der Probanden in bezug auf die relative Teilnutzenbewertung dieser beiden Merkmale signalisiert.

Die detaillierte Untersuchung von Teilaspekten des am höchsten bewerteten Merkmals "Zuverlässigkeitsgarantie" ergab zudem, daß wichtige Zuverlässigkeitsaspekte für die Probanden der Erhebungsgesamtheit die Merkmale "Pünktlichkeit", "Einhaltung von Zusagen" und "geringe Schadens-/Verlusthäufigkeit" sind (siehe Tabelle 6). Eine gebotene Geld-zurück-Garantie bei Nichteinhaltung von Zusagen, mit der vor allem Integrator für ihre Zuverlässigkeit werben,[393] ist für die befragten Probanden von untergeordneter Bedeutung.

Merkmale	Mittelwert	größter Wert	kleinster Wert	Varianz
Pünktlichkeit	1,12	2	1	0,10
Einhaltung von Zusagen	1,23	3	1	0,21
Geringe Schadens- und Verlusthäufigkeit	1,75	4	1	0,66
Geld-zurück-Garantie	3,93	5	1	1,16
Die Probanden bewerteten die vorgegebenen luftfrachtaffinen Transportleistungsmerkmale auf einer Rating-Skala von 1 (:= sehr wichtig) bis 5 (:= nicht wichtig).				

Tab. 6: Bewertung von Teilaspekten des Merkmals "Zuverlässigkeitsgarantie"

393 Vgl. z.B. Federal Express o.J., S. G9.

Bedeutung des Preises für die Produktpräferenz

Das Merkmal "Preis" konnte nicht durch das Conjoint-Erhebungsdesign erfaßt werden, da sonst inhaltliche Abhängigkeiten mit mehreren anderen Merkmalen aufgetreten wären. Daher wurden die Probanden nach der Bewertung der Angebotsprofile befragt, ab welcher prozentualen Frachtratendifferenz in DM/kg sie nicht mehr das Angebotsprofil auf Rang X in ihrer Präferenzrangfolge, sondern das Angebotsprofil auf Rang Y (X < Y; X = 1,2; Y = 2,3) präferieren würden.

Die Befragungsergebnisse ergaben, daß der Preis für die Erhebungsgesamtheit nur einen geringen Einfluß auf die Produktpräferenz ausübt, da nur relativ hohe Preisabschläge die Probanden im Mittel dazu bewegen könnten, einen preisinduzierten Präferenzwechsel vorzunehmen. Die Probanden würden statt des präferierten Angebotsprofils, das Angebotsprofil auf Rang zwei (drei) ihrer Präferenzrangfolge bevorzugen, wenn dieses 14,67% (27,10%) billiger wäre, als das bisher präferierte Angebotsprofil.

Nachdem die Conjoint-Schätzungen für die Erhebungsgesamtheit analysiert worden sind, wird im folgenden nachgewiesen, daß Probandengruppen existieren, die in bezug auf die Nutzenbe-wertung der Produktmerkmale und -attribute eine größere Homogenität als die Erhebungs-gesamtheit haben.

5.3.1.2 Produktnutzenbewertungen durch die Nachfragersegmente

Die Segmentierung der Probanden wurde in Stufe I mit den geschätzten, Z-transformierten Teilnutzenwerten der Attribute "Zuverlässigkeitsgarantie wird geboten", "Termingarantie wird geboten", "Informationen zum Sendungsstatus werden geboten", "Door-to-Door-Beförderung wird geboten" und "Flexibilität für Sonderanforderungen wird geboten" vorgenommen, da eine Segmentierung durch diese Variablen die größtmögliche Homogenität der identifizierten Cluster zur Folge hat. Aus Redundanzgründen konnte die Auswahl der Klassifikationsvariablen auf ein Attribut je Merkmal beschränkt bleiben, da jedes Merkmal der Angebotsprofile in Stufe I genau zwei Attribute hat, deren Teilnutzenschätzwerte sich nur im Vorzeichen unterscheiden.[394] Attribute der Merkmale "geographische Ausdehnung der Verkehrsbedienung" und "Palette der Dienstleistungsangebote" wurden in dieser Stufe nicht als Klassifikationsvariablen berücksichtigt, da

394 Vgl. Backhaus 1994, S. 520.

– der relative Teilnutzen dieser Merkmale für die meisten Probanden der Erhebungsgesamtheit gering ist,

– eine Berücksichtigung von Klassifikationsvariablen dieser beiden Merkmale zu keiner Clusterlösung führt, in der eines dieser Merkmale über- oder unterrepräsentiert ist.

Relativer Teilnutzen der Produktmerkmale

Die Segmentierung der Probanden durch die Klassifikationsvariablen ergab, daß sich die Erhebungsgesamtheit in bezug auf die Nutzenbewertung von luftfrachtaffinen Transportleistungsangeboten in fünf Cluster unterteilt. Die Tabelle 7 zeigt die aggregierten relativen Teilnutzenbewertungen der Merkmale in den einzelnen Clustern. Die Tabelle verdeut-licht, daß in den einzelnen Clustern jeweils zwei Merkmale zusammen einen aggregierten relativen Teilnutzenwert von über 50% aufweisen. Die Spannweite reicht dabei von 76,60% in *Cluster 1* bis 55,88% in *Cluster 4*. Um aus den Ergebnissen der Tabelle 7 weitere Erkenntnisse, vor allem für die Marktabgrenzung von Luftfrachtanbietern zu gewinnen, ist als Grundlage hierfür eine Homogenitätsanalyse der ermittelten Clusterlösung zwingend notwendig.

Merkmale	*Cluster 1* 28 Probanden	*Cluster 2* 25 Probanden	*Cluster 3* 6 Probanden	*Cluster 4* 6 Probanden	*Cluster 5* 4 Probanden
Zuverlässigkeitsgarantie	54,26%	24,59%	10,00%	20,59%	23,44%
Termingarantie	22,34%	48,63%	24,00%	4,90%	12,50%
Informationen zum Sendungsstatus	10,37%	8,20%	40,00%	15,69%	10,94%
Door-to-Door-Beförderung	2,39%	10,38%	8,00%	35,29%	6,25%
Flexibilität für Sonderanforderungen	5,05%	5,46%	4,00%	8,82%	39,06%
Geograph. Ausdehnung der Verkehrsbedienung	4,26%	1,09%	10,00%	5,88%	1,56%
Palette der Dienstleistungsangebote	1,33%	1,64%	4,00%	8,82%	6,25%

Tab. 7: Die aggregierten relativen Teilnutzenbewertungen der Produktmerkmale in den identifizierten Clustern (Stufe I)

Homogenität der Nutzensegmente

Die Homogenitätsanalyse in den einzelnen Clustern wird durch die Kennzahlen aggregierter relativer Teilnutzen, relativer Teilnutzen-Mittelwert, F-Wert und T-Wert vorgenommen. Bis auf die Kennzahl aggregierter Teilnutzen sind die Bedeutungen der Kennzahlen bereits in den Abschnitten 5.1.1.2.4 und 5.1.2.3 erläutert worden. Die Bedeutung der Kennzahl aggregierter Teilnutzen wird nun am Beispiel des Kennzahlentableaus des *Clusters 1* aus Tabelle 7 erklärt (siehe dazu Tab. 8).

Merkmale	Klassifikations-variablen	Aggregierter relativer Teilnutzen	Relativer Teilnutzen-Mittelwert	F-Wert	T-Wert
Zuverlässigkeits-garantie	Zuverlässigkeits-garantie wird geboten	54,26%	44,58%	0,32	+0,92
Termingarantie	Termingarantie wird geboten	22,34%	19,61%	0.47	- 0,48
Informationen zum Sendungsstatus	Inform. zum Sendungs-status werden geboten	10,37%	8,46%	0,37	- 0,25
Door-to-Door-Beförderung	Door-to-Door-Beför-derung wird geboten	2,39%	8,50%	0,57	- 0,41
Flexibilität für Son-deranforderungen	Flex. für Sonderanfor. wird geboten	5,05%	6,68%	0,47	- 0,16

Tab. 8: Conjoint-Schätzungen und Ergebnisse der Prüfstatistiken für *Cluster 1* (Stufe I)

- Aggregierter relativer Teilnutzen

Aus dem Wert des aggregierten relativen Teilnutzens lassen sich drei Aussagen ableiten: Zum ersten gibt er für die im Kennzahlentableau angeführten Merkmale die aggregierten relativen Teilnutzenwerte an. Beispielsweise beträgt der aggregierte relative Teilnutzenwert des Merkmals "Zuverlässigkeitsgarantie" für die Probanden des *Clusters 1* 54,26% (vgl. Tab. 8). Zum zweiten gibt der aggregierte relative Teilnutzen an, wie groß der gestiftete relative Teilnutzen der einzelnen Attribute (Klassifikationsvariablen) ist. Da für das Conjoint-Erhebungsdesign pro Merkmal genau zwei Attribute verwendet wurden, ist der relative Teilnutzen des Attributs mit der "höheren" Teilnutzenschätzung nach Gleichung (1) gleich dem aggregierten relativen Teilnutzenwert des "dazugehörigen" Merkmals.[395] Zum dritten ist der relative Teilnutzen des Attributs mit der "niedrigeren" Teilnutzenschätzung nach Gleichung (1) ist gleich 0%.[396] Beispielsweise beträgt der relative Teilnutzen des Attributs "Zuverlässigkeitsgarantie wird geboten" in *Cluster 1* 54,26% und der relative Teilnutzen der "redundanten" Klassifikationsvariablen "Zuverlässigkeitsgarantie wird nicht geboten" 0%.

395 Vgl. Backhaus 1994, S. 520.
396 Vgl. Backhaus 1994, S. 520.

Mit Hilfe der vier Kenngrößen werden im folgenden Nutzensegmentanalysen für die identifizierten Cluster durchgeführt. Wie in Tabelle 7 werden die Cluster mit den Gruppierungsnamen *Cluster 1* bis *Cluster 5* bezeichnet:

- *Cluster 1*

28 (41%) der 69 befragten Probanden befinden sich in dem größten der fünf Cluster. Das Cluster ist in bezug auf die Klassifikationsvariablen homogen, alle F-Werte sind kleiner als 0,48 (vgl. zu den Cluster-Kennzahlen Tab. 8).
Für die Probanden dieses Clusters ist die Zuverlässigkeitsgarantie das mit Abstand wichtigste Merkmal bei der Wahl einer luftfrachtaffinen Transportleistung. Für die Probanden stiftet das Merkmal "Zuverlässigkeitsgarantie" einen aggregierten relativen Teilnutzen von 54,26%. Die Klassifikationsvariable "Zuverlässigkeitsgarantie wird geboten" (F-Wert 0,32) hat im Vergleich zu den anderen Klassifikationsvariablen den höchsten Homogenitätsgrad. Dadurch wird das Merkmal "Zuverlässigkeitsgarantie" bei der aggregierten Conjoint-Schätzung für das *Cluster 1* im Vergleich zu den anderen Merkmalen stärker gewichtet, wodurch der aggregierte relative Teilnutzenwert dieses Merkmals höher ist als der relative Teilnutzen-Mittelwert.
Im Vergleich zum Merkmal "Zuverlässigkeitsgarantie" stiften die anderen Merkmale nur einen geringen relativen Teilnutzen. Die T-Werte der Klassifikationsvariablen verdeutlichen, daß in diesem Cluster im Vergleich zur Erhebungsgesamtheit nur eine gebotene Zuverlässigkeitsgarantie einen höheren relativen Teilnutzen stiftet (T-Wert: +0,92), alle anderen Klassifikationsvariablen sind unterrepräsentiert.

- *Cluster 2*

25 (36%) Probanden der Erhebungsgesamtheit befinden sich in diesem Cluster. Das Cluster ist homogen, alle F-Werte der Klassifikationsvariablen sind kleiner als 0,89 (vgl. zu den Cluster-Kennzahlen Anhang 3.1). Das Attribut "Termingarantie wird geboten" besitzt unter allen Klassifikationsvariablen den höchsten Homogenitätsgrad (F-Wert: 0,18) und ist als einzige Variable stark überrepräsentiert (T-Wert: +1,00).
In diesem Cluster stiftet eine gebotene Termingarantie den größten relativen Teilnutzen bei der Bewertung von luftfrachtaffinen Transporleistungsangeboten. Der aggregierte relative Teilnutzenwert des Merkmals "Termingarantie" beträgt 48,63%. Neben dem Merkmal "Termingaran-tie" stiftet noch das Merkmal "Zuverlässigkeitsgarantie" mit einem aggregierten relativen Teilnutzenwert von 24,59% einen beachtenswerten relativen Teilnutzen für die Probanden. Der T-Wert der Klassifikationsvariablen "Zuverlässigkeitsgarantie wird geboten" in Höhe von -0,52 verdeutlicht aber, daß der relative Teilnutzen einer gebotenen Zuverlässigkeitsgarantie in diesem Cluster geringer ist als in der Erhebungsgesamtheit.

- *Cluster 3*

6 (9%) der befragten Probanden bilden das *Cluster 3*. Alle Klassifikationsvariablen dieses Clusters sind homogen (vgl. zu den Cluster-Kennzahlen Anhang 3.2). Die Klassifikationsvariable "Informationen zum Sendungsstatus werden geboten" erzielt in diesem Cluster den höchsten Homogenitätsgrad (F-Wert: 0,15) und ist im Vergleich zur Erhebungsgesamtheit stark überrepräsentiert (T-Wert: +2,25).

Für die Probanden dieses Clusters bedeutet die Möglichkeit, Informationen zum Sendungsstatus einer Frachtsendung zu erhalten, das mit Abstand nutzenstiftendste Merkmal einer luftfrachtaffinen Transportleistung. Der aggregierte relative Teilnutzenwert für das Merkmal "Informationen zum Sendungsstatus" beträgt 40,00%. Daneben stiften noch die Merkmale "Termingarantie" und "Zuverlässigkeitsgarantie" mit aggregierten relativen Teilnutzenwerten von 24,00% und 10,00% einen beachtenswerten relativen Teilnutzen für die Probanden des Clusters. Die T-Werte der zugehörigen Klassifikationsvariablen (-0,12 und -1,27) verdeutlichen jedoch, daß die Bedeutung einer gebotenen Termin- oder Zuverlässigkeitsgarantie für dieses Cluster geringer ist als für die Erhebungsgesamtheit.

- *Cluster 4*

6 (9%) der Erhebungsgesamtheit befinden sich in diesem Cluster. Das *Cluster 4* ist homogen, alle F-Werte der Klassifikationsvariablen sind kleiner als 0,88 (vgl. zu den Cluster-Kennzahlen Anhang 3.3).

Für die Probanden dieses Clusters stiftet bei der Nutzenbewertung von luftfrachtaffinen Transportleistungen eine gebotene Door-to-Door-Beförderung den größten relativen Teilnutzen. Der aggregierte relative Teilnutzenwert des Merkmals "Door-to-Door-Beförderung" beträgt für die Probanden des Clusters 35,29%. Im Vergleich zu den anderen vier identifizierten Clustern, in denen der gestiftete Teilnutzen der Klassifikationsvariablen "Door-to-Door-Beförderung wird geboten" unbedeutend ist, kommt in diesem Cluster dem Attribut bei der Nutzenbewertung von luftfrachtaffinen Transportleistungen die entscheidende Rolle zu (T-Wert: +2,04).

Einen bedeutenden relativen Teilnutzen stiften in diesem Cluster noch die Merkmale "Zuverlässigkeitsgarantie" und "Informationen zum Sendungsstatus" mit aggregierten relativen Teilnutzenwert von 20,59% und 15,69%.

- *Cluster 5*

4 (6%) der befragten Probanden bilden das *Cluster 5*. Von den fünf Klassifikationsvariablen sind drei homogen und zwei inhomogen. Inhomogen sind die Klassifikationsvariablen "Termingarantie wird geboten" (F-Wert: 1,10) und "Informationen zum Sendungsstatus werden geboten" (F-Wert: 2,15; vgl. zu den Cluster-Kennzahlen Anhang 3.4). Die Inhomogenität dieser Klassifikationsvariablen kann jedoch aufgrund des geringen relativen Teilnutzens, den diese Klassifikationsvariablen für die Probanden dieses Clusters stiften, vernachlässigt werden.

Für die Probanden des *Clusters 5* stiftet das Merkmal "Flexibilität für Sonderanforderungen" den größten relativen Teilnutzen bei der Nutzenbewertung von luftfrachtaffinen Transportleistungen. Der aggregierte relative Teilnutzen des Merkmals beträgt für die Probanden des Clusters 39,06%. Die Höhe der Teilnutzenwerte der Klassifikationsvariablen "Flexibilität für Sonderanforderungen wird geboten" ist dabei für allen Clustermitglieder nahezu identisch (F-Wert: 0,06). Der hohe T-Wert von +2,55 signalisiert, daß die Klassifikationsvariable "Flexibili-tät für Sonderanforderungen wird geboten" in diesem Cluster im Vergleich zur Erhebungsgesamtheit stark überrepräsentiert ist. Neben einer gebotenen Flexibilität für Sonderanforderungen stiftet in diesem Cluster noch das Merkmal "Zuverlässigkeitsgarantie" einen bedeutenden relativen Teilnutzen mit einem aggregierten relativen Teilnutzenwert: von 23,44%.

Die dargestellten Segmentanalysen verdeutlichen zum einen, daß die einzelnen identifizierten Nutzencluster homogen sind. Lediglich in *Cluster 5* sind zwei Klassifikationsvariablen inhomogen.

Zum anderen zeigt der "Homogenitätsvergleich" zwischen den fünf Clustern, daß diese in bezug auf die Nutzenbewertung luftfrachtaffiner Transportleistungen heterogen sind. In jedem der fünf Cluster stiftet jeweils eine andere Klassifikationsvariable einen sehr hohen aggregierten relativen Teilnutzen. Die aggregierten relativen Teilnutzenwerte dieser Klassifikationsvariablen schwanken dabei zwischen 35,29% bei der Variablen "Door-to-Door-Beförderung wird geboten" in *Cluster 4* und 54,26% bei der Variablen "Zuverlässigkeitsgarantie wird geboten" in *Cluster 1*. Die T-Werte dieser fünf betrachteten Klassifikationsvariablen liegen zwischen +0,92 und +2,55. Dies bedeutet, daß die aggregierten relativen Teilnutzenwerte dieser Klassifika-tionsvariablen im Vergleich zur Erhebungsgesamtheit deutlich höher sind. Da darüber hinaus in jedem Cluster die vier bisher nicht betrachteten Klassifikationsvariablen ausschließlich unterrepräsentiert oder leicht überrepräsentiert sind (Spannweite der T-Werte: -1,27 bis +0,24; vgl. zu den Cluster-Kennzahlen Tab. 8 und die Anhänge 3.1-3.4), besteht zwischen allen fünf Clustern ein deutlicher Unterschied in bezug auf die Nutzenbewertung luftfrachtaffiner Transportleistungen.

5.3.1.3 Erkenntnisse der Nutzensegmentierung für die Marktabgrenzung von Luftfrachtanbietern

In der nachfragerorientierten Perspektive zur Analyse des Marktsuchraums ist bekanntlich die Lösung des Kundensegmentierungsproblems von zentraler Bedeutung. Durch die Segmentierung der Stufe I wird Luftfrachtanbietern am Beispiel der gegebenen Erhebungsgesamtheit aufgezeigt, wie die Nachfrager von luftfrachtaffinen Transportleistungen aufgrund ihrer unterschiedlichen Teilnutzenbewertungen der Produktattribute segmentiert werden können. Da die Teilnutzenbewertungen von Produktattributen durch die Probanden bekanntlich kausale, im Zeitablauf relativ konstant bleibende Erklärungsfaktoren sind, bedeuten diese für Luftfrachtanbieter in bezug auf das Marktabgrenzungsmodell von *Abell* einen sinnvollen Ansatzpunkt, um Ausprägungen für die beiden Marktdimensionen "Kundenfunktionen" und "Kundengruppen" festzulegen und eine Marktabgrenzung entlang der beiden Marktdimensionen vorzunehmen.

Die Abbildung 25 visualisiert die Unterteilung der Marktdimensionen "Kundenfunktionen" und "Kundengruppen". Die Kundenfunktionen bilden dabei die gewählten Klassifikationsvariablen und die Kundengruppen die fünf identifizierten Nutzensegmente. Um die Unterschiede zwischen den fünf Clustern in bezug auf die Teilnutzenbewertung der Attribute luftfrachtaffiner Transportleistungen zu verdeutlichen, sind in der Abbildung 25 diejenigen aggregierten relativen Teilnutzenbewertungen der Attribute angeführt, die in den einzelnen Clustern im Vergleich zur Erhebungsgesamtheit überrepräsentiert sind. Die angegebenen T-Werte verdeutlichen, daß lediglich die Teilnutzenbewertungen der Attribute in der "Hauptdiagonalen" deutlich überrepräsentiert sind.

Angenommen, die Ergebnisse der Nutzensegmentierung in Stufe I wären die Ergebnisse einer Nutzenanalyse, die ein Luftfrachtanbieter bei den Nachfragern seines Marktsuchraumes durchgeführt hätte, so hätte dieser Anbieter nun eine konkrete, empirisch gestützte Diskussions- und Entscheidungsgrundlage zur Verfügung, welche der fünf Nachfragersegmente er bedienen möchte und mit welchem Marketing-Mix dies geschehen soll.

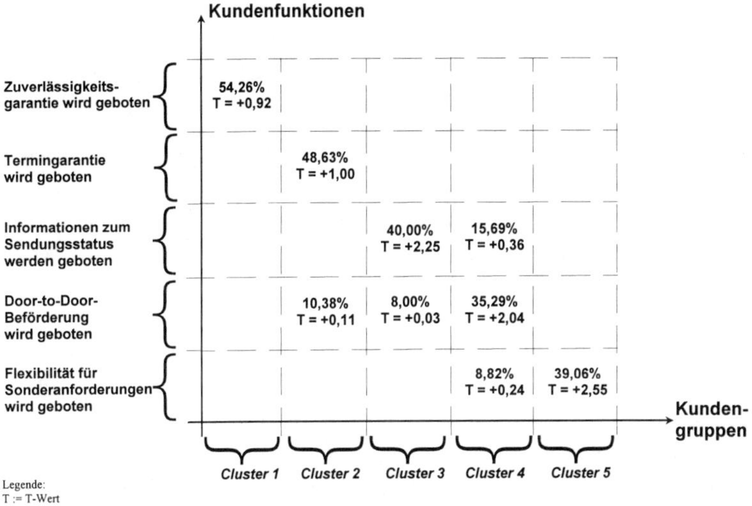

Abb. 25: Festlegung von Ausprägungen in den Marktdimensionen "Kundenfunktionen" und "Kundengruppen" auf der Grundlage der Ergebnisse der Nutzensegmentierung (Stufe I)

Die Entscheidung, mit welchem Marketing-Mix bestimmte Nachfragersegmente bearbeitet werden sollen, kann darüber hinaus auf einer noch breiteren Informationsgrundlage getroffen werden, falls ein empirischer Zusammenhang zwischen den einzelnen Nutzensegmenten und Ersatzkriterien identifiziert werden kann. Gelingt dies, so kann das Marketing-Mix für die Nachfragersegmente auf Grundlage der Conjoint-Ergebnisse und den Ausprägungen der Ersatzkriterien vorgenommen werden, bei denen ein empirischer Zusammenhang zur Nutzenbewertung einzelner Cluster aufgezeigt werden kann. Ist der empirische Zusammenhang signifikant, können auch Nachfrager, die nicht an der Präferenzanalyse teilgenommen haben, aufgrund ihrerAusprägungen bei Ersatzkriterien mit einer bestimmte Wahrscheinlichkeit einem Nutzensegment zugeordnet werden.

Zur Überprüfung, ob ein Zusammenhang zwischen den Teilnutzenbewertungen der Attribute luftfrachtaffiner Transportleistungen und Ausprägungen bestimmter Ersatzkriterien in einzelnen Clustern existieren, wurden in der Luftfrachtnachfrager-Befragung auch die Branchenzugehörigkeit, der Umsatz, die Beschäftigtenzahl, das Gesamt- und das Luftfrachtaufkommen der Unternehmen erfaßt (vgl. hierzu Abb. 24, Tab. 3, Tab. 4). Signifikante Zusammenhänge konnten jedoch nicht ermittelt werden. Dies hat folgende Gründe:

- In *Cluster 3, Cluster 4* und *Cluster 5* befinden sich zusammen 16 der 69 Probanden. Jedes der Cluster ist dabei in bezug auf die erfaßten Unternehmensstrukturdaten äußerst heterogen. Beispielsweise sind in bezug auf das Kriterium "Branchenzugehörigkeit" in *Cluster 3* und in *Cluster 4* jeweils Unternehmen aus fünf verschiedenen Branchen und in *Cluster 5* Unternehmen aus drei verschiedenen Branchen zusammengefaßt.
- Die Unternehmensstrukturdaten sowohl von *Cluster 1* als auch von *Cluster 2* weichen nicht beachtenswert von den Unternehmensstrukturdaten der Erhebungsgesamtheit ab. Daher konnte z.B. kein empirischer Zusammenhang zwischen den Produktnutzenbewertungen luftfrachtaffiner Transportleistungsangebote in einem der beiden größten Cluster und der Branchenzugehörigkeit der Unternehmen identifiziert werden.

Neben den angeführten Ersatzkrititerien wurde auch überprüft, ob ein empirischer Zusammenhang zwischen den Teilnutzenbewertungen der Attribute luftfrachtaffiner Transportleistungen und dem Preis in den einzelnen Clustern existiert. Die Tabelle 9 verdeutlicht, daß sich die identifizierten Cluster nicht weiter durch preisinduzierte Produktpräferenzänderungen charakterisieren lassen. Die Homogenität der einzelnen Cluster bezüglich des prozentualen Preisunterschieds, ab dem die Probanden zu den luftfrachtaffinen Transportleistungsangeboten an den Stellen zwei und drei in ihrer Präferenzrangfolge wechseln würden, ist uneinheitlich. Die Spannweite der F-Werte erstreckt sich von 0,56 bis 2,78. Im Vergleich zur Erhebungsgesamtheit weichen die preisinduzierten Produktpräferenzänderungen, vor allem der beiden größten Segmente, nur geringfügig ab (vgl. hierzu die T-Werte in Tab. 9).

	Cluster 1 28 Probanden	*Cluster 2* 25 Probanden	*Cluster 3* 6 Probanden	*Cluster 4* 6 Probanden	*Cluster 5* 4 Probanden
Δ_{12} in % *)	12,07	15,68	13,33	18,33	23,00
T-Wert	- 0,23	+0,09	- 0,12	+0,33	+0,75
F-Wert	0,56	1,21	0,95	1,19	2,78
Δ_{23} in % *)	14,79	13,84	21,67	11,67	11,25
T-Wert	+0,02	- 0,05	+ 0,51	- 0,21	- 0,24
F-Wert	1,20	1,08	0,65	0,65	0,37

Legende:
*) Δij gibt den Prozentanteil in DM/kg des Leistungsangebotes i an, den das Leistungsangebot j im Durchschnitt weniger kosten muß, damit dieses präferiert wird. i = 1, 2; j = 2, 3.

Tab. 9: Preisinduzierte Präferenzänderungen der Nachfragersegmente (Stufe I)

Zusammenfassend ergäben sich für einen Luftfrachtanbieter, der die gegebene Erhebungsgesamtheit als die Nachfrager seines Marktsuchraums ansieht, aus der durchgeführten Nutzensegmentierung folgende wesentlichen Erkenntnisse für eine Marktabgrenzung:

- Die Probanden der Erhebungsgesamtheit können über ihre Teilnutzenbewertungen der Attribute von luftfrachtaffinen Transportleistungen in homogene Nutzensegmente eingeteilt werden. Damit steht eine empirisch gestützte und im Zeitablauf relativ konstant bleibende Informationsgrundlage zur Verfügung, um zu entscheiden, welche Nachfragergruppen bedient werden sollen und mit welchem Marketing-Mix dies geschehen soll.
- Es existiert zwischen den Teilnutzenbewertungen der Produktattribute durch die einzelnen Nachfragersegmente und den betrachteten Ersatzkriterien bzw. dem Preis kein empirischer Zusammenhang. Dies bedeutet, daß nur die durchgeführte Nutzensegmentierung dazu in der Lage ist, die richtigen Nachfragersegmente zu ermitteln.

Nachdem in diesem Abschnitt die Nutzenbewertungen luftfrachtaffiner Transportleistungen analysiert worden sind, werden im folgenden die Nutzenbewertungen von Luftfrachtleistungen durch die Probanden untersucht und den Ergebnissen dieses Abschnitts gegenübergestellt.

5.3.2 Ergebnisse der Stufe II

Die Ergebnisdarstellung der Stufe II untergliedert sich in die Analyse der Produktnutzenbewertung durch die Erhebungsgesamtheit und in die Analyse der Produktnutzenbewertungen durch die identifizierten Nachfragersegmente.

5.3.2.1 Produktnutzenbewertung durch die Erhebungsgesamtheit

Im folgenden werden die Teilnutzenbewertungen der Luftfrachtleistungsmerkmale durch die Erhebungsgesamtheit und die Bedeutung des Preises für die Präferenz einer Luftfrachtleistung analysiert. Wie in Stufe I dienen die Analyseergebnisse als Bezug, um anschließend die Ergebnisse der Produktnutzenbewertungen durch die identifizierten Nachfragersegmente vergleichen zu können.

Relativer Teilnutzen der Produktmerkmale

Zur Analyse des Teilnutzens, den die Luftfrachtleistungsmerkmale für die Erhebungsgesamtheit stiften, wurde wie in Stufe I der aggregierte relative Teilnutzenwert, der relative Teilnutzen-Mittelwert, die Varianz des relativen Teilnutzen-Mittelwertes sowie der kleinste und größte relative Teilnutzenwert der Individualanalysen für jedes Produktmerkmal bestimmt (vgl. Tab. 10).

In den Erhebungsdesigns der Stufen I und II stimmen sechs der sieben Produktmerkmale und elf der vierzehn Produktattribute überein.[397] Beim Vergleich der beiden Stufen fällt auf, daß die Unterschiede der aggregierten relativen Teilnutzenbewertungen der sechs übereinstimmenden Merkmale sehr gering sind. Die größte Abweichung zwischen den aggregierten relativen Teilnutzenbewertungen beider Stufen tritt bei dem Merkmal "Termingarantie" auf und beträgt lediglich 2,92 Prozentpunkte. Wie in Stufe I stiften in der Erhebungsgesamtheit die Merkmale "Zuverlässigkeitsgarantie" und "Termingarantie" den mit Abstand größten aggregierten relativen Teilnutzen. Die aggregierten relativen Teilnutzenwerte betragen 34,58% und 33,87%. Diese Prozentwerte sind um 3,56 Prozentpunkte bzw. um 5,10 Prozentpunkte höher als die entsprechenden relativen Teilnutzen-Mittelwerte der Einzelanalysen.[398]

---

397 Vgl. zur Wahl der Produktmerkmale und -attribute für die Stufen I und II die Abschnitte 5.2.2.1 und 5.2.2.2.

398 Das Zustandekommen der höheren aggregierten relativen Teilnutzenwerte begründet sich wie in Stufe I. Vgl. hierzu den Abschnitt 5.3.1.1.

Merkmale	Erhebungs-gesamtheit Aggregierter relativer Teilnutzenwert	Einzelanalysen Relativer Teilnutzen-Mittelwert	Höchster relativer Teilnutzenwert	Niedrigster relativer Teilnutzenwert	Varianz
Zuverlässigkeitsgarantie	34,58%	31,02%	57,14%	0,00%	280,27
Termingarantie	33,87%	28,77%	57,14%	0,00%	153,91
Informationen zum Sendungsstatus	13,29%	12,38%	57,14%	0,00%	131,11
Flexibilität für Sonderanforderungen	7,00%	8,47%	33,33%	0,00%	61,99
Anlieferungs- und Abholmodalitäten	6,69%	8,78%	57,14%	0,00%	126,89
Luftfrachttransport-management	2,84%	5,82%	27,78%	0,00%	35,10
Palette der Dienst-leistungsangebote	1,72%	4,75%	44,44%	0,00%	68,75

Tab. 10: Relative Teilnutzenbewertung der Produktmerkmale durch die Erhebungsgesamtheit (Stufe II)

Die Ergebnisse in Tabelle 10 verdeutlichen, daß einzelne Probanden der Erhebungsgesamtheit wie in Stufe I den relativen Teilnutzen der einzelnen Merkmale zum Teil sehr unterschiedlich gewichten. So beträgt die Spannweite zwischen der höchsten und der niedrigsten relativen Teilnutzenbewertung in den Einzelanalysen - je nach betrachtetem Merkmal - zwischen 27,78 und 57,14 Prozentpunkten. Auch sind die Varianzen der relativen Teilnutzen-Mittelwerte der Merkmale "Zuverlässigkeitsgarantie", "Termingarantie" und "Informationen zum Sendungsstatus" im Vergleich zu den anderen Merkmalen hoch, was ebenfalls eine geringe Homogenität der Probanden in bezug auf die relativen Teilnutzenbewertungen dieser Produktmerkmale signalisiert.

Bedeutung des Preises für die Produktpräferenz

Der Preis einer Luftfrachtleistung ist für die Erhebungsgesamtheit nur von untergeordneter Bedeutung. Wie in der Stufe I können die Probanden im Durchschnitt nur durch relativ hohe Preisabschläge dazu bewegt werden, einen preisinduzierten Präferenzwechsel vorzunehmen. Die Probanden würden statt ihres präferierten Angebotsprofils, das Angebotsprofil auf Rang zwei (drei) ihrer Präferenzrangfolge bevorzugen, wenn dieses 15,38% (26,82%) weniger kosten würde als das bisher präferierte Angebotsprofil. Die Mittelwertunterschiede zwischen den Bewertungen der Stufen I und II betragen lediglich 0,71 bzw. 0,28 Prozentpunkte.

Nachdem die Conjoint-Schätzungen für die Erhebungsgesamtheit untersucht worden sind, wird im folgenden gezeigt, daß sich Probandengruppen identifizieren lassen, die eine größere

Homogenität als die Erhebungsgesamtheit bezüglich der Nutzenbewertung von Luftfrachtleistungsmerkmalen aufweisen.

5.3.2.2 Produktnutzenbewertungen durch die Nachfragersegmente

Wie in Stufe I wurden auch in der Stufe II die Z-transformierten Teilnutzenwerte der Attribute "Zuverlässigkeitsgarantie wird geboten", "Termingarantie wird geboten", "Informationen zum Sendungsstatus werden geboten", "Door-to-Door-Beförderung wird geboten" und "Flexibilität für Sonderanforderungen wird geboten" als Segmentierungsvariablen verwendet. Attribute der Merkmale "Luftfrachttransportmanagement" und "Palette der Dienstleistungsangebote" werden als Klassifikationsvariablen nicht berücksichtigt.[399]

Relativer Teilnutzen der Produktmerkmale

Die Segmentierung der Probanden durch die Klassifikationsvariablen ergab, daß sich die Erhebungsgesamtheit in bezug auf die Nutzenbewertung von Luftfrachtleistungen in fünf Cluster unterteilt. Die Anzahl der identifizierten Cluster stimmen somit in den Stufen I und II überein. Die Tabelle 11 zeigt die aggregierten relativen Teilnutzenbewertungen der Merkmale in den einzelnen Clustern. Die Tabelle verdeutlicht, daß in den *Clustern 1* bis *4* jeweils zwei Merkmale zusammen einen aggregierten relativen Teilnutzenwert von über 60% aufweisen. Die Strukturen der aggregierten relativen Teilnutzenbewertungen in den einzelnen Clustern stimmen dabei mit den Cluster-Bewertungsstrukturen der Stufe I in hohem Maße überein. Wie in Stufe I existieren zwei Cluster, denen der überwiegende Teil der Probanden zugeordnet ist. Ebenfalls stiftet wie in Stufe I jeweils ein Merkmal in den *Clustern 1* bis *4* einen besonders hohen aggregierten relativen Teilnutzen. Die Spannweite der Bewertungen reicht dabei von 51,18% in *Cluster 1* bis 44,74% in *Cluster 4*. Lediglich im *Cluster 5* wird das nutzenstiftendste Merkmal "nur" mit einem aggregierten relativen Teilnutzen von 28,57% bewertet.

---

399 Die Nichtberücksichtigung von Attributen dieser beiden Merkmale zur Gruppierung der Probanden begründet sich wie in Stufe I. Vgl. hierzu den Abschnitt 5.3.1.2.

Merkmale	*Cluster 1* 31 Probanden	*Cluster 2* 21 Probanden	*Cluster 3* 10 Probanden	*Cluster 4* 5 Probanden	*Cluster 5* 2 Probanden
Zuverlässigkeitsgarantie	51,18%	25,32%	23,24%	9,21%	11,90%
Termingarantie	33,02%	47,12%	21,13%	15,79%	11,90%
Informationen zum Sendungsstatus	8,96%	9,62%	40,14%	1,32%	16,67%
Flexibilität für Sonderanforderungen	5,90%	0,32%	1,41%	44,74%	14,29%
Anlieferungs- und Abholmodalitäten	0,47%	11,86%	11,97%	6,58%	28,57%
Luftfrachttransport-management	0,24%	4,49%	1,41%	5,26%	16,67%
Palette der Dienst-leistungsangebote	0,24%	1,28%	0,70%	17,11%	0,00%

Tab. 11: Die aggregierten relativen Teilnutzenbewertungen der Produktmerkmale in den identifizierten Clustern (Stufe II)

Homogenität der Nutzensegmente

Um aus den Ergebnissen der Tabelle 11 Erkenntnisse für die Marktabgrenzung von Luftfrachtanbietern ableiten zu können, wird im folgenden die Homogenität der identifizierten Cluster untersucht. Die Homogenitätsanalyse der einzelnen Cluster erfolgt wie in Stufe I durch die Kennzahlen aggregierter relativer Teilnutzen, relativer Teilnutzen-Mittelwert, F-Wert und T-Wert. Dabei werden die Cluster - wie in Tabelle 11 - mit den Gruppierungsnamen *Cluster 1* bis *Cluster 5* bezeichnet.

- *Cluster 1*

31 (45%) der 69 befragten Probanden befinden sich im größten der fünf Cluster. Das Cluster ist in bezug auf die gewählten Klassifikationsvariablen homogen, alle F-Werte sind kleiner als 0,73 (vgl. zu den Cluster-Kennzahlen Anhang 4.1).
Für die Probanden dieses Clusters ist die Zuverlässigkeitsgarantie wichtigstes Merkmal bei der Wahl einer Luftfrachtleistung. Der aggregierte relative Teilnutzenwert des Merkmals "Zuverlässigkeitsgarantie" beträgt 51,18%. Die Klassifikationsvariable "Zuverlässigkeitsgarantie wird geboten" (F-Wert: 0,29) hat im Vergleich zu den anderen Klassifikationsvariablen den höchsten Homogenitätsgrad. Dadurch wird das Merkmal "Zuverlässigkeitsgarantie" bei der Conjoint-Schätzung für das *Cluster 1* im Vergleich zu den anderen Merkmalen stärker gewichtet, wodurch der aggregierte relative Teilnutzenwert dieses Merkmals um 6,73 Prozentpunkte höher ist als der relative Teilnutzen-Mittelwert.

Außer dem Merkmal "Zuverlässigkeitsgarantie" stiftet noch das Merkmal "Termingarantie" mit 33,02% einen hohen aggregierten relativen Teilnutzen in diesem Cluster. Die T-Werte der einzelnen Klassifikationsvariablen verdeutlichen, daß in diesem Cluster nur die Klassifikationsvariable "Zuverlässigkeitsgarantie wird geboten" überrepräsentiert ist (T-Wert: +0,75), alle anderen Klassifikationsvariablen sind unterrepräsentiert.

- *Cluster 2*

21 (30%) Probanden der Erhebungsgesamtheit gehören zu diesem Cluster. Das Cluster ist homogen, alle F-Werte der Klassifikationsvariablen sind kleiner als 0,63 (vgl. zu den Cluster-Kennzahlen Anhang 4.2). Das Attribut "Termingarantie wird geboten" besitzt unter allen Klassifikationsvariablen den höchsten Homogenitätsgrad (F-Wert: 0,28) und ist von den Klassifikationsvariablen am stärksten überrepräsentiert (T-Wert: +0,96).
In diesem Cluster stiftet eine gebotene Termingarantie den größten relativen Teilnutzen bei der Beurteilung von Luftfrachtleistungsangeboten. Der aggregierte relative Teilnutzenwert des Merkmals "Termingarantie" beträgt 47,12%. Neben der Termingarantie stiftet noch das Merkmal "Zuverlässigkeitsgarantie" mit einem aggregierten relativen Teilnutzenwert von 25,32% einen beachtenswerten relativen Teilnutzen für die Probanden. Der T-Wert der Klassifikationsvariablen "Zuverlässigkeitsgarantie wird geboten" in Höhe von -0,43 verdeutlicht jedoch, daß der relative Teilnutzen einer gebotenen Zuverlässigkeitsgarantie in diesem Cluster geringer ist als in der Erhebungsgesamtheit.

- *Cluster 3*

10 (14%) der befragten Probanden bilden das *Cluster 3*. Alle Klassifikationsvariablen dieses Clusters sind homogen, alle F-Werte sind kleiner als 0,96 (vgl. zu den Cluster-Kennzahlen Anhang 4.3). Die Klassifikationsvariable "Informationen zum Sendungsstatus werden geboten" ist im Vergleich zur Erhebungsgesamtheit als einzige stark überrepräsentiert (T-Wert: +1,79).
Für die Probanden dieses Clusters bedeutet die Möglichkeit, Informationen zum Sendungsstatus einer Luftfrachtsendung zu erhalten, das mit Abstand am höchsten bewertete Nutzenmerkmal bei der Wahl einer Luftfrachtleistung. Der aggregierte relative Teilnutzenwert des Merkmals "Informationen zum Sendungsstatus" beträgt 40,14%. Daneben stiften noch die Merkmale "Zuverlässigkeitsgarantie" und "Termingarantie" mit aggregierten relativen Teilnutzenwerten von 23,24% und 21,83% einen beachtenswerten relativen Teilnutzen für die Probanden des Clusters. Die T-Werte der zugehörigen Klassifikationsvariablen (-0,60 und -0,82) verdeutlichen jedoch, daß die Bedeutung einer gebotenen Zuverlässigkeits- oder Termingarantie für dieses Cluster deutlich geringer ist als für die Erhebungsgesamtheit.

- *Cluster 4*

5 (7%) der Erhebungsgesamtheit bilden das *Cluster 4*. Bis auf den F-Wert der Klassifikationsvariablen "Termingarantie wird geboten" (F-Wert: 1,45) sind alle F-Werte der anderen Klassifikationsvariablen kleiner als 0,84 (vgl. zu den Cluster-Kennzahlen Anhang 4.4). Das Cluster kann trotzdem als homogen bezeichnet werden, da im Vergleich zur Erhebungsgesamtheit der relative Teilnutzen des Attributs "Termingarantie wird geboten" stark unterrepräsentiert ist (T-Wert: -1,09).
Für die Probanden dieses Clusters stiftet bei der Nutzenbewertung von Luftfrachtleistungsangeboten eine gebotene Door-to-Door-Beförderung den größten relativen Teilnutzen. Der aggregierte relative Teilnutzenwert des Merkmals "Door-to-Door-Beförderung" beträgt für die Probanden des Clusters 44,74%. Außer dem Attribut "Door-to-Door-Beförderung wird geboten" (T-Wert: +2,72) ist in diesem Cluster keine weitere Klassifikationsvariable überrepräsentiert.

- *Cluster 5*

2 (3%) der befragten Probanden bilden das *Cluster 5*. Das Cluster ist in bezug auf die fünf Klassifikationsvariablen homogen, alle F-Werte sind kleiner als 0,12 (vgl. zu den Cluster-Kennzahlen Anhang 4.5).
Für die beiden Probanden des *Clusters 5* stiftet eine gebotene Flexibilität für Sonderanforderungen den größten relativen Teilnutzen bei der Wahl einer Luftfrachtleistung. Der aggregierte relative Teilnutzenwert des Merkmals "Flexibilität für Sonderanforderungen" beträgt 28,57%. Im Vergleich zur Erhebungsgesamtheit ist lediglich die Klassifikationsvariable "Flexibilität für Sonderanforderungen wird geboten" stark überrepräsentiert (T-Wert: +2,57). Die anderen vier Klassifikationsvariablen werden alle ähnlich bewertet. Die aggregierten relativen Teilnutzenwerte dieser Variablen liegen zwischen 11,90% und 16,67%.

Die durchgeführten Segmentanalysen verdeutlichen zum einen, daß die einzelnen identifizierten Nutzensegmente homogen sind. Lediglich in *Cluster 4* ist eine Klassifikationsvariable inhomogen.
Zum anderen zeigt der Vergleich zwischen den fünf Clustern, daß diese in bezug auf die Nutzenbewertung von Luftfrachtleistungen einen deutlichen Unterschied aufweisen. In jedem der fünf Cluster stiftet jeweils eine andere Klassifikationsvariable einen sehr hohen aggregierten relativen Teilnutzen. Die aggregierten relativen Teilnutzenwerte dieser Klassifikationsvariablen schwanken dabei zwischen 28,57% bei der Variablen "Flexibilität für Sonderanforderungen wird geboten" in *Cluster 5* und 51,12% bei der Variablen "Zuverlässigkeitsgarantie wird geboten" in *Cluster 1*. Die T-Werte dieser fünf betrachteten Klassifikationsvariablen liegen zwischen +0,75 und +2,72. Dies bedeutet, daß die

aggregierten relativen Teilnutzenwerte dieser Klassifikationsvariablen im Vergleich zur Erhebungsgesamtheit deutlich höher sind. Da außerdem bis auf das *Cluster 5*, in dem lediglich zwei Probanden sind, alle bisher nicht betrachteten Klassifikationsvariablen entweder unterrepräsentiert oder nur leicht überrepräsentiert sind (Spannweite der T-Werte: -1,29 bis +0,39; vgl. zu den Cluster-Kennzahlen die Anhänge 4.1-4.5), darf auf der Grundlage des verwendeten Homogenitätskriteriums T-Wert gefolgert werden, daß zwischen den betrachteten fünf Clustern in bezug auf die Nutzenbewertung von Luftfrachtleistungen ein hohes Maß an Heterogenität besteht.

5.3.2.3 Erkenntnisse der Nutzensegmentierung für die Marktabgrenzung von Luftfrachtanbietern

Wie in der Stufe I zeigt auch die Nutzensegmentierung dieser Stufe Luftfrachtanbietern auf, daß entlang den beiden Marktdimensionen "Kundenfunktionen" und "Kundengruppen" im Marktabgrenzungsmodell von *Abell* durch den Erklärungsfaktor des Produktnutzens sinnvoll Ausprägungen festgelegt werden können. Die Abbildung 26 visualisiert die Ausprägungen der Marktdimensionen "Kundenfunktionen" und "Kundengruppen". Die Ausprägungen der Marktdimension "Kundenfunktionen" bilden dabei die gewählten Klassifikationsvariablen und die Ausprägungen der Marktdimension "Kundengruppen" stellen die fünf identifizierten Nutzensegmente dar. Die in Abbildung 26 angegebenen T-Werte verdeutlichen, daß lediglich die Teilnutzenbewertungen der Luftfrachtleistungsattribute in der "Hauptdiagonalen" deutlich überrepräsentiert sind (Ausnahme: *Cluster 5*).

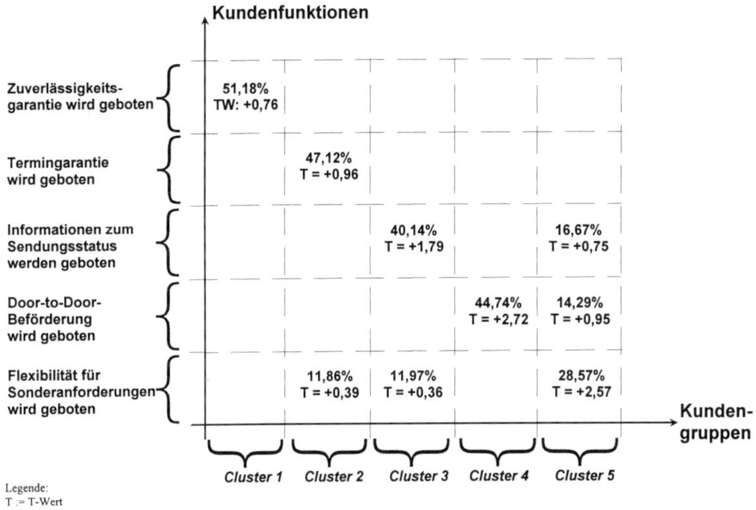

Abb. 26: Festlegung von Ausprägungen in den Marktdimensionen "Kundenfunktionen" und "Kundengruppen" auf der Grundlage der Ergebnisse der Nutzensegmentierung (Stufe II)

Ein Vergleich der Strukturen der in den Stufen I und II identifizierten Nutzensegmente läßt einen hohen Grad an Übereinstimmung erkennen. Zu jedem Cluster aus Stufe I existiert ein Cluster aus Stufe II, das von der Probandenzahl ähnlich groß ist und das eine ähnliche Nutzenbewertungsstruktur der Produktmerkmale aufweist. Sowohl bei der Nutzenbewertung von luftfrachtaffinen Transportleistungen als auch bei der Nutzenbewertung von Luftfrachtleistungen werden jeweils fünf Nachfragersegmente identifiziert, in denen jeweils ein Merkmal einen besonders hohen relativen Teilnutzen stiftet, während die anderen Merkmale in den jeweiligen Nachfragersegmenten einen im Vergleich zur Erhebungsgesamtheit zumeist deutlich niedrigeren relativen Teilnutzen stiften.

Von den 69 Probanden werden 40 Probanden in beiden Stufen Clustern zugeordnet, in denen dieselbe Klassifikationsvariable den höchsten relativen Teilnutzen stiftet. Den zahlenmäßig größten Probandenwechsel gibt es zwischen *Cluster 1* und *Cluster 2*. 10 (5) Probanden, für die in Stufe I das Merkmal "Termingarantie" ("Zuverlässigkeitsgarantie") den höchsten Teilnutzen stiftet, werden in Stufe II dem Cluster zugeordnet, in dem das Merkmal "Zuverlässigkeitsgarantie" ("Termingarantie") den höchsten Teilnutzen stiftet. Dieser "Clusterwechsel" bedeutet, daß für 10 (5) Probanden der Aspekt einer gebotenen Zuverlässigkeitsgarantie (gebotenen Termingarantie) wichtiger wird, wenn sich der

Entscheidungsfindungsprozeß dieser Probanden zur Wahl einer Transportleistung soweit konkretisiert hat, daß sie eine Luftfrachtleistung nachfragen wollen. Insgesamt können aufgrund des hohen Übereinstimmungsgrades der Nutzenbewertung von luftfrachtaffinen Transportleistungen und Luftfrachtleistungen keine Schlußfolgerungen oder Hypothesen in bezug auf eine Abgrenzung von Luftfrachtleistungen gegenüber luftfrachtaffinen Transportleistungen aufgezeigt werden. Die Segmentierungsergebnisse der Stufen I und II stützen vielmehr die Erkenntnis, daß die Nachfrager von Transportleistungen die eingesetzten Potentialfaktoren zur Erstellung des Leistungsergebnisses nicht in die Produktnutzenbewertung mit einbeziehen, sondern nur die Attribute des erwarteten Transportleistungsergebnisses bewerten.

In Analogie zur Stufe I wurde in dieser Stufe auch überprüft, ob ein empirischer Zusammenhang zwischen den Teilnutzenbewertungen der Luftfrachtleistungsattribute und den Ersatzkriterien "Branchenzugehörigkeit", "Umsatz", "Beschäftigtenzahl", "Gesamt-" oder "Luftfrachtaufkommen" der befragten Unternehmen existiert. Signifikante Zusammenhänge konnten auch in dieser Stufe nicht ermittelt werden,

– da sich - wie in Stufe I - in *Cluster 3, Cluster 4* und *Cluster 5* nur sehr wenige Probanden befinden. Zusammen sind in diesen drei Clustern nur 17 der 69 Probanden. Dabei ist jedes dieser Cluster in bezug auf die erfaßten Unternehmensstrukturdaten äußerst heterogen,
– da - wie in Stufe I - die Unternehmensstrukturdaten sowohl von *Cluster 1* als auch von *Cluster 2* nicht beachtenswert von den Unternehmensstrukturdaten der Erhebungsgesamtheit abweichen.

Es wurde auch überprüft, ob ein empirischer Zusammenhang zwischen Teilnutzenbewertungen der Luftfrachtleistungsattribute und preisinduzierten Produktpräferenzänderungen in den einzelnen Nachfragersegmenten existieren. Die Tabelle 12 verdeutlicht, daß sich die identifizierten Cluster nicht weiter durch preisinduzierte Produktpräferenzänderungen beschreiben lassen. Die Homogenität der einzelnen Cluster bezüglich des prozentualen Preisunterschieds, ab dem die Probanden zu den Luftfrachtleistungen an den Stellen zwei und drei in ihrer Präferenzrangfolge wechseln würden, ist uneinheitlich. Die Spannweite der F-Werte erstreckt sich von 0,39 bis 1,39. Im Vergleich zur Erhebungsgesamtheit weichen die preisinduzierten Produktpräferenzänderungen der Probanden in den einzelnen Clustern nur geringfügig ab (vgl. hierzu die T-Werte in Tab. 12).

	Cluster 1 31 Probanden	*Cluster 2* 21 Probanden	*Cluster 3* 10 Probanden	*Cluster 4* 5 Probanden	*Cluster 5* 2 Probanden
Δ_{12} in % *)	15,32	16,57	15,00	16,00	15,00
T-Wert	±0,00	+0,11	- 0,03	+0,06	- 0,03
F-Wert	1,01	1,35	0,91	0,92	0,39
Δ_{23} in % *)	11,06	15,48	9,50	11,00	10,00
T-Wert	- 0,21	+0,16	- 0,34	- 0,21	- 0,29
F-Wert	1,13	1,20	0,29	0,38	1,39

*) Δij gibt den Prozentanteil in DM/kg des Leistungsangebotes i an, den das Leistungsangebot j im Durchschnitt weniger kosten muß, damit dieses präferiert wird. i = 1, 2; j = 2, 3.

Tab. 12: Preisinduzierte Präferenzänderungen der Nachfragersegmente (Stufe II)

Auf der Grundlage der befragten Erhebungsgesamtheit lassen sich die wesentlichen Erkenntnisse der durchgeführten Nutzensegmentierung in bezug auf eine Marktabgrenzung von Luftfrachtanbietern wie folgt zusammenfassen:

– Die Probanden der Erhebungsgesamtheit können über ihre Teilnutzenbewertungen der Luftfrachtleistungsattribute in homogene Nachfragersegmente eingeteilt werden.

– Wie in Stufe I wird durch die vorgenommene Nutzensegmentierung eine im Zeitablauf relativ konstant bleibende Informationsgrundlage geschaffen, um zu entscheiden, welche Nachfragergruppen bedient werden sollen. Dabei bieten die Klassifikationsvariablen einen Ansatzpunkt für die Entscheidung, mit welchem Marketing-Mix der bediente Markt bearbeitet werden sollte.

– Die Nutzenbewertungsstrukturen der identifizierten Nachfragergruppen sind denen aus der Stufe I ähnlich. Daher ist eine Abgrenzung der Luftfrachtleistungen gegenüber luftfrachtaffinen Transportleistungen auf der Grundlage der Teilnutzenbewertungen der Produktmerkmale durch die Probanden nicht möglich.

– Analog zur Stufe I existiert zwischen den Teilnutzenbewertungen der Luftfrachtleistungsattribute durch die einzelnen Nachfragersegmente und Ersatzkriterien bzw. dem Preis kein empirischer Zusammenhang. Dies bedeutet, daß für die gegebene Erhebungsgesamtheit nur die durchgeführte Nutzensegmentierung in der Lage ist, sinnvolle Nachfragersegmente zu ermitteln.

5.5.3 Ergebnisse der Simulationsanalysen in Stufe III

Nachdem durch die Stufen I und II dargestellt wurde, wie Luftfrachtanbieter die Nachfrager von Luftfrachtleistungen über die Teilnutzenbewertungen von Produktattributen segmentieren können, werden nun produktpolitische Maßnahmen von Luftfrachtanbietern und die sich daraus ergebenden Produktpräferenzänderungen bei den befragten Luftfrachtnachfragern simuliert. Damit wird das Ziel verfolgt, Implikationen für die Gestaltung der Marketing-Mix-Programme von Luftfrachtanbietern abzuleiten. Dazu werden durch verschiedene Simulationsexperimente folgende Fragestellungen untersucht:

(1) Wie reagieren die Probanden der Erhebungsgesamtheit auf Produktverbesserungen von Luftfrachtanbietern? In welchem Umfang ändern die Luftfrachtnachfrager ihre bisherige Produktpräferenz?

(2) Existieren in der Erhebungsgesamtheit Nachfragergruppen, die besonders sensitiv auf bestimmte Produktverbesserungen reagieren?

(3) Existieren in der Erhebungsgesamtheit Luftfrachtnachfrager, für die der Markenname einen besonders hohen relativen Teilnutzen stiftet? In welchem Maß beeinflußt der Markenname die Produktpräferenz bei diesen Nachfragern?

Im folgenden wird zuerst die Fragestellung (1) untersucht.

5.3.3.1 Simulation von Produktnutzenbewertungen in der Erhebungsgesamtheit

Um Produktnutzenbewertungen in der Erhebungsgesamtheit zu simulieren, werden die Teilnutzenschätzungen der Produktattribute, die durch das Conjoint-Erhebungsdesign der Stufe III erhoben und durch die Gleichung (1) aus Abschnitt 5.1.1.2.3 berechnet wurden, als grundlegende Simulations-Inputdaten verwendet. Damit die mit diesen Inputdaten erzeugten Simulationsergebnisse interpretiert werden können, wird zunächst als Interpretationsgrundlage die Analyse der Produktnutzenbewertung durch die Erhebungsgesamtheit in Stufe III dargestellt.

5.3.3.1.1 Produktnutzenbewertung des Conjoint-Erhebungsdesigns durch die Erhebungsgesamtheit

Die Probanden haben in der Stufe III die Angebotsprofile des Erhebungsdesigns vor dem Hintergrund bewertet, daß sie 100 kg Normalfracht über den Flughafen Frankfurt in die Nähe von New York transportieren wollen. Zur Analyse des relativen Teilnutzens, den die Produktmerkmale des Erhebungsdesigns dieser Stufe für die Erhebungsgesamtheit stiften, wurde wie auf den Stufen I und II der aggregierte relative Teilnutzenwert, der relative Teilnutzen-Mittelwert, die Varianz des relativen Teilnutzen-Mittelwertes sowie der kleinste und größte relative Teilnutzenwert der Einzelanalysen für jedes Produktmerkmal bestimmt (vgl. Tab. 13).

Merkmale	Erhebungsgesamtheit	Einzelanalysen			
	Aggregierter relativer Teilnutzenwert	Relativer Teilnutzen-Mittelwert	Höchster relativer Teilnutzenwert	Niedrigster relativer Teilnutzenwert	Varianz
Termingarantie	56,03%	42,89%	75,75%	3,00%	318,85
Informationen zum Sendungsstatus	15,17%	11,82%	50,00%	0,00%	131,88
Anlieferungs- und Abholmodalitäten	13,10%	12,28%	49,37%	0,53%	142,74
Verpackung des Transportguts	6,94%	7,52%	56,33%	0,00%	163,38
Bei Nichteinhaltung von Zusagen · Geld-zurück-Garantie	4,57%	4,61%	21,58%	0,00%	19,38
Markenname	4,20%	20,87%	71,86%	1,20%	416,91

Tab. 13: Relative Teilnutzenbewertung der Produktmerkmale durch die Erhebungsgesamtheit (Stufe III)

Die Tabelle 13 zeigt, daß in der Erhebungsgesamtheit das Merkmal "Termingarantie" den größten relativen Teilnutzen bei der Nutzenbewertung der Angebotsprofile aus Stufe III stiftet. Der aggregierte relative Teilnutzenwert beträgt 56,03%. Es fällt weiter auf, daß der Zuverlässigkeitsaspekt einer gebotenen Geld-zurück-Garantie nur einen geringen relativen Teilnutzen stiftet. Sowohl der aggregierte relative Teilnutzenwert als auch der relative Teilnutzen-Mittelwert liegen unter 5%. Dieses Ergebnis überrascht, da in den Stufen I und II das Merkmal "Zuverlässigkeitsgarantie" den höchsten relativen Teilnutzen in der Erhebungsgesamtheit stiftete. Weiter ist an den Ergebnissen der Tabelle 13 die hohe Bewertungsdifferenz zwischen dem aggregierten relativen Teilnutzenwert und dem relativen Teilnutzen-Mittelwert beim Merkmal "Markenname" beachtenswert. Dieser Bewertungsunterschied kommt zustande, weil nur bei der Aggregation der Einzelanalysen berücksichtigt wird, daß in der Erhebungsgesamtheit Nachfragergruppen existieren, bei denen jeder der vier Markennamen (*Lufthansa*, *Schenker*, *Kühne & Nagel*, *Federal Express*) einen hohen Teilnutzen stiftet. Bei der aggregierten Schätzung der relativen Teilnutzenwerte wird der Sachverhalt, daß unterschiedliche Markennamen einen hohen relativen Teilnutzen stiften, "kompensiert", so daß ein aggregierter relativer Teilnutzenwert "nahe Null" ermittelt wird. Die hohen Differenzen zwischen den Varianzen der Teilnutzen-Mittelwerte und die hohen Differenzen zwischen der höchsten und der niedrigsten relativen Teilnutzenbewertung je

Merkmal in den Einzelanalysen lassen zudem auf eine geringe Homogenität der Erhebungsgesamtheit in bezug auf die relativen Teilnutzenbewertungen der Produktmerkmale schließen.

Wie in den vorherigen Stufen übt der Preis auch in dieser Stufe nur einen relativ geringen Einfluß auf die Produktpräferenz der Probanden aus. Die Probanden würden im Durchschnitt statt des präferierten Angebotsprofils, das Angebotsprofil auf Rang zwei (drei) ihrer Präferenzrangfolge bevorzugen, wenn dieses 9,13% (18,55%) weniger kosten würde als das bisher präferierte Angebotsprofil. Wird unterstellt, daß die Probanden für die Luftfrachtbeförderung der 100 kg Normalfracht von Frankfurt nach New York den *IATA*-Tarif von 4,32 DM/kg zahlen würden,[400] so würden die Probanden im Durchschnitt erst dann das Leistungsangebot präferieren, das in ihrer Präferenzrangfolge den Rang zwei (drei) einnimmt, wenn dieses 0,39 DM/kg (0,80 DM/kg) weniger kosten würde als das bisher präferierte Leistungsangebot.

Nachdem die Produktnutzenbewertung durch die Erhebungsgesamtheit analysiert worden ist, wird im folgenden der Simulationsbegriff erklärt und der Aufbau der durchgeführten Simulationsexperimente beschrieben.

5.3.3.1.2 Beschreibung des Aufbaus der durchgeführten Simulationsexperimente

Unter einer Simulation wird ein numerisches Verfahren verstanden, um Experimente durchführen zu können, die das Verhalten eines realen Systems im Zeitablauf beschreiben. Dabei werden zur Beschreibung mathematische und logische Modelle verwendet.[401]

Das Instrument der Simulation wird hier eingesetzt, um Produktnutzenvergleiche von Luftfrachtnachfragern zu beschreiben. Für die Durchführung der Simulationsexperimente wurde unterstellt, daß Luftfrachtnachfrager die Teilnutzenbewertungen der Attribute einer Luftfrachtleistung additiv zu einem Gesamtnutzenwert verknüpfen.[402] Als feste Eingangsgrößen der Simulationsexperimente fungieren die Teilnutzenschätzungen der Produktattribute, die durch das Conjoint-Erhebungsdesign der Stufe III erhoben und durch die Gleichung (1) aus Abschnitt 5.1.1.2.3 geschätzt wurden. Eine weitere feste Eingangsgröße ist das Angebotsprofil der Abbildung 27, das im weiteren Standardleistung genannt wird.

---

400 Vgl. Air Canada 1992, S. 145.

401 Vgl. Biethan 1987, S. 81; Tempelmeier 1994, S. 300.

402 Vgl. hierzu den Abschnitt 5.1.1.2.3.

Merkmale	Attribute
Termingarantie	48h
Informationen zum Sendungsstatus	Informationen zum Sendungs-status werden nicht geboten
Anlieferungs- und Abholmodalitäten	Door-to-Airport-Beförderung wird geboten
Verpackung des Transportguts	Verpackung des Transportguts erfolgt durch den Verlader
Bei Nichteinhaltung von Zusagen - Geld-zurück-Garantie	Es wird keine Geld-zurück-Garantie geboten

Abb. 27: Produktmerkmale und -attribute der Standardleistung

Das Angebotsprofil der Abbildung 27 wurde als feste Eingangsgröße für die Simulationsexperimente verwendet,

- da es ein typisches Luftfrachtleistungsangebot repräsentiert, das auf der Relation Frankfurt - New York angeboten wird und
- da es ein breites Analysespektrum zur Verfügung stellt, um bei den Probanden Produktpräferenzänderungen simulieren zu können.

Bieten alle vier Luftfrachtanbieter des Conjoint-Erhebungsdesigns der Stufe III die Standardleistung an, so wird diese Umweltbedingung im weiteren Standardsituation genannt. In der Standardsituation präferieren von den 69 Probanden der Erhebungsgesamtheit

- 12 das Leistungsangebot von *Lufthansa*,
- 22 das Leistungsangebot von *Schenker*,
- 13 das Leistungsangebot von *Kühne & Nagel* und
- 22 das Leistungsangebot von *Federal Express.*

Ausgehend von der Standardsituation wurde durch die Simulationsexperimente untersucht, wie sich die Produktpräferenzen der 69 Probanden verändern, falls

- genau ein Luftfrachtanbieter statt der Standardleistung ein Produkt offeriert, das gegenüber der Standardleistung in genau einem Produktattribut verbessert wurde (Szenario 1),
- genau ein Luftfrachtanbieter die Standardleistung anbietet und die anderen drei Luftfrachtleistungen offerieren, die gegenüber der Standardleistung in genau einem (und zwar demselben) Produktattribut verbessert wurden (Szenario 2).

5.3.3.1.3 Ergebnisse der Simulationsexperimente

Die Tabelle 14 gibt die Simulationsergebnisse für das Szenario 1 wieder. In der ersten Spalte der Tabelle sind die fünf möglichen Leistungsverbesserungen angeführt, die genau einer der vier Luftfrachtanbieter durchführt. Die einzelnen Zeilen der Tabelle 14 sind dabei - wie am Beispiel der Leistungsverbesserung "24h-Termigarantie wird geboten" ausgeführt - folgendermaßen zu interpretieren: Bietet *Lufthansa (Schenker; Kühne & Nagel; Federal Express)* als einziges Unternehmen die Beförderung von Frankfurt nach New York in 24h an, so würden statt bisher 12 (22; 13; 22) Probanden nun 54 (57; 52; 54) Probanden das Leistungsangebot von *Lufthansa (Schenker; Kühne & Nagel; Federal Express)* präferieren. Damit würden im Durchschnitt 54 Probanden dasjenige Leistungsangebot bevorzugen, das als einziges die Beförderung von Frankfurt nach New York in 24h garantiert (vgl. Tab. 14, Sp. 6). Dies bedeutet, durchschnittlich würden 37 Probanden aufgrund der gebotenen 24h-Termingarantie ihre Produktpräferenz ändern (vgl. Tab. 14, Sp. 7).

Die Tabelle 14 zeigt, daß durch ein verbessertes Leistungsangebot im Durchschnitt zwischen 12 und 37 Probanden ihre Produktpräferenz ändern würden, je nachdem, ob die Leistungsverbesserung in einer gebotenen Geld-zurück-Garantie oder einer 24h-Termingarantie bestehen würde. Lediglich durch die Leistungsverbesserung "Verpackung des Transportguts erfolgt durch den Dienstleister" ändert sich die durchschnittliche Produktpräferenz nicht. Dies liegt daran, daß ein für einen Teil der befragten Unternehmen (u.a. für den überwiegenden Teil der Unternehmen aus der Modebranche) die Verpackung des Transportguts so wichtig ist, daß sie im Simulationsmodell zu Leistungsangeboten wechseln, die die Leistungsverbesserung "Verpackung des Transportguts erfolgt durch den Dienstleister" nicht beinhalten.

Leistungsverbesserung gegenüber der **Standardleistung**	Anzahl der 69 Probanden, die das Produkt von *Lufthansa (Schenker, K&N, Fedex)* präferieren, falls dieses Produkt als **einziges** die jeweilige Verbesserung aus Spalte 1 bietet.					
	Lufthansa	***Schenker***	***K&N***	***Fedex***	Mittelwert	Mittlere Veränderung der Probandenzahl
24h-Termingarantie wird geboten *Simulation_01*	54	57	52	54	54	+37
Informationen zum Sendungsstatus werden geboten *Simulation_02*	42	47	43	49	45	+28
Door-to-Door-Beförderung wird geboten *Simulation_03*	42	46	39	40	42	+25
Verpackung des Transportguts erfolgt durch den Dienstleister *Simulation_04*	16	20	15	19	18	+0
Bei Nichteinhaltung von Zusagen · Geld-zurück-Garantie wird geboten *Simulation_05*	27	30	28	33	30	+12
Anmerkung: Der **Mittelwert** und die **mittlere Veränderung der Probandenzahl** sind **ganzzahlige** Rundungen.						

Tab. 14: Alternative Produktverbesserungen gegenüber der Standardleistung und deren Auswirkung auf die Produktpräferenz in der Erhebungsgesamtheit (I)

Die Tabelle 15 zeigt die Simulationsergebnisse für das Szenario 2. Die Tabelle verdeutlicht, daß die Anzahl der Probanden, die das Standardleistungsangebot eines Luftfrachtanbieters präferieren, im Durchschnitt stark sinkt (zwischen 5 und 14 Probanden), falls die anderen drei Anbieter ihr Standardleistungsangebot in einem Produktmerkmal verbessern. Lediglich bei der Leistungsänderung "Verpackung des Transportguts erfolgt durch den Dienstleister" erhöht sich die Anzahl der Probanden, die die Standardleistung präferieren.

Leistungsverbesserung gegenüber der **Standardleistung**	Anzahl der 69 Probanden, die das Produkt von *Lufthansa (Schenker, K&N, Fedex)* präferieren, falls dieses Produkt als **einziges** die jeweilige Verbesserung aus Spalte 1 **nicht** bietet.					
	Lufthansa	***Schenker***	***K&N***	***Fedex***	Mittelwert	Mittlere Veränderung der Probandenzahl
24h-Termingarantie wird geboten *Simulation_06*	5	3	3	3	4	-14
Informationen zum Sendungsstatus werden geboten *Simulation_07*	5	6	4	9	6	-11
Door-to-Door-Beförderung wird geboten *Simulation_08*	9	11	8	7	9	-9
Verpackung des Transportguts erfolgt durch den Dienstleister *Simulation_09*	23	28	23	30	26	+9
Bei Nichteinhaltung von Zusagen · Geld-zurück-Garantie wird geboten *Simulation_10*	9	12	12	18	13	-5

Anmerkung: Der **Mittelwert** und die **mittlere Veränderung der Probandenzahl** sind **ganzzahlige** Rundungen.

Tab.: 15: Alternative Produktverbesserungen gegenüber der Standardleistung und deren Auswirkung auf die Produktpräferenz in der Erhebungsgesamtheit (II)

Zusammenfassend ergeben sich aus den Ergebnissen der Tabellen 14 und 15 folgende Erkenntnisse:

- Offeriert ein Luftfrachtanbieter als erstes Unternehmen eine Leistungsverbesserung im Vergleich zur Standardleistung (Szenario 1), so wird dieses Leistungsangebot auch in starkem Maße von Probanden präferiert, die vorher die Standardleistung eines Konkurrenzanbieters bevorzugten (Ausnahme: die Leistungsverbesserung "Verpackung des Transportguts erfolgt durch den Dienstleister"). Dabei findet ein hoher "Präferenzwechel" auch dann statt, wenn die Leistungsverbesserung bei einem Merkmal wie z.B. "bei Nichteinhaltung von Zusagen · Geld-zurück-Garantie" erfolgt, das nur einen geringen relativen Teilnutzen bei den Luftfrachtnachfragern stiftet (aggregierter relativer Teilnutzenwert: 4,57%).
- Bietet nur noch ein Luftfrachtanbieter die Standardleistung an (Szenario 2), so präferieren nur noch wenige Probanden das Standardleistungsangebot (Ausnahme: die Leistungsverbesserung "Verpackung des Transportguts erfolgt durch den Dienstleister"). Diese Probanden präferieren das Standardleistungsangebot, weil der relative Teilnutzen, den eine Leistungsverbesserung eines Konkurrenzangebotes stiftet, geringer ist als der relative Teilnutzen, den der Markenname des Standardleistungsanbieters stiftet.

– Für die Probanden stiftet nicht jede Erweiterung des Leistungsangebotes einen positiven Teilnutzen. So verdeutlichen die Simulationen, daß ein Großteil der Luftfrachtnachfrager am "Outsourcing" von Verpackungsleistungen kein Interesse hat. So müßte z.B. einem Luftfrachtanbieter, der gezielt beabsichtigt, für die Modebranche Verpackungsleistungen anzubieten, auf Grundlage der Simulationsergebnisse von diesem Vorhaben abgeraten werden. Es stiftet nämlich die Leistungsveränderung "Verpackung des Transportguts erfolgt durch den Dienstleister" für die 13 befragten Unternehmen aus der Modebranche keinen relativen Teilnutzen (acht Unternehmen) oder mit weniger als 2% nur einen geringen relativen Teilnutzen (fünf Unternehmen).

Nachdem in der Erhebungsgesamtheit die Reaktionen der Probanden auf Produktverbesserungen in den Szenarios 1 und 2 simuliert wurde, werden nun die am Anfang des Abschnitts 5.3 gestellten Fragen (2) und (3) beantwortet.

5.3.3.2 Simulation von Produktnutzenbewertungen in den Nachfragersegmenten

Um durch Simulationsexperimente untersuchen zu können, ob Nachfragergruppen existieren, die besonders sensitiv auf Produktverbesserungen reagieren, und ob eine Nachfragergruppe existiert, in der der Markenname im Vergleich zur Erhebungsgesamtheit einen hohen relativen Teilnutzen stiftet, mußte als Voraussetzung eine Nutzensegmentierung der Erhebungsgesamtheit durchgeführt werden. Die Ergebnisse der Nutzensegmentierung werden im folgenden den Ergebnissen der Simulationsexperimente vorangestellt.

5.3.3.2.1 Produktnutzenbewertungen des Conjoint-Erhebungsdesigns durch die Nachfragersegmente

Zur Clusterung der Probanden wurden in dieser Stufe die Z-transformierten Teilnutzenwerte der Attribute "Informationen zum Sendungsstatus werden geboten", "Door-to-Door-Beförderung wird geboten" und "Verpackung des Transportguts erfolgt durch den Verlader" sowie die Z-transformierten relativen Teilnutzenwerte der Merkmale "Markenname" und "Termingarantie" benutzt. Bei den Merkmalen "Markenname" und "Termingarantie" wurden die Merkmale selbst und nicht Attribute dieser Merkmale als Klassifikationsvariablen gewählt, da sonst nur in den ersten Fusionierungsstufen homogene, allerdings von der Probandenzahl sehr kleine Cluster entstehen würden. Die Z-transformierten Teilnutzenwerte der Attribute "Informationen zum Sendungsstatus werden nicht geboten", "Door-to-Airport-Beförderung wird geboten" und "Verpackung des Transportguts erfolgt durch den Dienstleister" sind als Klassifikationsvariablen redundant, Attribute des Merkmals "Geld-zurück-Garantie bei Nichteinhaltung von Zusagen" wurden zur Clusterung nicht herangezogen.[403]

Durch die Nutzensegmentierung wurden fünf Cluster identifiziert. Die Tabelle 16 zeigt die aggregierten relativen Teilnutzenbewertungen der Merkmale in den einzelnen Clustern.

Merkmale	*"Termin"-Cluster* 29 Probanden	*"Markenamen"-Cluster* 16 Probanden	*"Door-to-Door"-Cluster* 11 Probanden	*"Verpackungs"-Cluster* 8 Probanden	*"Sendungs-status"-Cluster* 5 Probanden
Termingarantie	69,28%	51,59%	47,77%	40,12%	23,16%
Informationen zum Sendungsstatus	14,39%	14,38%	8,20%	6,01%	47,66%
Anlieferungs- und Abholmodalitäten	7,24%	13,37%	34,77%	0,09%	9,37%
Verpackung des Transportguts	0,65%	0,22%	1,41%	44,30%	7,76%
Bei Nichteinhaltung von Zusagen · Geld-zurück-Gar.	4,60%	2,82%	3,45%	7,22%	5,09%
Markenname	3,85%	17,63%	4,41%	2,26%	6,96%

Tab. 16: Die aggregierten relativen Teilnutzenbewertungen der Produktmerkmale in den identifizierten Clustern (Stufe III)

Zur detaillierten Analyse der Klassifikationsvariablen sind für die einzelnen Cluster die Kennzahlen aggregierter relativer Teilnutzen und relativer Teilnutzen-Mittelwert, F-Wert und T-Wert bestimmt worden. Aus der Analyse der Kennzahlentableaus der Anhänge 5.1-5.5 ergeben sich folgende Erkenntnisse:

- Die identifizierten Cluster sind in bezug auf die verwendeten Klassifikationsvariablen homogen. Lediglich im *"Verpackungs"-Cluster* ist der F-Wert der Klassifikationsvariablen "Door-to-Door-Beförderung wird geboten" größer als 1.
- In jedem Cluster existiert genau eine Klassifikationsvariable, deren T-Wert deutlich überrepräsentiert ist (Spannweite der T-Werte: +0,90 bis +2,59). So stiftet z.B. bei den Probanden des *"Termin"-Clusters* im Vergleich zu den Teilnutzenbewertungen der Erhebungsgesamtheit nur das Merkmal "Termingarantie" einen deutlich höheren Teilnutzen. Bei den Probanden des *"Markennamen"-Clusters* stiftet im Vergleich zu den Teilnutzenbewertungen der Erhebungsgesamtheit nur das Merkmal "Markenname" einen deutlich höheren Teilnutzen usw..

403 Die Redundanz bzw. die Nichtberücksichtigung der Attribute dieser Merkmale begründet sich wie in Stufe I. Vgl. hierzu den Abschnitt 5.3.1.2.

– Da in jedem der fünf Cluster eine andere Klassifikationsvariable deutlich überrepräsentiert ist und die jeweils komplementären Klassifikationsvariablen entweder unterrepräsentiert oder nur leicht überrepräsentiert sind (Spannweite der T-Werte: -1,01 bis +0,12), bedeutet dies, daß zwischen den betrachteten fünf Clustern in bezug auf die Nutzenbewertung von Luftfrachtleistungen ein hohes Maß an Heterogenität besteht.

– Es fällt auf, daß im *"Markennamen"-Cluster* der aggregierte relative Teilnutzen und der relative Teilnutzen-Mittelwert für die Klassifikationsvariablen "Markenname" und "Termingarantie" jeweils stark voneinander abweichen (siehe Anhang 5.2). Dieser Bewertungsunterschied kommt zustande, weil nur der Teilnutzen-Mittelwert berücksichtigt, daß in diesem Cluster Probanden existieren, bei denen jeder der vier Markennamen (*Lufthansa, Schenker, Kühne & Nagel, Federal Express*) einen hohen Teilnutzen stiftet. Bei der aggregierten Schätzung der relativen Teilnutzenwerte wird der Sachverhalt, daß unterschiedliche Markennamen einen hohen relativen Teilnutzen stiften "kompensiert". Dadurch werden die aggregierten relativen Teilnutzenbewertungen der anderen Klassifikationsvariablen im Vergleich zu den Mittelwerten der Einzelanalysen stärker gewichtet.

Nachdem die identifizierten Nutzensegmente charakterisiert und deren Homogenität herausgestellt worden sind, werden nun die in den einzelnen Segmenten durchgeführten Simulationsexperimente und -ergebnisse dargestellt.

5.3.3.2.2 Aufbau und Ergebnisse der Simulationsexperimente

Ausgangspunkt für die Simulationsexperimente in den Nutzensegmenten bildet das Angebotsprofil der Abbildung 27. Ausgehend von der Standardsituation wurden dann für die einzelnen Cluster untersucht, wie sich im Szenario 1 und im Szenario 2 die Produktpräferenzen der Probanden ändern. Dabei wurde für das *"Markennamen"-Cluster* in den Szenarios 1 und 2 alle alternativen Produktverbesserungen simuliert, während in den anderen Clustern jeweils nur eine Produktverbesserung simuliert wurde und zwar bei dem Merkmal, dessen zugehörige Klassifikationsvariable den höchsten T-Wert aufweist. Mit anderen Worten, im *"Termin"-Cluster* wurden die Szenarios 1 und 2 nur für die Produktverbesserung "24h-Termingarantie wird geboten" simuliert, im *"Sendungsstatus"-Cluster* wurden die Szenarios 1 und 2 nur für die Produktverbesserung "Informationen zum Sendungsstatus werden geboten" simuliert usw..

Die Simulationsergebnisse aus den Nutzensegmenten stimmen in der Tendenz mit den analogen Simulationen in der Erhebungsgesamtheit überein.[404] Führt ein Luftfrachtanbieter in einem betrachteten Nutzencluster zuerst ein verbessertes Leistungsangebot ein, so erzielt

[404] Die Simulationsergebnisse zeigen die Anhänge 6.1-6.4.

dieser hohe "Präferenzzuwächse". Führt hingegen ein Luftfrachtanbieter als einziges Unternehmen eine Leistungsverbesserung nicht ein, dann präferieren die meisten Probanden, die bisher das Standardleistungsangebot dieses Luftfrachtanbieters bevorzugten, ein Konkurrenzangebot.

Auf eine ausführlichere Kommentierung der Simulationsergebnisse wird verzichtet, da für die hier verfolgten Analyseziele ausschließlich die unterschiedlichen Auswirkungen von Produktverbesserungen in der Erhebungsgesamtheit und den identifizierten Nutzensegmenten von Interesse sind.

5.3.3.3 Vergleiche zwischen Erhebungsgesamtheit und einzelnen Nachfragergruppen bezüglich der Auswirkungen von Produktverbesserungen auf die Produktpräferenz

Mit den durchgeführten Simulationsexperimenten ist für die Erhebungsgesamtheit und für einzelne Nachfragergruppen - ausgehend von der Standardsituation - die durchschnittliche Anzahl der Probanden ermittelt worden, die dasjenige Leistungsangebot präferieren, das als einziges Produkt eine bestimmte Leistungsverbesserung anbietet (Szenario 1) bzw. das als einziges Produkt eine bestimmte Leistungsverbesserung nicht anbietet (Szenario 2). Um nun die Auswirkung von Produktverbesserungen auf die Produktpräferenz zwischen der Erhebungsgesamtheit und einzelnen Nachfragergruppen vergleichen zu können, wurden die Prozentanteile der Erhebungsgesamtheit und die Prozentanteile der Nachfragergruppen ermittelt, die in den beiden Szenarios das jeweils untersuchte Produkt präferieren. In den Tabellen 17 und 18 werden die Prozentanteile der Erhebungsgesamtheit den Prozentanteilen unterschiedlicher Nachfragergruppen gegenübergestellt.

Leistungsverbesserung gegenüber der **Standardleistung**	Vergleich: **Erhebungsgesamtheit** vs. **"Markennamen"-Cluster**	
	Szenario 1	**Szenario 2**
24h-Termingarantie wird geboten	*Sim._01 vs. Sim. _19* **(54; 69) vs. (9; 16)** **78% vs. 56%** **22%E**	*Sim. _06 vs. Sim. _24* **(4; 69) vs. (1; 16)** **6% vs. 6%** **0%**
Informationen zum Sendungsstatus werden geboten	*Sim. _02 vs. Sim._20* **(45; 69) vs. (7; 16)** **65% vs. 44%** **21%E**	*Sim. _07 vs. Sim. _25* **(6; 69) vs. (2; 16)** **9% vs. 13%** **4%M**
Door-to-Door-Beförderung wird geboten	*Sim._03 vs. Sim._21* **(42; 69) vs. (7; 16)** **61% vs. 44%** **17%E**	*Sim. _08 vs. Sim. _26* **(9; 69) vs. (2; 16)** **13% vs. 13%** **0%**
Verpackung des Transportguts erfolgt durch den Dienstleister	*Sim._04 vs. Sim._22* **(18; 69) vs. (4; 16)** **26% vs. 25%** **1%E**	*Sim._09 vs. Sim. _27* **(26; 69) vs. (4; 16)** **38% vs. 25%** **13%E**
Bei Nichteinhaltung von Zusagen · Geld-zurück-Garantie wird geboten	*Sim._05 vs. Sim._23* **(30; 69) vs. (5; 16)** **43% vs. 35%** **8%E**	*Sim._10 vs. Sim._28* **(13; 69) vs. (4; 16)** **19% vs. 25%** **6%M**

x%Y := In der Gruppe Y (Y = Erhebungsgesamtheit, *"Markennamen"-Cluster*) ist der Prozentanteil, der das untersuchte Produkt präferiert, um **x%** höher als in der Vergleichsgruppe.

Tab. 17: Auswirkungen von Produktverbesserungen auf die Produktpräferenz - Vergleiche zwischen den prozentualen Produktpräferenzänderungen in der Erhebungsgesamtheit und im Markennamen-Cluster

Zum besseren Verständnis der Tabelle 17 werden die "Zellen"-Kennzahlen zunächst am Beispiel des Vergleichs zwischen der Erhebungsgesamtheit und dem *"Markennamen"-Cluster* im Szenario 1 und der Leistungsverbesserung "24h-Termingarantie wird geboten" erklärt:

"Sim._01 vs. Sim_19" bedeutet, daß die Ergebnisse der Programme Simulation_01 und Simulation_19 verglichen werden "(54; 69) vs. (9; 16)" bedeutet, daß 54 Probanden (= 78%) der 69 Probanden der Erhebungsgesamtheit und 9 Probanden (= 56%) der 16 Probanden des *"Markennamen"-Clusters* im Durchschnitt das Leistungsangebot präferieren, das in Szenario 1 als *einziges* eine 24h-Termingarantie anbietet. Die Kennzahl 22%E gibt an, daß in der Erhebungsgesamtheit der Prozentanteil, der das untersuchte Produkt präferiert, um 22% höher als im *"Markennamen"-Cluster* ist.

Die Vergleiche zwischen der Erhebungsgesamtheit und dem *"Markennamen"-Cluster* zeigen, daß die Erhebungsgesamtheit im Szenario 1 auf eine der Leistungsverbesserungen "24h-Termingarantie wird geboten", "Informationen zum Sendungsstatus werden geboten", "Door-to-Door-Beförderung wird geboten" oder "Geld-zurück-Garantie wird bei Nichteinhaltung von Zusagen geboten" deutlich sensitiver reagiert als das *"Markennamen"-Cluster*. Der Anteil der Erhebungsgesamtheit, der im Durchschnitt dasjenige Luftfrachtleistungsangebot präferiert, das als einziges eine der genannten Leistungsverbesserungen bietet, ist zwischen 8% und 22% höher als im *"Markennamen"-Cluster*.

Bei der Leistungsverbesserung "Verpackung des Transportguts erfolgt durch den Dienstleister" im Szenario 1 sind die Reaktionen der Erhebungsgesamtheit und des *"Markennamen"-Clusters* ähnlich. 26% der Erhebungsgesamtheit und 25% des *"Markennamen"-Clusters* präferieren im Durchschnitt das Luftfrachtleistungsangebot, das als einziges das Attribut "Verpackung des Transportguts erfolgt durch den Dienstleister" beinhaltet. Diese Produktpräferenzanteile sind im Vergleich zu Produktpräferenzanteilen, die sich im Szenario 1 aufgrund von Leistungsverbesserungen in anderen Produktmerkmalen ergeben, deutlich niedriger. Dies liegt daran, daß ein Teil der Probanden in bezug auf das Produktmerkmal "Verpackung des Transportguts" ein "inverses" Präferenzverhalten aufweist. Das heißt, diese Probanden "wechseln" in jedem Fall zu einem anderen Standardleistungsangebot, falls ihr bisher präferiertes Standardleistungsangebot nun das Attribut "Verpackung des Transportgut erfolgt durch den Dienstleister" bietet.

Dieses "inverse" Präferenzverhalten führt in Szenario 2 dazu, daß der Anteil der Erhebungsgesamtheit, der im Durchschnitt das Standardleistungsangebot präferiert, um 13% höher ist als im *"Markennamen"-Cluster*.

In bezug auf die anderen Leistungsverbesserungen ist der durchschnittliche Anteil der Probanden, der in Szenario 2 das Standardleistungsangebot präferiert, identisch bzw. im *"Markennamen"-Cluster* leicht höher.

Die Vergleiche zwischen der Erhebungsgesamtheit und dem *"Termin"-Cluster*, dem *"Sendungsstatus"-Cluster* oder dem *"Door-to-Door"-Cluster* verdeutlichen (vgl. Tab. 18), daß die Erhebungsgesamtheit in bezug auf die jeweilige Leistungsverbesserung in den Szenarios 1 und 2 deutlich weniger sensitiv reagiert als die jeweilige Vergleichsgruppe. Das heißt, daß die Probanden der Erhebungsgesamtheit in der Tendenz "eher" bereit sind das Standardleistungsangebot zu präferieren, obwohl bereits verbesserte Leistungsangebote existieren.

Von diesen Resultaten weichen die Vergleiche zwischen der Erhebungsgesamtheit und dem *"Verpackungs"-Cluster* deutlich ab. Dies liegt wiederum daran, daß alle Probanden des *"Verpackungs"-Clusters* ein "inverses" Präferenzverhalten in bezug auf die gebotene Leistungsverbesserung "Verpackung des Transportguts erfolgt durch den Dienstleister" aufweisen.

Leistungsverbesserung gegenüber der **Standardleistung**	Vergleich: **Erhebungsgesamtheit** vs. ***"diverse"* Nachfragergruppen***)	
	Szenario 1	**Szenario 2**
24h-Termingarantie wird geboten	*Sim._01 vs. Sim. _11* **(54; 69) vs. (27; 29)** **78% vs. 93%** **15%$_T$**	*Sim. _06 vs. Sim._15* **(4; 69 vs. (0; 29)** **6% vs. 0%** **6%$_E$**
Informationen zum Sendungsstatus werden geboten	*Sim. _02 vs. Sim. _12* **(45; 69) vs. (5; 5)** **65% vs. 100%** **35%$_S$**	*Sim. _07 vs. Sim._16* **(6; 69) vs. (0; 5)** **9% vs. 0%** **9%$_E$**
Door-to-Door-Beförderung wird geboten	*Sim. _03 vs. Sim._13* **(42; 69) vs. (11; 11)** **61% vs. 100%** **39%$_D$**	*Sim. _08 vs. Sim._17* **(9; 69) vs. (0; 11)** **13% vs. 0%** **13%$_E$**
Verpackung des Transportguts erfolgt durch den Dienstleister	*Sim. _04 vs. Sim. _14* **(18; 69) vs. (0; 8)** **26% vs. 0%** **26%$_E$**	*Sim._09 vs. Sim._18* **(26; 69) vs. (8; 8)** **26% vs. 100%** **64%$_V$**

*) Bei der Leistungsverbesserung **"24h-Termingarantie wird geboten"** ist das ***"Termin"-Cluster***, bei der Leistungsverbesserung **"Informationen zum Sendungsstatus werden geboten"** ist das ***"Sendungsstatus"-Cluster***, bei der Leistungsverbesserung **"Door-to-Door-Beförderung wird geboten"** ist das ***"Door-to-Door"-Cluster*** und bei der Leistungsverbesserung **"Verpackung des Transportguts erfolgt durch den Dienstleister"** ist das ***"Verpackungs"-Cluster*** die Vergleichsgruppe.

x%$_Y$:= In der Gruppe **Y** (**Y** = Erhebungsgesamtheit, *"Termin"-Cluster*, *"Sendungsstatus"-Cluster*, *"Door-to-Door"-Cluster* oder *"Verpackungs"-Cluster*) ist der Prozentanteil, der das untersuchte Produkt präferiert, um **x%** höher als in der Vergleichsgruppe.

Tab. 18: Auswirkungen von Produktverbesserungen auf die Produktpräferenz - Vergleiche zwischen den prozentualen Produktpräferenzänderungen in der Erhebungsgesamtheit und unterschiedlichen Nachfragergruppen

5.3.3.4 Implikationen der Simulationsergebnisse für Luftfrachtanbieter zur Bearbeitung des bedienten Marktes

Auf der Grundlage

- der gegebenen Problemstellung zur Bewertung der Angebotsprofile,
- der gegebenen Erhebungsgesamtheit,
- der Simualtionsergebnisse für die Erhebungsgesamtheit,
- der Simulationsergebnisse für die einzelnen Nachfragergruppen und
- des Vergleichs von Produktpräferenzanteilen zwischen der Erhebungsgesamtheit und einzelnen Nachfragergruppen

ergeben sich für Luftfrachtanbieter drei Implikationen für die Bearbeitung des bedienten Marktes:

(1) Luftfrachtanbieter sollten als grundlegende Strategie zur Bearbeitung des bedienten Marktes ein differenziertes Marketing gegenüber einem undifferenzierten Marketing vorziehen.

Begründung: Würde ein Luftfrachtanbieter nur ein Massenprodukt offerieren, wie z.B. das Standardleistungsangebot, mit dem die größtmögliche Anzahl von Luftfrachtnachfragern angesprochen werden soll, so spricht gegen die Strategiewahl des undifferenzierten Marketings, daß sich die Bedürfnisse der Nachfragergruppen *"Termin"-Cluster*, *"Sendungsstatus"-Cluster* und *"Door-to-Door"-Cluster*, die zusammen 65% der Erhebungsgesamtheit repräsentieren, deutlich von den Durchschnittsbedürfnissen der Erhebungsgesamtheit abheben (siehe hierzu die T-Werte in den Anh. 5.1, 5.3 und 5.5). Würden z.B. ein oder mehrere Wettbewerber verschiedene Luftfrachtleistungen vor dem Hintergrund anbieten, die Bedürfnisse der Nachfragergruppen *"Termin"-Cluster*, *"Sendungsstatus"-Cluster* und *"Door-to-Door"-Cluster* bestmöglich zu erfüllen, so verdeutlichen die Simulationsergebnisse für die drei betrachteten Nachfragergruppen in den Szenarios 1 und 2 (vgl. Anh. 6.1 und 6.2), daß die Probanden der betrachteten Nachfragergruppen in einem außerordentlich starkem Umfang Luftfrachtleistungsangebote präferieren würden, die dem Standardleistungsangebot überlegen sind.

Gegen ein undifferenziertes Marketing spricht auch, daß der Preis nur einen relativ geringen Einfluß auf die Produktpräferenz der Probanden ausübt. Bekanntlich würden die Probanden der Erhebungsgesamtheit im Durchschnitt statt ihres präferierten Angebotsprofils, das Angebotsprofil auf Rang zwei (drei) ihrer Präferenzrangfolge bevorzugen, wenn dieses 9,13% (18,55%) weniger kosten würde. Tabelle 19 verdeutlicht weiter, daß der Preis in vier Nutzensegmenten (Ausnahme: *"Door-to-Door"-Cluster*; T-Werte: -0,44 bzw. -0,41) sogar einen geringeren Einfluß auf die Produktpräferenz ausübt als in der Erhebungsgesamtheit.

	"Termin"-Cluster 29 Probanden	*"Markenamen"-Cluster* 16 Probanden	*"Door-to-Door"-Cluster* 11 Probanden	*"Verpackungs"-Cluster* 8 Probanden	*"Sendungs-status"-Cluster* 5 Probanden
Δ_{12} in DM/kg*)	0,41	0,42	0,27	0,46	0,43
Δ_{12} in % **)	9,38	9,69	6,18	10,63	10,00
T-Wert	+0,04	+0,08	- 0,44	+0,22	+0,13
F-Wert	0,97	1,81	0,70	0,56	0,00
Δ_{23} in DM/kg*)	0,40	0,40	0,27	0,46	0,55
Δ_{23} in % **)	10,59	10,31	7,00	12,00	14,00
T-Wert	+0,03	- 0,01	- 0,41	+0,20	+0,44
F-Wert	0,97	1,15	0,57	1,85	0,44

*) Falls für das präferierte Leistungsangebot der *IATA*-Tarif gezahlt wird, so gibt Δij in DM/kg an, wieviel das Leistungsangebot j im Durchschnitt weniger kosten muß, damit dieses präferiert wird; (i, j) = (1, 2) oder (2, 3).

**) Δij gibt den Prozentanteil in DM/kg des Leistungsangebotes i an, den das Leistungsangebot j im Durchschnitt weniger kosten muß, damit dieses präferiert wird; (i, j) = (1, 2) oder (2, 3).

Tab. 19: Preisinduzierte Präferenzänderungen der Nachfragersegmente (Stufe III)

Die zweite Implikation lautet:

(2) Das Marketing-Mix eines Luftfrachtanbieters sollte so gestaltet werden, daß sich die eigenen Produkte in der Kundenwahrnehmung zumindest in einem Produktmerkmal positiv von den Konkurrenzprodukten unterscheiden.

Begründung: Die Simulationsergebnisse für die Erhebungsgesamtheit im Szenario 1 verdeutlichen (vgl. Tab. 14), daß ein von den Luftfrachtnachfragern wahrgenommener Differenzierungsvorteil zu einer hohen Produktpräferenz führt, selbst wenn der gestiftete relative Teilnutzen des Differenzierungsvorteils nur gering ist. Beispielsweise würde der Wettbewerbsvorteil einer gebotenen Geld-zurück-Garantie bei Nichteinhaltung von Zusagen (aggregierter relativer Teilnutzenwert: 4,57%) schon dazu führen, daß im Vergleich zur Standardsituation nun im Durchschnitt 12 Nachfrager mehr das Leistungsangebot präferieren, das diesen Wettbewerbsvorteil bietet.

Die Vergleiche zwischen den Simulationsergebnissen für die Erhebungsgesamtheit und den einzelnen Nachfragersegmente verdeutlichen weiter, daß sich ein Differenzierungsvorteil eines Luftfrachtanbieters in den Nachfragergruppen *"Termin"-Cluster*, *"Sendungsstatus"-Cluster* und *"Door-to-Door"-Cluster* bei dem Produktmerkmal, das den höchsten relativen

Teilnutzen stiftet ("Termingarantie", "Informationen zum Sendungsstatus" bzw. "Anlieferungs-/Abholmodalitäten"), besonders positiv auf die Anzahl der Luftfrachtnachfrager auswirkt, die das Produkt mit dem Differenzierungsvorteil präferieren (vgl. hierzu Tab. 18).

Die dritte Implikation lautet:

(3) Das Marketing-Mix eines Luftfrachtanbieters sollte so gestaltet werden, daß es den Aufbau eines positiven Images nachhaltig unterstützt.

Ein positives Unternehmensimage (Produktimage) haben, bedeutet für einen Luftfrachtanbieter, daß die Gesamtheit aller Einstellungen, Kenntnisse, Erfahrungen und Gefühle der Luftfrachtnachfrager gegenüber dem eigenen Unternehmen (Produktangebot) absolut, aber auch im Vergleich mit Konkurrenzanbietern (Konkurrenzprodukten) positiv ausfällt.[405]

Die Simulationsergebnisse zeigen, daß ein positives Image bei Luftfrachtnachfragern zu einer sehr hohen Produktbindung führen kann. So verdeutlicht die Tabelle 17, daß die Nachfrager des *"Markennamen"-Clusters* in der Tendenz viel stärker bereit sind, ihre bisher präferierten Produkte weiterhin zu wählen, obwohl bereits verbesserte Konkurrenzprodukte angeboten werden.

Nachdem in diesem und den beiden vorherigen Abschnitten Nutzensegmentierungen durchgeführt und Implikationen für die Bearbeitung des bedienten Marktes abgeleitet wurden, wird im folgenden die Güte der Conjoint-Nutzenmessungen analysiert.

5.4 Reliabilität und Validität der Conjoint-Nutzenmessungen

Reliabilität und Validität sind Gütemaße, die sich auf Fehler beziehen, mit denen jedes Meßinstrument behaftet ist. Dabei bezieht sich die Reliabilität auf unsystematische (variable) Fehler und die Validität auf systematische (konstante) Fehler.[406]

Um die Güte der Conjoint-Nutzenmessungen der Stufen I-III zu überprüfen, wurden zahlreiche Validitätstests durchgeführt. Bevor jedoch auf diese Validitätstests eingegangen wird, werden grundlegende Erkenntnisse zur Reliabilität von Conjoint-Nutzenmessungen aufgezeigt.

---

[405] Vgl. Nieschlag/Dichtl/Hörschgen 1991, S. 411f.; Scheuch 1993; S. 119-121.

[406] Vgl. Hammann/Erichson 1990, S. 74.

5.4.1 Reliabilität

In der klassischen Testtheorie der Psychologie wird die Reliabilität definiert als Korrelation zwischen gemessenen und wahren Werten einer beobachtbaren Variablen.[407] Ein Meßverfahren gilt als reliabel, wenn bei wiederholten Meßanwendungen ähnliche Ergebnisse erzielt werden.[408]

Zur empirischen Überprüfung der Reliabilität eines Meßverfahrens werden zumeist folgende Konzepte verwendet:[409]

- Wiederholungsreliabilität ("test-retest reliability"): Die Ergebnisse von zeitlich aufeinanderfolgenden Messungen eines Meßobjektes mit demselben Meßverfahren werden verglichen.
- Paralleltestreliabilität ("alternative-forms reliability"): Die Ergebnisse von Messungen eines Meßobjektes durch möglichst ähnliche Meßinstrumente werden verglichen.
- Halbierungsreliabilität ("split-half reliability"): Die Items eines Tests werden in zwei Tests mit halber Länge aufgeteilt. Die Ergebnisse der beiden Tests werden anschließend verglichen.

Bisherige Erkenntnisse aus der empirischen Forschung zeigen auf, daß sich Verfahrensvariationen in einer Conjoint-Analyse auf die gemessene Reliabilität auswirken. Beispielsweise hat die Anzahl der Merkmale in einem Erhebungsdesign, die Anzahl der Attribute in einem Erhebungsdesign, das Datenerhebungsverfahren oder die Reihenfolge der Attribute auf den Karteikarten, die die Produkte eines Erhebungsdesigns repräsentieren, Einfluß auf die gemessene Reliabilität.[410] Insgesamt gilt die Conjoint-Analyse aufgrund der Ergebnisse bisher durchgeführter Reliabilitätstests als ein reliables Verfahren, um individuelle Präferenzen zu messen.[411]

Im Rahmen der durchgeführten Conjoint-Studie konnten Reliabilitätstests aus Praktikabilitätsgründen nicht durchgeführt werden. Ein Paralleltest oder ein Retest wurde aus Kostengründen verworfen, da für diese beiden Testmethoden jeweils zwei Erhebungen nötig gewesen wären. Dadurch hätten sich auch die Befragungskosten verdoppelt. Für den Einsatz der Testhalbierungsmethode hätte die Anzahl der verwendeten Angebotsprofile deutlich erhöht werden müssen, um die Zerlegbarkeit des Tests zu gewährleisten. Dies wiederum hätte für die Probanden zu einem unakzeptablen Befragungsaufwand geführt.

---

407 Vgl. Hammann/Erichson 1990, S. 75.

408 Vgl. Schweikl 1985, S. 68; Armstrong 1974, S. 4.

409 Vgl. Hammann/Erichson 1990, S. 76; Peter 1979, S. 8-10.

410 *Reibstein/Bateson/Boulding* und *Weisenfeld* geben einen Überblick über bisherige Erkenntnisse aus Reliabilitätstests von Conjoint-Analysen. Vgl. Reibstein/Bateson/Boulding 1988, S. 272-274; Weisenfeld 1989, S. 70.

411 Vgl.z.B. Malhotra 1982, S. 205; Reibstein/Bateson/Boulding. 1988, S. 284.

5.4.2 Validität

Allgemein betrifft Validität die Frage, ob ein Meßinstrument auch tatsächlich dasjenige Konstrukt mißt, das es messen soll.[412]

Zur Validierung der vorgenommenen Untersuchungen zur Nutzenbewertung von luftfrachtaffinen Transportleistungen und Luftfrachtleistungen durch Transportleistungsnehmer wurden Tests zur Konvergenzvalidität, internen Validität, Prognosevalidität und Face-Validität durchgeführt. Der Aufbau der Validitätstests und deren Ergebnisse werden im folgenden beschrieben.

5.4.2.1 Konvergenzvalidität

Unter Konvergenzvalidität wird allgemein die Übereinstimmung der Messungen eines Konstruktes mit verschiedenen Meßinstrumenten verstanden.[413]

Die Konvergenzvalidität der durchgeführten Conjoint-Messungen wurde überprüft, indem die relativen Teilnutzen-Mittelwerte für die Produktmerkmale aus den Stufen I und II auch durch das kompositionelle Meßverfahren der Konstant-Summen-Skala[414] ermittelt wurden:

- Bevor die Präferenzbewertungen des Conjoint-Erhebungsdesigns erfolgte, wurden die Probanden gebeten, diejenigen Merkmale einer luftfrachtaffinen Transportleistung zu nennen, die für sie einen hohen Teilnutzen stiften. Anschließend sollten die Probanden die von ihnen genannten Merkmale durch eine Verteilung von 100 Nutzen-Punkten gewichten (K I).
- In einem zweiten Schritt wurden die Probanden gebeten, diejenigen Merkmale einer Luftfrachtleistung zu nennen, die für sie einen hohen Teilnutzen stiften. Anschließend sollten die Probanden wiederum die von ihnen genannten Merkmale durch eine Verteilung von 100 Nutzen-Punkten gewichten (K II).

Die Tabelle 20 stellt die Conjoint-Schätzungen der relativen Teilnutzen-Mittelwerte für die Produktmerkmale in den Stufen I und II den dazugehörigen relativen Teilnutzenbewertungen durch die Konstant-Summen-Skala gegenüber.

---

412 Vgl. Hammann/Erichson 1990, S. 75.

413 Vgl. Hammann/Erichson 1990, S. 77.

414 Bei dem Verfahren der Konstant-Summen-Skala werden die Probanden gebeten, eine konstante Summe (z.B. 100 Punkte) auf die Bewertungsobjekte zu verteilen Vgl. hierzu auch Schweikl 1985, S. 59.

Merkmale	**Relativer Teilnutzen der einzelnen Merkmale in % ...**			
	...bei luftfrachtaffinen Transportleistungen		**...bei Luftfrachtleistungen**	
	K I	**S I**	**K II**	**S II**
Zuverlässigkeitsgarantie	30,43	29,44	25,23	31,08
Preis	26,14	n.V.*	19,16	n.V.*
Termingarantie	25,43	26,55	40,77	28,77
Palette der Dienstleistungsangebote	5,55	6,47	4,61	12,38
Flexibilität für Sonderanforderungen	3,70	8,72	3,10	8,47
Informationen zum Sendungsstatus	2,78	11,75	2,14	12,38
Geograph. Ausdehnung der Verkehrsbedienung	2,10	6,38	1,74	n.V.
Kundenbetreuung	1,97	n.V.	2,03	n.V.
Anlieferungs-/Abholmodalitäten (Door-to-Door,...)	1,38	10,70	1,01	8,78
Image (Markenname)	0,29	n.V.	0,20	n.V.
Umweltbewußtsein des Transportleistungsanbieters	0,22	n.V.	k.A.	n.V.
Luftfrachttransportmanagement (alles in einer Hand, ...)	k.A.	n.V.	k.A.	5,82

Legende:
S_i := Relative Teilnutzen-Mittelwerte der Merkmale in den Conjoint-Schätzungen der Stufe i (i = 1, 2).
K_i := Relative Teilnutzen-Mittelwerte der Merkmale bei den Konstant-Summen-Bewertungen der Stufe i (i = 1, 2).
n.V.* := Das Merkmal Preis durfte in dem Erhebungsdesign nicht verwendet werden, da sonst für die Probanden inakzeptable Angebotsprofile entstanden wären. Die Wichtigkeit des Preises konnte deshalb nur "indirekt" erfaßt werden.
n.V. := Dieses Merkmal wurde für das Conjoint-Erhebungsdesign dieser Stufe nicht verwendet.

Tab. 20: Vergleich der relativen Teilnutzen-Mittelwerte der Conjoint-Schätzungen und der Konstant-Summen-Bewertungen

Die Konvergenzvalidität der Conjoint-Schätzungen in den Stufen I und II kann aus folgenden Gründen als sehr hoch eingeschätzt werden:

- Die relativen Teilnutzen-Mittelwerte der Merkmale aus Spalte K I (K II), die in der Stufe I (Stufe II) des Conjoint-Erhebungsdesigns nicht vorkommen, haben zusammen einen Anteil an der Spaltensumme von K I (K II) von weniger als 5%.[415]
- Von allen in den Conjoint-Erhebungsdesigns der Stufen I und II verwendeten Merkmalen, wurde nur das Merkmal "Luftfrachttransportmanagement" aus Stufe II nicht als Bewertungsmerkmal für die dazugehörige Konstant-Summen-Skala K II erfaßt.
- Die Merkmale, die in den Stufen I und II die höchsten relativen Teilnutzen-Mittelwerte aufweisen, gehören neben dem Preis auch in K I und K II zu den Merkmalen mit den höchsten relativen Teilnutzen-Mittelwerten.

5.4.2.2 Interne Validität

Als interne Validität (Reproduktionsgüte, Anpassungsgüte) wird allgemein die Fähigkeit bezeichnet, mit Hilfe von geschätzten Parametern die Inputdaten zu reproduzieren.[416]

Durch das Kriterium der internen Validität wird für die einzelnen Stufen des Conjoint-Erhebungsdesigns überprüft, wie gut die jeweiligen Conjoint-Schätzungen der Einzelanalysen die empirisch erhobenen Rangreihenfolgen reproduzieren können. Dieser Effekt wird durch die beiden Korrelationskoeffizienten Pearson's R und Kendall's τ gemessen. Bevor die Meßergebnisse zur internen Validität dargelegt werden, wird im folgenden zunächst näher auf die beiden Korrelationskoeffizienten eingegangen.

---

415 Das Merkmal "Preis" kann für die Einschätzung der Konvergenzvalidität nicht berücksichtigt werden. Zur Begründung siehe den Abschnitt 5.1.1.2.3.

416 Vgl. Albers 1983, S. 221; Berekoven/Eckert/Ellenrieder 1989, S. 86; Green/Srinivasan 1978, S. 115; Schweikl 1985, S. 70.

5.4.2.2.1 Korrelationskoeffizient Pearson's R

Für die Berechnung des Korrelationskoeffizienten Pearson's R werden die empirisch erhobenen Rangdaten in den einzelnen Stufen als metrisch interpretiert. Für die einzelnen Probanden wird die Korrelation R zwischen den empirisch erhobenen Rangwerten x_i und den geschätzten Nutzenwerte y_i für die Angebotsprofile i (i = 1,..., n) einer Erhebungsstufe wie folgt berechnet:[417]

$$R = \frac{\sum_{i=1}^{n}(x_i - M(x)) \cdot (y_i - M(y))}{\left(\sum_{i=1}^{n}(x_i - M(x))^2 \cdot \sum_{i=1}^{n}(y_i - M(y))^2\right)^{0,5}} \qquad (10)$$

mit:
x_i := Empirischer Nutzenwert des Angebotsprofils i (i = 1,..., n),
y_i := Geschätzter Nutzenwert des Angebotsprofils i,
M(x) := Nutzen-Mittelwert der Variablen x,
M(y) := Nutzen-Mittelwert der Variablen y.

Der Korrelationskoeffizient R der Variablen x und y bewegt sich stets zwischen -1 und +1. Beträgt der Wert des Korrelationskoeffizienten R für einen Probanden +1, so bedeutet dies, daß durch die Conjoint-Schätzungen die empirischen Nutzenbewertungen der Angebotsprofile vollkommen reproduziert werden.

5.4.2.2.2 Kendallscher Rangkorrelationskoeffizient

Der Rangkorrelationskoeffizient Kendall's τ wird basierend auf Rangzahlen ermittelt.[418] Für jeden Probanden werden die empirisch erhobenen Rangdaten x_i und die geschätzten Nutzenwerte y_i (i = 1,..., n) für die Angebotsprofile aus einer Datenerhebungsstufe gegenübergestellt, so daß sich n Zahlenpaare (x_1, y_1),..., (x_n, y_n) ergeben. Dabei ist n in den Stufen I und II gleich 8 und in der Stufe III gleich 20. Die Zahlenpaare werden zur Berechnung von Kendall´s τ so angeordnet, daß im 1. Paar der empirisch erhobene Rang gerade den Wert 1 hat, im 2. Paar der empirisch erhobene Rang gerade den Wert 2 hat, ..., im n-ten Paar der empirisch erhobene Rang gerade den Wert n hat. In der so gebildeten Reihenfolge wird nun für jede Zahl $Z(y_i)$ die Anzahl q_i der Zahlen $Z(y_j)$ bestimmt, die kleiner oder gleich $Z(y_i)$ sind und in der Reihenfolgen hinter $Z(y_i)$ stehen. Der Rangkorrelationskoeffizient errechnet sich nun wie folgt:

417 Vgl. Hartung 1987, S. 546.
418 Vgl. zur Erklärung und der formalen Berechnung von Kendall´s τ z.B. Hartung 1987, S. 559f..

$$\tau = 1 - \frac{4 \cdot \sum_{i=1}^{n} q_i}{n \cdot (n-1)} \qquad (11)$$

Wie beim Korrelationskoeffizient Pearson´s R bewegen sich die Werte von Kendall´s τ stets zwischen -1 und +1 Der Rangkorrelationskoeffizient nimmt dabei sein Maximum +1 an, wenn die Anzahl der Vertauschungen gleich Null ist.

5.4.2.2.3 Anpassungsgüte der geschätzten Nutzenwerte

Die Korrelationskoeffizienten Kendall's τ und Pearson's R, die für die empirisch ermittelten Rangfolgen der Stufen I und II errechnet wurden, weisen alle den Wert +1 auf. D.h., durch die Conjoint-Schätzungen der Stufe I und II lassen sich alle empirisch erhobenen Rangfolgen vollständig reproduzieren.

Um die für die empirischen Daten ermittelten Anpassungsmaße beurteilen zu können, wurden diese in Anlehnung an *Weisenfeld* mit den Anpassungsmaßen zufällig erhobener Daten verglichen.[419] Die hierfür benötigten Zufallsdaten wurden generiert, indem für die einzelnen Stufen des Conjoint-Erhebungsdesigns jeweils 69 (= Anzahl der befragten Probanden) Zufallsrangfolgen gebildet wurden. Für die einzelnen Zufallsrangfolgen wurden dann - wie für die empirisch erhobenen Rangfolgen - die Teilnutzenwerte der Attribute errechnet. Die Teilnutzenschätzungen bildeten schließlich die Inputdaten zur Errechnung der Anpassungsmaße für die Zufallsrangfolgen.

Die für die einzelnen Zufallsrangfolgen der Stufen I und II ermittelten Korrelationskoeffizienten Kendall's τ und Pearson's R weisen alle den Wert +1 auf. Es ist also kein Unterschied feststellbar, ob die Rangfolgen der Probanden oder zufällige Rangfolgen zur Berechnung der Anpassungsmaße verwendet werden. Damit haben die Korrelationskoeffizienten Kendall's τ und Pearson's R keine Aussagekraft in bezug auf die interne Validität der Nutzenmessungen in den Stufen I und II.

---

419 Vgl. Weisenfeld 1987, S. 268.

Wertebereiche	Kendall´s τ		Pearson´s R	
	B	**Z**	**B**	**Z**
+0,99 ≤ w ≤ +1,00	9	-	34	-
+0,95 ≤ w < +0,99	28	-	32	2
+0,90 ≤ w < +0,95	24	1	2	10
+0,85 ≤ w < +0,90	4	1	1	16
+0,80 ≤ w < +0,85	2	6	-	6
+0,75 ≤ w < +0,80	1	6	-	10
+0,70 ≤ w < +0,75	1	8	-	6
+0,60 ≤ w < +0,70	-	13	-	10
+0,50 ≤ w < +0,60	-	16	-	8
+0,30 ≤ w < +0,50	-	18	-	1
	-------	**-------**	**-------**	**-------**
	Σ 69	**Σ 69**	**Σ 69**	**Σ 69**

Legende:
B := Die Rangfolgen der Probanden bilden die Grundlage zur Werteberechnung der Anpassungsmaße.
Z := Die Zufallsrangfolgen bilden die Grundlage zur Werteberechnung der Anpassungsmaße.

Tab. 21: Häufigkeitsverteilungen der Korrelationskoeffizienten Kendall's τ und Pearson's R in Stufe III (Meßdaten zur Überprüfung der internen Validität)

Die Tabelle 21 beschreibt die Häufigkeitsverteilungen der Anpassungsmaße Kendall's τ und Pearson's R für die empirisch erhobenen Rangfolgen und die generierten Zufallsrangfolgen der Stufe III. Die Bandbreite der Korrelationswerte für die empirischen Rangfolgen liegen bei Kendall´s τ zwischen +0,711 und +1 und bei Pearson´s R zwischen +0,889 und +0,999. Im Gegensatz zu den Stufen I und II können in der Stufe III durch die Conjoint-Schätzungen die empirisch erhobenen Rangfolgen deutlich besser reproduziert werden als die Zufallsrangfolgen.

Die interne Validität der Stufe III wird insgesamt als hoch eingeschätzt, weil die meisten Korrelationskoeffizienten der beiden Anpassungsmaße für die empirischen Rangfolgen "sehr nahe bei +1 liegen" und die Verteilungen der Anpassungsmaße für die empirisch erhobenen Rangfolgen eine deutlich höhere Anspassungsgüte der Conjoint-Schätzungen signalisieren als die Verteilungen der Anpassungsmaße für die Zufallsrangfolgen.

5.4.2.3 Prognosevalidität

Die Prognosevalidität ("predictive validity") gibt an, wie gut Präferenzwerte von Objekten, die nicht an der Parameterschätzung beteiligt sind, prognostiziert werden können.[420]

Die Prognosevalidität der geschätzten Teilnutzenwerte der Stufen I und II wurde durch folgendes Experiment gemessen: Nachdem die Probanden die 8 Angebotsprofile des Erhebungsdesigns bewertet hatten, wurden den einzelnen Probanden 4 weitere Angebotsprofile des Erhebungsdesigns vorgelegt, aus denen sie ihr präferiertes Angebotsprofil bestimmen sollten. Da die 4 Angebotsprofile nicht zur Schätzung der Teilnutzenwerte verwendet wurden, konnte für die Stufen I und II untersucht werden, ob die Probanden dasjenige der 4 Angebotsprofile präferieren, das den höchsten geschätzten Nutzenwert aufweist. Dabei wurden die Nutzenwerte der 4 Angebotsprofile für jeden Probanden durch die geschätzten Teilnutzenwerte der Stufen I und II errechnet.

Die Tabelle 22 zeigt, daß die meisten Probanden sowohl auf Stufe I als auch auf Stufe II dasjenige der 4 Angebotsprofile präferieren, das den höchsten geschätzten Nutzenwert aufweist. Um zusätzlich ein Vergleichskriterium für die Aussagekraft der B-Spalten in Tabelle 22 zu generieren, wurden die präferierten Angebotsprofile der Probanden mit Nutzenwerten verglichen, die auf Grundlage der geschätzten Teilnutzenwerte von jeweils 69 Zufallsrangfolgen ermittelt wurden (siehe hierzu die Z-Spalten in Tab. 22). Die Gegenüberstellung der B-Spalten und Z-Spalten verdeutlicht, daß in den Stufen I und II lediglich die Nutzenwerte, die auf Basis der empirischen Rangfolgen ermittelt wurden, das präferierte Angebotsprofil der einzelnen Probanden gut prognostizieren können.

Aufgrund der hohen Übereinstimmung prognostizierter und tatsächlicher Präferenzen in den B-Spalten in der Tabelle 22 sowie dem Ergebnis, daß Nutzenwerte, die auf der Grundlage der empirischen Rangfolgen ermittelt wurden, die präferierten Angebotsprofile der Probanden besser prognostizieren können als die Nutzenwerte, die auf Basis der Zufallsrangfolgen ermittelt wurden, wird hier die Prognosevalidität der in den Stufen I und II geschätzten Teilnutzenwerte als sehr hoch eingeschätzt.

[420] Vgl. z.B. Schweikl 1985, S. 70.

	Stufe I B	Stufe I Z	Stufe II B	Stufe II Z
Das präferierte Angebotsprofil und das Angebotsprofil mit dem *höchsten* geschätzten Nutzenwert stimmen überein.	55	15	59	18
Das präferierte Angebotsprofil und das Angebotsprofil mit dem *zweithöchsten* geschätzten Nutzenwert stimmen überein.	12	18	9	21
Das präferierte Angebotsprofil und das Angebotsprofil mit dem *dritthöchsten* geschätzten Nutzenwert stimmen überein.	1	22	1	14
Das präferierte Angebotsprofil und das Angebotsprofil mit dem *vierthöchsten* geschätzten Nutzenwert stimmen überein.	1	14	-	16
	------- $\sum$ 69	------- $\sum$ 69	------ $\sum$ 69	------- $\sum$ 69

Legende:
B := Die Rangfolgen der Probanden bilden die Datengrundlage zur Schätzung der Nutzenwerte.
Z := Die Zufallsrangfolgen bilden die Datengrundlage zur Schätzung der Nutzenwerte.

Tab. 22: Meßdaten zur Überprüfung der Prognosevalidität für die Stufen I und II

Die Prognosevalidität der geschätzten Teilnutzenwerte der Stufe III wurde durch folgendes Experiment gemessen: Bekanntlich wurden den Probanden im Erhebungsdesign dieser Stufe 20 Angebotsprofile vorgelegt, die sie in eine eindeutige Präferenzrangfolge bringen sollten. Von den 20 Angebotsprofilen wurden jedoch nur 16 zur Schätzung der Teilnutzenwerte verwendet. Die 4 restlichen Angebotsprofile (sog. Holdout-Angebotsprofile) dienten zur Überprüfung, wie gut die Teilnutzenwerte, die anhand der Präferenzbewertungen der 16 Angebotsprofile geschätzt wurden, die empirischen ermittelten Ränge der 4 Holdout-Angebotsprofile in den Rangfolgen der einzelnen Probanden prognostizieren können. Die Prognosevalidiät der geschätzten Teilnutzenwerte wurde dabei durch die Korrelationskoeffizienten Kendall's τ und Pearson's R ermittelt. Diese messen jeweils für die 4 Holdout-Angebotsprofile die Korrelation zwischen den empirischen Präferenzwerten und den mit Hilfe der geschätzten Teilnutzenwerte prognostizierten Präferenzwerte. Um darüber hinaus eine Vergleichsmöglichkeit für die Prognosevalidität der auf Basis der empirischen Rangfolgen geschätzten Teilnutzenwerte zu haben, wurde ebenfalls untersucht, wie gut die Ränge der 4 Holdout-Angebotsprofile prognostiziert werden können, falls Zufallsrangfolgen die Grundlage zur Schätzung der Teilnutzenwerte bilden.

Die Tabelle 23 beschreibt die Häufigkeitsverteilungen der Anpassungsmaße Kendall's τ und Pearson's R für die vier Holdout-Angebotsprofile. Die Bandbreite der Korrelationskoeffizienten für die empirisch erhobenen Holdout-Angebotsprofile liegen bei Kendall´s τ zwischen 0 und 1 und bei Pearson´s R zwischen 0,315 und 1. Ein Vergleich der B-Spalten und der Z-

Spalten zeigt, daß die 4 Holdout-Angebotsprofile durch Teilnutzenwerte, die auf der Grundlage der empirischen Rangfolgen geschätzt wurden, deutlich besser prognostiziert werden können.

Wertebereiche	Kendall´s τ		Pearson´s R	
	B	Z	B	Z
$+0{,}99 \leq w \leq +1{,}00$	51	5	32	-
$+0{,}95 \leq w < +0{,}99$	-	-	20	3
$+0{,}90 \leq w < +0{,}95$	2	-	8	1
$+0{,}85 \leq w < +0{,}90$	1	-	1	4
$+0{,}80 \leq w < +0{,}85$	-	-	4	2
$+0{,}75 \leq w < +0{,}80$	-	-	1	2
$+0{,}70 \leq w < +0{,}75$	-	-	1	2
$+0{,}60 \leq w < +0{,}70$	12	8	-	3
$+0{,}50 \leq w < +0{,}60$	-	1	-	3
$-1{,}00 \leq w < +0{,}50$	3	55	2	49
	-------	-------	-------	-------
	Σ 69	Σ 69	Σ 69	Σ 69

Legende:
B := Die Rangfolgen der Probanden bilden die Grundlage zur Werteberechnung der Anpassungsmaße.
Z := Die Zufallsrangfolgen bilden die Grundlage zur Werteberechnung der Anpassungsmaße.

Tab. 23: Häufigkeitsverteilungen der Korrelationskoeffizienten Kendall's τ und Pearson's R in Stufe III (Meßdaten zur Überprüfung der Prognosevalidität)

Die Prognosevalidität der Stufe III wird hier als hoch eingeschätzt, weil die meisten Korrelationskoeffizienten der beiden Anpassungsmaße für die empirischen Holdout-Angebotsprofile "sehr nahe" bei +1 liegen. Außerdem signalisieren die Verteilungen der Anpassungsmaße für die empirisch erhoben Holdout-Angebotsprofile eine deutlich höhere Prognosegüte als die Verteilungen der Anpassungsmaße für die zufällig erhobenen Holdout-Angebotsprofile.

5.4.2.4 Face-Validität

Unter Face-Validität (Inhaltvalidität, Expertenvalidität) wird allgemein die subjektive Beurteilung der inhaltlich-semantischen Übereinstimmung zwischen Meßinstrument und Konstrukt verstanden.[421] Face-Validität eines Konstruktes liegt dann vor, wenn die Ergebnisse plausibel sind und nicht gegen den "gesunden Menschenverstand" verstoßen.[422]

Die Face-Validität der Schätzergebnisse der Stufen I bis III wurde überprüft, indem für jedes der in den Erhebungsdesigns verwendeten Merkmale untersucht wurde, ob dasjenige Attribut, dessen Teilnutzenwert offenkundig am höchsten sein sollte, auch tatsächlich den höchsten Schätzwert aufweist. Um die Face-Validität der Teilnutzenwerte, die mit Hilfe der empirischen Rangfolgen geschätzt wurden, besser beurteilen zu können, wurden diesen zusätzlich Teilnutzenwerte gegenübergestellt, die auf Grundlage von 69 Zufallsrangfolgen gebildet wurden.

Merkmale	Attribute, deren Teilnutzenwerte offenkundig am höchsten sein sollten	Anzahl der Übereinstimmungen	
		B	Z
Zuverlässigkeitsgarantie	Zuverlässigkeitsgarantie wird geboten	67	34
Termingarantie	Termingarantie wird geboten	64	42
Informationen zum Sendungsstatus	Informationen zum Sendungsstatus werden geboten	63	44
Flexibilität für Sonderanforderungen	Flexibilität für Sonderanforderungen wird geboten	57	40
Door-to-Door-Beförderung	Door-to-Door-Beförderung wird geboten	54	46
Geograph. Ausdehnung der Verkehrsbedienung	*indifferent*	-	-
Palette der Dienstleistungsangebote	*indifferent*	-	-

Legende:
B := Die Rangfolgen der Probanden bilden die Datengrundlage zur Schätzung der Teilnutzenwerte.
Z := Die Zufallsrangfolgen bilden die Datengrundlage zur Schätzung der Teilnutzenwerte.
indifferent := Es wird kein bestimmtes Attribut präferiert.

Tab. 24: Vergleich zwischen den Teilnutzenschätzungen für die Attribute und den eigenen "Schätzerwartungen" (Überprüfung der Face-Validität für die Stufe I)

Die Ergebnisse der Face-Validitätsüberprüfungen in den Tabellen 24-26 verdeutlichen, daß für alle Stufen des Erhebungsdesigns die Anzahl der Übereinstimmungen in den B-Spalten

421 Vgl. Hammann/Erichson 1990, S. 76.
422 Vgl. z.B. Schweikl 1985, S. 71.

zwischen 53 und 67 je Attribut liegt (Ausnahme in Stufe III: das Attribut "Verpackung des Transportguts erfolgt durch den Dienstleister"), während die Anzahl der Übereinstimmungen in den Z-Spalten lediglich von 7 bis 46 reicht. Insbesondere wird in den B-Spalten bei den von den Probanden als besonders wichtig eingeschätzten Merkmalen "Termingarantie" und "Zuverlässigkeitsgarantie" mit 64 bis 67 Übereinstimmungen eine sehr hohe Anzahl je Merkmal dafür ermittelt, daß dasjenige Attribut, dessen Teilnutzenwert offenkundig am höchsten sein sollte, auch tatsächlich den höchsten Teilnutzenschätzwert erzielt.

Merkmale	**Attribute, deren Teilnutzenwerte offenkundig am höchsten sein sollten**	**Anzahl der Übereinstimmungen**	
		B	**Z**
Termingarantie	**Termingarantie wird geboten**	67	46
Zuverlässigkeitsgarantie	**Zuverlässigkeitsgarantie wird geboten**	65	44
Informationen zum Sendungsstatus	**Informationen zum Sendungsstatus werden geboten**	63	43
Flexibilität für Sonderanforderungen	**Flexibilität für Sonderanforderungen wird geboten**	57	42
Anlieferungs- und Abholmodalitäten	**Door-to-Door-Beförderung wird geboten**	53	37
Luftfrachttransportmanagement	***indifferent***	-	-
Palette der Dienstleistungsangebote	***indifferent***	-	-

Legende:
B := Die Rangfolgen der Probanden bilden die Datengrundlage zur Schätzung der Teilnutzenwerte.
Z := Die Zufallsrangfolgen bilden die Datengrundlage zur Schätzung der Teilnutzenwerte.
indifferent := Es wird kein bestimmtes Attribut präferiert.

Tab. 25: Vergleich zwischen den Teilnutzenschätzungen für die Attribute und den eigenen "Schätzerwartungen" (Überprüfung der Face-Validität für die Stufe II)

Aufgrund der hohen absoluten Anzahl an Übereinstimmungen in den B-Spalten und der hohen Anzahl der Übereinstimmungen in den B-Spalten im Vergleich zu den Z-Spalten, wird hier die Face-Validität der Conjoint-Schätzungen für alle drei Stufen als sehr hoch eingeschätzt.

Merkmale	Attribute, deren Teilnutzenwerte offenkundig am höchsten sein sollten	Anzahl der Übereinstimmungen	
		B	Z
Termingarantie	24h	65	7
Informationen zum Sendungsstatus	Informationen zum Sendungsstatus werden geboten	65	36
Nichteinhaltung von Zusagen	Geld-zurück-Garantie wird geboten	55	38
Anlieferungs- und Abholmodalitäten	Door-to-Door-Beförderung wird geboten	53	41
Verpackung des Transportguts	Verpackung des Transportguts erfolgt durch den Dienstleister	30	30
Markenname	*indifferent*	-	-

Legende:
B := Die Rangfolgen der Probanden bilden die Datengrundlage zur Schätzung der Teilnutzenwerte.
Z := Die Zufallsrangfolgen bilden die Datengrundlage zur Schätzung der Teilnutzenwerte.
indifferent := Es wird kein bestimmtes Attribut präferiert.

Tab. 26: Vergleich zwischen den Teilnutzenschätzungen für die Attribute und den eigenen "Schätzerwartungen" (Überprüfung der Face-Validität für die Stufe III)

Abschließende Beurteilung der Validitätstests

Aufgrund der hohen Validität, die durch alle durchgeführten Tests gemessen wurde, kann die den Tests zugrundeliegende Conjoint-Analyse als ein valides Meßinstrument zur Präferenzmessung angesehen werden.

5.5 Zusammenfassung

Mit diesem Kapitel sollte demonstriert werden, wie Luftfrachtanbieter zur Abgrenzung ihres bedienten Marktes die Aufgabenstellung der Nachfragersegmentierung lösen können. Dazu wurden empirische Daten mit einem Conjoint-Erhebungsdesign bei aktuellen Luftfrachtnachfragern erhoben und mit Hilfe der Analyseverfahren Conjoint-Analyse und Clusteranalyse ausgewertet.

Das Conjoint-Erhebungsdesign untergliederte sich in drei Stufen, wobei die ersten beiden zur Nutzensegmentierung der befragten Luftfrachtnachfrager verwendet wurden. Dabei sollten die Luftfrachtnachfrager die Angebotsprofile der ersten beiden Stufen vor dem Hintergrund bewerten, daß sie eine luftfrachtaffine Transportleistung (Stufe I) bzw. Luftfrachtleistung

(Stufe II) nachfragen wollen. Die Ergebnisse der Nutzenanalysen zeigen, daß die Nutzenbewertungsstrukturen in beiden Stufen hohe Ähnlichkeit aufweisen. Die wichtigsten Nutzenmerkmale der Erhebungsgesamtheit sind in beiden Stufen die "Zuverlässigkeitgarantie" und "Termingarantie". Desweiteren sind in beiden Stufen durch die Nutzensegmentierungen jeweils fünf Nachfragersegmente identifiziert worden, in denen jeweils ein anderes Nutzenmerkmal ("Zuverlässigkeitsgarantie", "Termingarantie", "Informationen zum Sendungsstatus", "Door-to-Door-Beförderung" bzw. "Flexibilität für Sonderanforderungen") einen besonders hohen relativen Teilnutzen stiftet. Die jeweiligen Analysen der fünf Cluster durch die Kriterien F-Wert und T-Wert bestätigten darüber hinaus für beide Stufen, daß die relativen Teilnutzenbewertungen der Produktmerkmale in jeder Nachfragergruppe homogen und im Vergleich der Nachfragergruppen zueinander heterogen sind. Die durchgeführten Nutzensegmentierungen der Stufen I und II zeigen somit, daß sich die befragten Luftfrachtnachfrager durch Nutzenkriterien segmentieren lassen. Eine weitere Charakterisierung der Nachfragergruppen, die in den Stufen I oder II ermittelt worden sind, ist jedoch nicht möglich. Ein empirischer Zusammenhang zwischen den Teilnutzenbewertungen der einzelnen Nachfragergruppen und den analysierten Ersatzkriterien "Branchenzugehörigkeit", "Anzahl der Beschäftigten", "Umsatz", "Luftfracht-", "Gesamtfrachtaufkommen" oder dem Preis konnte nicht aufgezeigt werden. Ebenfalls konnten aufgrund der ähnlichen Nutzenbewertungsstrukturen in den beiden Stufen keine signifikanten Unterschiede bezüglich der Nutzenbewertung von luftfrachtaffinen Transportleistungen und Luftfrachtleistungen aufgedeckt werden.

Mit der Stufe III des Conjoint-Erhebungsdesigns wurde das Ziel verfolgt, mit Hilfe von Simulationsexperimenten Erkenntnisse für die Gestaltung von Marketing-Mix-Programmen abzuleiten. Dazu wurde den Luftfrachtnachfragern ein Conjoint-Erhebungsdesign zur Bewertung vorgelegt, das gewährleistete, daß die anschließend simulierten Produktpräferenzänderungen der Luftfrachtnachfrager konkreten produktpolitischen Maßnahmen zugeordnet werden können. Als Eingangsgrößen für die Simulationsexperimente in der Erhebungsgesamtheit und in den identifizierten Nachfragersegmenten wurden die Teilnutzenbewertungen der Produktattribute durch die Luftfrachtnachfrager und eine Standardsituation, in der alle Luftfrachtanbieter dasselbe Leistungsangebot offerieren, verwendet. Durch die Simulationsexperimente wurde dann beschrieben, wie sich die Präferenzen der Luftfrachtnachfrager ändern, falls ein Luftfrachtanbieter bzw. alle bis auf einen Luftfrachtanbieter ein verbessertes Leistungsangebot anbieten. Aus den Ergebnissen der durchgeführten Simulationsexperimente konnte die Implikation abgeleitet werden, daß Luftfrachtanbieter ein differenziertes Marketing einem undifferenzierten Marketing vorziehen sollten. Desweiteren sollte ein Luftfrachtanbieter durch seine Marktbearbeitungsstrategie das Ziel verfolgen, daß sich die eigenen Produkte in der Kundenwahrnehmung zumindest in einem Produktmerkmal positiv von den Konkurrenzangeboten unterscheiden. Ebenfalls sollte die Marktbearbeitungsstrategie das Ziel unterstützen, ein positives Unternehmens- bzw. Produktimage aufzubauen.

Durch die vorgenommenen Tests zur Konvergenzvalidität, internen Validität, Prognosevalidität und Face-Validität ist schließlich gezeigt worden, daß in allen drei Stufen bei den Conjoint-Nutzenmessungen systematische Meßfehler vermieden wurden.

6 Analyse der wettbewerbsorientierten Perspektive zur Marktabgrenzung für Luftfrachtanbieter

Durch die Diskussion der drei Analyseaspekte "Nachfragersegmentierung", "grundlegende Marktbearbeitungsstrategien" und "Produktpositionierung" sowie den empirischen Analysen zur Nutzensegmentieung von Luftfrachtnachfragern in den Kapiteln 4 und 5 ist gezeigt worden, wie Luftfrachtanbieter eine Entscheidungshilfe bekommen können, um im Marktsuchraummodell von *Abell* aus der nachfragerorientierten Perspektive heraus den bedienten Markt festzulegen. Für die endgültige Abgrenzung des bedienten Marktes sollten die Luftfrachtanbieter auch Wettbewerbsaspekte mit einbeziehen und deshalb die Marktzellen des Marktsuchraumes auch aus der wettbewerbsorientierten Perspektive heraus analysieren. Welche Marktzellen des Marktsuchraumes aus der wettbewerbsorientierten Perspektive untersucht werden, ist dabei vom subjektiven Ermessen eines jeden Luftfrachtanbieters abhängig. Jedoch sollte der analysierte Teilraum des Marktsuchraumes über die Marktzellen des bedienten Marktes, welcher aus der nachfragerorientierten Perspektive festgelegt wurde, hinausgehen, da unter Umständen die Analyse aus der wettbewerbsorientierten Perspektive die Bearbeitung bestimmter, bisher nicht berücksichtigter Marktzellen sinnvoll erscheinen läßt. Eine solche Situation liegt beispielsweise vor, wenn die Nicht-Bearbeitung von a priori als unattraktiv eingestuften Nachfragergruppen dazu führen würde, daß Wettbewerber z.B. hohe Lernkurveneffekte realisieren und dadurch die eigene Wettbewerbsposition schwächen könnten.

Im folgenden wird nun die wettbewerbsorientierte Perspektive zur Marktabgrenzung für Luftfrachtanbieter diskutiert. Im Rahmen dieser Diskussion wird auch ein Denkmodell vorgestellt, wie Luftfrachtanbieter durch "Gegenüberstellung" der wettbewerbs- und nachfragerorientierten Perspektive ihren bedienten Markt festlegen können.

6.1 Charakterisierung der wettbewerbsorientierten Perspektive

In der wettbewerbsorientierten Perspektive zur Marktabgrenzung wird der Marktsuchraum als eine Wettbewerbsarena aufgefaßt. Ziel ist es, diejenigen Marktzellen zu identifizieren, in denen die Unternehmensressourcen möglichst profitabel zur Erreichung strategischer Wettbewerbsvorteile eingesetzt werden können.[423]

---

[423] Vgl. Day 1981a, S. 285; Zöllner 1990, S. 47f..

Wie bereits angesprochen, muß ein Luftfrachtanbieter für diese Aufgabenstellung zunächst festlegen, welche Marktzellen des Marktsuchraumes er in die Analyse mit einbeziehen möchte. Diese Marktzellen werden im weiteren zusammenfassend Zielmarkt genannt. Wird dieser sehr "weit" gewählt, so kann er dem gesamten Marktsuchraum entsprechen. Wird der Zielmarkt sehr "eng" gewählt, so entspricht dieser dem bedienten Markt, der durch die Analyse der nachfragerorientierten Perspektive festgelegt wurde.[424] Abhängig vom festgelegten Zielmarkt kann es für einen Luftfrachtanbieter sinnvoll sein, diesen in mehrere Zielsegmente zu untergliedern, um diese dann aus der wettbewerbsorientierten Blickrichtung heraus zu untersuchen.

Analysiert ein Luftfrachtanbieter seinen festgelegten Zielmarkt aus der wettbewerbsorientierten Blickrichtung, so gilt es für ihn zu erkennen, ob und welche strategischen Wettbewerbsvorteile er dort realisieren kann. Denn erst die Existenz von zumindest einem strategischen Wettbewerbsvorteil bildet die Voraussetzung dafür, daß ein Luftfrachtanbieter dauerhaft eine überlegene Wettbewerbsposition im bedienten Markt erreichen und dadurch langfristig einen profitablen Ressourceneinsatz sichern kann. Ein Wettbewerbsvorteil heißt dabei "strategisch", wenn er gleichzeitig den folgenden drei Kriterien genügt:[425]

– Der Wettbewerbsvorteil muß ein für den Kunden wichtiges Leistungsmerkmal betreffen.

– Der Wettbewerbsvorteil muß vom Kunden wahrgenommen werden.

– Der Wettbewerbsvorteil muß eine gewisse Dauerhaftigkeit aufweisen.

Grundsätzlich bietet einem Luftfrachtanbieter jeder Wettbewerbsparameter (oder auch bestimmte Kombinationen) eine Chance, einen strategischen Wettbewerbsvorteil zu schaffen.[426] Für die Analyse, durch welche Vorteile ein profitabler Einsatz der Unternehmensressourcen im Zielmarkt gewährleistet werden kann, bietet das Modell der strategischen Wettbewerbsvorteile einen konzeptionellen Ansatzpunkt (vgl. Abb. 28).[427]

---

424 Vgl.hierzu auch Abbildung 34 in Abschnitt 6.5.

425 Vgl. Isermann 1994, S. 36; Coyne 1989, S. 19; Simon 1988b, S. 465; South 1981, S. 17.

426 Vgl. Simon 1988b, S. 468.

427 Gedankliche Grundlage des Modells der strategischen Wettbewerbsvorteile ist das "competitive advantage"-Konzept von *Day/Wensley*. Vgl. Day/Wenslay 1988, S. 2-15.

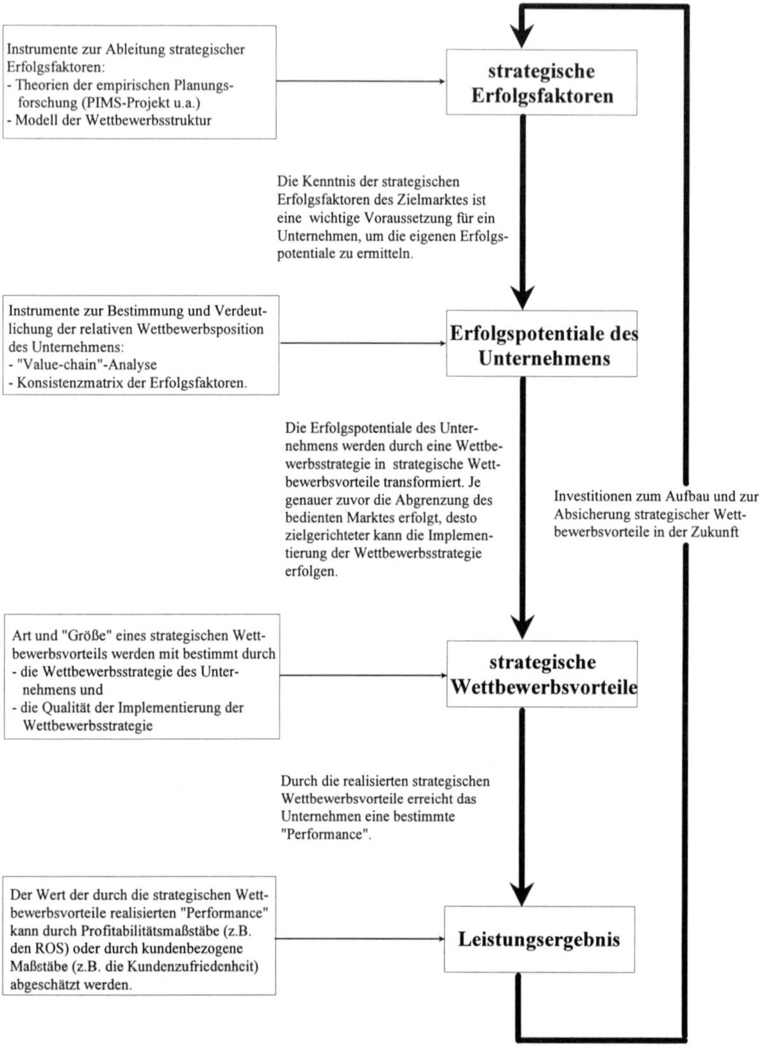

Abb. 28: Das Modell der strategischen Wettbewerbsvorteile

Das Modell der strategischer Wettbewerbsvorteile stellt das Erreichen dauerhafter Wettbewerbsvorteile als einen zyklischen Prozeß dar. Es beruht auf einer integrierten Betrachtung von strategischen Erfolgsfaktoren des Zielmarktes sowie Erfolgspotentialen, strategischen Wettbewerbsvorteilen, Leistungsergebnissen und Investitionen des einzelnen Unternehmens. Auch ist die Abgrenzung des bedienten Marktes in diese Betrachtungsweise integriert. Der Zusammenhang zwischen den einzelnen Elementen des Modells der strategischen Wettbewerbsvorteile wird im folgenden skizziert.

Um Potentiale zur Schaffung strategischer Wettbewerbsvorteile erkennen zu können, müssen einem Luftfrachtanbieter zunächst die strategischen Erfolgsfaktoren seines Zielmarktes bekannt sein.[428] Dabei werden als strategische Erfolgsfaktoren eines Marktes im weiteren diejenigen Elemente, Determinanten oder Bedingungen bezeichnet, die den Erfolg unternehmerischen Handelns auf diesem Markt entscheidend beeinflussen.[429] Die strategischen Erfolgsfaktoren seines Zielmarktes kann ein Luftfrachtanbieter durch die Analyse seiner strategischen Ausgangssituation im Zielmarkt (u.a. Erfassung und Charakterisierung der Wettbewerber, Analyse der Wettbewerbsintensität im Zielmarkt) und aus globalen Aussagen der empirischen Planungsforschung (z.B. das PIMS-Projekt) über strategische Erfolgsfaktoren ableiten.[430]

Besitzt ein Luftfrachtanbieter im Vergleich zu seinen Wettbewerbern Stärken in bestimmten strategischen Erfolgsfaktoren, so bilden diese eine Basis für das Erreichen strategischer Wettbewerbsvorteile. Weist hingegen ein Luftfrachtanbieter relative Schwächen in strategischen Erfolgsfaktoren auf, so sollte er versuchen, diese Defizite zu beheben oder von einer Bearbeitung dieses Zielmarktes absehen.[431] Analyseinstrumente, mit denen ein Luftfrachtanbieter die eigenen Erfolgspotentiale identifizieren und sie sich verdeutlichen kann, sind die Wertschöpfungskette und die Konsistenzmatrix der Erfolgsfaktoren (vgl. Abschnitt 6.4.2, Abb. 33).

Hat ein Luftfrachtanbieter seine Erfolgspotentiale im Zielmarkt ermittelt, so wird mit der Formulierung und Implementierung einer Wettbewerbsstrategie der Zweck verfolgt, die Erfolgspotentiale in strategische Wettbewerbsvorteile zu transformieren.[432] Da ein Luftfracht-anbieter durch seine Wettbewerbsstrategie sein Verhalten gegenüber den Konkurrenten festschreibt, ist es für eine prägnante Formulierung der Wettbewerbsstrategie sinnvoll, vorab den bedienten Markt festzulegen. Dies kann z.B. dadurch erfolgen, daß zunächst innerhalb des Zielmarktes eine Marktabgrenzung auf der Basis der Bewertung des eigenen Erfolgspotentials im Vergleich zu den Wettbewerbern vorgenommen wird. Aus der anschließenden gemeinsamen Diskussion dieser Marktabgrenzung und der Marktabgrenzung, die aufgrund der Analyse der nachfragerorientierten Perspektive als sinnvoll erachtet wurde, kann schließlich der bediente Markt durch eine "Gegenüberstellung" der komplementären Marktbetrachtungsperspektiven definiert werden.[433]

---

428 Vgl. Homburg 1991, S. 29.
429 Vgl. Kreikebaum/Grimm 1983, S. 7.
430 Vgl. Homburg 1991, S. 29.
431 Vgl. Aaker 1984b, S. 24.
432 Vgl. Coyne 1988, S. 26f..
433 Vgl. hierzu Abschnitt 6.5.

Der wichtigste Gradmesser für den Erfolg, der durch die strategischen Wettbewerbsvorteile im bedienten Markt erreicht wird, ist die Profitabilität. Der Zusammenhang zwischen Profitabilität und erreichten Wettbewerbsvorteilen läßt sich dabei wie folgt charakterisieren: "Current profitability is the reward from past advantages after the current outlays needed to sustain or enhance future advantages have been paid."[434] Die Profitabilität läßt sich dabei z.B. durch die Kennzahlen ROI (Nettoergebnis vor Steuern und Zinsen im Verhältnis zum investierten Kapital) und ROS (Nettoergebnis vor Steuern und Zinsen im Verhältnis zum Umsatz) operationalisieren. Weil ROI und ROS nur kurzfristige Profitabilitätsmaßstäbe sind, sollten neben der Profitabilität weitere Maßstäbe wie z.B. die Zufriedenheit der Luftfrachtnachfrager und/oder deren Loyalität herangezogen werden, um den Erfolg von Wettbewerbsvorteilen abzuschätzen.[435]

Da die Wettbewerber kontinuierlich versuchen, einmal erreichte strategische Wettbewerbsvorteile abzubauen, muß ein Luftfrachtanbieter weiterhin Investitionen zur Erhaltung oder Verbesserung seiner Vorteile im bedienten Markt tätigen.[436] Demzufolge ist die Erlangung, Erhaltung und Verbesserung von strategischen Wettbewerbsvorteilen im bedienten Markt, das Ergebnis eines kontinuierlichen, zyklischen Prozesses.[437]

Nachdem der Zusammenhang zwischen den einzelnen Elementen des Modells der strategischen Wettbewerbsvorteile geklärt worden ist, wird im folgenden für Luftfrachtanbieter auf der Grundlage dieses Modells die wettbewerbsorientierte Perspektive zur Marktabgrenzung analysiert. Um die Diskussion aus der Perspektive der Luftfrachtanbieter zu konkretisieren, wird im weiteren als geographischer Zielmarkt die Bundesrepublik Deutschland angenommen. Darüber hinaus wird im Rahmen der Diskussion der wettbewerbsorientierten Blickrichtung zur Marktabgrenzung den Luftfrachtspeditionen als bedeutendster Luftfrachtanbietergruppe[438] besondere Beachtung geschenkt.

---

434 Day/Wensley 1988, S. 5.

435 Vgl. Day/Wensley 1988, S. 3. Einen Überblick über Kriterien zur Messung des operativen Erfolgs, die durch Wettbewerbsvorteile erreicht werden, geben *Aaker* und *Homburg*. Vgl. Aaker 1984b, S. 116f.; Homburg 1991, S. 46.

436 Vgl. Day/Wensley 1988, S. 3.

437 Vgl. Zöllner 1990, S. 234.

438 Die Gruppe der Luftfrachtspeditionen wird im weiteren auch Luftfrachtspeditionsbranche (LFS-Branche) genannt. Dem entsprechend wird die Gruppe der Luftverkehrsgesellschaften als LVG-Branche bezeichnet.

6.2 Aus den Theorien der empirischen Planungsforschung abgeleitete strategische Erfolgsfaktoren von Luftfrachtanbietern

In Abschnitt 6.1 wurde verdeutlicht, daß die Kenntnis der strategischen Erfolgsfaktoren des Zielmarktes eine grundlegende Voraussetzung für die Formulierung einer Wettbewerbsstrategie zur erfolgreichen Bearbeitung des bedienten Marktes darstellt. Als Ansatzpunkt, um strategische Erfolgsfaktoren zu identifizieren, werden in der Literatur das PIMS-Projekt, das Erfahrungskurven- und das Lebenszyklusmodell vorgeschlagen.[439] Mit Hilfe dieser drei Modelle der empirischen Planungsforschung[440] können Luftfrachtanbieter allgemeine, nicht auf einen spezifischen Markt bezogene strategische Erfolgsfaktoren identifizieren. Strategische Erfolgsfaktoren werden dabei aufgefaßt als Faktoren, "... die einen wesentlichen Einfluß auf das Erfolgspotential eines strategischen Geschäftsfeldes haben."[441]

Auf die Abgrenzung von strategischen Geschäftseinheiten muß im folgenden nicht näher eingegangen werden, da der im Rahmen der Arbeit bereits ausführlich analysierte Ansatz von *Abell* in der Literatur nicht nur zur Marktabgrenzung, sondern gleichermaßen auch zur Abgrenzung von Geschäftseinheiten vorgeschlagen wird. [442]
Anzumerken ist zum Thema der Abgrenzung von Geschäftseinheiten noch, daß jede strategische Geschäftseinheit (SGE) eines Unternehmens so festgelegt werden sollte, daß sie folgende drei Merkmale aufweist:[443]

- Die SGE umfaßt einen oder mehrere Bereiche, für die getrennt vom Rest des Unternehmens eine Planung erstellt werden kann.
- Die wichtigsten Konkurrenten der SGE können eindeutig identifiziert werden.
- Die SGE hat eine ausreichende strategische und operative Managementkompetenz. D.h., die SGE wird von einem Management geleitet, das die meisten ergebnisrelevanten Faktoren der SGE plant und steuert und das für die erreichten Ergebnisse der SGE verantwortlich ist.

Im folgenden werden die drei Modelle der empirischen Planungsforschung skizziert und die strategischen Erfolgsfaktoren aufgezeigt, die sich aus diesen Modellen für Luftfrachtanbieter ableiten lassen.

---

439 Vgl. z.B. Hammer 1992a, S. 125; Homberg 1991, S. 49.

440 In Anlehnung an *Hammer* werden die drei Ansätze den Modellen der empirischen Planungsforschung zugerechnet. Vgl. Hammer 1992b, S. 152.

441 Dunst 1979, S. 65. Vgl. auch Lange 1982, S. 27.

442 Vgl. Abell 1980, S. 191f.. Vgl. hierzu auch Homburg 1991, S. 38; Kotler 1991, S. 38; Luck/Ferrell 1985, S. 114f.; Venohr 1987, S. 62.

443 Vgl. Dyer/Forman 1991, S. 306; Hammer 1992a, S. 131f.; Homburg 1991, S. 36f.; Kotler 1991, S. 39; Stähle 1991, S. 707; Stahr 1989, S. 47f..

6.2.1 Das PIMS-Projekt

Das PIMS(Profit Impact of Market Stategy)-Projekt wurde 1972 initiiert mit der Zielsetzung, Gesetzmäßigkeiten zu identifizieren, die den Erfolg von strategischen Geschäftseinheiten wesentlich beeinflussen.[444] Zu diesem Zweck wurde im Rahmen des Projektes eine Datenbank aufgebaut, in der Kennzahlen zur Charakterisierung strategischer Geschäftseinheiten (Marktanteil, Marktwachstum, Wertschöpfungstiefe u.a.m.) abgespeichert sind. 1986 speicherte die PIMS-Datenbank Kennzahlen für etwa 2.900 strategische Geschäftseinheiten. Weniger als 10% der erfaßten strategischen Geschäftseinheiten kamen dabei aus dem Bereich Dienstleistungen.[445]

Die Quantifizierung des kurzfristigen Erfolgs einer strategischen Geschäftseinheit erfolgt im PIMS-Projekt über die Kenngrößen ROI und ROS; die Quantifizierung des langfristigen Erfolgs erfolgt über den über fünf Jahre abgezinsten Cash-Flow und den abgezinsten zukünftigen Marktwert.[446]

Als mögliche Einflußfaktoren auf den Erfolg einer strategischen Geschäftseinheit werden durch das PIMS-Projekt 37 unternehmensexterne und -interne Variablen untersucht.[447] Zur Bestimmung der Wirkung der Einflußfaktoren auf den Erfolg (ROI, ROS) einer strategischen Geschäftseinheit wird als statistische Methode die multiple Regressionsanalyse verwendet.[448] Als wichtige externe Einflußfaktoren auf den Erfolg einer strategischen Geschäftseinheit wurden durch das PIMS-Projekt Faktoren wie z.B. der Grad der Anbieterkonzentration, die Inflationsrate bei den Verkaufspreisen, die Bedeutung des Produktes für den Kunden oder die Stellung des Marktes im Lebenszyklus ermittelt.[449] Diese Faktoren stellen grundlegende Rahmendaten dar. Sie können jedoch von einer strategischen Geschäftseinheit nicht direkt beeinflußt werden. Von den untersuchten internen Erfolgsfaktoren wurden zwischen den folgenden fünf Variablen und dem Erfolg (ROI, ROS) hohe positive Korrelationen ermittelt: Marktanteil, Produktqualität, Durchschnittsalter der Anlagen, Arbeitsproduktivität und Wertschöpfungstiefe.[450]

Aus den Ergebnissen der PIMS-Studien läßt sich insgesamt ableiten, daß der Marktanteil und die Produktqualität die wichtigsten strategischen Erfolgsfaktoren für strategische Geschäftseinheiten darstellen.[451] Der Marktanteil beeinflußt dabei über die Kosten und die relative Produktqualität über die Produktpreise den Erfolg einer strategischen Geschäftseinheit.[452]

---

444 Vgl. Buzell/Gale 1989, S. 3.
445 Vgl. Buzell/Gale 1989, S. 32f..
446 Vgl. Buzell/Gale 1989, S. 32f. und S. 182.
447 Vgl. Buzell/Gale 1989, S. 36 und 38; Lange 1982, S.32.
448 Vgl. Buzell/Gale 1989, S. 235.
449 Vgl. Buzell/Gale 1989, S. 47.
450 Vgl. Buzell/Gale 1989, S. 40.
451 Vgl. Buzell/Gale 1989, S. 67 und 91; Homburg 1991, S. 62; Kreikebaum 1993, S. 100.
452 Vgl. Phillips/Chang/Buzzell 1983, S. 29f.; Buzell/Gale 1989, S. 94.

6.2.2 Das Erfahrungskurvenmodell

Beim Erfahrungskurvenmodell handelt es sich um ein Konzept, das die Entwicklung der Kosten in Abhängigkeit von der insgesamt produzierten Menge beschreibt. Die "Grundversion" des Erfahrungskurvenkonzeptes, das Mitte der sechziger Jahre von der *Boston Consulting Group*[453] vorgestellt wurde, läßt sich folgendermaßen formulieren:[454]

Mit jeder Verdoppelung der im Zeitablauf kumulierten Produktionsmenge eines Produkts besteht ein Stückkostensenkungspotential von 20 bis 30%. Dieses Stückkostensenkungspotential bezieht sich auf alle in der Wertschöpfung des Produkts enthaltenen (inflationsbereinigten) Stückkosten.

Als Ursachen, die für das im Erfahrungskurvenmodell postulierte (und vielfach empirisch nachgewiesene) Kostensenkungspotential verantwortlich sind, werden in der Literatur folgende vier Faktoren genannt:[455]

- *Lerneffekte*: Diese äußern sich in einer Verringerung der Produktionszeiten und folglich der Lohnkosten je Produktionseinheit.
- *Fixkostendegressionseffekte*: Diese entstehen, wenn bei konstanter Produktionskapazität die Ausbringung zunimmt.
- *Technischer Fortschritt*: Hierunter werden Produkt- und Prozeßinnovationen verstanden. Die Entwicklung von Produktinnovationen sind in diesem Zusammenhang nur relevant, wenn sie eine wirtschaftlichere Produktion ermöglichen. Hauptsächlich geht es um solche Prozeßinnovationen, die dazu führen, daß sich die Produktionsfunktion und damit auch die Kostenfunktion im Zeitablauf "nach unten" verschiebt.
- *Rationalisierung*: Hierunter werden kostensenkende Maßnahmen wie z.B. Produktstandardisierungen, rationellere Produktionssysteme subsumiert, die nicht einem der ersten Faktoren zugeschrieben werden können.

Luftfrachtanbieter können aus dem Erfahrungskurvenmodell als wesentliche strategische Implikation für sich ableiten, daß hohe Marktanteile beträchtliche Kostenvorteile verschaffen können. Konkretere Aussagen zum Erfolgsfaktor "Marktanteil" sind nicht möglich, da theoretisch fundierte Prognosen von Kostenverläufen mit Hilfe dieses Modells nicht möglich sind.[456] Auch wurden bisher für den Dienstleistungsbereich erst wenige und für den Luftfrachtleistungsbereich noch keine empirischen Studien zum Nachweis von Erfahrungskurveneffekten durchgeführt. Dadurch lassen sich zu erwartende Erfahrungskurveneffekte bei der Produktion von Luftfrachtleistungen auch nicht mit Erkenntnissen aus bisherigen empirischen Studien begründen.

---

453 Vgl. Henderson 1984a.

454 Vgl. Day/Montgomery 1983, S. 44f.; Hax/Mailuf 1988, S. 133; Homburg 1991, S. 63; Henderson 1984b, S. 19; Gälweiler 1990, S. 247.

455 Vgl. Hammer 1992a, S. 146f.; Homburg 1991, S. 66; Kreikebaum 1993, 79f..

456 Vgl. z.B. Homburg 1991, S. 68-70.

Nach Einschätzungen von Experten müßten jedoch insbesondere bei der Produktion von komplexen Transportleistungen Erfahrungskurveneffekte nachweisbar sein. Beispielsweise ist anzunehmen, daß Luftfrachtspeditionen bei der Erstellung von "consolidation"-Leistungen mengenmäßige Kostenreduktionen über eine bessere Auslastung der Verkehrsnetze, über die intensivere Nutzung von Informationssystemen sowie über die Automatisierung von Umschlags- und Sortieranlagen erreichen können.[457]

6.2.3 Das Lebenszyklusmodell

Das Lebenszyklusmodell geht davon aus, daß sich der Absatz eines Produktes über die gesamte Dauer seiner Marktpräsenz nach einer gewissen Gesetzmäßigkeit entwickelt. Der idealtypische Vierphasen-Verlauf eines Lebenszyklusses unterteilt sich - wie bereits in Abschnitt 3.5.1 dargestellt - in die Phasen Einführung, Wachstum, Reife und Sättigung. Wie ebenfalls in Abschnitt 3.5.1 ausgeführt, können grundsätzlich verschiedene Aggregationsebenen (z.B. Produkt, Produktklassen, Markt) als Bezugspunkt des Lebenszyklusmodells gewählt werden.

Auf der Aggregationsebene des Marktes wird das Lebenszyklusmodell zur Fundierung strategischer Entscheidungen vorgeschlagen.[458] Dabei wird angenommen, daß in jeder Lebenszyklusphase bestimmte, typische Marktgegebenheiten und Wettbewerbssituationen vorherrschen. Dadurch läßt sich anhand von Marktgegebenheiten und Wettbewerbssituationen die aktuelle Lebenszyklusphase eines Marktes prognostizieren. Kriterien zur Bestimmung der aktuellen Lebenszyklusphase eines Marktes zeigt Tabelle 27.

---

457 Vgl. hierzu Bjelicic 1990, S. 67; Ihde 1989, S. 137, Steffen 1994, S. 191f..

458 Vgl. z.B. Homburg 1991, S. 72.

	Einführung	Wachstum	Reife	Sättigung
Marktwachstum	steigende Wachstumsrate	stark steigende Wachstumsrate	Stagnation	negative Wachstumsrate
Marktpotential	nicht überschaubar	Unsicherheit über die Höhe	einschätzbar	häufig nur Ersatzbedarf
Marktanteile	Entwicklung nicht abschätzbar	Konzentration auf wenige Anbieter	Konzentration auf wenige Anbieter	weitere Konzentration
Sortiment	spezialisiertes, flexibles Produkt-spektrum	Erweiterung des Produktspektrums	Sortiments-bereinigung	Segmentierung des Marktes
Anzahl der Wettbewerber	niedrig	Höchstzahl	Verringerung	weitere Verringerung
Eintritts-barrieren	im allgemeinen keine	Marktzutritt i.d.R. nur in Marktnischen	wachsende Markt-eintrittsbarrieren	
Technologie	innovativ	Produkt und Verfahrens-verbesserungen	Rationalisierung und Verfeinerung der Verfahren	bekannt, stagnierend

Tab. 27: Kriterien zur Bestimmung der aktuellen Marktlebenszyklus-Phase[459]

Desweiteren wird angenommen, daß für jede Marktlebenszyklus-Phase grundsätzliche strategische Verhaltensweisen existieren. Beispielsweise werden in der Markteinführungsphase eine intensive Werbung, niedrige Preise und ein enges Produktprogramm als strategische Verhaltensweisen bezüglich der strategischen Parameter "Werbung", "Preis" und "Produktprogramm" postuliert.[460]

Die als grundlegend erachteten Parameter zur Ableitung strategischer Verhaltensweisen sind in der Literatur nicht einheitlich.[461] *Homburg* beispielsweise erachtet acht strategische Parameter als relevant.[462] Aus den grundsätzlichen strategischen Verhaltensweisen in den einzelnen Marktlebens-zyklus-Phasen bezüglich dieser Parameter leitet er über Plausibilitätsüberlegungen fünf grundlegende strategische Erfolgsfaktoren und deren Bedeutung in Abhängigkeit von der Phase des Marktlebenszyklus ab (vgl. Abb. 29). Nicht zuletzt wegen der empirisch unzureichenden Absicherung des Lebenszyklusmodells, läßt *Homburg* offen, ob in einem Markt noch weitere strategischen Erfolgsfaktoren existieren.[463]

459 Steffen 1994, S. 196. Vgl. auch Homburg 1991, S. 73.
460 Vgl. Homburg 1991, S. 74.
461 Vgl. Homburg 1991, S. 74; Hammer 1992a, S. 158.
462 Vgl. Homburg 1991, S. 74.
463 Vgl. Homburg 1991, S. 74f..

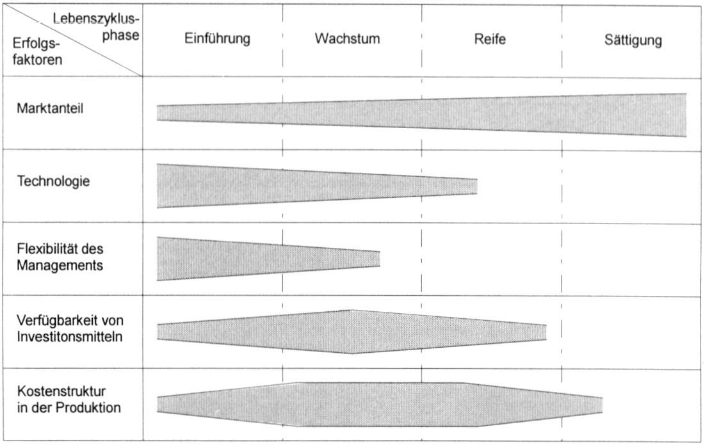

Abb. 29: Bedeutung strategischer Erfolgsfaktoren in Abhängigkeit von der Phase des Marktlebenszyklus[464]

In der Literatur wird das Lebenszyklusmodell kontrovers diskutiert.[465] Fest steht, daß der idealtypische S-förmige Verlauf des Lebenszyklusmodells in empirischen Studien vielfach falsifiziert wurde.[466] Dadurch werden Implikation bezüglich der strategischen Verhaltensweisen in einzelnen Lebenszyklusphasen - die dann wiederum als Grundlage zur Ableitung strategischer Erfolgsfaktoren dienen - stark abgeschwächt. Als Instrument zur Ableitung strategischer Faktoren wird dem Lebenszyklusmodell hier nur didaktischer Wert zugesprochen.

Zusammenfassend läßt sich aus den Theorien der empirischen Planungsforschung ableiten, daß die Produktqualität und die Kosten die wichtigsten strategischen Erfolgsfaktoren darstellen. Inwieweit darüber hinaus noch weitere Erfolgsfaktoren für Luftfrachtanbieter existieren, wird im folgenden am Beispiel der LFS-Branche und des Zielmarktes Bundesrepublik Deutschland analysiert.

464 Homburg 1991, S. 75.

465 Vgl. hierzu z.B. Hammer 1992a, S. 156f.; Homburg 1991, S. 75-78; Kreikebaum 1993, S. 76f.; Simon 1992, S. 242f..

466 Validitätstests von *Polli/Cook* haben beispielsweise ergeben, daß nur etwa jeder zweite Absatzverlauf durch das Lebenszyklusmodell besser erklärt wird als durch ein Modell ohne strukturellen Zusammenhang. Vgl. Polli/Cook 1969, S. 385-401. Vgl. zur Falsifizierung der Hypothese, daß ein Produktlebenszyklus einen idealtypischen S-förmigen Verlauf annimmt, auch Simon 1992, S. 241-247.

6.3 Ermittlung marktspezifischer Erfolgsfaktoren von Luftfrachtanbietern dargestellt am Beispiel der Luftfrachtspeditionsbranche und des geographischen Marktes Bundesrepublik Deutschland

Die Ableitung marktspezifischer Erfolgsfaktoren[467] für den Zielmarkt Bundesrepublik Deutschland setzt voraus, daß eine Luftfrachtspedition die relevanten Informationen zum Marktgeschehen und Luftfrachtwettbewerb[468] erhoben und analysiert hat.

Die Untersuchung des Marktgeschehens umfaßt vor allem die Quantifizierung des Zielmarktes (Volumen, Potential, Wachstum) und die Ermittlung qualitativer Charakteristika (z.B. nachgefragte Produkte, Konzentrationsgrad der Luftfrachtnachfrager, Kenntnis der Nachfragerbedürfnisse). Dabei ist die Aufbereitung der Marktinformationen gegebenenfalls nach Nachfragersegmenten zu differenzieren. Im Rahmen der Analyse des Luftfrachtwettbewerbs geht es darum, die wichtigsten Wettbewerber im Zielmarkt zu erfassen und zu charakterisieren (z.B. durch deren Umsätze, Produkte, Marktanteile) sowie die Wettbewerbsintensität auf dem Zielmarkt zu untersuchen.[469]

Die relevanten Informationen zum Marktgeschehen, aus denen Luftfrachtspeditionen marktspezifische Erfolgsfaktoren ableiten können, sind bereits in den Abschnitten 2.4, 5.2.3.1 und 5.3 dargestellt worden. Auf den Luftfrachtwettbewerb, dessen Analyse vor allem Relevanz besitzt, um strategische Erfolgsfaktoren zu erkennen,[470] wurde bisher noch nicht eingegangen. Bevor jedoch aus der Blickrichtung der Luftfrachtspeditionen eine Analyse des Luftfrachtwettbewerbs für den Zielmarkt Bundesrepublik Deutschland erfolgt, wird zunächst auf eine Expertenbefragung eingegangen, die bei Luftfrachtspeditionen durchgeführt wurde.

6.3.1 Erhebung von Primärdaten durch eine Expertenbefragung bei Luftfrachtspeditionen

Ein grundsätzliches Problem bei Untersuchungen zum Luftfrachtwettbewerb besteht darin, daß Informationen zu diesem Themengebiet nur spärlich vorhanden bzw. für Dritte nur bedingt zugänglich sind. Um Aussagen zum Luftfrachtwettbewerb durch Ergebnisse der Primärforschung zu stützen, wurde bei Luftfrachtspeditionen eine Expertenbefragung (LFS-Befragung) durchgeführt.

---

467 Der Begriff "marktspezifische Erfolgsfaktoren" wird hier und im weiteren als Abkürzung für den Begriff "marktspezifische strategische Erfolgsfaktoren" verwendet.

468 Als Luftfrachtwettbewerb wird im weiteren der Wettbewerb zwischen Anbietern von Luftfrachtleistungen bezeichnet.

469 Vgl. Homburg 1991, S. 80.

470 Vgl. hierzu Aaker 1984b, S. 70; Porter 1980, S. XX.

Bei der LFS-Befragung diente ein Fragebogen als Grundlage zur Datenerfassung. Es wurde die Form der persönlichen Befragung für die Datenerfassung gewählt, um neben rein quantitativen Daten auch persönliche Meinungen und Motive der Experten zu bekommen. Dieses Vorgehen hat den Vorteil, ein besseres und vollständigeres Bild über den Luftfrachtwettbewerb zu bekommen.

An der LFS-Befragung nahmen insgesamt 43 Probanden aus unterschiedlichen Luftfrachtspeditionen teil. Der Anteil der befragten Luftfrachtspeditionen am Umsatz aller deutschen *IATA*-Luftfrachtspeditionen im Jahr 1992 betrug dabei mehr als 55%.

Im Verlauf dieses Abschnitts werden die quantitativen und qualitativen Daten der LFS-Befragung genutzt, um Aussagen zu den Themenbereichen

- Luftfrachtleistungsangebot in der Bundesrepublik Deutschland,
- Wettbewerbsbeziehungen zwischen Luftfrachtspeditionen,
- Wettbewerbs- und Kooperationsbeziehungen in der Luftfrachttransportkette,
- strategische Erfolgsfaktoren der Luftfrachtspeditionen und
- strategische Wettbewerbsvorteile der Luftfrachtspeditionen

durch empirische Daten zu belegen. Im folgenden Abschnitt werden die Informationen aus der LFS-Befragung zunächst mit verwendet, um das Luftfrachtleistungsangebot der Luftfrachtspeditionen in der Bundesrepublik Deutschland zu beschreiben.

6.3.2 Struktur und Produktangebote der Luftfrachtanbieter in der Bundesrepublik Deutschland

In der Bundesrepublik Deutschland werden Luftfrachtleistungen außer durch Luftfrachtspeditionen auch durch Luftverkehrsgesellschaften und Integrator angeboten. Die Struktur und das Leistungsspektrum der einzelnen Anbietergruppen wird im folgenden beschrieben.

6.3.2.1 Luftfrachtspeditionen

Die Anbieterstruktur der Luftfrachtspeditionen

Für die Luftfrachtnachfrager stellen die Luftfrachtspeditionen die wichtigste Anbietergruppe von Luftfrachtleistungen dar. In der Bundesrepublik Deutschland werden über 90% der Luftfrachtleistungen durch Luftfrachtspeditionen verkauft.[471]

Ein Ansatzpunkt, um die Struktur der Luftfrachtspeditionen zu beschreiben, sind die veröffentlichten Umsatzzahlen der *IATA*-Luftfrachtspeditionen, die den weitaus größten Anteil am

---

471 Vgl. Alheit 1991, S. 24.

Gesamtumsatz der Luftfrachtspeditionen erzielen.[472] Die Umsatzzahlen der *IATA*-Luftfrachtspeditionen werden jährlich von der *IATA* auf der Basis der Eigendeklarationen ihrer Agenten zusammengestellt. Bei den Eigendeklarationen der *IATA*-Luftfrachtspeditionen ist jedoch nicht ersichtlich, ob sich die angegebenen Umsätze auf die in den Luftfrachtbriefen deklarierten *IATA*-Raten oder auf die tatsächlich bezahlten Raten beziehen.[473]

Nimmt man den *IATA*-Umsatz der Luftfrachtspeditionen als Indikator für die Luftfrachtleistungsnachfrage, so ist die Bundesrepublik Deutschland vor Großbritannien das wichtigste Absatzgebiet für Luftfrachtleistungen in Europa. Insgesamt erzielten die *IATA*-Luftfrachtspeditionen 1992 in 11 Ländern Europas einen Umsatz von mehr als 100 Millionen US $ (vgl. Tab. 28).

Rang	Land	Umsatz in Mio. US $	Anzahl der Agenten
1.	BR Deutschland	1.473,5	168
2.	Großbritannien	995,2	218
3.	Frankreich	827,3	158
4.	Italien	522,3	195
5.	Niederlande	497,6	59
6.	Schweiz	353,3	80
7.	Spanien	243,7	121
8.	Belgien	214,1	46
9.	Schweden	189,6	20
10.	Dänemark	153,7	29
11.	Österreich	138,7	40

Tab. 28: Rangliste der Länder mit einem *IATA*-Umsatz von mehr als 100 Millionen US $ 1992[474]

1992 betrug der Umsatz der *IATA*-Agenten in der Bundesrepublik Deutschland 2.300,5 Millionen DM (vgl. Tab. 29). Diesen Umsatz erzielten insgesamt 181 *IATA*-Luftfrachtspeditionen.[475] Wird zusätzlich berücksichtigt, daß einige Luftfrachtspeditionen mehrere *IATA*-Agenturverträge besitzen (z.B. unterteilt sich die *Panalpina-Gruppe* in die Agenturen *Panalpina Welttransport GmbH*, *Panalpina Lieberoth Welttransport GmbH* und *Panalpina Niederquell Welttransport GmbH*[476]), reduziert sich die Anzahl der *IATA*-Luftfrachtspeditionen auf 168 (vgl. Tab. 28).[477]

---

472 Vgl. Bischof 1990, S. 396.
473 Vgl. o.V. 1991c, S. 1549.
474 Vgl. o.V. 1993a, S. 1783.
475 Vgl. o.V. 1993b, S. 34-36.
476 Vgl. Bjelicic 1989, S. 10.
477 Vgl. o.V. 1993a, S. 1784.

Rang	Luftfrachtspeditionen	Umsätze in Millionen DM	Anteil am Gesamtumsatz in %
1.	Kühne & Nagel	244,9	10,6
2.	Schenker International AG	192,7	8,4
3.	Union Air Transport GmbH	115,4	5,0
4.	Danzas GmbH	85,6	3,7
5.	MSAS Cargo International GmbH	78,3	3,4
6.	Thyssen Haniel Air GmbH	75,1	3,3
7.	Panalpina Welttransport GmbH	71,4	3,1
8.	Air Express International GmbH	65,4	2,8
9.	Rhenus Air Transport GmbH	62,7	2,7
10.	Dachser GmbH & Co. Airfreight Division	59,4	2,6
	Die ersten 10 Luftfrachtspeditionen	1.050,9	45,6
11.	Lep International GmbH	52,0	2,3
12.	Panalpina Lieberoth Welttransport GmbH	47,6	2,1
13.	Overbruck Spedition GmbH	41,8	1,8
14.	Harry W. Hamacher Spedition GmbH & Co.	41,5	1,8
15.	A. Hartrodt GmbH & Co.	37,3	1,6
16.	Emery Airfreigt Corporation	36,5	1,6
17.	J.H. Bachmann Luftfracht GmbH & Co. KG	35,0	1,5
18.	Emo-Trans GmbH	33,5	1,5
19.	Gebr. Hellmann GmbH & Co. KG	28,8	1,3
20.	Nippon Express (Deutschland) GmbH	27,1	1,2
	Die ersten 20 Luftfrachtspeditionen	1.432,0	62,3
	Alle 181 Luftfrachtspeditionen	2.300,5	100,0

Tab. 29: Die Umsätze und Umsatzanteile der 20 größten *IATA*-Luftfrachtspeditionen in der Bundesrepublik Deutschland im Jahr 1992[478]

Eine Beurteilung der derzeitigen Wettbewerbsstruktur unter Luftfrachtspeditionen ist insgesamt schwierig. Grund dafür sind die unterschiedlichen Entwicklungen der Anbieterkonzentrationen auf der Ebene der *IATA*-Luftfrachtspeditionen[479] und der Unternehmensebene[480] sowie die verschachtelten Beteiligungen verschiedener Unternehmen an mehreren Luftfrachtspeditionen.

---

478 Vgl. o.V. 1993b, S. 34.

479 Auf der Ebene der *IATA*-Luftfrachtspeditionen werden die von der *IATA* zugelassenen Frachtagenturen (1992: 181) betrachtet.

480 Auf der Unternehmensebene werden die Unternehmenszugehörigkeiten der *IATA*-Agenturen betrachtet. Dabei ist zu berücksichtigen, daß es eine Gruppe von *IATA*-Agenten gibt, die keine Muttergesellschaften besitzen, also selbständige Unternehmen sind. Diese Unternehmen teilen sich wiederum in die Untergruppe derjenigen *IATA*-Agenten, die ausschließlich den Luftfrachtspeditionbereich bearbeiten, und in die Untergruppe derjenigen, die auch in anderen Verkehrssparten tätig sind. Desweiteren existiert eine zweite Gruppe von *IATA*-Agenten, die ebenfalls ausschließlich nur Luftfrachtspeditionstätigkeiten ausführen oder auch in anderen Verkehrssparten tätig sind. Diese Gruppe besitzt Muttergesellschaften, die teilweise selbst wieder und oft auch über mehrere Stufen zu größeren Wirtschaftseinheiten gehören. Vgl. Bjelicic 1989, S. 9.

Die Betrachtung der Anbieterstruktur auf der Ebene der *IATA*-Luftfrachtspeditionen zeigt, daß sich im Zeitraum 1987-1992 deren Anzahl sowie deren durchschnittlicher Umsatz im jährlichen Mittel kontinuierlich erhöht hat. Die Umsatzkonzentration der ersten 10 bzw. 20 *IATA*-Luftfrachtspeditionen ging hingegen leicht zurück (vgl. Tab. 30).

	1987	1992	Mittlere jährliche Veränderung im Zeitraum 1987-1992 absolut	in %
Gesamtumsatz in Mio. DM	1.942,1	2.300,5	71,7	3,4
Durchschnittlicher Umsatz pro Luftfracht-spedition in Mio. DM	13,3	13,7	0,1	0,6
Anzahl der Luftfrachtspeditionen	146	168	4	2,8
Umsatzanteil der ersten 10 Luftfrachtspeditionen	48,9%	46,6%	- 0,5	-
Umsatzanteil der ersten 20 Luftfrachtspeditionen	65,9%	62,3%	- 0,7	-

Tab. 30: Mittlere jährliche Veränderung der Kenngrößen *IATA*-Gesamtumsatz, durchschnittlicher Umsatz pro *IATA*-Luftfrachtspedition, Anzahl der *IATA*-Luftfrachtspeditionen und Umsatzkonzentration der ersten 10 bzw. 20 *IATA*-Luftfrachtspeditionen im Zeitraum 1987-1992 in der Bundesrepublik Deutschland[481]

Im Gegensatz zur Ebene der *IATA*-Luftfrachtspeditionen hat die Anbieterkonzentration der Luftfrachtspeditionen auf Unternehmensebene in den letzten Jahren zugenommen.[482] Im folgenden wird die Erhöhung der Anbieterkonzentration am Beispiel der *Schenker International AG* aufgezeigt:[483]

1991 wurde die *Schenker & Co. GmbH* durch die *Stinnes AG* übernommen. Durch die Übernahme kam es zu einer Fusion zwischen der *Schenker & Co. GmbH* mit der *Rhenus AG*. Die Luftfrachtaktivitäten der *Schenker & Co. GmbH* wurden dabei in die neugegründete Luftfrachtspedition *Schenker International AG* integriert. Im Zuge der Fusionierung übernahm die *Schenker International AG* von der *Schenker & Co. GmbH* die Unternehmensbeteiligungen an den Luftfrachtspeditionen *c + d Luftfracht-System GmbH* (60% Beteiligung) und der *Brink's Schenker GmbH* (50% Beteiligung) sowie von der *Rhenus AG* die Luftfrachtspeditionen *Rhenus Air Transport GmbH* und die *Impex Braunagel GmbH*, wobei die Eigenverantwortlichkeit der beiden letztge-

481 Vgl. o.V. 1988a, S. 22, S. 30, S. 38 und S. 41f.; o.V. 1993b, S. 34-36; o.V. 1989b, S. 1613; o.V. 1993a, S. 1784.

482 Vgl. Bjelicic 1989, S. 11.

483 Vgl. zu dem Beispiel o.V. 1991d, S. 176; Stinnes AG 1993, S. 1 (Konzernschaubild) und S. 46; Weise 1992, S. 3 und S. 7.

nannten Luftfrachtspeditionen erhalten bleiben sollte. Der Umsatz der *Schenker International AG* erhöht sich unter Einbeziehung der Tochterunternehmen und Unternehmensbeteiligungen für 1992 von 192,7 Millionen DM auf über 270 Millionen DM.

Das Angebotsspektrum der Luftfrachtspeditionen

Die Grundlagen, um im folgenden das Angebotsspektrum der Luftfrachtspeditionen zu charakterisieren, bilden die Informationen aus der LFS-Befragung und Produktinformationen, die von 16 Luftfrachtspeditionen zur Verfügung gestellt wurden.[484]

Die Leistungsangebote der analysierten Luftfrachtspeditionen sind sehr ähnlich strukturiert. In der Regel bieten die Luftfrachtspeditionen den potentiellen Kunden ein breites Spektrum an Luftfrachtleistungen an. Die Luftbeförderungsangebote gelten von bzw. nach Deutschland überwiegend weltweit, ein Ausschluß von Luftfrachtleistungsangeboten für bestimmte Kundenprobleme oder Gütergruppen existiert zumeist nicht. Zunehmend bieten die Luftfrachtspeditionen auch die Luftfrachtbeförderung vom Versender zum Empfänger als Standardprodukt an.[485] Einige der Luftfrachtspeditionen heben außerdem ihre Logistikkompetenz hervor.

Desweiteren muß festgehalten werden, daß der jeweilige Unternehmensname die gesamte Produktpalette der Luftfrachtspeditionen markiert. Die Unterschiede innerhalb der Produktpalette der einzelnen Luftfrachtspedition werden den potentiellen Luftfrachtnachfragern verdeutlicht, indem für unterschiedliche Produkte

- verschiedene, vom Namen des Unternehmens abgeleitete Produktmarken verwendet werden (beispielsweise untergliedert *Kühne & Nagel* die angebotenen Luftfrachtleistungen in die Produkte *KNX*, *KN Air Consol*, *KN Charter* oder *KN Sea Air*) oder
- bestimmte Sendungsarten als Produktkennzeichnung verwendet werden (z.B. *IATA*-Direkt-, Luftfrachtsammel-, Charter-, Door-to-Door-Verkehr, kombinierte See-/Luftverkehr).

Neben den jeweiligen Produktbezeichnungen werden in den Produktangeboten bestimmte Charakteristika des Luftfrachtleistungsergebnisses oder Erstellungsprozesses beschrieben, so daß ein potentieller Luftfrachtnachfrager die Eignung der einzelnen Produkte einer Luftfrachtspedition besser bewerten kann. Dabei bilden vor allem die unterschiedlichen Optionen bezüglich der Gütertransportdauer und die unterschiedlichen güterspezifischen Anforderungen an die Luftfracht-

---

484 Es wurden Produktinformationen von folgenden Luftfrachtspeditionen zur Verfügung gestellt: *Air Express International GmbH, A. Hardrodt GmbH & Co, Dachser GmbH & Co. Airfreigt Division, Danzas GmbH, Emery Airfreigt Corporation, Gebr. Hellmann GmbH & Co. KG, German Sky Express, Hans Geis GmbH + Co., Kühne & Nagel, MSAS Cargo International GmbH, Panalpina-Gruppe, Rhenus Air Transport GmbH, Saltair Speditions GmbH, Schenker International AG, Thyssen Haniel Air GmbH* und *Union Air Transport GmbH.*

485 Vgl. hierzu auch o.V. 1993c, S. 8.

leistungserstellung Ansatzpunkte, um die verschiedenen Produkte einer Luftfrachtspedition zu unterscheiden.

Neben den Luftfrachtspeditionen, die ein breites Leistungsangebot zur Lösung eines möglichst weiten Spektrums an Kundenproblemen offerieren, existieren vereinzelt auch Spezialisten, die ausschließlich für ein bestimmtes Kundenproblem oder eine bestimmte Gütergruppe Luftfrachtleistungen anbieten. Unter diesen Spezialisten hatte die Pressespedition *Möller International Aircargo* 1992 den höchsten *IATA*-Umsatz mit 19,9 Millionen DM (Platz 28 der *IATA*-Umsatzrangliste 1992).[486]

In der LFS-Befragung wurde zudem ermittelt, daß nahezu alle befragten Luftfrachtspeditionen ihren Kunden auch individuelle Problemlösungen anbieten.[487] Durch individuelle Problemlösungsangebote wollen die befragten Luftfrachtspeditionen vor allem "key accounts"[488] langfristig an das eigene Unternehmen binden. Die "key accounts" werden dabei von den befragten Luftfrachtspeditionen persönlich betreut, um deren Anforderungen an Luftfrachtleistungen möglichst gut zu erfassen und um ihnen anschließend maßgeschneiderte Problemlösungen anzubieten. Diese individuellen Problemlösungen sind zumeist Erweiterungen der Produkte, die die befragten Luftfrachtspeditionen "gewöhnlich" offerieren, und beinhalten neben einer Luftfrachtleistung auch "Zusatzleistungen". Diese "Zusatzleistungen" sind in der Regel logistische Leistungen, die vor oder nach der Luftfrachtleistungserstellung erbracht werden. Das Spektrum an "Zusatzleistungen", die die befragten Luftfrachtspeditionen für ihre "key accounts" erstellen, ist sehr heterogen und reicht von der Durchführung von Lager-, Kommissionier-, Verpackungs- und/oder Distributionstätigkeiten über die Regal- oder Bestandspflege bis hin zur Unterhaltung eines Ersatzteillagers.

31 der befragten Luftfrachtspeditionen bezeichnen ihre Produktpalette als umfassend zur Lösung der auftretenden Kundenprobleme, neun Luftfrachtspeditionen setzen branchen- oder güterbezogene Schwerpunkte bei ihren Luftfrachtleistungsangeboten und drei Luftfrachtspeditionen spezialisieren sich ausschließlich auf Luftfrachtleistungsangebote für bestimmte Güter oder zur Lösung bestimmter Kundenprobleme. So spezialisiert sich eine Luftfrachtspedition ausschließlich auf die Beförderung von Zeitungen und Zeitschriften, eine Luftfrachtspedition befördert nur Wertfracht und eine weitere nur medizinische und High-Tech-Geräte (insb. Bankautomaten, die von der Luftfrachtspedition auch vorinstalliert werden). Der jeweilige Anteil der drei spezialisierten Luftfrachtspeditionen am Gesamtumsatz aller *IATA*-Luftfrachtspeditionen im Jahr 1992 betrug 0,88%, 0,11% bzw. 0,02%.

---

486 Vgl. o.V. 1991b, S. 8; o.V. 1993b, S. 34.

487 Vgl. hierzu auch Benecke 1994, S. 40; Maruhn 1994, S. 24.

488 Besonders wichtige Kunden eines Unternehmens (z.B. aufgrund des Umsatzes) werden als "key accounts" (Schlüsselkunden) bezeichnet. Vgl. hierzu Sidow 1991, S. 11.

In bezug auf die geographische Ausdehnung ihrer Leistungsangebote gaben 32 der befragten Luftfrachtspeditionen an, daß sie Luftfrachtsendungen auf allen Relationen von und nach Deutschland befördern, während 11 Luftfrachtspeditionen vor allem Relationen mit einem hohen Luftfrachtaufkommen bedienen, wie z.B. die Relationen Deutschland-Nordamerika oder Deutschland-Südostasien.

6.3.2.2 Luftverkehrsgesellschaften

Die Anbieterstruktur der Luftverkehrsgesellschaften

Weltweit existieren zirka 670 Luftverkehrsgesellschaften, von denen sich rund 100 ausschließlich auf die Beförderung von Frachtgütern und Dokumenten spezialisiert haben.[489] Die Tabelle 31 zeigt, daß *Lufthansa* 1992 weltweit die Luftverkehrsgesellschaft mit dem höchsten internationalen Luftfrachtaufkommen war.

In der Bundesrepublik Deutschland boten 1992 zirka 200 Luftverkehrsgesellschaften Luftfrachtleistungen an.[490] Der mit Abstand wichtigste Anbieter war dabei die *Lufthansa*. Der Anteil des Unternehmens am deutschen Luftfrachtaufkommen betrug 1991 51,7%.[491]

Die Luftfrachtleistungsangebote der Luftverkehrsgesellschaften werden in der Bundesrepublik Deutschland in erster Linie durch Luftfrachtspeditionen nachgefragt. Entweder kaufen die Luftfrachtspeditionen die Luftfrachtleistungen der Luftverkehrsgesellschaften für das eigene Unternehmen ein, um den speditionseigenen Luftfrachtsammelverkehr durchzuführen, oder sie fungieren als Absatzmittler zwischen den Luftverkehrsgesellschaften und den Luftfrachtnachfragern.

Zunehmend wenden sich die Luftverkehrsgesellschaften mit ihren Leistungsangeboten auch direkt an die Versender und Empfänger von Luftfrachtsendungen. Die Luftverkehrsgesellschaften begründen dieses Verhalten mit dem aufgekommenen "Spannungsverhältnis" zwischen ihnen und den Luftfrachtspeditionen.[492] Dieses "Spannungsverhältnis" entstand, als sich die Luftfrachtspeditionen durch das Abbröckeln der *IATA*-Tarifstrukturen nicht mehr an die mit den Luftverkehrsgesellschaften getroffenen Preisabsprachen gebunden fühlten und den Preis als wichtigsten Parameter zur Luftfrachtleistungsnachfrage bei Luftverkehrsgesellschaften einsetzten.[493]

---

489 Vgl. o.V. 1993d, S. 16.

490 Vgl. Flughafen Frankfurt/Main AG 1993b, S. 44f..

491 Vgl. Deutsche Lufthansa AG 1993a, S. 65. Hinweis: Die Daten für 1992 wurden von der *Lufthansa* noch nicht veröffentlicht.

492 Vgl. o.V. 1989c, S. 46.

493 Vgl. o.V. 1992c, S. 7.

Rang	Luftverkehrsgesellschaft	Luftfrachtaufkommen in Tausend Tonnen
1.	Lufthansa	669
2.	Federal Express	659
3.	Air France	507
4.	Korean Air	431
5.	JAL	411
6.	Singapore Airlines	387
7.	British Airways	377
8.	KLM	375
9.	Cathay Pacific	342
10.	Northwest Airlines	305
11.	Swissair	216
12.	Thai Airways International	215
13.	American Airlines	214
14.	Alitalia	207
15.	Quantas	189
16.	Malaysia Airlines	181
17.	El Al	176
18.	United Airlines	171
19.	Nippon Cargo Airlines	136
20.	Saudia	132

Tab. 31: Rangfolge der 20 Luftverkehrsgesellschaften mit dem mengenmäßig höchsten internationalen Luftfrachtaufkommen im Jahr 1992[494]

Das Angebotsspektrum der Luftverkehrsgesellschaften

Die Grundlage, um im folgenden das Angebotsspektrum der Luftverkehrsgesellschaften zu charakterisieren, bilden die Produktinformationen, die von 15 Luftverkehrsgesellschaften zur Verfügung gestellt wurden.[495]

Ein Analyse der Produktangebote ergibt, daß die Produktpaletten der einzelnen Luftverkehrsgesellschaften sehr homogen sind. Der Großteil der angebotenen Luftfrachtleistungen sind Flughafen-zu-Flughafen-Produkte. Es fällt bei den Produktangeboten durchgängig auf, daß nicht die Leistungsergebnisse der Luftfrachtleistungen, sondern grundsätzlich die Charakterisierung der Produktionsfaktoren im Vordergrund steht. Ausführlich werden die Flugzeugflotte, das Streckennetz, die Bedienungshäufigkeit der einzelnen Strecken, die unterschiedlichen Ladehilfsmittel, die Funktionsweise der Luftfrachtzentren zur Frachtabfertigung und das Luftfracht-Informationssystem der jeweiligen Luftverkehrsgesellschaft beschrieben. Der Produktionsfaktor zur Luftfrachtleistungserstellung,

---

494 Deutsche Lufthansa AG 1993a, S. 81. Für die Aufstellung der Rangfolge wurden nur Luftverkehrsgesellschaften berücksichtigt, die *IATA*-Mitglieder sind.

495 Es wurde Produktinformationen von folgenden Luftverkehrsgesellschaften zur Verfügung gestellt: *Air France*, *British Airways*, *Cathay Pacific*, *Delta Airlines*, *El Al*, *Emirates*, *Iberia*, *KLM*, *Lufthansa*, *Korean Air*, *Martinair*, *Sabena*, *SAS*, *Singapore Airlines* und *Swissair*.

durch den sich die einzelnen Luftverkehrsgesellschaften am deutlichsten voneinander unterscheiden, ist das Streckennetz.

Ausgehend vom eigenen Leistungspotential heben die meisten Luftverkehrsgesellschaften weiter hervor, welche Güter mit besonderen Anforderungen an die Luftfrachtleistungserstellung (z.B. Gefahrgüter, leicht verderbliche Güter, lebende Tiere usw.) durch das eigene Unternehmen abgefertigt werden können. Produktangebote von Luftverkehrsgesellschaften, die bestimmte Attribute des Leistungsergebnisses garantieren (z.B. den Zeitpunkt, ab dem die Güter am Zielflughafen zum Weitertransport zur Verfügung stehen), bilden noch die Ausnahme.

Um ihre Leistungsangebote besser auf die Kundenanforderungen abzustimmen, gehen die Luftverkehrsgesellschaften verstärkt dazu über, wichtige Kunden (Versender und/oder Empfänger mit einem hohem Luftfrachtaufkommen, Luftfrachtspeditionen) durch ein "key account management" persönlich zu betreuen.[496] Hierbei betrachten die Luftverkehrsgesellschaften das "key account management" als ein Instrument, um auf die differenzierten Kundenanforderungen rasch mit individuellen Luftfrachtleistungsangeboten reagieren zu können.[497]

Beispiele für Luftverkehrsgesellschaften, die in letzer Zeit in der Bundesrepublik Deutschland eine stärker differenzierte Produktpalette anbieten, sind *Lufthansa*[498], *Air France*[499], *British Airways*[500] und *KLM*[501], die vor allem durch Expreßprodukte ihre Produktpalette erweitert haben.[502] Konkrete Beispiele für Expreßproduktangebote einer Luftverkehrsgesellschaft sind *Lufthansa Euro Cargo*, *Flash* und *SameDay* von *Lufthansa*. Die drei Expreßprodukte können wie folgt charakterisiert werden:[503]

- *Lufthansa Euro Cargo*: Innerhalb Europas werden Luftfrachtsendungen (Gewichtsobergrenze pro Sendung: 150 kg) im Nachtsprung von Flughafen zu Flughafen befördert.
- *Flash*: Innerhalb Europas werden Luftfrachtsendungen (Gewichtsobergrenze pro Sendung: 50 kg) innerhalb von 24 Stunden von Haustür zu Haustür befördert.
- *SameDay*: Innerhalb Europas (jedoch nicht flächendeckend) werden Luftfrachtsendungen (Gewichtsobergrenze pro Sendung: 20 kg) innerhalb weniger Stunden von Haustür zu Haustür befördert.

---

496 Vgl. Vedder 1991b, S. 13.
497 Vgl. o.V. 1991e, S. 8.
498 Vgl. o.V. 1993e, S. 8.
499 Vgl. o.V. 1992d, S. 4422.
500 Vgl. Hill 1992, S. B2.
501 Vgl. o.V.: 1993f, S. 773.
502 Vgl. hierzu auch Halbheer 1991, S. 50.
503 Vgl. o.V. 1993e, S. 8.

6.3.2.3 Integrator

Die Anbieterstruktur der Integrator

Die umsatzstärksten Integrator, die Luftfrachtleistungen weltweit anbieten, sind *DHL*, *Emery Worldwide*, *Federal Express*, *TNT* und *UPS*.[504] Die Gesamtumsatzzahlen dieser Unternehmen für 1992 zeigt Tabelle 32. Weitergehenden Informationen, wie z.B. Umsatzdaten über Luftfrachtleistungen, die weltweit bzw. in der Bundesrepublik Deutschland von den Integrator abgesetzt wurden, sind Dritten nicht zugänglich.[505]

Integrator	Umsatz 1992 weltweit	Umsatz 1992 BRD
DHL	2,8 Mrd. US $	213 Millionen DM
Emery Worldwide	1,1 Mrd. US $	k.A.
Federal Express	7,6 Mrd. US $	k.A.
TNT	k.A.	k.A.
UPS	16,5 Mrd. US $	k.A.

Tab. 32: Gesamtumsätze der Integrator im Jahr 1992 (weltweit und Bundesrepublik Deutschland)[506]

Das Angebotsspektrum der Integrator

Die Integrator bieten seit Ende der siebziger Jahre Luftfrachtleistungen in der Bundesrepublik Deutschland an.[507] Zu dieser Zeit offerierten die Integrator den Luftfrachtnachfragern zumeist nur ein Standardprodukt, das die Beförderung von Stückgütern bis zu einer festgelegten Gewichtsobergrenze in garantierten Laufzeiten vom Versender zum Empfänger umfaßte.

Mittlerweile bieten alle Integrator in der Bundesrepublik Deutschland eine stärker differenzierte Luftfrachtleistungspalette an.[508] So offeriert beispielsweise *Federal Express* seinen Kunden die drei Standardprodukte *International Priority*, *International Express Freight* und *Airport-to-Airport*, die folgendermaßen charakterisiert werden können:[509]

- *International Priority*: Die Luftfrachtsendungen (Gewichtsobergrenze pro Sendung: 70 kg) werden von Haustür zu Haustür befördert. Es erfolgt eine garantierte Auslieferung beim Empfänger bis 10.30 Uhr des vereinbarten Empfangstages. Beispielsweise wird eine

504 Vgl. Hogan 1989, S. 4f.; Kille 1991, S. 26.
505 Vgl. zu der restriktiven Weitergabe von Unternehmensdaten durch Integrator auch Muckelberg 1989, S. 9f..
506 o.V. 1993g, S. 12.
507 Vgl Hamacher 1988, S. 10; Manner-Romberg 1993, S. 6.
508 Vgl. o.V. 1993g, S. 13.
509 Vgl. Hector 1993, S. 3.

Frachtsendung von Deutschland in die USA bis auf wenige Ausnahmen bereits am Folgetag zugestellt.[510]

- *International Express Freight*: Die Luftfrachtsendungen werden ohne Zeitgarantie von Flughafen zu Flughafen befördert. Die Frachtsendungen unterliegen keiner Gewichtsobergrenze. Zusatzleistungen von *Federal Express* (z.B. Zollabfertigung und Auslieferung) können dabei in Anspruch genommen werden. Das Leistungsangebot richtet sich in erster Linie an die Luftfrachtversender.
- *Airport-to-Airport*: Die Luftfrachtsendungen werden ohne Zeitgarantie von Flughafen zu Flughafen befördert. Die Frachtsendungen unterliegen keiner Gewichtsobergrenze. Das Leistungsangebot richtet sich vor allem an Luftfrachtspeditionen.

Neben der Erweiterung der Standardprodukte gehen die Integrator verstärkt dazu über, ihre Leistungspalette durch "Spezialprodukte" (z.B. Expreßleistungsangebote für "sehr große" Frachtstücke,[511] Luftfrachtleistungsangebote für die Versendung von Gefahrgütern[512] oder Wertfracht[513]) zu ergänzen.

6.3.2.4 Unterschiede in den Produktangeboten der drei Anbietergruppen

Die Analysen der Leistungsspektren der drei Luftfrachtanbietergruppen zeigen, daß sich die Produktangebote der Luftfrachtspeditionen, Luftverkehrsgesellschaften und Integrator immer mehr annähern. Während die Luftfrachtspeditionen und Luftverkehrsgesellschaften zunehmend auch Expreßleistungen offerieren, bieten die Integrator mittlerweile Luftbeförderungsleistungen ohne Gewichtsbeschränkung der Frachtsendung, Flughafen-zu-Flughafen-Leistungen und Spezialdienste an. Alle drei Anbietergruppen offerieren den Luftfrachtnachfragern zunehmend individuelle Leistungsangebote.

Die Produktangebote der drei Anbietergruppen unterscheiden sich vor allem dadurch, daß Integrator und Luftverkehrsgesellschaften nur Luftfrachtleistungen anbieten, die mit Hilfe des eigenen Streckennetzes erstellt werden können (z.B. erstellt *Federal Express* wegen des fehlenden Streckennetzes keine Luftfrachtleistungen innerhalb Europas[514]), während Luftfrachtspeditionen aufgrund ihrer Absatzmittlertätigkeit für unterschiedliche Luftverkehrsgesellschaften grundsätzlich ein weltweites Leistungsangebot offerieren können. Ein weiteres Unterscheidungsmerkmal zwischen

---

510 Vgl. o.V. 1993h, S. 6.
511 Vgl. Schütt 1994, S. 28.
512 Vgl. Federal Express o.J., S. G11; o.V. 1993i, S. 12.
513 Vgl. o.V. 1993j, S. 3156.
514 Vgl. Hector 1993, S. 3.

Luftfrachtspeditionen und den beiden anderen Anbietergruppen ist, daß nur Luftfrachtspeditionen "consolidation"-Leistungen anbieten.

Die äußerst ähnliche Angebotsstruktur der drei Anbietergruppen bedeutet, daß nicht nur der Luftfrachtwettbewerb in der LFS-Branche, sondern der Luftfrachtwettbewerb zwischen allen Luftfrachtanbietern die strategischen Erfolgsfaktoren der Luftfrachtspeditionen im Zielmarkt Bundesrepublik Deutschland mitbestimmen.

6.3.3 Analyse der Wettbewerbsintensität in der LFS-Branche

Die genaue Kenntnis der Wettbewerbsintensität eines Marktes bildet eine wichtige Voraussetzung, um die strategischen Erfolgsfaktoren dieses Marktes zu erkennen. Die Wettbewerbsintensität in der LFS-Branche im Zielmarkt Bundesrepublik Deutschland wird daher im folgenden auf der Grundlage des Modells der Wettbewerbsstruktur von *Porter* analysiert.

Das Modell der Wettbewerbsstruktur basiert auf der Annahme, das die Wettbewerbsintensität in einem Markt durch die fünf grundlegenden Antriebskräften des Wettbewerbs

- Rivalität zwischen den etablierten Wettbewerbern,
- Bedrohung durch potentielle Wettbewerber,
- Verhandlungsmacht der Lieferanten,
- Verhandlungsmacht der Nachfrager und
- Bedrohung durch Substitute

bestimmt wird.[515] Abbildung 30 visualisiert im folgenden das Modell der Wettbewerbsstruktur von *Porter*.

---

515 Vgl. Porter 1979, 138-143; Porter 1980, S. 7-29.

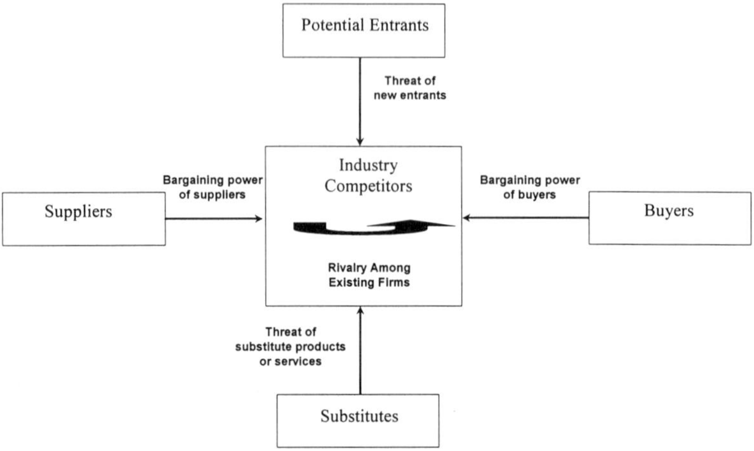

Abb. 30: Modell der Wettbewerbsstruktur[516]

In der Literatur ist das Modell von *Porter* vielfach abgewandelt und ergänzt worden. Vor allem werden der Staat oder andere übergeordnete Interessenverbände als weitere Determinanten angeführt, die die Intensität des Wettbewerbs beeinflussen.[517] Wie in der ursprünglichen Modellversion von *Porter* werden hier politische Kräfte nur indirekt als Antriebskräfte des Wettbewerbs berücksichtigt.[518] Diese Vorgehensweise wird gewählt, da die staatliche Gesetzgebung die LFS-Branche nicht direkt, sondern nur indirekt über andere Wettbewerbskräfte (insb. Luftverkehrsgesellschaften und Flughafenunternehmen) beeinflußt.

Wie stark und in welche Richtung die grundlegenden Antriebskräfte des Wettbewerbs in der LFS-Branche wirken, wird nachfolgend analysiert.

6.3.3.1 Rivalität zwischen den etablierten Wettbewerbern

In der Bundesrepublik Deutschland konkurrieren Luftfrachtspeditionen, Luftverkehrsgesellschaften und Integrator um die Luftfrachtleistungsnachfrage. Dabei sind - wie in Abschnitt 6.3.2 verdeutlicht - die Übereinstimmungen der Produktspektren und das Ausmaß, in dem sich die Zielkunden der drei Anbietergruppen überschneiden, sehr hoch.

516 Porter 1980, S. 4.
517 Vgl. Bjelicic 1990, S. 22; Düro 1991, S. 111; Hilleke-Daniel 1989a, S. 90; Homburg 1991, S. 94f..
518 Vgl. Porter 1980, S. 28f..

Einen konzeptionellen Ansatz zur Analyse von Wettbewerbern, die unterschiedliche Charakteristika aufweisen, aber mit ähnlichen Produkten dieselben Nachfragergruppen ansprechen, stellt das ebenfalls von *Porter* entwickelte Modell der strategischen Gruppen dar. *Porter* charakterisiert eine strategische Gruppe als "... the group of firms in an industry following the same or a similar strategy along the strategic dimensions."[519] Welche "strategischen Dimensionen" zur Abgrenzung strategischer Gruppen in einem Zielmarkt herangezogen werden, hängt wesentlich vom strategischen Kontext ab.[520] Mögliche Kriterien sind z.B.

- der Grad der vertikalen Integration,
- die eingesetzten Technologien,
- der Grad der Spezialisierung oder
- die verwendeten Vertriebskanäle.[521]

Bei der Wahl der Abgrenzungskriterien sollte darauf geachtet werden, daß diese Barrieren darstellen, die den Wechsel von Unternehmen zwischen verschiedenen strategischen Gruppen behindern und dadurch eine gewisse Dauerhaftigkeit der strategischen Gruppenstruktur im Zielmarkt gewährleisten.[522]

Für eine Analyse der Rivalität zwischen den etablierten Luftfrachtanbietern aus dem Blickwinkel der Luftfrachtspeditionen wird hier lediglich die Dimension "Grad der vertikalen Integration" verwendet, um die Luftfrachtanbieter der Bundesrepublik Deutschland in strategische Gruppen aufzuteilen. Daß dieses Vorgehen zur Analyse der Rivalität der etablierten Luftfrachtnachfrager zweckmäßig ist, unterstreicht die Konkurrenzbewertung durch die befragten Luftfrachtspeditionen (vgl. Tab. 33). Nach diesen Bewertungsergebnissen stehen vor allem die Luftfrachtspeditionen in sehr intensiver Konkurrenz um die Luftfrachtleistungsnachfrage.

---

519 Porter 1980, S. 129. Vgl. auch Cool/Schendel 1987, S. 1106.

520 Vgl. Caves/Porter 1977, S. 250; Harrigan 1985, S. 58; Homburg 1991, S. 95; Porter 1980, S. 152.

521 Vgl. für einen ausführlichen Überblick möglicher Kriterien Porter 1980, S. 127-129.

522 Vgl. Caves/Porter 1977, S. 250; Homburg 1991, S. 96.

Luftfrachtanbieter	M(h)	M(m)	D	S(h)	S(m)
Konkurrierende Luftfrachtspeditionen	1,88	1,95	- 0,07	0,88	0,97
Integrator	3,21	2,42	+ 0,79	1,42	1,26
Luftverkehrsgesellschaften	4,63	4,16	+ 0,47	1,20	1,45

Legende:
M(h) := Mittelwert der Einschätzungen zum heutigen Zeitpunkt.
M(m) := Mittelwert der Einschätzugen zum Zeitpunkt in fünf Jahren.
D := Differenz zwischen M(h) und M(m).
S(h) [S(m)] := Standardabweichung von M(h) bzw. M(m).

Tab. 33: Stärke der Konkurrenten im Luftfrachtwettbewerb (Ergebnis der LFS-Befragung)[523]

Im folgenden wird eine Analyse der Rivalität zwischen den etablierten Luftfrachtanbietern aus dem Blickwinkel der Luftfrachtspeditionen durchgeführt, indem sowohl der Intragruppen-Wettbewerb zwischen den Luftfrachtspeditionen als auch die Intergruppen-Wettbewerbsbeziehungen zwischen der LFS-Branche und der LVG-Branche bzw. den Integrator untersucht werden.

6.3.3.1.1 Intragruppen-Rivalität zwischen Luftfrachtspeditionen

Die Rivalität zwischen den bestehenden Luftfrachtspeditionen entsteht, "... because one or more competitors either feels the pressure or sees the opportunity to improve position".[524] Chancen, ihre Wettbewerbsposition in der LFS-Branche zu stärken, sehen die befragten Luftfrachtspeditionen vor allem in einer Verbesserung der derzeit angebotenen Produkte und in einer Intensivierung der Kundenbetreuung (vgl. Tab. 34).

---

523 Die Experten der Luftfrachtspeditionen bewerteten die Stärke der Konkurrenten im Luftfrachtwettbewerb auf der Rating-Skala mit den Ratings *1* (:= "sehr stark"), *2* (:= "ziemlich stark"), *3* (:= "mittelmäßig stark"), *4* (:= "wenig stark") und *5* (:= "nicht stark"). Vgl. zur Unterteilung dieser Rating-Skala Rohrmann 1978, S. 227.

524 Porter 1980, S. 17.

Maßnahmen	Anzahl der Nennungen
Verbesserung der Produktqualität	31
Intensivierung der Kundenbetreuung	24
Ausbau des Informationssystems	23
Bessere Qualifizierung des Personals	20
Erweiterung der Produktpalette	19
Intensivierung der Verkaufsförderung	16
Umgestaltung der Organisationsstruktur	11
Anmerkung: Mehrfachnennungen waren zugelassen	

Tab. 34: Maßnahmen der Luftfrachtspeditionen zur Erhaltung bzw. Verbesserung der eigenen Wettbewerbsposition in der LFS-Branche

Die meisten Luftfrachtspeditionen schätzen die Rivalität in der LFS-Branche als "sehr stark" oder "ziemlich stark" ein (vgl. Tab. 33). Die geringe Umsatzsteigerungen der LFS-Branche - der durchschnittliche Umsatz erhöhte sich im Zeitraum 1987 bis 1992 pro Jahr nur um 0,6% (vgl. Tab. 30) - ist ein weiterer Indikator für einen starken Wettbewerb zwischen den Luftfrachtspeditionen.

Im Vergleich zum Wettbewerb in der LVG-Branche kann die Rivalität zwischen den Luftfrachtspeditionen jedoch als mäßig bezeichnet werden. Während der harte Preiswettbewerb in der LVG-Branche dazu führte, daß 1992 die Kosten die Erträge pro Kilo beförderter Fracht im Durchschnitt um 0.34 US $ überstiegen,[525] wurden in der LFS-Branche zum Teil sehr gute Betriebsergebnisse erzielt. Beispielsweise erreichte 1992 die *Kühne & Nagel-Gruppe* in der Geschäftssparte Luftfracht ihr bisheriges Rekord-Betriebsergebnis (27,6 Millionen Schweizer Franken),[526] im *Stinnes-Konzern* konnte die Sparte Luftfracht (u.a. *Schenker International AG*, *Rhenus Air Transport GmbH*) "... eine besonders positive Entwicklung verzeichnen"[527] und auch im *Panalpina Weltransport-Konzern* wird der Luftfrachtbereich (*Panalpina Welttransport GmbH*, *Panalpina Lieberoth Welttransport GmbH* und *Panalpina Niederquell Welttransport GmbH*; Umsatzwachstum 1992: ca. 14%) von der Konzernleitung als sehr lukrativ eingestuft.[528]

6.3.3.1.2 Intergruppen-Rivalität zwischen der LFS-Branche und den Integrator

Seit ihren Markteintritt Ende der siebziger Jahre haben sich die Integrator zu einem bedeutenden Faktor entwickelt, der die Wettbewerbsintensität im Luftfrachtwettbewerb in starkem Maße mit-

525 Vgl. o.V. 1993k, S. 3417.
526 Vgl. Kühne & Nagel International AG 1993, S. 16f..
527 Stinnes AG 1993, S. 46.
528 Vgl. Zapp 1993, S. 3.

beeinflußt. Durch fortlaufende Produktdifferenzierungen und die hohe Qualität ihrer Produkte konnten die Integrator ihren Luftfrachtleistungsabsatz in der Bundesrepublik Deutschland überproportional steigern[529] und üben dadurch einen immer stärker werdenden Konkurrenzdruck auf die LFS-Branche aus.

Neben der effizienten Verknüpfung aufeinanderfolgender logistischer Leistungen begründet vor allem die durchgängige EDV-Integration während des Produktionsprozesses, daß die Integrator-Produkte zunehmend nachgefragt werden. Die Idee der Integrator, über eine adäquate Informationsinfrastruktur zum Geschäftserfolg im Luftfrachtwettbewerb zu kommen, erscheint einfach. Das folgende Beispiel von *Federal Express* verdeutlicht jedoch, wie aufwendig die Implementierung eines leistungsfähigen Informationssystems und damit auch die Imitation eines solchen Systems durch Luftfrachtspeditionen ist:[530]

Beispielsweise garantiert *Federal Express* bei seinem Produkt *International Priority*, daß eine in der Bundesrepublik Deutschland aufgegebene Haustür-zu-Haustür-Sendung am Folgetag bis 10.30 Uhr an den Empfänger in den USA ausgeliefert wird. Um das Produkt *International Priority* zu erstellen, werden die Sendungen bei der Abholung mit einem Barcode versehen und die Statusinformationen der Sendungen sofort über mobile Kleincomputer via Satellit an das globale *Federal Express*-Informationssystem zur Versandüberwachung weitergeleitet. An allen wichtigen Stationen des Transportweges wird erneut der Barcode jeder Sendung gelesen und damit der Sendungsstatus aktualisiert. Weitere Bestandteile der aufwendigen Informationsinfrastruktur sind die Verwendung eines eigenen leistungsfähigen Schlechtwetterradarsystems sowie die Erstellung eigener Wetterberichte für die Frachtflüge. Um nach der Flugzeugentladung in den USA eine sehr schnelle Zustellung zu gewährleisten, erfolgt die Sortierung der Sendungen mit Hilfe automatischer Sortiersysteme, die eine lasergestützte, optoelektronische Technologie zur Datenerfassung nutzen. Dabei können in einem Sortiersystem 200.000 Pakete pro Stunde ihren Bestimmungsadressen zugeordnet werden. Durch dieses Informationssystem ist *Federal Express* nicht nur imstande, weltweit jeden Sendungsstatus im Modus des "real-time-processing" an den interessierten Kunden weiterzuleiten, als Folge der aufwendigen Informationsinfrastruktur wird außerdem nur eines von 22.000 Paketen fehlgeleitet.

Die befragten Luftfrachtspeditionen schätzen die Integrator derzeit zumeist als "mittelmäßig starke" Wettbewerber um die Luftfrachtleistungsnachfrage ein. Der Konkurrenzdruck der Integrator auf die LFS-Branche wird sich jedoch nach Ansicht der Luftfrachtspeditionen in Zukunft stark erhöhen (vgl. Tab. 33). Chancen, um die Wettbewerbsposition im Intergruppenwettbewerb mit den Integrator zu festigen, sehen die befragten Luftfrachtspeditionen vor allem in einer Erweiterung des eigenen Produktangebotes (insb. durch Door-to-Door-Leistungen; vgl. Tab. 35).

---

529 Vgl. hierzu z.B. Hill 1992, S. B2; Kille 1993, S. 140; o.V. 1988b, S. 15f..

530 Vgl. hierzu Federal Express Corporation 1993, S. 12f.; Hoch 1990, S. 43f..

Maßnahmen	Anzahl der Nennungen
Erweiterung der Produktpalette	9
Verbesserung der Produktqualität	6
Intensivierung der Kundenbetreuung	5
Keine, da die Integrator andere Nachfragergruppen bedienen	4
Ausbau der Informationssystems	3
Verbesserung der Kooperationen zwischen der eigenen Luftfrachtspedition und den Luftverkehrsgesellschaften	3
Bessere Qualifizierung des Personals	2
Umgestaltung der Organisationsstruktur	2
Anmerkung: Mehrfachnennungen waren zugelassen	

Tab. 35: Maßnahmen der Luftfrachtspeditionen zur Erhaltung bzw. Verbesserung der eigenen Wettbewerbsposition im Intergruppen-Wettbewerb mit den Integrator

6.3.3.1.3 Kooperations- und Wettbewerbsbeziehungen zwischen der LFS-Branche und der LVG-Branche

Die LVG-Branche wird von den meisten Luftfrachtspeditionen nicht als Konkurrenz um die Luftfrachtleistungsnachfrage betrachtet (vgl. Tab. 33). Dies liegt vor allem darin begründet, daß derzeit erst wenige Produkte von Luftverkehrsgesellschaften - wie z.B. *SameDay* von *Lufthansa* - existieren, an deren Leistungserstellung Luftfrachtspeditionen nicht beteiligt sind. Bei *SameDay* kooperiert *Lufthansa* mit dem Integrator *DHL*, der den Vor- und Nachlauf des Haustür-zu-Haustür-Produktes erstellt.[531]

Die meisten der Luftfrachtspeditionen sehen in den Luftverkehrsgesellschaften Kooperationspartner zur Erstellung von Luftfrachttransportketten. Trotz der Kooperationen herrscht zwischen Luftfrachtspeditionen und Luftverkehrsgesellschaften eine ausgeprägte Rivalität. Wesentlicher Grund hierfür ist, daß sich die Position der Luftfrachtspedition in dieser Kooperationsbeziehung im Laufe der Zeit vom "*IATA*-Agenten, der eine einheitliche Kommission von 5% der *IATA*-Tarife erhält," hin zum "Luftfrachtanbieter, der nur noch bestimmte logistische Leistungen bei Luftverkehrsgesellschaften nachfragt," kontinuierlich verbessert hat.[532] Nach Ansicht der befragten Luftfrachtspeditionen sollte jedoch in Zukunft das "partnerschaftliche Verhältnis" bei den Kooperationen zwischen Luftfrachtspeditionen und Luftverkehrsgesellschaften im Vordergrund stehen.

531 Vgl. o.V. 1992e, S. 13.

532 Vgl. zur Entwicklung der Rivalität in den Kooperationsbeziehungen zwischen Luftfrachtspeditionen und Luftverkehrsgesellschaften Alheit 1993, S. 21f.; Kaltz 1993, S. 40; o.V. 1989d, S. 9; o.V. 1989e, S. 8; Schöning 1990, S. 7.

Ebenfalls sollte nach Meinung der befragten Luftfrachtspeditionen eine gegenseitige Vernetzung der Informationssysteme erfolgen. Daß eine leistungsstarke Kooperationen zwischen der LFS- und der LVG-Branche zwingend notwendig ist, um im Luftfrachtwettbewerb mit den Integrator zu bestehen,[533] läßt sich aus der Entwicklung der Luftfrachtleistungsnachfrage in den USA schließen. Zwischen 1978 und 1989 konnten die Integrator ihren Anteil an der Gesamt-Luftfrachtleistungsnachfrage von 16% auf 84% steigern.[534]

6.3.3.2 Verhandlungsmacht der Lieferanten

Die bedeutendsten Lieferanten der Luftfrachtspeditionen sind die Luftverkehrsgesellschaften und Flughafenunternehmen, die vor allem Beförderungs-, Umschlags- und Lagerleistungen zur Erstellung von Luftfrachttransportketten anbieten. Die Verhandlungsmacht der Flughafenunternehmen ist dabei gering, da die logistischen Leistungen der Flughafenunternehmen von den Luftfrachtspeditionen nicht direkt, sondern nur über Luftverkehrsgesellschaften nachgefragt werden.

Die Verhandlungsstärke einer Luftverkehrsgesellschaft ist vor allem abhängig von der Qualität der angebotenen logistischen Leistungen. Grundsätzlich ist jedoch in den letzten Jahren die Verhandlungsmacht der LVG-Branche zurückgegangen. Wesentlicher Grund hierfür sind die Preiskämpfe zwischen den Luftverkehrsgesellschaften, die vor allem durch

- Sitzplatz- und Frachtraumüberkapazitäten,
- eine Verschärfung des Wettbewerbs zwischen den etablierten Luftverkehrsgesellschaften als Folge der Deregulierung des Luftverkehrs[535] und
- dem Markteintritt finanzstarker (insb. amerikanischer[536]) Luftverkehrsgesellschaften

entstanden sind. Die Preiskämpfe haben einerseits dazu geführt, daß die LFS-Branche die logistischen Leistungen der LVG-Branche preisgünstig nachfragen kann. In der LVG-Branche hingegen führten der Preiswettbewerb und auch die hohen Personalkosten[537] zu immensen Verlusten. Nach Berechnungen der *IATA* erzielten 1992 die internationalen Luftverkehrsgesellschaften - wie bereits in Abschnitt 6.3.3.1.1 angesprochen - pro Kilo beförderter Fracht einen durchschnittlichen Netto-Verlust von 0,34 US $. Als Netto-Ergebnis der internationalen Luftverkehrsgesellschaften wurde 1992 eine Verlust von 4,8 Milliarden US $ ausgewiesen,

---

533 Vgl. hierzu auch Kaltz/Alheit 1988, S. 21; Nagarvala 1992, S. 33.

534 Vgl. MacDonald 1990, S. 83.

535 Vgl. hierzu Pinnecke/Poluha/Teuscher 1993, S. 12-17; Hill 1993, S. 37-39. Vgl. auch Abschnitt 2.3.2.

536 Vgl. hierzu Humphreys 1991, S. 3-12; Nuutinen 1989, S. 10-16.

537 Von der LVG-Branche wird eine Personalkostenquote gemessen am Umsatz vo 25% angestrebt - eine Zielgröße von der die meisten europäischen Luftverkehrsgesellschaft noch weit entfernt sind. 1992 betrug z.B. die Personalkostenquote von *Lufthansa* 33,4%, *KLM* 29,5% oder *Swissair* 37,7%. Vgl. hierzu Pinnecke/Poluha/Teuscher 1993, S. 16; Deutsche Lufthansa AG 1993b, S. 29; KLM Royal Dutch Airlines 1993, S. 54; Swissair 1993, S. 4.

wodurch sich die Verluste der internationalen Luftverkehrsgesellschaften im Zeitraum 1990-1992 auf insgesamt 11,5 Milliarden US $ beliefen.[538]

Grundsätzlich lassen sich in der LVG-Branche bezüglich der Verhandlungsstärke gegenüber der LFS-Branche zwei Gruppen identifizieren.[539] Die eine Gruppe betrachtet das Luftfrachtgeschäft lediglich als "Nebenprodukt" des Passagegeschäfts. Kontinuierliche Produktverbesserungen oder gar Produktinnovationen finden in dieser Gruppe nicht statt. Der Preis ist in dieser Gruppe die mit Abstand wichtigste Marketing-Mix-Variable. Die Verhandlungsstärke dieser Gruppe ist daher als gering einzuschätzen.

Die andere Gruppe besteht aus Luftverkehrsgesellschaften wie z.B. *Lufthansa* oder *KLM*, die sogenannte "value added services" anbieten. Dabei verstehen die Luftfrachtanbieter unter "value added services" Leistungen,

- durch die sich die eigene Produktpalette von denen der Konkurrenten differenziert,
- durch die die eigenen Produkte von den Nachfragern als qualitativ besonders hochwertig wahrgenommen werden und
- die eine hohe Nachfragerbindung hervorrufen.

Die "value adders" unter den Luftverkehrsgesellschaften weisen als gemeinsame Charakteristika auf, daß sie kontinuierlich in ihre Frachtinfrastruktur investieren (z.B. in den Kauf von Frachtflugzeugen,[540] in den Ausbau der EDV zur Verbesserung der Kommunikation,[541] in Umschlags- und Lagereinrichtungen zur Rationalisierung des Fracht-Handlings am Boden[542]). Da die meisten der Luftfrachtspeditionen, die wie z.B. *Kühne & Nagel* erfolgreich hochpreisige Luftfrachtleistungen absetzen,[543] großes Interesse an "stabilen Kooperationen" zu den "value adders" haben - damit die Qualität der eigenen Leistungsangebote dauerhaft gewährleitet wird, ist die Verhandlungsmacht der "value adders" wesentlich stärker als in der anderen LVG-Gruppe.

Der erwartete Abbau von Frachtraumüberkapazitäten in der LVG-Branche und die Forcierung der "value adders", Luftfrachtleistungen bedeutenden Luftfrachtnachfragern direkt anzubieten,[544] läßt in Zukunft auf eine Zunahme der Verhandlungsstärke der LVG-Branche schließen.

---

538 Vgl. o.V. 1993l, S. 13.
539 Vgl. zu den folgenden Ausführungen o.V. 1990, S. 7f..
540 Vgl. o.V. 1993m, S. 16.
541 Vgl. Reuther 1989, S. 49-58.
542 Vgl. hierzu auch Reuß 1988, S. 12f..
543 Vgl. Kühne & Nagel International AG 1993, S. 17.
544 Vgl. o.V. 1989e, S. 8.

6.3.3.3 Verhandlungsmacht der Nachfrager

"Buyers compete with the industry by forcing down prices, bargaining for higher quality or more services, and playing competitors against each other - all at the expense of industry profitability."[545] Der starke Konkurrenzdruck in der LFS-Branche und die Tatsache, daß sich die Leistungsangebote der Luftfrachtspeditionen, Integrator und Luftverkehrsgesellschaften immer mehr angleichen, haben zu einer starken Verhandlungsmacht der Luftfrachtnachfrager (insb. der "heavy user") gegenüber der LFS-Branche vor allem bei der Nachfrage nach standardisierten Luftfrachtleistungen geführt. Bei Preisverhandlungen mit Luftfrachtspeditionen sind die Luftfrachtnachfrager sicher, daß sie immer alternative Luftfrachtanbieter zur Leistungserstellung finden werden. Sie sind über den Preiswettbewerb in der LVG-Branche und damit über wesentliche Kosten der Luftfrachtspeditionen genau informiert, wodurch sie günstige Preise für Standardleistungen in der LFS-Branche durchsetzen können.

Neben den Standardleistungen fragen die Luftfrachtnachfrager zunehmend individuelle Luftfrachtleistungen nach.[546] Dabei haben die Luftfrachtnachfrager hohe Ansprüche an die Dienstleistungsqualität und sind daher beim Kauf dieser Leistungen weniger preissensitiv. Da zu erwarten ist, daß die Luftfrachtanbieter - aufgrund der derzeitig hohen Profitabilität - zunehmend individuelle Luftfrachtleistungen anbieten werden, ist eine zunehmende Preissensitivität der Luftfrachtnachfrager bei gleichzeitig steigenden Ansprüchen an die Produktqualität zu erwarten. Daraus läßt sich eine Intensivierung des Luftfrachtwettbewerbs ableiten.

6.3.3.4 Bedrohung durch potentielle Wettbewerber

"New entrants to an industry bring new capacity, the desire to gain market share, and often substantial resources. Prices can be bid down or incumbents' costs inflated as a result, reducing profitability."[547] Die Bedrohung durch potentielle Wettbewerber hängt von der Höhe der Markteintrittsbarrieren und von den erwarteten Reaktionen der etablierten Wettbewerber ab.[548] *Porter* unterscheidet zwischen folgenden Markteintrittsbarrieren:[549]

---

545 Porter 1980, S. 24.
546 Vgl. hierzu Abschnitt 6.3.2.1.
547 Porter 1980, S. 7.
548 Vgl. Porter 1980, S. 7.
549 Vgl. Porter 1980, S. 7-13; Steinmann/Schreyögg 1990, S. 146.

(1) Maßnahmen des Staates,
(2) Zugang zu Distributionskanälen,
(3) Kapitalbedarf,
(4) "economies of scale",
(5) Produktdifferenzierungen etablierter Unternehmen und
(6) Umstellungskosten für die Kunden.

Durch Maßnahmen des Staates und den Zugang zu Distributionskanälen werden für Luftfrachtspeditionen keine Markteintrittsbarrieren geschaffen. Die Neugründung einer Luftfrachtspedition unterliegt denselben gesetzlichen Bestimmungen wie jede Unternehmensneugründung; auch ist die Ernennung einer Luftfrachtspedition zur *IATA*-Agentur an keine besonderen Bedingungen geknüpft.[550] Die Frage nach der physischen Distribution von Luftfrachtleistungen und damit die Frage nach einer Markteintrittsbarriere "Distributionskanal" ist irrelevant.

Der Kapitalbedarf stellt eine hohe Markteintrittsbarriere zur LFS-Branche dar. Für den Markteintritt müssen die potentiellen Wettbewerber hohe Investitionssummen aufwenden, da ein Niederlassungsnetz sowie Lager- und Umschlagseinrichtungen aufgebaut werden müssen.[551] In der Vergangenheit erfolgte der Marktzutritt in die LFS-Branche über die Beteiligung oder den Aufkauf von etablierten Luftfrachtspeditionen, um den Aufbau einer Infrastruktur zu vermeiden und um bereits vorhandene Marktkenntnisse zu nutzen.[552] Dieser Weg des Markteintritts wird vor allem von ausländischen Unternehmen gewählt. Beispielsweise wurde die *Union Air Transport GmbH* (Position 3 der *IATA*-Umsatzrangliste 1992; vgl. Tab. 29) 1989 durch die niederländischen *Nedlloyd Groep N.V.* übernommen.[553] Nach Expertenansicht können etwa 35% des *IATA*-Umsatzes der LFS-Branche in der Bundesrepublik Deutschland ausländischen Unternehmen zugerechnet werden.[554]

Wie bereits ausgeführt,[555] können Luftfrachtspeditionen "economies of scale" durch Maßnahmen wie z.B. die Automatisierung von Umschlags- und Sortieranlagen erreichen. "Economies of scale" bilden eine Markteintrittsbarriere für neu hinzukommende Wettbewerber, da diese erst einen entsprechenden Marktanteil realisieren müssen, um ein ähnliches Produktionskostenniveau wie die etablierten Luftfrachtspeditionen zu erreichen. Eine weitere Markteintrittsbarriere stellen auch die Produktdifferenzierungen der etablierten Luftfrachtspeditionen dar. Die Produktdifferenzierung schafft eine Markteintrittsbarriere, da neue Wettbewerber erst die bestehende Kundenloyalität der etablierten Luftfrachtspeditionen erwerben und überwinden müssen. Sind Luftfrachtspeditionen darüber hinaus "tief" in Logistikketten der Luftfrachtnachfrager integriert, wie z.B. die geschilderte

550 Vgl. Landbeck 1972, S. 90-92.
551 Vgl. Wolgast 1988, S. 39.
552 Vgl. Dorfs 1991, S. 138f..
553 Vgl. Bjelicic 1989, S. 9.
554 Vgl. Bjelicic 1989, S. 10.
555 Vgl. Abschnitt 6.2.2.

Luftfrachtspedition aus der LFS-Befragung, die die gesamte Ersatzteillogistik eines Kunden übernommen hat,[556] dann bilden die Umstellungskosten der Luftfrachtnachfrager eine weitere Markteintrittsbarriere. Da der Trend vieler Luftfrachtnachfrager bei der eigenen Leistungserstellung zum "outsourcing" logistischer Leistungen geht und da zu erwarten ist, daß diese Leistungen zunehmend durch etablierte Luftfrachtspeditionen erbracht werden, kann davon ausgegangen werden, daß sich die Markteintrittsbarrieren "Produktdifferenzierungen der etablierten Unternehmen" und "Umstellungskosten für die Kunden" in Zukunft erhöhen werden.

6.3.3.5 Bedrohung durch Substitute

Der für Luftfrachtspeditionen "relevante" Wettbewerb erstreckt sich nicht nur auf den Luftfrachtwettbewerb. Wie bereits mehrfach ausgeführt,[557] stehen Luftfrachtanbieter im Wettbewerb mit allen anderen Transportleistungsanbietern, deren Produkte bei den Nachfragern einen vergleichbaren Nutzen stiften. Vom überwiegenden Teil der Luftfrachtspeditionen werden "Nicht-Luftfrachtanbieter" trotzdem nicht als Wettbewerber um die Luftfrachtleistungsnachfrage angesehen. Dies liegt vor allem darin begründet, daß die meisten Luftfrachtspeditionen auf Unternehmensebene ebenfalls Transportleistungen anbieten, die nicht mit dem Produktionsfaktor Flugzeug erstellt werden. Wie sich jedoch der Unternehmenswettbewerb zwischen den Transportleistungsanbietern, die verkehrsträgerübergreifend Transportleistungen offerieren, auf die Luftfrachtleistungsnachfrage auswirkt, ist schwierig abzuschätzen.

Die durchgeführte Analyse der Wettbewerbssituation in der LFS-Branche wird im folgenden genutzt, um marktspezifische Erfolgsfaktoren der Luftfrachtspeditionen abzuleiten.

6.3.4 Marktspezifische Erfolgsfaktoren der Luftfrachtspeditionen

Aus der Analyse der Wettbewerbsintensität und den Erkenntnissen der empirischen Planungsforschung lassen sich die Faktoren "Produktqualität", "Produktdifferenzierung", "Qualität der Kundenbetreuung", "Qualifikation der Mitarbeiter", "Effizienz des Informationssystems", "leistungsstarke Kooperationspartner" und "Kosten" als marktspezifische Erfolgsfaktoren der Luftfrachtspeditionen ableiten. Im folgenden wird begründet, weshalb die genannten Faktoren als marktspezifische Erfolgsfaktoren der Luftfrachtspeditionen angesehen werden:

---

556 Vgl. Abschnitt 6.3.2.1.

557 Vgl. z.B. Abschnitt 3.4.2.2.

Produktqualität

In Abschnitt 6.3.1.1 hat die Analyse des Intragruppen-Wettbewerbs in der LFS-Branche ergeben, daß die Verbesserung der Produktqualität für die Luftfrachtspeditionen eines der wichtigsten Faktoren darstellt, um die derzeitige Wettbewerbsposition zu erhalten oder zu verbessern. Darüber hinaus läßt sich aus den Ergebnissen der PIMS-Studien ableiten (vgl. Abschnitt 6.2.2), daß vor allem im Dienstleistungswettbewerb die Produktqualität ein wichtiges Kriterium für den Unternehmenserfolg sein kann.

Produktdifferenzierung

Die Analysen der Intragruppen-Rivalität zwischen Luftfrachtspeditionen und der Intergruppen-Rivalität zwischen der LFS-Branche und den Integrator haben ergeben, daß eine Erweiterung der derzeitigen Produktpalette von vielen Luftfrachtspeditionen als ein wesentlicher Faktor angesehen wird, um die eigene Wettbewerbsposition zu verbessern (vgl. Abschnitt 6.3.1.1). Zudem bedeutet die Produktdifferenzierung für Luftfrachtspeditionen eine wirkungsvolle Möglichkeit, um dem Preisdruck der Luftfrachtnachfrager entgegenzuwirken (vgl. Abschnitt 6.3.1.3). Auch stellt die Produktdifferenzierung eine Möglichkeit dar, die Kundenloyalität und die Umstellungskosten der Kunden als "Barrieren" im Luftfrachtwettbewerb gegenüber etablierten und potentiellen Anbietern einzusetzen (vgl. Abschnitt 6.3.1.4).

Qualität der Kundenbetreuung; Qualifikation der Mitarbeiter; Effizienz des Informationssystems

Die drei Faktoren werden von der LFS-Branche als wichtige Erfolgsfaktoren (vor allem im Intragruppen-Wettbewerb) betrachtet (vgl. Abschnitt 6.3.1.1). Die Qualität der Kundenbetreuung beeinflußt dabei in hohem Maße die Kundenloyalität. Qualifizierte Mitarbeiter und ein effizientes Informationssystem sind zentrale Voraussetzungen für jede Luftfrachtspedition, um eine breite, qualitativ hochwertige Produktpalette anbieten zu können.

Leistungsstarke Kooperationspartner

In Abschnitt 6.3.1.2 ist aufgezeigt worden, daß die LVG-Branche für die LFS-Branche die bedeutendste Lieferantengruppe von logistischen Leistungen darstellt. Leistungsstarke Kooperationspartner sind dabei für Luftfrachtspeditionen ein wichtiger Faktor, damit die Qualität der eigenen Leistungsangebote dauerhaft gewährleistet wird. Aufgrund der zunehmenden Nachfrage der Luftfrachtkunden nach Door-to-Door-Lösungen ist anzunehmen,[558] daß auch die Kooperationen

[558] Um beispielsweise den Vor- und Nachlauf von Sendungen in Dänemark zu erstellen, die im Rahmen des *KN Air Express Service* befördert werden, kooperiert *Kühne & Nagel* mit der dänischen Luftfrachtspedition *Naku Luftfragt* über eine 60%-Kapitalbeteiligung und mit dem dänischen Paketdienstunternehmen *Pakke-Trans* im Rahmen eines Kooperationsvertrages. Vgl. hierzu Kühne & Nagel International AG 1993, S. 62; o.V. 1989f., S. 3469.

der deutschen Luftfrachtspeditionen mit ausländischen Luftfrachtspeditionen in wichtigen "Zielländern" und damit die Bedeutung des Erfolgsfaktors "leistungstarke Kooperationspartner" zukünftig zunehmen wird.

Kosten

Das in Abschnitt 6.2 vorgestellte PIMS-Projekt und das Erfahrungskurvenmodell weisen übereinstimmend den Marktanteil und damit die Kosten als wichtigen, allgemeingültigen Erfolgsfaktor aus.

Zur Überprüfung, ob die abgeleiteten Faktoren tatsächlich marktspezifische Erfolgsfaktoren der Luftfrachtspeditionen darstellen, können empirische Ergebnisse der LFS-Befragung herangezogen werden. Die Probanden bewerteten dazu auf einer fünfstufigen Ratingskala Aussagen, die Erfolgsfaktoren der Luftfrachtspeditionen beschreiben. Dabei besteht ein vollständiger oder zumindest ein sehr hoher Erklärungszusammenhang

- zwischen dem Faktor "leistungsstarke Kooperationspartner" und der Aussage A in Tabelle 36,
- zwischen dem Faktor "Qualifikation der Mitarbeiter" und der Aussage B,
- zwischen dem Faktor "Produktqualität" und den Aussagen C und E,
- zwischen dem Faktor "Qualität der Kundenbetreuung" und der Aussage D,
- zwischen dem Faktor "Produktdifferenzierung" und den Aussagen E, G, H und K,
- zwischen dem Faktor "Effizienz des Informationssystems" und der Aussage F und
- zwischen dem Faktor "Kosten" und der Aussage I.

Aussagen	M(h)	M(m)	D	S(h)	S(m)
A. Die LFS verfügt weltweit über Kooperationspartner und/oder Niederlassungen.	1,49	1,30	0,19	0,80	0,74
B. Die LFS verfügt über besonders qualifizierte Mitarbeiter.	1,53	1,35	0,18	0,77	0,61
C. Die LFS bietet bei ihren Dienstleistungen einen überdurchschnittlichen Service.	1,60	1,44	0,16	0,79	0,70
D. Die LFS verfügt über eine sehr gute Kundenbetreuung.	1,65	1,44	0,21	0,72	0,70
E. Die LFS versteht es aufgrund ihres Leistungsangebotes, den Verlader langfristig an sich zu binden.	1,79	1,40	0,39	0,83	0,66
F. Die LFS ist an ein leistungsfähiges EDV-Netz angeschlossen, mit dem alle Partner der LTK vernetzt sind.	1,95	1,35	0,60	0,97	0,69
G. Die LFS bietet nach Marktsegmenten differenzierte Luftfrachtleistungen an.	1,98	1,84	0,14	0,71	0,90
H. Die LFS bietet über die klassischen Aufgaben der LFS hinausgehende logistische Gesamtlösungen an.	2,07	1,63	0,44	0,83	0,76
I. Die LFS verfügt im Vergleich zur Branche über eine besonders günstige Kostenstruktur.	2,07	1,95	0,12	0,94	0,95
J. Die LFS aktiviert die Beförderung luftfrachtaffiner Güter zu Lasten anderer Verkehrsträger.	2,65	2,40	0,25	1,09	1,14
K. Die LFS hat kaum Konkurrenten mit einem ähnlich spezialisierten Angebot.	3,02	3,02	0,00	1,16	1,20

Legende:
M(h) := Mittelwert der Einschätzugen, wie gut die Aussage zum heutigen Zeitpunkt zutrifft;
M(m) := Mittelwert der Einschätzugen, wie gut die Aussage in fünf Jahren zutrifft;
D := Differenz zwischen M(h) und M(m);
S(h); S(m) := Standardabweichung von M(h), M(m);
LFS := Luftfrachtspedition;
LTK := Luftfrachttransportkette.

Tab. 36: Ergebnis der LFS-Befragung, wie gut durch die vorgegebenen Aussagen heute bzw. in fünf Jahren der Markterfolg einer besonders erfolgreichen Luftfrachtspedition erklärt wird[559]

Die Ergebnisse der Tabelle 36 unterstreichen, daß die aus der Analyse der Wettbewerbsintensität in der LFS-Branche abgeleiteten Faktoren wichtige marktspezifische Erfolgsfaktoren der Luftfrachtspeditionen darstellen. Nach Ansicht der befragten Luftfrachtspeditionen sind heute und

559 Die Probanden bewerteten die Aussagen auf der Antwortskala mit den Unterteilungen: *1* (:= "stimme stark zu"), *2* (:= "stimme etwas zu"), *3* (:= "stimme weder zu, noch lehne ab"), *4* (:= "lehne etwas ab") und *5* (:= "lehne stark ab"). Vgl. zur Entwicklung dieser Antwortskala Rohrmann 1978, S. 228.

in fünf Jahren die weltweite Verfügbarkeit über Kooperationspartner und/oder Niederlassungen am wichtigsten für den Markterfolg in der LFS-Branche. Dabei werden von den grundsätzlich denkbaren Kooperationen die Kooperationen mit Luftverkehrsgesellschaften als besonders wichtig für den Markterfolg erachtet (vgl. Tab. 37).

Kooperationspartner	M	S
Luftverkehrsgesellschaften	2,05	0,81
Andere Luftfrachtspeditionen	3,03	1,14
Flughafenunternehmen	3,22	1,03
Integrator	3,86	1,06
Legende: M := Mittelwert; S := Standardabweichung.		

Tab. 37: Bedeutung der Kooperationspartner für den Markterfolg von Luftfrachtspeditionen[560]

Den Beurteilungen der Aussagenbatterie in Tabelle 36 zufolge, wird die Bedeutung eines effizienten Informationssystems als Erfolgsfaktor von Luftfrachtspeditionen am stärksten zunehmen. Die Tabelle 38 verdeutlicht, daß die meisten der befragten Luftfrachtspeditionen bezüglich dieses Erfolgsfaktors noch enorme Defizite haben.

Bewertungskriterien	M	S	Von 43 LFSen konnten n dieses Kriterium nicht beurteilen, da ihr Informationssystem diese Leistung nicht bietet
Abwicklung von Zollformalitäten*	1,81	0,73	n= 0
Avisierung*	2,12	1,40	n =3
Statuskontrolle*	3,02	1,60	n = 6
Informationen bei Unregelmäßigkeiten*	3,14	1,46	n = 3
Kopplung zu den Luftverkehrsgesellschaften*	4,09	1,82	n = 18
Kopplung zu den Verladern*	4,23	1,88	n = 21
Legende: M := Mittelwert; S := Standardabweichung; LFS := Luftfrachtspedition * := Die Anzahl der Luftfrachtspeditionen, die dieses Kriterium beurteilten war 43 - n.			

Tab. 38: Bewertung der Effizienz des eigenen Informationssystems durch die befragten Luftfrachtspeditionen

560 Die Probanden bewerteten die Bedeutung der Kooperationspartner auf der Antwortskala mit den Unterteilungen: *1* (:= "sehr wichtig"), *2* (:= "wichtig"), *3* (:= "mittelmäßig wichtig"), *4* (:= "wenig wichtig") und *5* (:= "nicht wichtig"). Vgl. zur Entwicklung dieser Antwortskala Rohrmann 1978, S. 227.

Die Luftfrachtspeditionen wurden im Rahmen der Befragung auch gebeten, den Erfolgsfaktor "Image" einzuschätzen. Das Image konnte nicht aus der Analyse der Wettbewerbsintensität in der LFS-Branche oder aus den Erkenntnissen der empirischen Planungsforschung abgeleitet werden, jedoch haben die Implikationen der Simulationsergebnisse in Abschnitt 5.3.3.4 ergeben, daß das Image einen wichtigen Faktor darstellen kann, um eine dauerhafte Kundenbindung von Luftfrachtnachfragern zu erreichen. Die Bedeutung des Erfolgsfaktors "Image" wird von den befragten Unternehmen nicht einheitlich bewertet. Die meisten der befragten Luftfrachtspeditionen betrachten das Image jedoch als "sehr wichtigen" oder "wichtigen" Erfolgsfaktor.[561]

Durch die Kenntnis der marktspezifischen Erfolgsfaktoren erhält eine Luftfrachtspedition wichtige Anhaltspunkte, welche Faktoren einen dauerhaften Wettbewerbsvorteil für das Unternehmen begründen können. Für die Formulierung und Implementierung einer effizienten Unternehmensstrategie ist jedoch eine Analyse der eigenen Wettbewerbsposition gleichermaßen wichtig. Im folgenden Abschnitt wird daher allgemein für Luftfrachtanbieter aufgezeigt, wie diese ihre relativen Stärken und Schwächen ermitteln können.

6.4 Analyseinstrumente zur Ermittlung der Erfolgspotentiale des einzelnen Luftfrachtanbieters

Nachdem für den Zielmarkt Bundesrepublik Deutschland die strategischen Erfolgsfaktoren der LFS-Branche ermittelt worden sind, werden nun die Analyseinstrumente "Wertschöpfungskette" und "Konsistenzmatrix der Erfolgsfaktoren" vorgestellt, mit denen Luftfrachtspeditionen, aber auch die anderen Luftfrachtanbieter ihre eigene Wettbewerbsposition analysieren können. Da das Erfolgspotential von Luftfrachtanbietern nicht wie die strategischen Erfolgsfaktoren gruppenspezifisch, sondern nur für ein einzelnes Unternehmen ermittelt werden kann, beschränken sich die folgenden Darstellungen auf eine Charakterisierung der beiden Analyseinstrumente.

6.4.1 Die Wertschöpfungskette

Die Wertschöpfungskette von *Porter* ist ein Instrument zur wettbewerbs- und kundennutzenorientierten Unternehmensanalyse.[562] Mit der Wertschöpfungskette wird das Ziel verfolgt, durch die systematische Analyse eines Unternehmens "Wettbewerbsvorteilsquellen" zu identifizieren. Zu diesem Zweck wird ein Unternehmen in Wertschöpfungsaktivitäten unterteilt. Dabei sollten die

---

561 Die Probanden bewerteten die Bedeutung des Erfolgsfaktors "Image" auf der Antwortskala von *1* (:= "sehr wichtig"), *2* (:= "wichtig") bis *5* (:= "nicht wichtig"). Der Mittelwert der Bewertungen beträgt 2,04.

562 Vgl. zur Darstellung dieses Analyseinstruments Porter 1985, S. 33-61; Porter/Millar 1985, S. 149-160; Kreikebaum 1993, S. 93-95.

Wertschöpfungsaktivitäten eines Unternehmens so festgelegt werden, daß Funktionsbereiche entstehen, die

(1) eigenen wirtschaftlichen Gesetzmäßigkeiten unterliegen,
(2) ein hohes Differenzierungspotential aufweisen oder
(3) einen hohen oder steigenden Anteil an den Kosten der Wertschöpfung auf sich vereinigen.[563]

Die Grundstruktur einer Wertschöpfungskette zeigt Abbildung 31. Ausgehend von seinem Gesamtwert wird das Unternehmen als eine Kette von fünf primären und vier unterstützenden Wertschöpfungsaktivitäten dargestellt. Die Differenz zwischen dem Gesamtwert des Unternehmens und den Kosten der Wertschöpfungsaktivitäten ergibt die Gewinnspanne ("margin"). Den Gesamtwert des Unternehmens charakterisiert *Porter* dabei wie folgt: "In competitive terms, value is the amount buyers are willing to pay for what a firm provides them. Value is measured by total revenue, a reflection of the price a firm's product commands and the units it can sell."[564] Weiter lassen sich die einzelnen Wertschöpfungsaktivitäten und der Zusammenhang zwischen primären und unterstützenden Aktivitäten wie folgt beschreiben:

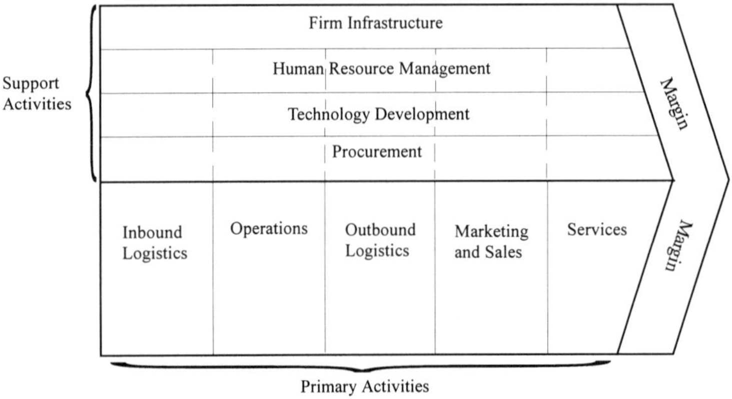

Abb. 31: The Generic Value Chain[565]

"Primary activities are those involved in the physical creation of the product, its marketing and delivery to buyers, and its support and servicing after sale. Support activities provide the inputs and

563 Vgl. Porter 1985, S. 45.
564 Porter 1985, S. 38.
565 Porter 1985, S. 37.

infrastructure that allow the primary activities to take place."[566] In jede Aktivität gehen zugekaufte Inputs, menschliche Ressourcen und eine Kombination von Technologien ein. Die Infrastruktur des Unternehmens, zu der unter anderem das General Management und das Controlling zu zählen sind, unterstützt die gesamten Wertschöpfungsaktivitäten. Innerhalb jeder Wertschöpfungsaktivität fallen nun wiederum unterschiedliche Aktivitäten an, die vom Charakter des jeweiligen Geschäfts bestimmt werden. Bespielsweise gehören zum Marketing & Vertrieb einer Luftfrachtspedition die Aktivitäten "Akquisition" und "Angebotskalkulation".[567]

Im Rahmen der Wertschöpfungsketten-Analyse werden die Wertschöpfungsaktivitäten in Hinblick auf ihren Beitrag zur Befriedigung der Kundenbedürfnisse untersucht. Dies dient dem Zweck, Möglichkeiten zur Erreichung potentieller bzw. Möglichkeiten zur Absicherung gegenwärtiger strategischer Wettbewerbsvorteile zu erkennen. Strategische Wettbewerbsvorteile eines Unternehmens basieren grundsätzlich darauf, daß Wertschöpfungsaktivitäten im Vergleich zu den Konkurrenten billiger oder besser ausgeführt werden. Je deutlicher dies geschieht, desto größer wird die Gewinnspanne des Unternehmens. Dazu ist noch anzumerken, daß auch durch die Art, wie Aktivitäten in der Wertschöpfungskette eines Unternehmens miteinander und mit Wertschöpfungsaktivitäten von Lieferanten und Abnehmern verknüpft sind, strategische Wettbewerbsvorteile erzielt werden können.[568]

Porter erachtet die Unternehmensebene als die am besten geeignete Bezugsebene zur Entwicklung einer Wertschöpfungskette. "The relevant level for constructing a value chain is a firm's activity in a particular industry."[569] Von anderen Bezugsebenen zur Entwicklung einer Wertschöpfungskette rät *Porter* ab, da sich die Wertschöpfungsketten direkter Konkurrenten oftmals deutlich unterscheiden.[570] Grundsätzlich empfiehlt *Porter*, daß Unternehmen ausgehend von der "generic value chain" eigene Wertschöpfungsketten entwickeln sollten.[571] Diesen Gedanken greift *Steffen* auf und entwickelt eine modifizierte Wertschöpfungskette für Speditionsunternehmen, die in dieser Form ebenfalls für Luftfrachtanbieter einen geeigneten Bezug zur Entwicklung unternehmensspezifischer Wertschöpfungsketten darstellt (vgl. Abb. 32).[572]

566 Porter/Millar 1985, S. 150.
567 Vgl. Porter/Millar 1985, S. 150.
568 Vgl. Porter 1985, S. 35f..
569 Porter 1985, S. 36.
570 Vgl. Porter 1985, S. 36.
571 Vgl. Porter 1985, S. 45.
572 Vgl. zur Darstellung und Begründung der modifizierten Wertschöpfungskette Steffen 1994, S. 265f..

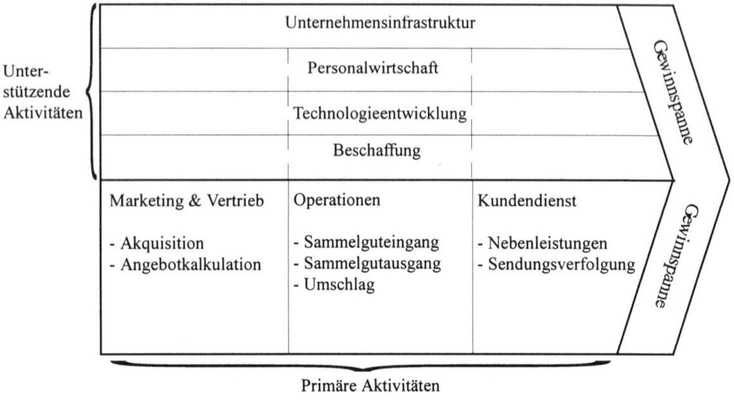

Abb. 32: Die modifizierte Wertschöpfungskette für Luftfrachtanbieter[573]

Im Vergleich zur "generic value chain" werden in der Wertschöpfungskette für Luftfrachtanbieter die Aktivitäten "inbound logistics" und "outbound logistics" nicht berücksichtigt. Diese Vorgehensweise wird damit begründet, daß Dienstleistungsunternehmen immaterielle Leistungen erstellen und dadurch eine "inbound logistics" im Sinne von "activities associated with receiving, storing and dissemination inputs to the product, such as material handling, warehousing, inventary control ..."[574] und "outbound logistics" im Sinne von "activities associated with collecting, storing, and physical distributing the product to buyers, such as finished goods warehousing, material handling ..."[575] nicht existieren. Da der Absatz einer Dienstleistung vor ihrer Produktion erfolgen muß, wird in der Wertschöpfungskette für Luftfrachtanbieter die Aktivität "Marketing & Vertrieb" vor den Operationen angeordnet.

Zusammenfassend kann das Analyseinstrument der Wertschöpfungskette als ein Denkmodell charakterisiert werden, durch das Luftfrachtanbieter über die Erfassung, Strukturierung und Analyse der strategisch relevanten Unternehmensaktivitäten die eigenen Potentiale zur Erreichung bzw. Absicherung strategischer Wettbewerbsvorteile offenlegen können. Die Analyse der Wertschöpfungsketten der wichtigsten Konkurrenten bietet darüber hinaus Luftfrachtanbietern die Möglichkeit, das eigene Erfolgspotential mit dem der Konkurrenz zu vergleichen und damit die relative Stärke bezüglich der strategischen Erfolgsfaktoren abzuschätzen.

573 Steffen 1994, S. 266.
574 Porter 1985, S. 39f..
575 Porter 1985, S. 40.

Ein nützliches Instrument, das zusätzlich zur Verdeutlichung und Visualisierung der relativen Stärken und Schwächen des eigenen Unternehmens herangezogen werden kann, ist die Konsistenzmatrix der Erfolgsfaktoren.

6.4.2 Die Konsistenzmatrix der Erfolgsfaktoren

Nach dem Konsistenzprinzip sollten strategische Wettbewerbsvorteile auf der Basis der strategischen Erfolgsfaktoren geschaffen werden. Bei weniger wichtigen Faktoren können dagegen auch Wettbewerbsnachteile in Kauf genommen werden.[576]

Bei einer Konsistenzmatrix handelt es sich um ein zweidimensionales Koordinatensystem, dessen vertikale Achse die Bedeutung der Erfolgsfaktoren angibt, während entlang der horizontalen Achse die Stärke eines Unternehmens bezüglich der Erfolgsfaktoren quantifiziert wird (vgl. Abb. 33).

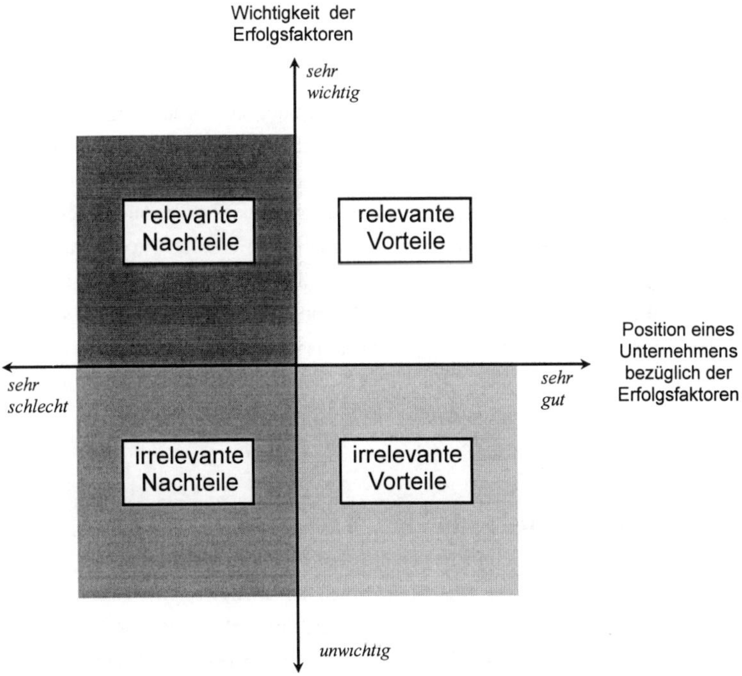

Abb. 33: Konsistenzmatrix der Erfolgsfaktoren[577]

576 Vgl. Simon 1988b, S. 471.

577 Vgl. Homburg 1991, S. 99; Simon 1988b, S. 472f..

Zur Visualisierung der relativen Stärke bezüglich der Erfolgsfaktoren eines Zielmarktes kann ein Luftfrachtanbieter grundsätzlich folgende Vorgehensweise wählen: Zunächst wird die Bedeutung der Erfolgsfaktoren für den untersuchten Zielmarkt durch eine empirischen Untersuchung ermittelt (vgl. Abschnitt 6.3.4) und die Stärke des eigenen Unternehmens bezüglich der Erfolgsfaktoren sowie die der wichtigsten Konkurrenten durch Nutzung des Analyseinstruments "Wertschöpfungskette" abgeschätzt und quantifiziert. Die Ergebnisse dieser Analyse werden anschließend in Form von "Erfolgsfaktoren"-Profile (das eigene und die der wichtigsten Konkurrenten) in einer Konsistenzmatrix abgebildet. Dadurch wird die relative Wettbewerbsposititon des Luftfrachtanbieters im Vergleich zu den wichtigsten Konkurrenten visualisiert. Auf Basis der ermittelten Profile kann nun der Luftfrachtanbieter abschätzen, welche Erfolgsfaktoren besonders geeignet sind, strategische Wettbewerbsvorteile aufzubauen bzw. abzusichern.[578] Ebenfalls kann sich der Luftfrachtanbieter durch die Visualisierung verdeutlichen, in welchen strategischen Erfolgsfaktoren er Defizite hat, die zwingend verringert werden müssen, um einer Schwächung der eigenen Wettbewerbsposition entgegenzuwirken. Grundsätzlich kann die relative Wettbewerbsposition eines Luftfrachtanbieters als "sehr gut" bezeichnet werden, wenn die Profilvergleiche ergeben, daß das eigene Unternehmen in mindestens einem strategischen Erfolgsfaktoren signifikant stärker als die Konkurrenz ist und gleichzeitig keine relevanten Nachteile hat.[579]

Nimmt ein Luftfrachtanbieter im Vergleich zur Konkurrenz bezüglich eines strategischen Erfolgsfaktors eine deutlich bessere Wettbewerbsposition ein, so determiniert dies nicht automatisch einen strategischen Wettbewerbsvorteil. Die überlegene Wettbewerbsposition muß auch von den Luftfrachtnachfragern wahrgenommen werden. Aber gerade die Transformation des eigenen Wissens und Könnens in strategische Wettbewerbsvorteile am Markt führt in der Praxis oftmals zu großen Schwierigkeiten.[580] Vor diesem Hintergrund sollte ein Luftfrachtanbieter sein Verhalten gegenüber den Wettbewerbern sorgfältig planen, damit die eigene Wettbewerbsstrategie ihren Zweck - den Aufbau und die Absicherung strategischer Wettbewerbsvorteile - erfüllt. Wichtige Voraussetzung für eine prägnante Formulierung und zielgerichtete Implementierung einer Wettbewerbsstrategie ist dabei die Abgrenzung des bedienten Marktes.

6.5 Abgrenzung des bedienten Marktes

Durch die bisherigen, in diesem Kapitel aufgezeigten Analyseschritte wurde gezeigt, daß Luftfrachtanbieter in einem zugrunde gelegten Zielmarkt ihre Erfolgspotentiale identifizieren und bewerten können. Die Kenntnis der eigenen und der Erfolgspotentiale der wichtigsten Konkurrenten bildet dabei für den einzelnen Luftfrachtanbieter eine durch betriebswirtschaftliche Methoden

578 Vgl. Aaker 1989, S. 38.
579 Vgl. Simon 1988b, S. 470f..
580 Vgl. Simon 1988a, S. 1.

ermittelte Entscheidungsgrundlage, um den bedienten Markt aus der wettbewerbsorientierten Perspektive festzulegen.

Hat ein Luftfrachtanbieter seinen bedienten Markt aus der wettbewerbsorientierten Perspektive festgelegt, so ist es sinnvoll, diesen und den bedienten Markt, der durch Analyse der nachfragerorientierten Perspektive festgelegt wurde, zu "verbinden". Zur Verdeutlichung, wie die Abgrenzung des bedienten Marktes durch die Analyse beider Perspektiven vorgenommen werden kann, wird die in dieser Arbeit verfolgte konzeptionelle Vorgehensweise zur Marktabgrenzung als Denkmodell zusammengefaßt.

Abbildung 34 visualisiert, wie ausgehend von einem in Marktzellen unterteilten Marktsuchraum (Figur A) der bediente Markt (Figur E) durch die Analyse der nachfragerorientierten Perspektive (Figur B) und die Analyse der wettbewerbsorientierten Perspektive (Figur D) festgelegt werden kann.

Wird dabei der bediente Markt "sehr eng" definiert, so entspricht er der Schnittmenge der bedienten Märkte aus den Figuren B und D. Wird der bediente Markt hingegen "sehr weit" definiert, so wird er durch die Vereinigungsmenge der Figuren B und D gebildet. Zur endgültigen Festlegung des bedienten Marktes muß ein Luftfrachtanbieter bewerten, welche Folgen mit einer Bearbeitung bzw. Nicht-Bearbeitung der "kritischen" Marktzellen verbunden sind. Als "kritisch" werden dabei diejenigen Marktzellen der Figuren B und D bezeichnet, die entweder nur zum bedienten Markt der Figur B oder nur zum bedienten Markt der Figur D gehören. Die Entscheidung, welche "kritischen" Marktzellen bearbeitet werden, kann ein Luftfrachtanbieter beispielsweise auf der Basis einer Diskussion von relevanten Fragestellungen treffen, wie:

- Kann es sich das Unternehmen erlauben, Nachfragergruppen, deren Kundenbedürfnisse im Vergleich zur Konkurrenz besser befriedigt werden könnten, aus Profitabilitätsgesichtspunkten nicht zu bedienen? Können bei einer Nicht-Bearbeitung dieser Nachfragergruppen Wettbewerber z.B. Lernkurveneffekte realisieren, die es diesen dann erlauben, aggressiv im "eng" abgegrenzten bedienten Markt zu konkurrieren?
- Besteht die Chance, durch Um- oder Neupositionierung von Produkten in den "kritischen" Marktzellen einen profitableren Ressourceneinsatz als bisher geschätzt, zu erreichen?
- Werden die "kritischen" Marktzellen nicht bearbeitet, welche Unternehmensressourcen bleiben dann ungenutzt? Welche alternativen Verwendungsmöglichkeiten der Ressourcen existieren?

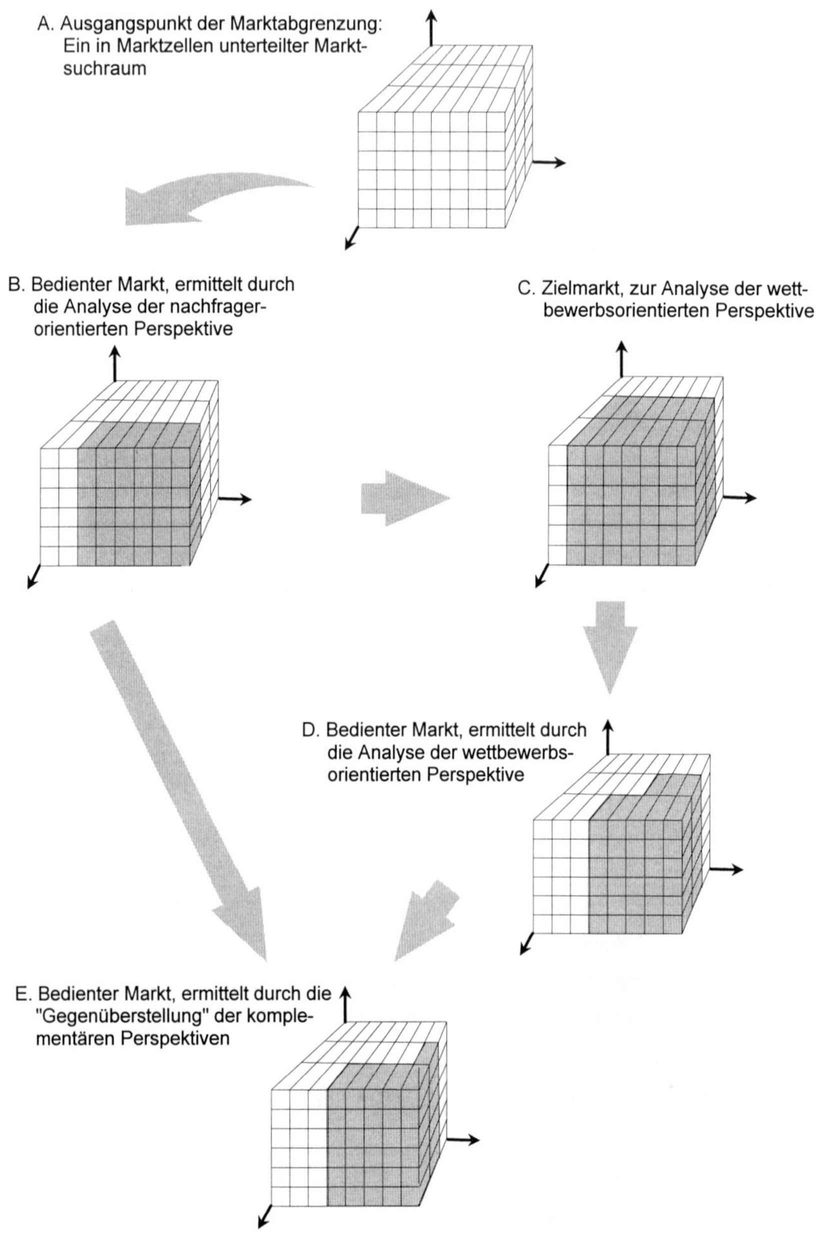

Abb. 34: Denkmodell zur Abgrenzung des bedienten Marktes

6.6 Umsetzung der Erfolgspotentiale in strategische Wettbewerbsvorteile

Durch die Abgrenzung des bedienten Marktes erfüllt ein Luftfrachtanbieter eine wichtige Voraussetzung für eine prägnante Formulierung und zielgerichtete Implementierung einer Wettbewerbsstrategie. Ausgehend von einer allgemeinen Analyse, wie Luftfrachtanbieter durch eine Wettbewerbsstrategie ihre Erfolgspotentiale in strategische Wettbewerbsvorteile transformieren können, werden nun in diesem Abschnitt die strategischen Wettbewerbsvorteile der LFS-Branche und Möglichkeiten zur Bewertung strategischer Wettbewerbsvorteile aufgezeigt.

6.6.1 Wettbewerbsstrategie und strategische Wettbewerbsvorteile

Wie bereits angesprochen, wird in der Wettbewerbsstrategie das Verhalten eines Luftfrachtanbieters gegenüber den Konkurrenten am bedienten Markt festgeschrieben. Eine Wettbewerbsstrategie dient dem Zweck, strategische Wettbewerbsvorteile aufzubauen und diese abzusichern. "Strategy is a deliberate search for a plan of action that will develop a business's competitive advantage and compound it."[581] Im Rahmen der "Suche" nach einer Wettbewerbsstrategie ergeben sich für einen Luftfrachtanbieter zumeist mehrere Strategiealternativen. Anhand von Kriterien, die den Zielerreichungsgrad der angestrebten strategischen Wettbewerbsvorteile bewerten, kann dann die präferierte Strategiealternative festgelegt werden. Bevor die Implementierung der Wettbewerbsstrategie erfolgt, sollte ein Luftfrachtanbieter die präferierte Strategiealternative nochmals kritisch überprüfen.[582] Dies kann nach Ansicht von *Day* durch die folgenden sieben "tough questions" erfolgen, die er unter anderem aus ex-post Analysen strategischer Fehlschläge abgeleitet hat:[583]

(1) Ermöglicht die Wettbewerbsstrategie tatsächlich den Aufbau eines nachhaltigen Wettbewerbsvorteils?
(2) Wie realistisch sind die zentralen Annahmen, die der Wettbewerbsstrategie zugrunde liegen?
(3) Ist die Umsetzung der Wettbewerbsstrategie sichergestellt in bezug auf die notwendigen Fähigkeiten und Ressourcen sowie in bezug auf das Management-"Commitment"?[584]
(4) Ist die Wettbewerbsstrategie in sich konsistent?
(5) Wie robust ist die Wettbewerbsstrategie gegenüber bestimmten Entwicklungen (Risikofaktoren)?
(6) Wie flexibel ist die Wettbewerbsstrategie?
(7) Führt die Wettbewerbsstrategie zu einer Erhöhung des ökonomischen Wertes des Unternehmens?

---

581 Henderson 1989, S. 141.
582 Vgl. Kreikebaum 1993, S. 58.
583 Vgl. Day 1986b, S. 63-68; Kreikebaum 1993, S. 58.
584 Unter Management-"Commitment" wird der Wille und die Fähigkeit des Managements, die anvisierte Strategie "in die Tat" umzusetzen, verstanden.

Obwohl die Wettbewerbsstrategie eines Unternehmens eine einmalige "Konstruktion" darstellt, die die spezifischen Bedingungen dieses Unternehmens reflektiert, werden in der Literatur Wettbewerbsstrategien typisiert.[585] Diese Typisierung erfolgt, da Wettbewerbsstrategien desselben Strategietyps gemeinsame Merkmale aufweisen und mit gleichen strategischen Wettbewerbsvorteilen verbunden sind.[586] Als die wichtigsten Strategietypen werden in der Literatur die Strategietypen der Kostenführerschaft und der Differenzierung erachtet, da nahezu jede Wettbewerbsstrategie eine Kostenführerschaft, Differenzierung oder beide Strategietypen als "strategische Stoßrichtung" aufweist.[587]

Strategie der Kostenführerschaft

Durch die Strategie der Kostenführerschaft wird das Ziel verfolgt, einen umfassenden Kostenvorsprung gegenüber den Wettbewerbern zu realisieren und dadurch der kostengünstigste Anbieter des bedienten Marktes zu werden. Wird dieser Kostenvorsprung erreicht, so kann der Kostenführer über die Preispolitik Wettbewerbsvorteile erreichen. Eine wichtige organisatorische Voraussetzung, um eine umfassende Kostenführerschaft zu erreichen und zu behaupten, ist eine effiziente Kostenkontrolle. Darüber hinaus verlangt eine erfolgreiche Umsetzung dieser Strategie hohe Marktanteile, um "economies of scale" zu realisieren. Dies wiederum setzt häufig hohe Investitionen, eine "weite" Marktabgrenzung und ein undifferenziertes Marketing als Marktbearbeitungsstrategie voraus.[588]

Strategie der Differenzierung

Eine erfolgreiche Differenzierungsstrategie bewirkt, daß das Produkt eines Unternehmens von den Nachfragern als einzigartig wahrgenommen wird. Eine Differenzierungsstrategie ist umso erfolgreicher, je größer die Erhöhung des Produktnutzens in der Kundenwahrnehmung aufgrund der Differenzierung ist und je schwieriger es für Wettbewerber ist, die gewählte Strategie zu imitieren. Eine erfolgreiche Produktdifferenzierung bewirkt, daß die Produktbindung der Nachfrager erhöht und die Preissensitivität verringert wird. Dadurch ist ein umfassender Kostenvorsprung zur Erreichung eines strategischen Wettbewerbsvorteils grundsätzlich nicht notwendig. Ein einmal erreichter Differenzierungsvorteil ist für die Wettbewerber nur schwer zu kompensieren, wenn die Produktdifferenzierung auf mehreren Ebenen wie z.B. Produktqualität, Markenname, Kompetenz des Verkaufpersonals erfolgt.[589]

Nachdem die Bedeutung einer effizienten Wettbewerbsstrategie für das Erreichen strategischer Wettbewerbsvorteile und die grundlegenden Typen von Wettbewerbsstrategien verdeutlicht worden

---

585 Vgl. beispielsweise Porter 1980, S. 34; Aaker 1984b S. 7f..
586 Vgl. Aaker 1984b S. 7.
587 Vgl. Aaker 1984b S. 8; Kotler 1991, S. 54; Porter 1980, S. 35.
588 Vgl. Porter 1980, S. 35-37; Porter 1985, S. 12-14; Macharzina 1993, S. 212f..
589 Vgl. Porter 1980, S. 37f.; Porter 1985, S. 14; Macharzina 1993, S. 213f..

sind, ist im Rahmen dieser Arbeit von Interesse, welche strategischen Wettbewerbsvorteile Luftfrachtanbieter tatsächlich erreichen. Im folgenden wird daher wiederum am Beispiel der Luftfrachtspeditionen und des Zielmarktes Bundesrepublik Deutschland aufgezeigt, welche strategischen Wettbewerbsvorteile Luftfrachtanbieter besitzen.

6.6.2 Strategische Wettbewerbsvorteile von Luftfrachtspeditionen

Die strategischen Wettbewerbsvorteile von Luftfrachtspeditionen wurden im Rahmen der LFS-Befragung erfaßt. Um in der LFS-Befragung eine gemeinsame Basis zu schaffen, wurde durch eine Begriffsdefinition vorgegeben, was unter einem strategischen Wettbewerbsvorteil zu verstehen ist (vgl. Abschnitt 6.1). Die befragten Luftfrachtspeditionen wurden dann gebeten, die strategischen Wettbewerbsvorteile zu nennen, die das eigene Unternehmen gegenüber den Konkurrenten der LFS-Branche und den Integrator besitzt. Dabei beschränkte sich die Ermittlung der strategischen Wettbewerbsvorteile nicht nur auf den gegenwärtigen Zeitpunkt. Um auch Veränderungen im Zeitablauf erkennen zu können und Zukunftsaspekte zu erfassen, wurde nach den strategischen Wettbewerbsvorteilen zu vier unterschiedlichen Zeitpunkten gefragt.

- vor 5 Jahren,
- heute,
- in 5 Jahren,
- in 10 Jahren.

In Tabelle 39 sind die strategischen Wettbewerbsvorteile der Luftfrachtspeditionen zusammengefaßt. Dabei wurde nur solche Vorteile berücksichtigt, die als "strategisch" bezeichnet werden können.

Die Tabelle verdeutlicht, daß der "Service" und die "Breite der Produktpalette" zu allen Betrachtungszeitpunkten am häufigsten als strategische Wettbewerbsvorteile sowohl im Intergruppen-Wettbewerb mit den konkurrierenden Luftfrachtspeditionen als auch im Intergruppen-Wettbewerb mit den Integrator genannt wurden.

	gegenüber den konkurrierenden Luftfrachtspeditionen	Anzahl der Nennungen	gegenüber den Integrator	Anzahl der Nennungen
vor 5 Jahren	Service	14	Service	12
	Breite der Produktpalette	7	Kundenbetreuung	7
	Kundenbetreuung	7	Breite der Produktpalette	5
	Qualifikation der Mitarbeiter	5	Preis	5
	kein genannter Vorteil	21	kein genannter Vorteil	23
heute	Service	20	Service	16
	Breite der Produktpalette	10	Preis	8
	Qualifikation der Mitarbeiter	7	Kundenbetreuung	5
	Informationssystem	6	Breite der Produktpalette	4
	Kundenbetreuung	5		
	kein genannter Vorteil	13	kein genannter Vorteil	21
in 5 Jahren	Breite der Produktpalette	12	Service	8
	Informationssystem	11	Preis	6
	Service	9	Kundenbetreuung	4
			Breite der Produktpalette	4
	kein genannter Vorteil	13	kein genannter Vorteil	15
in 10 Jahren	Service	4	Service	6
	Breite der Produktpalette	3	Preis	5
			Kundenbetreuung	3
			Breite der Produktpalette	3
	kein genannter Vorteil	35	kein genannter Vorteil	30
Anzahl der befragten Luftfrachtspeditionen: 43; Mehrfachnennungen waren zugelassen				

Tab. 39: Strategische Wettbewerbsvorteile der befragten Luftfrachtspeditionen

Unter einen Servicevorteil verstehen die Luftfrachtspeditionen, die diesen strategischen Wettbewerbsvorteile nannten, vor allem, daß sie äußerst flexibel individuelle Nachfrageranforderungen erfüllen können. Der Leistungsvorsprung durch Service wird allerdings nach Ansicht einiger Luftfrachtspeditionen in Zukunft immer weniger zu realisieren sein, da gegenwärtige Servicevorteile zukünftig "Bestandteile" von Standardleistungen sein werden. Daher wird nach Einschätzung dieser Luftfrachtspeditionen die "Breite der Produktpalette" als strategischer Wettbewerbsvorteil immer bedeutender. Einige Luftfrachtspeditionen erwarten außerdem, daß sie zum Zeitpunkt in fünf Jahren aufgrund ihres Informationssystems einen Vorteil im Intragruppen-Wettbewerb erreichen werden, der allerdings zum Zeitpunkt in zehn Jahren schon wieder aufgebraucht sein wird. Im Intergruppen-Wettbewerb mit den Integrator glauben Luftfrachtspeditionen auch, daß sie bei den Wettbewerbsparametern "Preis" und "Kundenbetreuung" strategische Wettbewerbsvorteile realisieren können.

An den Befragungsergebnissen fällt weiter auf, daß viele Luftfrachtspeditionen zu keinem Zeitpunkt einen strategischen Wettbewerbsvorteil des eigenen Unternehmens nennen konnten (vor allem in Intergruppen-Wettbewerb mit den Integrator) und daß die meisten Luftfrachtspeditionen keine Vorstellungen darüber haben, welche strategischen Wettbewerbsvorteile in zehn Jahren durch das eigene Unternehmen realisiert werden sollten bzw. realisiert werden könnten.

Im Rahmen der empirischen Untersuchung wurden die Luftfrachtspeditionen auch befragt, welche strategischen Wettbewerbsvorteile gegenüber den Luftverkehrsgesellschaften erreicht werden. Fast alle Experten erklärten, daß die Luftfrachtspeditionen in erster Linie als Kooperationspartner zur Erstellung von Luftfrachttransportketten betrachtet werden, denen gegenüber keine strategischen Wettbewerbsvorteile benötigt werden. Einige wenige Luftfrachtspeditionen nannten die "Breite der Produktpalette" als ihren strategischen Wettbewerbsvorteil im Intergruppen-Wettbewerb mit den Luftverkehrsgesellschaften.

Die strategischen Wettbewerbsvorteile, die eine Luftfrachtspedition im bedienten Markt erreicht, stellen einen bestimmten "Wert" für das Unternehmen dar. Durch welche Indikatoren der "Wert" der erreichten strategischen Wettbewerbsvorteile gemessen werden kann, wird abschließend diskutiert.

6.6.3 Bewertung realisierter strategischer Wettbewerbsvorteile

Da die Erlangung, die Absicherung bzw. die Verbesserung strategischer Wettbewerbsvorteile im Rahmen eines langfristigen Prozesses stattfindet, ist vor allem die quantitative Bewertung erreichter strategischer Wettbewerbsvorteile problematisch.

Die derzeitigen strategischen Wettbewerbsvorteile eines Unternehmens im bedienten Markt können als das Resultat von Erfolgspotentialen in der Vergangenheit und von Wettbewerbsstrategien, die in der Vergangenheit formuliert und implementiert worden sind, interpretiert werden.[590] Der wichtigste Gradmesser für die Bewertung von strategischen Wettbewerbsvorteilen ist - wie in Abschnitt 6.1 bereit angesprochen - die Profitabilität. Als Indikatoren zur Beschreibung der Profitabilität können beispielsweise die Kennzahlen der PIMS-Studien, also ROI, ROS, der über fünf Jahre abgezinste Cash-Flow und der abgezinste zukünftige Marktwert des Unternehmens bzw. der Geschäftseinheit herangezogen werden.[591] Die Verwendung dieser Kennzahlen zur Messung der Profitabilität im hier gebrauchten Sinne als "... reward from past advantages after current outlays needed to sustain or enhance future advantages have been paid"[592] hat offenkundig Schwächen,[593] jedoch existieren keine geeigneteren Kennzahlen.

590 Vgl. Day/Wensley 1988, S. 5.
591 Vgl. Abschnitt 6.2.1. Vgl. auch Day/Wensley 1988, S. 9.
592 Day/Wensley 1988, S. 5.

Wie hoch die Profitabilität der derzeitigen strategischen Wettbewerbsvorteile tatsächlich ist, läßt sich aus folgendem Grund nur schwer quantifizieren: "Because profitability is influenced by actions taken in many previous time frames, it is unlikely to be a complete reflection of current advantage."[594] Genauso schwer ist es für Unternehmen folglich auch abzuschätzen, wie profitabel gegenwärtige Allokationen von Ressourcen sein werden, da "... the future value of an asset depends critically on how it is used and whether the stream of benefits can be protected from competitive forces."[595] Aufgrund der dargelegten Schwierigkeiten der Profitabilitätsbewertung von strategischen Wettbewerbsvorteilen empfehlen *Day/Wensley,* auch Indikatoren wie die Kundenzufriedenheit, die Kundenloyalität und den Marktanteil als weitere Maßstäbe zur Bewertung der am bedienten Markt erreichten "performance" heranzuziehen.[596]

6.7 Zusammenfassung

In der wettbewerbsorientierten Perspektive zur Abgrenzung des bedienten Marktes wird der Marktsuchraum als Wettbewerbsarena betrachtet. Die Aufgabe der Luftfrachtanbieter besteht bei der Analyse des Marktsuchraums aus dieser Blickrichtung darin, diejenigen Marktzellen zu erkennen, in denen die Ressourcen des Unternehmens möglichst profitabel zur Erreichung strategischer Wettbewerbsvorteile eingesetzt werden können. Voraussetzung dafür ist, daß die strategischen Erfolgsfaktoren des zugrunde gelegten Zielmarktes erkannt werden.

Durch die Analysen des PIMS-Projektes, des Erfahrungskurven- und des Lebenszyklusmodells konnte festgehalten werden, daß die "Produktqualität" und die "Kosten" grundlegende strategische Erfolgsfaktoren für Luftfrachtanbieter darstellen. Im Anschluß daran sind die strategischen Erfolgsfaktoren der LFS-Branche in der Bundesrepublik Deutschland auf der Grundlage von Analysen der Luftfrachtanbieterstruktur in der Bundesrepublik Deutschland, der Wettbewerbsintensität in der LFS-Branche und einer empirische Erhebung bei Luftfracht-speditionen abgeleitet worden. Als strategische Erfolgsfaktoren sind die aus den Theorien der empirischen Planungsforschung abgeleiteten Faktoren "Produktqualität" und "Kosten" bestätigt worden. Darüber hinaus sind die marktspezifischen Erfolgsfaktoren "Produktdifferenzierung", "Qualität der Kundenbetreuung", "Qualifikation der Mitarbeiter", "Effizienz des Informationssystems", "leistungsstarke Kooperationspartner" und "Image" identifiziert worden.

Um zu erkennen, welche strategischen Wettbewerbsvorteile erreicht werden können, ist für Luftfrachtanbieter neben der Kenntnis der strategischen Erfolgsfaktoren gleichermaßen die Kenntnis der relativen Wettbewerbsposition bezüglich dieser Erfolgsfaktoren wichtig. Mit der

593 Vgl. Day/Wensley 1988, S. 5; Aaker 1984b, S. 117.

594 Day/Wensley 1988, S. 5.

595 Day/Wensley 1988, S. 5.

596 Vgl. Day/Wensley 1988, S. 9.

Wertschöpfungskette und der Konsistenzmatrix der Erfolgsfaktoren sind daher zwei Analyseinstrumente eingeführt worden, auf deren Grundlage Luftfrachtanbieter ihre Wettbewerbsposition im Vergleich zu den wichtigsten Wettbewerbern ermitteln und visualisieren können.

Durch seine Wettbewerbstrategie verfolgt der einzelne Luftfrachtanbieter das Ziel, auf der Grundlage der gegebenen Erfolgspotentiale strategische Wettbewerbsvorteile im bedienten Markt zu erreichen. Bevor jedoch Luftfrachtanbieter ihre Wettbewerbstrategie für den bedienten Markt festlegen, sollten sie diesen bestmöglich abgrenzen. Auf der Grundlage des Modells zur Abgrenzung des bedienten Marktes ist verdeutlicht worden, wie in einem Abgrenzungsprozeß der bedienten Markt durch "Gegenüberstellung" der komplementären Perspektiven zur Marktabgrenzung festgelegt werden kann.
Konnte ein Luftfrachtanbieter schließlich auf der Grundlage seiner Erfolgspotentiale und seiner Wettbewerbstrategie bestimmte strategische Wettbewerbsvorteile im bedienten Markt realisieren, so bilden Profitablitätskennzahlen wie ROI, ROS, der über fünf Jahre abgezinste Cash-Flow, der abgezinste zukünftige Marktwert des Unternehmens bzw. der Geschäftseinheit oder Indikatoren wie die Kundenzufriedenheit, die Kundenloyalität oder der Marktanteil Maßstäbe, um die erreichten strategischen Wettbewerbsvorteile zu bewerten.

7 Zusammenfassung und Ausblick

Die Notwendigkeit einer expliziten, an Analysezwecken orientierten Marktabgrenzung resultiert aus der Tatsache, daß diese eine Voraussetzung zur theoretischen Durchdringung und Lösung betriebswirtschaftlicher Probleme ist. Damit eine intensive Diskussion der Marktabgrenzungsaufgabe für die Anbieter von Luftfrachtleistungen geführt werden konnte, sind in Kapitel 2 grundlegende Aspekte und Rahmenbedingungen der Produktion von Luftfrachtleistungen aufgezeigt worden. Dabei ist zunächst eine terminologische Abgrenzung des Luftfrachtleistungsbegriffs vorgenommen worden. Ausgehend von den allgemeinen Erkenntnissen der Dienstleistungsproduktion und der Analyse der logistischen Leistungen zur Erstellung von Luftfrachttransportketten ist der Luftfrachtleistungsbegriff als das Ergebnis einer Luftfrachttransportkette definiert worden. Daran anschließend ist dargestellt worden, welche Aufgaben Luftfrachtspeditionen, Luftverkehrsgesellschaften, Integrator und Flughafenunternehmen gewöhnlich bei der Erstellung von Luftfrachtleistungen übernehmen.
Zur weiteren Verdeutlichung des Luftfrachtleistungsgeschäfts ist auch auf die vertraglichen und rechtlichen Grundlagen der Luftfrachtleistungserstellung, auf die staatliche Einlußnahme bei der Luftfrachtleistungserstellung sowie auf die weltweite und nationale Entwicklung der Luftfrachtleistungserstellung eingegangen worden.

Das dritte Kapitel beschäftigt sich mit den Grundlagen der Marktabgrenzung für Luftfrachtanbieter. Es ist zunächst herausgestellt worden, daß eine Marktabgrenzung abhängig vom Zweck einer konkreten Marktabgrenzungsaufgabe erfolgen muß. Weiter ist gezeigt worden, daß unabhängig vom Zweck der Marktabgrenzung für Luftfrachtanbieter die Marktdimensionen "Kundengruppen", "Kundenfunktionen", "eingesetzte Technologien", "Grad der vertikalen Integration im Wertschöpfungsprozeß" und "geographische Räume" die grundlegenden Dimensionen für eine Marktabgrenzung bilden. Intensiv ist hierbei diskutiert worden, wie Luftfrachtanbieter in den angesprochenen Marktdimensionen in Ausprägungen festlegen und damit Marktzellen definieren können. Abschließend ist in diesem Kapitel verdeutlicht worden, daß neben dem Problem der Festlegung von Ausprägungen entlang den Marktdimensionen weitere Schwierigkeiten für eine Marktabgrenzung über Marktzellen existieren. Diese Schwierigkeiten ergeben sich aus der Nicht-Existenz von Meßverfahren zur Identifikation von Marktzellen für einen Markt, der Multifunktionalität von Luftfrachtleistungen und dem Stand von Luftfrachtleistungen im Lebenszyklus.

In Kapitel 4 ist verdeutlicht worden, wie Luftfrachtanbieter durch Analyse des Marktsuchraums aus der nachfragerorientierten Perspektive eine bessere Informationsbasis für eine Marktabgrenzung erlangen können. Da bei einer Analyse des Marktsuchraums aus der nachfragerorientierten Perspektive heraus die Nachfragerbedürfnisse den Bezugspunkt für eine Marktabgrenzung bilden,

ist zunächst herausgearbeitet worden, daß Luftfrachtanbieter die Bedürfnisse der Luftfrachtnachfrager nur über das beobachtbare Kaufverhalten erschließen können. Anschließend sind Segmentierungskriterien, die grundlegend geeignet sind, Luftfrachtnachfrager in homogene Cluster zu unterteilen erfaßt und durch die Kriteriumsklassen "Nutzenkriterien", Ersatzkriterien" und "Reaktionskoeffizienten" klassifiziert worden. Die Diskussion der Kriteriumsklassen hat dabei ergeben, daß vor allem Nutzensegmentierungen dazu geeignet sind, die Nachfrager des Marktsuchraums in homogene Gruppen zu unterteilen, da die Nutzenbewertungen von Produktmerkmalen durch die Nachfrager im Zeitablauf relativ konstant bleiben.
Weiter ist durch die Analyse der nachfragerorientierten Perspektive dargelegt worden, welche grundlegenden Marketing-Strategien für Luftfrachtanbieter existieren, um den bedienten Markt festzulegen und zu bearbeiten.
Zum Abschluß dieses Kapitels ist dargestellt worden, wie Luftfrachtanbieter ihr gewähltes Marketing-Mix für den bedienten Markt mit Hilfe von Produktpositionierungsmodellen dahingehend überprüfen können, ob die gewünschten Wahrnehmungen und Bewertungen der eigenen Produkte durch die Luftfrachtnachfrager mit den tatsächlichen übereinstimmen.

Das fünfte Kapitel greift das Analysefeld der Nachfragersegmentierung aus Kapitel 4 auf und beschäftigt sich intensiv mit der Nutzensegmentierung von Luftfrachtnachfragern. Dabei ist anhand primärstatistischer Daten, die durch ein dreistufiges Conjoint-Erhebungsdesign bei aktuellen Luftfrachtnachfragern erhoben wurden, in den Stufen I und II gezeigt worden, wie Luftfrachtanbieter die Aufgabenstellung der Nachfragersegmentierung mittels Nutzensegmentierung lösen können. Sowohl bei der Nutzenbewertung von luftfrachtaffinen Transportleistungen als auch bei der Nutzenbewertung von Luftfrachtleistungen durch die Luftfrachtnachfrager sind jeweils fünf homogen Nachfragersegmente identifiziert worden. In beiden Stufen lassen sich die identifizierten Nachfragersegmente dadurch charakterisieren, daß in den einzelnen Nutzensegmenten jeweils ein anderes Produktmerkmal ("Zuverlässigkeitsgarantie", "Termingarantie", "Information zum Sendungsstatus", "Door-to-Door-Beförderung" bzw. "Flexibilität für Sonderanforderungen") einen besonders hohen relativen Teilnutzen stiftet. Ein empirischer Zusammenhang zwischen einzelnen Nutzensegmenten und der Preissensitivität, der Branchenzugehörigkeit, der Anzahl der Beschäftigten, dem Umsatz, dem Luftfracht- oder dem Gesamtfrachtaufkommen der Luftfrachtnachfrager aus den jeweiligen Segmente konnte jedoch nicht festgestellt werden. Dies liegt daran, daß entweder die Nutzensegmente bezüglich der angesprochenen Kriterien nicht wesentlich von der Erhebungsgesamtheit abweichen oder daß sie derart heterogen sind, so daß eine weitergehende Charakterisierung nicht möglich ist.
Die Conjoint-Erhebungsdaten aus Stufe III sind dazu verwendet worden, um Simulationsexperimente durchzuführen. Auf der Grundlage der Erhebungsdaten und der Ergebnisse der Simulationsexperimente konnten drei Implikationen für die Gestaltung von Marketing-Mix-Programmen ableiten werden. Diese lauten:

(1) Ein Luftfrachtanbieter sollte zur Marktbearbeitung ein differenziertes Marketing einem undifferenzierten Marketing vorziehen.

(2) Das Marketing-Mix eines Luftfrachtanbieters sollte so gestaltet werden, daß sich die eigenen Produkte in der Kundenwahrnehmung zumindest in einem Produktmerkmal positiv von den Konkurrenzprodukten unterscheiden.

(3) Das Marketing-Mix eines Luftfrachtanbieters sollte so gestaltet werden, daß es den Aufbau eines positiven Images nachhaltig unterstützt.

Zum Abschluß dieses Kapitels ist durch Analysen zur Konvergenzvalidität, internen Validität, Prognosevalidität und Face-Validität bestätigt worden, daß auf allen drei Stufen der Conjoint-Nutzenmessungen systematische Meßfehler vermieden wurden.

In Kapitel 6 ist verdeutlicht worden, wie Luftfrachtanbieter durch Analyse des Marktsuchraums aus der wettbewerbsorientierten Perspektive eine bessere Informationsbasis für eine Marktabgrenzung erlangen können. Da bei einer Analyse des Marktsuchraums aus der wettbewerbsorientierten Perspektive heraus der profitable Ressourceneinsatz den Bezugspunkt für eine Marktabgrenzung bildet, ist zunächst am Modell der strategischen Wettbewerbsvorteile dargelegt worden, daß strategische Wettbewerbsvorteile eine wichtige Voraussetzung für einen dauerhaften profitablen Ressourceneinsatz bilden. Ebenfalls ist durch das Modell der strategischen Wettbewerbsvorteile aufgezeigt worden, daß für Luftfrachtanbieter die Ermittlung der eigenen Erfolgspotentiale und deren Bewertung im Vergleich zur Konkurrenz eine wichtige Entscheidungsgrundlage bilden, um den bedienten Markt unter Profitabilitätsaspekten im Marktsuchraum festzulegen.
Auf der Grundlage des Modells der strategischen Wettbewerbsvorteile ist dann aus der Analyse des PIMS-Projektes, des Erfahrungskurven- und Lebenszyklusmodells abgeleitet worden, daß die "Produktqualität" und die "Kosten" grundlegende strategische Erfolgsfaktoren für Luftfrachtanbieter darstellen. Desweiteren sind für das Beispiel der LFS-Branche und des Zielmarktes Bundesrepublik Deutschland marktspezifische Erfolgsfaktoren ermittelt worden. Auf der Basis der Analyse des Luftfrachtwettbewerbs in der LFS-Branche und einer Befragung von Luftfrachtspeditionen sind dabei die Erfolgsfaktoren "Produktdifferenzierung", "Qualität der Kundenbetreuung", "Qualifikation der Mitarbeiter", "Effizienz des Informationssystems", "leistungsstarke Kooperationspartner" und "Image" abgeleitet worden.
Damit Luftfrachtanbieter die Erfolgspotentiale ihres zugrunde gelegten Zielmarktes bewerten können, ist neben der Kenntnis der strategischen Erfolgsfaktoren gleichermaßen die Kenntnis der relativen Wettbewerbsposition bezüglich dieser Erfolgsfaktoren wichtig. Mit der Wertschöpfungskette und der Konsistenzmatrix der Erfolgsfaktoren sind daher in diesem Kapitel zwei Analyseinstrumente vorgestellt worden, auf deren Grundlage der einzelne Luftfrachtanbieter seine Wettbewerbsposition im Vergleich zu den wichtigsten Wettbewerbern ermitteln und visualisieren kann.

Es ist weiter in diesem Kapitel verdeutlicht worden, daß nach der Identifikation und Bewertung des eigenen Erfolgspotentials die Luftfrachtanbieter die Abgrenzung des bedienten Marktes vornehmen sollten, damit die prägnante Formulierung und zielgerichtete Implementierung einer Wettbewerbsstrategie erfolgen kann. Durch ein Denkmodell zur Abgrenzung des bedienten Marktes ist weiter aufgezeigt worden, wie Luftfrachtanbieter in einem Abgrenzungsprozeß durch "Gegenüberstellung" der komplementären Perspektiven zur Marktabgrenzung den bedienten Markt festlegen können.
Zum Abschluß des sechsten Kapitels ist dargelegt worden, welche grundlegenden Wettbewerbsstrategien für Luftfrachtanbieter existieren, um im bedienten Markt strategische Wettbewerbsvorteile zu realisieren, welche strategischen Wettbewerbsvorteile Luftfrachtspeditionen erreichen bzw. erreichen wollen und wie Luftfrachtanbieter die im bedienten Markt erreichten strategischen Wettbewerbsvorteile quantifizieren können.

Die Diskussion der theoretischen Konzepte zur Marktabgrenzung für Luftfrachtanbieter sowie die empirischen Untersuchungen zur Nutzensegmentierung von Luftfrachtnachfragern und zur Ermittlung strategischer Erfolgsfaktoren von Luftfrachtspeditionen haben gezeigt, daß ein breites Feld für Folgearbeiten zum Thema der Marktabgrenzung für Luftfrachtanbieter besteht. Die Folgearbeiten könnten beispielsweise die Marktabgrenzungsdiskussion für eine bestimmte Luftfrachtanbietergruppe und/oder für eine bestimmte Produktgruppe bzw. ein bestimmtes Produkt präzisieren. Ebenfalls wäre eine Nutzensegmentierung von Luftfrachtnachfragern, mit einer repräsentativen Erhebungsgesamtheit zur Stützung der in Kapitel 4 ermittelten Ergebnisse sinnvoll. Eine weitere Arbeit könnte das Ziel haben, Conjoint-gestützte Simulationsexperimente zur Ableitung von Implikation für die Marktbearbeitung durchzuführen. Folgearbeiten könnten sich auch mit der Ermittlung und dem Vergleich strategischer Erfolgsfaktoren von unterschiedlichen Luftfrachtanbietergruppen beschäftigen.

Da einmal vorgenommene Marktabgrenzungen von Luftfrachtanbietern kontinuierlichen Wandlungsprozessen unterliegen, was sowohl zu Bedrohungen und als auch zu Chancen für bestehende Marktabgrenzungen führen kann, besteht ein dauerhaftes Potential und eine kontinuierliche Notwendigkeit für empirische Forschungsarbeiten, in denen der Markt für Luftfrachtleistungen untersucht wird.

Anhang

Anhang 1: Beispiel für zwei identische Angebotsprofile mit einer unterschiedlichen Präsentationsform hinsichtlich der Reihenfolge der Attribute auf den Karteikarten

Dieser Anhang zeigt zwei Angebotsprofile aus den Kartensätzen A und B, die im Rahmen der Conjoint-Erhebung zur Datenerfassung verwendet wurden. Die Angebotsprofile der Kartensätze A und B unterscheiden sich nur hinsichtlich der Reihenfolge der Attribute.

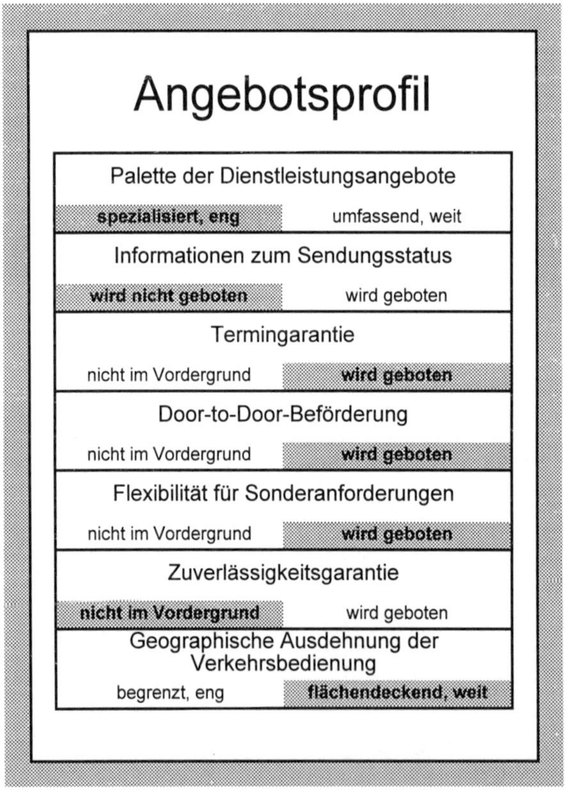

Angebotsprofil aus Kartensatz A

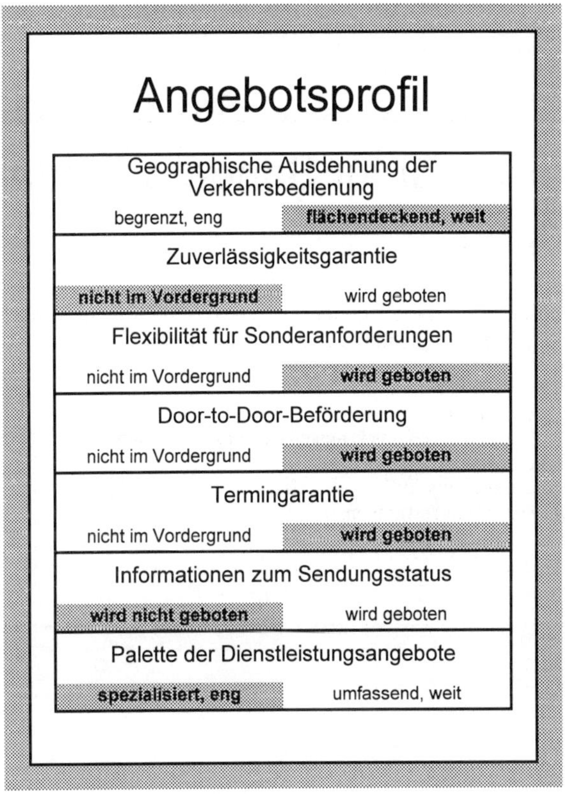

Angebotsprofil aus Kartensatz B

Anhang 2: Beispiel für eine Erklärungskarte zur Charakterisierung eines im Conjoint-Erhebungsdesign verwendeten Merkmals

Flexibilität für Sonderanforde-rungen

Möglichkeiten des Eingehens auf spezifische Kundenwünsche und transportbegleitende Dienstleistungen wie:

- Kommissionierung,
- Verpackung,
- Lagerung durch das Dienstleistungsunternehmen,
- Verzollung,
- Versicherung und
- Finanzdienstleistungen.

Anhang 3: Nutzensegmentierung der Stufe I - Conjoint-Schätzungen und Ergebnisse der Prüfstatistiken

Merkmale	Klassifikations-variablen	Aggregierter relativer Teilnutzen	Relativer Teilnutzen-Mittelwert	F-Wert	T-Wert
Zuverlässigkeits-garantie	Zuverlässigkeits-garantie wird geboten	24,59%	21,09%	0,39	- 0,52
Termingarantie	Termingarantie wird geboten	48,63%	41,63%	0.18	+1,00
Informationen zum Sendungsstatus	Inform. zum Sendungs-status werden geboten	8,20%	8,88%	0,67	- 0,34
Door-to-Door-Beförderung	Door-to-Door-Beför-derung wird geboten	10,38%	8,85%	0,68	+0,11
Flexibilität für Sonderanforderungen	Flex. für Sonderanforde-rungen wird geboten	5,46%	8,10%	0,88	- 0,10

Anhang 3.1: Conjoint-Schätzungen und Ergebnisse der Prüfstatistiken für *Cluster 2* (Stufe I)

Merkmale	Klassifikations-variablen	Aggregierter relativer Teilnutzen	Relativer Teilnutzen-Mittelwert	F-Wert	T-Wert
Zuverlässigkeits-garantie	Zuverlässigkeits-garantie wird geboten	10,00%	10,79%	0,82	- 1,27
Termingarantie	Termingarantie wird geboten	24,00%	22,38%	0.15	- 0,12
Informationen zum Sendungsstatus	Inform. zum Sendungs-status werden geboten	40,00%	37,66%	0,15	+2,25
Door-to-Door-Beförderung	Door-to-Door-Beför-derung wird geboten	8,00%	9,86%	0,79	+0,03
Flexibilität für Sonderanforderungen	Flex. für Sonderanforde-rungen wird geboten	4,00%	5,09%	0,54	- 0,81

Anhang 3.2: Conjoint-Schätzungen und Ergebnisse der Prüfstatistiken für *Cluster 3* (Stufe I)

Merkmale	Klassifikations-variablen	Aggregierter relativer Teilnutzen	Relativer Teilnutzen-Mittelwert	F-Wert	T-Wert
Zuverlässigkeits-garantie	Zuverlässigkeits-garantie wird geboten	20,59%	18,43%	0,23	- 0,55
Termingarantie	Termingarantie wird geboten	4,90%	9,07%	0.68	- 1,25
Informationen zum Sendungsstatus	Inform. zum Sendungs-status werden geboten	15,69%	12,82%	0,87	+0,36
Door-to-Door-Beförderung	Door-to-Door-Beför-derung wird geboten	35,29%	32,99%	0,67	+2,04
Flexibilität für Sonderanforderungen	Flex. für Sonderanforde-rungen wird geboten	8,82%	7,61%	0,45	+0,24

Anhang 3.3: Conjoint-Schätzungen und Ergebnisse der Prüfstatistiken für *Cluster 4* (Stufe I)

Merkmale	Klassifikations-variablen	Aggregierter relativer Teilnutzen	Relativer Teilnutzen-Mittelwert	F-Wert	T-Wert
Zuverlässigkeits-garantie	Zuverlässigkeits-garantie wird geboten	23,44%	20,14%	0,74	- 0,46
Termingarantie	Termingarantie wird geboten	12,50%	13,33%	1,10	- 0,83
Informationen zum Sendungsstatus	Inform. zum Sendungs-status werden geboten	10,94%	12,22%	2,15	- 0,08
Door-to-Door-Beförderung	Door-to-Door-Beför-derung wird geboten	6,25%	5,42%	0,12	- 0,98
Flexibilität für Sonderanforderungen	Flex. für Sonderanforde-rungen wird geboten	39,06%	33,89%	0,06	+2,55

Anhang 3.4: Conjoint-Schätzungen und Ergebnisse der Prüfstatistiken für *Cluster 5* (Stufe I)

Anhang 4: Nutzensegmentierung der Stufe II - Conjoint-Schätzungen und Ergebnisse der Prüfstatistiken

Merkmale	Klassifikations-variablen	Aggregierter relativer Teilnutzen	Relativer Teilnutzen-Mittelwert	F-Wert	T-Wert
Zuverlässigkeits-garantie	Zuverlässigkeits-garantie wird geboten	51,18%	44,45%	0,29	+0,75
Termingarantie	Termingarantie wird geboten	33,02%	27,93%	0.49	- 0,14
Informationen zum Sendungsstatus	Inform. zum Sendungs-status werden geboten	8,96%	9,11%	0,38	- 0,32
Anlieferungs und Abholmodalitäten	Door-to-Door-Beför-derung wird geboten	5,90%	6,25%	0,34	- 0,07
Flexibilität für Sonderanforderungen	Flex. für Sonderanforde-rungen wird geboten	0,47%	6,04%	0,72	- 0,55

Anhang 4.1: Conjoint-Schätzungen und Ergebnisse der Prüfstatistiken für *Cluster 1* (Stufe II)

Merkmale	Klassifikations-variablen	Aggregierter relativer Teilnutzen	Relativer Teilnutzen-Mittelwert	F-Wert	T-Wert
Zuverlässigkeits-garantie	Zuverlässigkeits-garantie wird geboten	25,32%	22,48%	0,62	- 0,43
Termingarantie	Termingarantie wird geboten	47,12%	40,06%	0.28	+0,96
Informationen zum Sendungsstatus	Inform. zum Sendungs-status werden geboten	9,62%	9,21%	0,32	- 0,22
Anlieferungs und Abholmodalitäten	Door-to-Door-Beför-derung wird geboten	0,32%	6,13%	0,40	- 0,47
Flexibilität für Sonderanforderungen	Flex. für Sonderanforde-rungen wird geboten	11,86%	10,17%	0,58	+0,39

Anhang 4.2: Conjoint-Schätzungen und Ergebnisse der Prüfstatistiken für *Cluster 2* (Stufe II)

Merkmale	Klassifikations-variablen	Aggregierter relativer Teilnutzen	Relativer Teilnutzen-Mittelwert	F-Wert	T-Wert
Zuverlässigkeits-garantie	Zuverlässigkeits-garantie wird geboten	23,24%	19,94%	0,95	- 0,60
Termingarantie	Termingarantie wird geboten	21,83%	17,46%	0.75	- 0,82
Informationen zum Sendungsstatus	Inform. zum Sendungs-status werden geboten	40,14%	32,91%	0,79	+1,79
Anlieferungs und Abholmodalitäten	Door-to-Door-Beför-derung wird geboten	1,41%	4,69%	0,28	- 0,35
Flexibilität für Sonderanforderungen	Flex. für Sonderanforde-rungen wird geboten	11,97%	10,10%	0,82	+0,36

Anhang 4.3: Conjoint-Schätzungen und Ergebnisse der Prüfstatistiken für *Cluster 3* (Stufe II)

Merkmale	Klassifikations-variablen	Aggregierter relativer Teilnutzen	Relativer Teilnutzen-Mittelwert	F-Wert	T-Wert
Zuverlässigkeits-garantie	Zuverlässigkeits-garantie wird geboten	9,21%	13,66%	0,84	- 1,29
Termingarantie	Termingarantie wird geboten	15,79%	16,11%	1.45	- 1,09
Informationen zum Sendungsstatus	Inform. zum Sendungs-status werden geboten	1,32%	3,50%	0,16	- 0,99
Anlieferungs und Abholmodalitäten	Door-to-Door-Beför-derung wird geboten	44,74%	41,87%	0,69	+2,72
Flexibilität für Sonderanforderungen	Flex. für Sonderanforde-rungen wird geboten	6,58%	5,61%	0,13	0,00

Anhang 4.4: Conjoint-Schätzungen und Ergebnisse der Prüfstatistiken für *Cluster 4* (Stufe II)

Merkmale	Klassifikations-variablen	Aggregierter relativer Teilnutzen	Relativer Teilnutzen-Mittelwert	F-Wert	T-Wert
Zuverlässigkeits-garantie	Zuverlässigkeits-garantie wird geboten	11,90%	11,36%	0,07	- 0,89
Termingarantie	Termingarantie wird geboten	11,90%	11,36%	0,10	- 1,04
Informationen zum Sendungsstatus	Inform. zum Sendungs-status werden geboten	16,67%	15,91%	0,11	+0,75
Anlieferungs und Abholmodalitäten	Door-to-Door-Beför-derung wird geboten	14,29%	13,64%	0,00	+0,95
Flexibilität für Sonderanforderungen	Flex. für Sonderanforde-rungen wird geboten	28,57%	27,27%	0,00	+2,57

Anhang 4.5: Conjoint-Schätzungen und Ergebnisse der Prüfstatistiken für *Cluster 5* (Stufe II)

Anhang 5: Nutzensegmentierung der Stufe III - Conjoint-Schätzungen und Ergebnisse der Prüfstatistiken

Merkmale	Klassifikations-variablen	Aggregierter relativer Teilnutzen	Relativer Teilnutzen-Mittelwert	F-Wert	T-Wert
Termingarantie	Termingarantie	69,28%	58,91%	0,21	+0,90
Informationen zum Sendungsstatus	Inform. zum Sendungs-status werden geboten	14,39%	12,20%	0,58	+0,02
Anlieferungs und Abholmodalitäten	Door-to-Door-Beför-derung wird geboten	7,28%	8,18%	0,33	- 0,29
Verpackung des Transportguts	Verpackung erfolgt durch den Verlader	0,65%	3,32%	0,09	- 0,35
Markenname	Markenname	3,85%	12,63%	0,24	- 0,40

Anhang 5.1: Conjoint-Schätzungen und Ergebnisse der Prüfstatistiken für *Cluster 1* (Stufe III)

Merkmale	Klassifikations-variablen	Aggregierter relativer Teilnutzen	Relativer Teilnutzen-Mittelwert	F-Wert	T-Wert
Termingarantie	Termingarantie	51,59%	24,85%	0,23	- 1,01
Informationen zum Sendungsstatus	Inform. zum Sendungs-status werden geboten	14,38%	6,76%	0,44	- 0,35
Anlieferungs und Abholmodalitäten	Door-to-Door-Beför-derung wird geboten	13,37%	7,67%	0,39	- 0,22
Verpackung des Transportguts	Verpackung erfolgt durch den Verlader	0,22%	3,45%	0,12	- 0,39
Markenname	Markenname	17,63%	54,04%	0,29	+1,62

Anhang 5.2: Conjoint-Schätzungen und Ergebnisse der Prüfstatistiken für *Cluster 2* (Stufe III)

Merkmale	Klassifikations-variablen	Aggregierter relativer Teilnutzen	Relativer Teilnutzen-Mittelwert	F-Wert	T-Wert
Termingarantie	Termingarantie	47,77%	44,74%	0,20	+0,10
Informationen zum Sendungsstatus	Inform. zum Sendungs-status werden geboten	8,20%	7,69%	0,08	- 0,32
Anlieferungs und Abholmodalitäten	Door-to-Door-Beför-derung wird geboten	34,77%	33,17%	0,27	+1,66
Verpackung des Transportguts	Verpackung erfolgt durch den Verlader	1,41%	3,18%	0,12	- 0,29
Markenname	Markenname	4,41%	7,01%	0,02	- 0,68

Anhang 5.3: Conjoint-Schätzungen und Ergebnisse der Prüfstatistiken für *Cluster 3* (Stufe III)

Merkmale	Klassifikations-variablen	Aggregierter relativer Teilnutzen	Relativer Teilnutzen-Mittelwert	F-Wert	T-Wert
Termingarantie	Termingarantie	40,12%	30,69%	0,80	- 0,68
Informationen zum Sendungsstatus	Inform. zum Sendungs-status werden geboten	6,01%	7,31%	0,67	- 0,54
Anlieferungs und Abholmodalitäten	Door-to-Door-Beför-derung wird geboten	0,09%	8,99%	1,19	- 0,71
Verpackung des Transportguts	Verpackung erfolgt durch den Verrlader	44,30%	37,15%	1,09	+2,37
Markenname	Markenname	2,26%	10,43%	0,09	- 0,51

Anhang 5.4: Conjoint-Schätzungen und Ergebnisse der Prüfstatistiken für *Cluster 4* (Stufe III)

Merkmale	Klassifikations-variablen	Aggregierter relativer Teilnutzen	Relativer Teilnutzen-Mittelwert	F-Wert	T-Wert
Termingarantie	Termingarantie	23,16%	23,15%	0,34	- 1,11
Informationen zum Sendungsstatus	Inform. zum Sendungs-status werden geboten	47,66%	42,13%	0,19	+2,59
Anlieferungs und Abholmodalitäten	Door-to-Door-Beför-derung wird geboten	9,37%	10,09%	1,04	- 0,12
Verpackung des Transportguts	Verpackung erfolgt durch den Verlader	7,76%	7,06%	0,70	+0,12
Markenname	Markenname	6,96%	9,81%	0,13	- 0,54

Anhang 5.5: Conjoint-Schätzungen und Ergebnisse der Prüfstatistiken für *Cluster 5* (Stufe III)

Anhang 6: Ergebnisse der Simulationsexperimente in den Nachfragersegmenten

Leistungsverbesserung gegenüber der **Standardleistung**	Anzahl der Probanden im jeweils betrachteten Cluster*), die das Produkt von *Lufthansa (Schenker, K&N, Fedex)* präferieren, falls dieses Produkt als **einziges** die jeweilige Verbesserung aus Spalte 1 bietet.					
	Lufthansa	***Schenker***	***K&N***	***Fedex***	Mittelwert	Mittlere Veränderung der Probandenzahl
24h-Termingarantie wird geboten *Simulation_11*	27 (5; 29)**)	29 (9; 29)	26 (7; 29)	27 (8; 29)	27	+20
Informationen zum Sendungsstatus werden geboten *Simulation_12*	5 (2; 5)	5 (1; 5)	5 (1; 5)	5 (1; 5)	5	+4
Door-to-Door-Beförderung wird geboten *Simulation_13*	11 (2; 11)	11 (4; 11)	11 (1; 11)	11 (4; 11)	11	+8
Verpackung des Transportguts erfolgt durch den Dienstleister *Simulation_14*	0 (2; 8)	0 (2; 8)	0 (2; 8)	0 (2; 8)	0	-2

*) Die *Simulation_11* ist **nur** im *"Termin"-Cluster*, die *Simulation_12* ist **nur** im *"Sendungsstatus"-Cluster*, die *Simulation_13* ist **nur** im *"Door-to-Door"-Cluster* und die *Simulation_14* ist **nur** im *"Verpackungs"-Cluster* durchgeführt worden.

) (x; y) := Wird ausschließlich die **Standardleistung angeboten, so präferieren von den **y Probanden** des betrachteten Clusters **x Probanden** das Standardleistungsangebot des betrachteten Luftfrachtanbieters.

Anmerkung: Der **Mittelwert** und die **mittlere Veränderung der Probandenzahl** sind **ganzzahlige** Rundungen.

Anhang 6.1: Alternative Produktverbesserungen gegenüber der Standardleistung und deren Auswirkung auf die Produktpräferenz in unterschiedlichen Nachfragergruppen

Leistungsverbesserung gegenüber der **Standardleistung**	Anzahl der Probanden im jeweils betrachteten Cluster*), die das Produkt von *Lufthansa (Schenker, K&N, Fedex)* präferieren, falls dieses Produkt als **einziges** die jeweilige Verbesserung aus Spalte 1 **nicht** bietet.					
	Lufthansa	***Schenker***	***K&N***	***Fedex***	Mittelwert	Mittlere Veränderung der Probandenzahl
24h-Termingarantie wird geboten *Simulation_15*	0 (5; 29)**)	0 (9; 29)	0 (7; 29)	0 (8; 29)	0	-7
Informationen zum Sendungsstatus werden geboten *Simulation_16*	0 (2; 5)	0 (1; 5)	0 (1; 5)	0 (1; 5)	0	-1
Door-to-Door-Beförderung wird geboten *Simulation_17*	0 (2; 11)	0 (4; 11)	0 (1; 11)	0 (4; 11)	0	-3
Verpackung des Transportguts erfolgt durch den Dienstleister *Simulation_18*	8 (2; 8)	8 (2; 8)	8 (2; 8)	8 (2; 8)	8	+6

*) Die *Simulation_15* ist **nur** im *"Termin"-Cluster*, die *Simulation_16* ist **nur** im *"Sendungsstatus"-Cluster*, die *Simulation_17* ist **nur** im *"Door-to-Door"-Cluster* und die *Simulation_18* ist **nur** im *"Verpackungs"-Cluster* durchgeführt worden.

) (x; y) := Wird ausschließlich die **Standardleistung angeboten, so präferieren von den **y Probanden** des betrachteten Clusters **x Probanden** das Standardleistungsangebot des betrachteten Luftfrachtanbieters.

Anmerkung: Der **Mittelwert** und die **mittlere Veränderung der Probandenzahl** sind **ganzzahlige** Rundungen.

Anhang 6.2: Alternative Produktverbesserungen gegenüber der Standardleistung und deren Auswirkung auf die Produktpräferenz in unterschiedlichen Nachfragergruppen

Leistungsverbesserung gegenüber der **Standardleistung**	Anzahl der Probanden, die das Produkt von *Lufthansa (Schenker, K&N, Fedex)* präferieren, falls dieses Produkt als **einziges** die jeweilige Verbesserung aus Spalte 1 bietet.*)					
	Lufthansa	***Schenker***	***K&N***	***Fedex***	Mittelwert	Mittlere Veränderung der Probandenzahl
24h-Termingarantie wird geboten *Simulation_19*	7	10	9	8	9	+5
Informationen zum Sendungsstatus werden geboten *Simulation_20*	5	8	7	7	7	+3
Door-to-Door-Beförderung wird geboten *Simulation_21*	6	8	5	7	7	+3
Verpackung des Transportguts erfolgt durch den Dienstleister *Simulation_22*	3	6	4	4	4	+0
Bei Nichteinhaltung von Zusagen · Geld-zurück-Garantie wird geboten *Simulation_23*	3	5	5	6	5	+1

*) Bieten alle vier Luftfrachtleistungsanbieter die **Standardleistung** an, so präferieren im *"Markennamen"-Cluster* **2 Probanden** das Standardleistungsangebot von *Lufthansa*, **5 Probanden** das von *Schenker*, **4 Probanden** das von *Kühne & Nagel*, **6 Probanden** das von *Federal Express*.

Anmerkung: Der **Mittelwert** und die **mittlere Veränderung der Probandenzahl** sind **ganzzahlige** Rundungen.

Anhang 6.3: Alternative Produktverbesserungen gegenüber der Standardleistung und deren Auswirkung auf die Produktpräferenz im *"Markennamen"-Cluster*

Leistungsverbesserung gegenüber der **Standardleistung**	Anzahl der Probanden, die das Produkt von *Lufthansa (Schenker, K&N, Fedex)* präferieren, falls dieses Produkt als **einziges** die jeweilige Verbesserung aus Spalte 1 **nicht** bietet.*)					
	Lufthansa	***Schenker***	***K&N***	***Fedex***	Mittelwert	Mittlere Veränderung der Probandenzahl
24h-Termingarantie wird geboten *Simulation_24*	1	1	2	0	1	-3
Informationen zum Sendungsstatus werden geboten *Simulation_25*	1	2	2	3	2	-2
Door-to-Door-Beförderung wird geboten *Simulation_26*	2	3	3	2	2	-2
Verpackung des Transportguts erfolgt durch den Dienstleister *Simulation_27*	2	5	3	6	4	+0
Bei Nichteinhaltung von Zusagen · Geld-zurück-Garantie wird geboten *Simulation_28*	1	4	4	6	4	+0

*) Bieten alle vier Luftfrachtleistungsanbieter die **Standardleistung** an, so präferieren im *"Markennamen"-Cluster* **2 Probanden** das Standardleistungsangebot von *Lufthansa*, **5 Probanden** das von *Schenker*, **4 Probanden** das von *Kühne & Nagel*, **6 Probanden** das von *Federal Express*.
Anmerkung: Der **Mittelwert** und die **mittlere Veränderung der Probandenzahl** sind **ganzzahlige** Rundungen.

Anhang 6.4: Alternative Produktverbesserungen gegenüber der Standardleistung und deren Auswirkung auf die Produktpräferenz im *"Markennamen"-Cluster*

Literaturverzeichnis

Aaker, D.A.: Kriterien zur Identifikation dauerhafter Wettbewerbsvorteile, in: Simon, H.: (Hrsg.) Wettbewerbsvorteile und Wettbewerbsfähigkeit, Stuttgart 1988, S. 37-46.

Aaker, D.A.: Developing Business Strategies, New York u.a.O. 1984a.

Aaker, D.A.: Strategic Market Management, New York u.a.O. 1984b.

Aaker, D.A./Day, G.S.: Market Research, 3. Auflage, New York u.a.O. 1983.

Abell, D.F.: Defining the Business. The Starting Point of Strategic Planning, Englewood Cliffs, N.J. 1980.

Abell, D.F./Hammond, J.S.: Strategic Market Planning. Problems and Analytical Approaches, Englewood Cliffs, N.J. 1979.

Aberle, G: Der relevante Markt im Spannungsfeld von Preistheorie und Wettbewerbspolitik, in: Das Wirtschaftsstudium 6(1977)7, S. 313-318.

Acito, F./Olshavsky, R.W.: Limits to Accuracy in Conjoint Analysis, in: Advances in Consumer Research 8(1980), S. 313-316.

Addelman, S.: Recent Developments in the Design of Factorial Experiments, in: Journal of the American Statistical Association 67(1972)March, S. 103-111.

Air Canada u.a. (Hrsg.): TACT Rates Worldwide (Except North America), 99. Auflage, Utrecht 1993a.

Air Canada u.a. (Hrsg.): TACT Rates North America, 99. Auflage, Utrecht 1993b.

Air Canada u.a. (Hrsg.): TACT Rules, 36. Auflage, Utrecht 1993c.

Akaah, I.P./Korgaonkar, P.K.: An Empirical Comparison of Predictive Validity of Self-Explicated, Huber-Hybrid, Traditional Conjoint and Hybrid Conjoint Models, in: Journal of Marketing Research 20(1983), S. 187-197.

Albers, S.: Schätzung von Nachfragereaktionen auf Variationen des Tarif- und Leistungsangebots im öffentlichen Personennahverkehr, in: Zeitschrift für Verkehrswissenschaft 54(1983)3, S. 207-230.

Alheit, D.: IATA-Frachtagenturvertrag: Für beide Seiten von großem Vorteil, in: Deutsche Verkehrs-Zeitung 45(1991)114 vom 24. September, Sonderbeilage Luftfracht, S. 22 und S. 24.

Alheit, D.: Luftfrachtspeditionen im liberalisierten EG-Binnenmarkt: Neben zusätzlichem Wettbewerb auch mehr Chancen, in: Deutsche Verkehrs-Zeitung 47(1993)112 vom 21. September, Sonderbeilage Luftfracht, S. 21-22.

Althen, W.: Lufthansa Fracht - eine Bestandsaufnahme, in: Deutsche Lufthansa AG (Hrsg.): Lufthansa Jahrbuch '91, Köln 1991, S. 104-113.

Arbeitsgemeinschaft Deutscher Verkehrsflughäfen: Verkehrsleistungen der deutschen Verkehrsflughäfen, Band 2 (Tabellen), Jg. 1980 und 1992, Stuttgart 1981 und 1993.

Armstrong, J.S.: Eclectic Research and Construct Validation, in: Sheth, J.N. (Hrsg.): Models of Buyer Behavior - conceptual, quantitative and empirical, New York 1974, S. 3-14.

Bachmann, K.: Zur Machbarkeit von Luftfrachtprognosen, in: Der Riese ist erwacht! - Entwicklungen und Probleme im Luftfrachtverkehr. Schriftenreihe der Deutschen Verkehrswissenschaftlichen Gesellschaft e.V., Reihe B, Band 122, Bergisch-Gladbach 1989, S. 7-27.

Backhaus, K.: Investitionsgütermarketing, 3. Auflage, München 1992.

Backhaus, K. u.a.: Multivariate Analysemethoden. Eine anwendungsorientierte Einführung, 7. Auflage, Berlin u.a.O. 1994.

Ballou, R.H.: Business logistics management, 3. Auflage, Englewood Cliffs, N.J. 1992.

Baron, F.H.: Axiomatic Conjoint Measurement, in: Decision Sciences 8(1977), S. 548-559.

Bartling, H.: Leitbilder der Wettbewerbspolitik, München 1980.

Bauer, E.: Markt-Segmentierung als Marketing-Strategie, Berlin 1976.

Bauer, E.: Markt-Segmentierung, Stuttgart 1977.

Bauer, H.H.: Marktabgrenzung, Berlin 1989.

Bauer, H./Thomas, U.: Die Präferenzen von Arbeitnehmern gegenüber Tarifvertragskomponenten, in: Zeitschrift für betriebswirtschaftliche Forschung 36(1984)3, S. 200-228.

Bauer, H.H./Hermann, A.: Eine Methode zur Abgrenzung von Märkten, in: Zeitschrift für Betriebswirtschaft 62(1992)12, S. 1341-1360.

Becker, J.: Marketing-Konzeption: Grundlagen des strategischen Marketing-Managements, 5. Auflage, München 1993.

Bendixen, P.: Die Leistungserstellung der Güterverkehrsbetriebe, Hamburg 1966.

Benecke, U.: "Der fliegende Kleiderschrank" - ein Spezialprodukt von Footwork-Hamacher: Effiziente Logistikkonzepte sind gefragt, in: Deutsche Verkehrs-Zeitung 48(1994)108 vom 10. September, Sonderbeilage Luftfracht, S. 40.

Berekoven, L./Eckert, W./Ellenrieder, P.: Marktforschung, 4. Auflage, Nerw York u.a.O. 1986.

Bergmann, M.: Sea-Air-Dienste im internationalen Luftfrachtverkehr, in: Büro für angewandte Wirtschaftsforschung (Hrsg.): Studien und Arbeitsberichte Nr. 8, Lasbek 1987.

Bergs, S.: Optimalität bei Clusteranalysen. Experimente zur Bewertung numerischer Klassifikationsverfahren, Münster 1981.

Biermann, T.: Die Bedeutung der "sechsten" Freiheit für den Wettbewerb im Luftverkehr, in: Willeke R. (Hrsg.): Buchreihe des Instituts für Verkehrswissenschaft an der Universität Köln, Band 46, Düsseldorf 1985.

Biethan, J.: Simulation - eine Methode zur Findung betriebswirtschaftlicher Entscheidungen, in: Biethan, J./Schmidt, B. (Hrsg.): Simulation als betriebliche Entscheidungshilfe, Berlin/Heidelberg 1987, S. 79-91.

Bingham, F.G./ Raffield III, B.T.: Business to Business. Marketing Management, Homewood/ Boston 1990.

Bischof, K.D. u.a.: Speditionsbetriebslehre, Köln/München 1990.

Bjelicic, B.: Deutsche Luftfrachtspeditionen. Konzentration und Auslandseinfluß steigen an, in: Deutsche Verkehrs-Zeitung 43(1989)140 vom 23. November, S. 9-11.

Bjelicic, B.: Internationaler Unternehmenswettbewerb im gewerblichen Güterverkehr, in: Baumgarten, H./Ihde, G. (Hrsg.): Schriftenreihe der Bundesvereinigung Logistik e.V., Band 23, München 1990.

Blattmann, R.: Entwicklungsaspekte des Luftfrachtverkehrs unter besonderer Berücksichtigung des Luftfrachtpotentials im Bundesgebiet, in: Wahl, M. (Hrsg.): Wissenschaftliche Beiträge Karlsruhe Nr. 3, Karlsruhe 1977.

Bleicker, U.: Produktbeurteilung der Kosumenten, Würzburg/Wien 1983.

Blockmann, F.O.: TNT Express Deutschland GmbH: Kontrolle über die gesamte Transportstrecke muß sein, in: Deutsche Verkehrs-Zeitung 43(1989)128 vom 26. Oktober, S. 37-38.

Bloech, J.: Problembereiche der Logistik, in: Logistik. Schriften zur Unternehmensführung, Band 32, Wiesbaden 1984, S. 5-30.

Böcker, F.: Präferenzforschung als Mittel marktorientierter Unternehmensführung, in: Zeitschrift für betriebswirtschaftliche Forschung 38(1986)7/8, S. 543-574.

Böcker, F.: Marketing, 4. Auflage, Stuttgart 1991.

Böhler, H.: Methoden und Modelle der Marktsegmentierung, Stuttgart 1977.

Böhler, H.: Marktforschung, Stuttgart u.a.O. 1985.

Boldt, G.: Begriff und Entwicklung von Transportsystemen, in: Rühle von Lilienstein, H./Stabenau, H. (Hrsg.): RKW-Handbuch Transport, 3. Erg.-Lfg., Berlin 1982, Kennziffer 0515.

Brauer, K.M.: Betriebswirtschaftslehre des Verkehrs. Teil 1. Tätigkeitsbedingungen der Verkehrsbetriebe, 2. Auflage, Berlin 1991.

Brockhoff, K.: Produktpolitik, 2. Auflage, Stuttgart/New York 1988.

Brosius, G.: SPSS/PC+ Advanced Statistics und Tables, Hamburg u.a.O. 1989.

Bruno, H.: Ein mehrdimensionaler Ansatz zur Segmentierung von Investitionsgütermärkten, Pfaffenweiler 1988.

Bühl, M.: Luftfrachtmarkt Bundesrepublik Deutschland: Potential ist noch nicht ausgeschöpft, in: Deutsche Verkehrs-Zeitung 43(1989)115 vom 26. September, Sonderbeilage Luftfracht, S. 35-36.

Busse von Colbe, W./Laßmann, G.: Betriebswirtschaftstheorie. Band 1. Grundlagen, Produktions- und Kostentheorie, 5. Auflage, Berlin u.a.O. 1991.

Buzzel, R.D.: Note on Market Definition and Segmantation, Boston 1978.

Buzell, R.D./Gale, B.T.: Das PIMS-Programm. Strategien und Unternehmenserfolg, Wiesbaden 1989.

Cart, K.W.: Sea/Air, in: Air Cargo World, 79(1989)August, S. 18-21.

Cattin, P.: Some Findings on the Estimation of Continuous Utility Functions in Conjoint Analysis, in: Advances in Consumer Research 9(1981), S. 367-372.

Cattin, P./Wittink, D.R.: Commercial Use of Conjoint Analysis: A Survey, in: Journal of Marketing 46(1982)Summer, S. 44-53.

Caves, R.E./Porter, M.E.: From Entry Barriers to Mobility Barriers: Conjectural Desicions and Contrived Deterrence to New Competition, in: Quaterly Journal of Economics 91(1977), S. 241-261.

Claussen, T.: Zur Diskussion des "Verkehrsleistungs"-Begriffs, in: Zeitschrift für Verkehrswissenschaft 50(1979a), S. 245-257.

Claussen, T.: Grundlagen der Verkehrsökonomie, Hamburg 1979b.

Cool, K.O./Schendel, D.: Strategic Group Formation and Performance: The Case of the U.S. Pharmaceutical Industry, in: Management Science 33(1987)9, S. 1102-1124.

Corsten, H.: Zum Problem der Mehrstufigkeit in der Dienstleistungsproduktion, in: Jahrbuch der Absatz- und Verbrauchsforschung 30(1984), S. 253-272.

Corsten, H.: Die Produktion von Dienstleistungen. Grundzüge einer Produktionswirtschaftslehre des tertiären Sektors, Berlin 1985.

Corsten, H.: Dienstleistungen in produktionstheoretischer Interpretation, in: Das Wirtschaftsstudium, 17(1988)2, S. 81-87.

Corsten, H.: Betriebswirtschaftslehre der Dienstleistungsunternehmen, 2. Auflage, München/ Wien 1990.

Coyne, K.P.: Die Struktur dauerhafter Wettbewerbsvorteile, in: Simon, H. (Hrsg.): Wettbewerbsvorteile und Wettbewerbsfähigkeit, Stuttgart 1988, S. 18-29.

Day, G.S.: Strategic Market Analysis and Definition: An Integrated Approach, in: Strategic Management Journal 2(1981a)3, S. 281-299.

Day, G.S.: The Product Life Cycle: Analysis and Applications Issues, in: Journal of Marketing 45(1981b)Fall, S. 60-67.

Day, G.S.: Strategic Market Planning. The Pursuit of Competitive Advantage, St. Paul (Minnesota) 1984.

Day, G.S.: Analysis for Strategic Market Decisions, St. Paul (Minnesota) 1986a.

Day, G.S.: Tough Questions for Developing Strategies, in: Journal of Business 6(1986b)3, S. 60-68.

Day, G.S./Montgomery, D.B.: Diagnosing the Experience Curve, in: Journal of Marketing, 47(1983)Spring, S. 44-48.

Day, G.S./Shocker, R.K./Srivastava, K: Customer Oriented Approches to Identifying Produkt-Markets, in: Journal of Marketing 43(1979)Fall, S. 8-19.

Day, G.S./Wensley, R.: Marketing Theory with an Strategic Orientation, in: Journal of Marketing 47(1983)Fall, S. 79-89.

Day, G.S./Wensley, R.: Assessing Advantage: A Framework for Diagnosing Competitive Superiority, in: Journal of Marketing 52(1988)April, S. 1-20.

Deimer, R.: Unscharfe Clusteranalysemethoden, Frankfurt 1987.

Desel, U.: Wo bleibt der Wettbewerb? Zehn Jahre Deregulation im US-Luftverkehr, in: Aerokurier (1988)9, S. 1152-1154.

Deutsche Lufthansa AG: Einführung in die Luftfracht, Köln 1986.

Deutsche Lufthansa AG: Lufthansa Informationen. Von A - Z, Köln 1990.

Deutsche Lufthansa AG: Weltluftverkehr: Lufthansa und Konkurrenz. Ausgabe 1993, Köln 1993a.

Deutsche Lufthansa AG: Geschäftsbericht 1992, Köln 1993b.

Dichtl, E./Andritzky, K./ Schobert, R.: Ein Verfahren zur Abgrenzung des "relevanten Marktes" auf der Basis von Produktperzeptionen und Präferenzurteilen, in: Wirtschaftswissenschaftliches Studium 6(1977)6, S. 290-301.

Dichtl, E./Bauer, H.H./Schölch, S.: Kontoführungsgebühren als Gegenstand von Marktmodellen, in: Die Betriebswirtschaft 43(1983)3, S. 417-430.

Dichtl, E./Schobert, R.: Mehrdimensionale Skalierung, München 1979.

Dichtl, E./Thomas, U.: Der Einsatz des Conjoint Measurement im Rahmen der Verpackungsmarktforschung, in: Marketing · ZFP 8(1986)1, S. 27-33.

Dickson, P.R./Ginter, J.L.: Market Segmentation, Product Differentiation, and Marketing Strategy, in: Journal of Marketing 51(1987)April, S. 1-10.

Diederich H.: Zur Theorie der Verkehrsbetriebe, in: Zeitschrift für Betriebswirtschaft 36(1966) Ergänzungsheft 1, S. 37-52.

Diederich, H.: Verkehrsbetriebslehre, Wiesbaden 1977.

Dorfs, J.: Interview mit Klaus-Michael Kühne über den Speditionsmarkt, in: WirtschaftsWoche 45(1991)20 vom 10. Mai, S. 138-139.

Doyle, P./Saunders, J.: Market Segmentation and Positioning in Specialized Industrial Markets, in: Journal of Marketing 49(1985)Spring, S. 24-32.

Dunst, K.H.: Portfolio Management. Konzeption für die strategische Unternehmensplanung, Berlin/New York 1979.

Düro, R.: Strategieseminar: Marketing und Wettbewerb, Frankfurt/New York 1991.

Dyer, R.F./Forman, E.H.: An Analytic Approach To Marketing Decisions, Englewood Cliffs, N.J. 1991.

Eckes, T./Roßbach, H.: Clusteranalysen, Stuttgart 1980.

EG-Kommission: Memorandum Nr. 1, Luftverkehr: Ein Vorgehen der Gemeinschaft, Brüssel 1979.

EG-Kommission: Memorandum Nr. 2, Fortschritte auf dem Weg zu einer gemeinschaftlichen Luftverkehrspolitik, Brüssel 1984.

EG-Kommission: Stichwort Europa. Ein Europa ohne Grenzen für den Luftverkehr und die Luftfahrtindustrie, Heft 2, Luxemburg 1989.

EG-Rat: Verordnung (EWG) Nr. 3975/87 des Rates vom 14. Dezember 1987 über die Einzelheiten der Anwendung der Wettbewerbsregeln auf Luftfahrtunternehmen, in: Amtsblatt der Europäischen Gemeinschaften: 30(1987)L374, S. 1-8.

EG-Rat: Verordnung (EWG) Nr. 3976/87 des Rates vom 14. Dezember 1987 zur Anwendung von Artikel 85 Absatz 3 des Vertrages auf bestimmte Gruppen von Vereinbarungen und aufeinander abgestimmte Verhaltensweisen im Luftverkehr, in: Amtsblatt der Europäischen Gemeinschaften: 30(1987)L374, S. 9-11.

EG-Rat: Verordnung (EWG) Nr. 3343/90 des Rates vom 24. Juli 1990 über den Zugang von Luftverkehrsunternehmen zu Strecken des innergemeinschaftlichen Linienluftverkehrs und über die Aufteilung der Kapazitäten für die Personenbeförderung zwischen Luftverkehrsunternehmen im Linienflugverkehr zwischen Mitgliedstaaten, in: Amtsblatt der Europäischen Gemeinschaften: 33(1990)L217, S. 8-14.

EG-Rat: Verordnung (EWG) Nr. 294/91 des Rates vom 4. Februar 1991 über den Betrieb von Luftfrachtdiensten zwischen Mitgliedstaaten, in: Amtsblatt der Europäischen Gemein-schaften: 34(1991)L36, S. 1-4.

EG-Rat: Verordnung (EWG) Nr. 2407/92 des Rates vom 23. Juli 1992 über die Erteilung von Betriebsgenehmigungen an Luftfahrtunternehmen, in: Amtsblatt der Europäischen Gemeinschaften: 35(1992)L240, S. 1-8.

EG-Rat: Verordnung (EWG) Nr. 2408/92 des Rates vom 23. Juli 1992 über den Zugang von Luftfahrtunternehmen der Gemeinschaft zu Strecken des innergemeinschaftlichen Flugverkehrs, in: Amtsblatt der Europäischen Gemeinschaften: 35(1992)L240, S. 9-14.

EG-Rat: Verordnung (EWG) Nr. 2409/92 des Rates vom 23. Juli 1992 über Flugpreise und Luftfrachtraten, in: Amtsblatt der Europäischen Gemeinschaften: 35(1992)L240, S. 15-17.

EG-Rat: Verordnung (EWG) Nr. 2410/92 des Rates vom 23. Juli 1992 zur Änderung der Verordnung (EWG) 3975/87 über die Einzelheiten der Anwendung der Wettbewerbsregeln auf Luftfahrtunternehmen, in: Amtsblatt der Europäischen Gemeinschaften: 35(1992)L240, S. 18.

EG-Rat: Verordnung (EWG) Nr. 2411/92 des Rates vom 23. Juli 1992 zur Änderung der Verordnung (EWG) Nr. 3976/87 des Rates vom 14. Dezember 1987 zur Anwendung von Artikel 85 Absatz 3 des Vertrages auf bestimmte Gruppen von Vereinbarungen und aufeinander abgestimmte Verhaltensweisen im Luftverkehr, in: Amtsblatt der Europäischen Gemeinschaften: 35(1992)L240, S. 19-20.

Engelhardt, W.H.: Dienstleistungsorientiertes Marketing - Antwort auf die Herausforderung durch neue Technologien, in: Adam, D. u.a. (Hrsg.): Integration und Flexibilität. Eine Herausforderung für die Allgemeine Betriebswirtschaftslehre, Wiesbaden 1990, S. 269-288.

Engelhardt, W.H./Günter, B.: Investitionsgüter-Marketing, Stuttgart u.a.O. 1981.

Federal Express Corporation: Annual Report 1993, Memphis (Tennessee) 1993.

Federal Express Corporation: Federal Express. Das internationale Expressystem, o.O., o.J..

Fiege, H.: Informationssysteme in Gütertransportketten: System-, Kosten- und Leistungsanalyse auf der Grundlage eines unternehmensübergreifenden Informationssystems, in: Reichmann, T. (Hrsg.): Schriften zum Controlling, Band 3, Frankfurt am Main u.a.O. 1987.

Fischer F.-D.: Integration der Luftfracht in betriebliche Logistiksysteme, in: Frachtmanagement 25(1993)April, S. 40, S. 42 und S. 45.

Fischer, H.-J.: Luftfrachtersatzverkehr aus Sicht des Frankfurter Flughafen, in: Schriftenreihe der Studiengesellschaft für den kombinierten Verkehr e.V. (Hrsg.): Luftfrachtersatzverkehr, Fachserie Transportkette, Band 36, Frankfurt/Main 1981, S. 7-8.

Flughafen Frankfurt/Main AG: EDI*FRA. Ein offenes Kommunikationssystem nach internationalen Normen zur Beschleunigung und Rationalisierung der Luftfrachtabwicklung, Frankfurt am Main 1990.

Flughafen Frankfurt/Main AG: Die Flugzeugabfertigung - ein Arbeitsplatz mit Zukunft, Frankfurt am Main 1991.

Flughafen Frankfurt/Main AG: Geschäftsbericht 1992, Frankfurt am Main 1993a.

Flughafen Frankfurt/Main AG: Flughafen Frankfurt Main Luftverkehrsstatistik, Jahresbericht 1992, Frankfurt am Main 1993b.

Flughafen Frankfurt/Main AG: CIS. Cargo Information System, Frankfurt am Main o.J.

Frank, R.E./Massy, W.F./Wind, Y.: Market Segmentation, Englewood Cliffs, N.J. 1972.

Freter, H.: Strategien, Methoden und Modelle der Marktsegmentierung bei der Markterfassung und Marktbearbeitung, in: Die Betriebswirtschaft 40(1980)3, S. 453-463.

Freter, H.: Marktsegmentierung, Stuttgart 1983.

Gälweiler, A.: Strategische Unternehmensführung, 2. Auflage, Frankfurt/New York 1990.

Gerl, K./Roventa, P.: Strategische Geschäftseinheiten - Perspektiven aus der Sicht des Strategischen Managements, in: Zeitschrift für betriebswirtschaftliche Forschung 33(1981)9, S. 843-858.

Gialloreto, L.: Strategic Airline Management. The Global War Begins, London 1988.

Golden, B.L./Wasil, E.A./Harker, P.T.: The Analytic Hierarchy Process. Applications and Studies, Berlin u.a.O. 1989.

Green, P.E.: On the Design of Choice Experiments Involving Multifactor Analysis, in: Journal of Consumer Research 1(1974)September, S. 61-68.

Green, P.E./Carmone, F.J./Wind, Y.: Subjective Evaluation Models and Conjoint Measurement, in: Behavioral Science 17(1972), S. 288-299.

Green, P.E./Goldberg, S.M./Montemayor, M.: A Hybrid Utility Estimation Model for Conjoint Analysis, in: Journal of Marketing, 45(1981)Winter, S. 33-41.

Green, P.E./Srinivasan, V.: Conjoint-Analysis in Consumer Research: Issues and Outlook, in: Journal of Consumer Research 5(1978)September, S. 103-123.

Green, P.E./Srinivasan, V.: Conjoint Analysis in Marketing: New Developments With Implications for Research amd Practice, in: Journal of Marketing 54(1990)October, S. 3-19.

Green, P.E./Tull, D.: Methoden und Techniken der Marktforschung, 4. Auflage, Stuttgart 1982.

Green, P.E./Wind, Y.: New Way to Measure Consumers' Judgments, in: Harvard Business Review 53(1975)July/August, S. 107-117.

Gröne, A.: Marktsegmentierung bei Investitionsgütern, in: Meffert, H. (Hrsg.): Schriftenreihe Unternehmensführung und Marketing, Band 9, Wiesbaden 1977.

Gutenberg, E.: Grundlagen der Betriebswirtschaftslehre. Band 1. Die Produktion, 24. Auflage, Berlin u.a.O. 1983.

Haedrich, G./Kuß, A./Kreilkamp, E.: Der Analytic Hierarchy Process, in: Wirtschaftswissenschaftliches Studium 15(1986)3, S. 120-126.

Halbheer, B.: Door/Door-Expreßdienste: Kaum eine Airline hat den Mut, ein Risiko einzugehen, in: Deutsche Verkehrs-Zeitung 45(1991)114 vom 24. September, Sonderbeilage Luftfracht, S. 50.

Haley, R.I.: Benefit Segmentation: A Desicion-orientied Research Tool, in: Journal of Marketing 32(1968)July, S. 30-35.

Haley, R.I.: Benefit Segmentation - 20 Years Later, in: Journal of Consumer Marketing (1983)2, S. 5-13.

Hamacher, J.G.: DHL - 10 Jahre in Deutschland, in: TD + Wico (1988)3, S. 10-11.

Hammann, P./Erichson, B.: Marktforschung, 2. Auflage, Stuttgart 1990.

Hammer, R.M.: Unternehmensplanung, 5. Auflage, München/Wien 1992a.

Hammer, R.M.: Strategische Planung und Frühaufklärung, 2. Auflage, München/Wien 1992b.

Harrigan, K.R.: An Application of Clustering for Strategic Group Analysis, in: Strategic Management Journal 6(1985), S. 55-73.

Hartung, J. u.a.: Statistik, 6. Auflage, München/Wien 1987.

Hax, A.C./Majluf, N.S.: Strategisches Management, Frankfurt/New York 1988.

Hecht, R.: Der Expreßmarkt: Ein stark boomendes Geschäft auch in Osteuropa, in: Deutsche Verkehrs-Zeitung 44(1990)126 vom 20. Oktober, S. 8.

Hector, B.: Wachstumspotential und Zukunftsperspektiven der Branche: Der Markt ist lange noch nicht ausgeschöpft, in: Deutsche Verkehrs-Zeitung 43(1989)62 von 25. Mai, S. 21 und S. 30.

Hector, B.: Federal Express setzt weiter auf Wachstum. Mit dem Rückzug aus Europa ging es dann wieder voran, in: Deutsche Verkehrs-Zeitung 47(1993)107 vom 9. September, S. 3 und S. 14.

Henderson, B.D.: The Application and Misapplication of the Experience Curve, in: Journal of Business Strategy, 4(1984a)Winter, S. 3-9.

Henderson, B.D.: Die Erfahrungskurve in der Unternehmensstrategie, 2. Auflage, Frankfur/New York 1984b.

Henderson, B.D.: The Origin of Strategy, in: Harvard Business Review 67(1989)November/ December, S. 139-143.

Hilke, S.: Grundprobleme und Entwicklungstendenzen des Dienstleistungs-Marketing, in: Dienstleistungs-Marketing. Schriften zur Unternehmensführung, Band 35, Wiesbaden 1989, S. 5-44.

Hill, L.: Mit Expreß-Warensendungen wird die Sahne im Frachtgeschäft abgeschöpft, in: Handelsblatt (1992)168 vom 1. September, Sonderbeilage Expreß- und Kurierdienste, S. B2.

Hill, L.: Europas Flag-Carrier suchen ihr Heil in Kooperationen: Airlines bläst der Wind ins Gesicht, in: Flug Revue (1993)8, S. 37-39.

Hillebrand, H.L: Ein Himmel über Europa, in: Deutsche Lufthansa AG (Hrsg.): Lufthansa Jahrbuch '92, Köln 1992, S. 60-69.

Hilleke-Daniel, K.: Wettbewerbsdynamik und Marketing im Pharmamarkt, Wiesbaden 1989.

Hoch, D.J.: Durch Informationssysteme zu Wettbewerbsvorteilen: Chancen und Risiken, in: Bliemel, F. (Hrsg.): Die Unternehmen im Wettbewerb: Bausteine zu einer erfolgreichen Marktposition, Berlin 1990, S. 37-71.

Hogan, P.J.: Ansett/TNT. Connecting the empire, in: The Avmark Aviation Economist 4(1987)October, S. 15-19.

Hogan, P.J.: Express freigt. Why the Euro-majors should follow TNT's example, in: The Avmark Aviation Economist 6(1989)Dezember, S. 4-7.

Holz, H.-P.: Ansätze für eine marktkonforme Slotvergabe- und Gebührenpolitik nach Liberalisierung des Luftverkehrs in der Europäischen Gemeinschaft, in: Zeitschrift für Verkehrswissenschaft 62(1991), S. 229-250.

Hölzel, R.-D.: Segmentierung und Lokalisierung von Märkten. Neue Methoden und Möglichkeiten, Frankfurt 1987.

Homburg, C.: Modellgestützte Unternehmensplanung, Wiesbaden 1991.

Hoppmann, E.: Die Abgrenzung des relevanten Marktes im Rahmen der Mißbrauchsaufsicht über marktbeherrschende Unternehmen, Baden-Baden 1974.

Hornbacher, M./Horvath, E./Munstermann, H.: Integrator - eine Herausforderung für den Transportsektor, in: Internationales Verkehrswesen 42(1990)4, S. 206-216.

Humphreys, B.: The North Atlantic: A European Perspective, in: ITA MAGAZINE (1991)65, S. 3-12.

Hüttner, M.: Grundzüge der Marktforschung, 4. Auflage, Berlin/New York 1989.

ICAO: Statistical Yearbook. Civil Aviation Statistics of the World, Jahrgänge 1980-1992, Montreal 1981-1993.

Ihde, G.B.: Wettbewerbsstrategien für Speditionen im Spannungsfeld zwischen (De-)Regulierung und Strukturwandel, in: Zeitschrift für Verkehrswissenschaft 60(1989)2/3, S. 129-140.

Ihde, G.B.: Transport, Verkehr, Logistik. Gesamtwirtschaftliche Aspekte und Einzelwirtschaftliche Handhabung, 2. Auflage, München 1991.

Ihde, G./Bjelicic, B.: Integrierte Dienste nehmen zu, in: Jahrbuch der Logistik 1989, S. 63-68.

Illetschko, L.L.: Betriebswirtschaftliche Probleme der Verkehrswirtschaft, in: Gutenberg, E. (Hrsg.): Die Wirtschaftswissenschaften. Reihe A. Beitrag Nr. 43, Wiesbaden 1959.

Illetschko, L.L.: Transport-Betriebswirtschaftslehre, 2. Auflage, Wien/New York 1966.

Isermann, H.: Logistik im Unternehmen - eine Einführung, in: Isermann, H. (Hrsg.): Logistik: Beschaffung, Produktion, Distribution, Landsberg/Lech 1994, S. 21-43.

Johnson, R.M.: Trade-Off-Analysis of Consumer Values, in: Journal of Marketing Research 11(1974)May, S. 121-127.

Kaas, K.P.: Nachfragemodelle im Marketing, in: Marketing · ZFP 9(1987)4, S. 229-236.

Kaltz, B.: Verhältnis zwischen Luftfrachtcarriern, Spediteuren und Verladern: Dem Dialog mit der Kundschaft gehört der Vorzug, S. 40, in: Deutsche Verkehrs-Zeitung 47(1993)113 vom 23. September, Sonderbeilage Fiata, S. 40-42.

Kaltz, B./Alheit, D.: Verhältnis zwischen IATA-Carriern und ihren Frachtagenten: Spannungen zum gemeinsamen Nutzen kanalisieren, S. 21, in: Deutsche Verkehrs-Zeitung 42(1988)117 vom 1. Oktober, Sonderbeilage Luftfracht, S. 15-16 und S. 21.

Kark, A.: Die Liberalisierung der europäischen Zivilluftfahrt und das Wettbewerbsrecht der europäischen Gemeinschaft, in: Ruhwedel, E. (Hrsg.): Bürgerliches Recht, Handels- und Verkehrsrecht, Band 17, Frankfurt am Main u.a.O. 1989.

Kaspar, C.: Verkehrswirtschaftslehre im Grundriß, in: Institut für Fremdenverkehr und Verkehrswirtschaft (Hrsg.): St. Galler Beiträge zum Fremdenverkehr und zur Verkehrswirtschaft. Reihe Verkehrswirtschaft, Band 7, Bern/Stuttgart 1977.

Kaufer, E.: Industrieökonomik, München 1980.

Kille, E.: Nachfrage im Europa des Jahres 2000: Das Sendungsvolumen wird sich nahezu verdoppeln, in: Deutsche Verkehrs-Zeitung 44(1990)61 vom 22. Mai, Sonderbeilage Express-Verkehr, S. 22 und S. 27.

Kille, E.: Kurier-, Expreß- und Paketdienstmärkte in Europa, in: Internationales Verkehrswesen 43(1991)1/2, S. 22-29.

Kille, E.: Osteuropa: Eine neue Expreß-Dimension, in: Internationales Verkehrswesen 45(1993)3, S. 140-142.

KLM Royal Dutch Airlines: Annual Report 1992/93, Amsterdam 1993.

Klöpper, H.-J.: Logistikorientiertes strategisches Management. Erfolgspotentiale im Wettbewerb, Köln 1991.

Kluyver, C.A. de/Whitlark, D.B.: Benefit Segmentation for Industrial Products, in: Industrial Marketing Management 15(1986), S. 273-286.

Knappik, K.M.: Meaningful Sea/Air or Air/Sea Traffic: Its Significance Today and in the Future, in: Frankfurt Flughafen AG (Hrsg.): Tagungsband der 6th International Air Freight Days, Sept. 26th/27th, Frankfurt am Main 1989, S. 8.1-8.12.

Köhler, R.: Grundprobleme der strategischen Marketingplanung, in: Geist, M.N./Köhler, R. (Hrsg.): Die Führung des Betriebes, Stuttgart 1981, S. 261-291.

Kols, P.: Bedarfsorientierte Marktsegmentierung auf Produktivgütermärkten, Frankfurt/Thun 1986.

Kotler, P.: Marketing Management. Analysis, Planning, Implementation, and Control, 7. Auflage, Englewood Cliffs, N.J. 1991.

Kotler, P./Armstrong, G.: Principles of Marketing, 5. Auflage, Englewood Cliffs, N.J. 1991.

Kreikebaum, H.: Strategische Unternehmensplanung, 5. Auflage, Stuttgart u.a.O. 1993.

Kreikebaum, H./Grimm, U.: Die Analyse strategischer Faktoren und ihre Bedeutung für die strategische Planung, in: Wirtschaftswissenschaftliches Studium 12(1983)1, S. 6-12.

Kreilkamp, E.: Strategisches Marketing und Management, Berlin/New York 1987.

Kucher, E./Simon, H.: Conjoint Measurement - Durchbruch bei der Preisentscheidung, in: HARVARDmanager 9(1987)3, S. 28-36.

Kühne & Nagel International AG: 100 Jahre Kühne & Nagel. Wir setzen alles in Bewegung, o.O. 1990.

Kühne & Nagel International AG: Geschäftsbericht 1992, Schindellegi (Schweiz) 1993.

Lancaster, K.J.: A New Approach to Consumer Theory, in: Journal of Political Economy 14(1966)2, S. 132-157.

Lancaster, K.J.: Consumer Demand. A New Approach, New York/London 1971.

Landbeck, H.: Die Praxis des Luftfrachtverkehrs, Gütersloh 1972.

Lange, B.: Bestimmung strategischer Erfolgsfaktoren und Grenzen ihrer empirischen Fundierung, in: Die Unternehmung 36(1982)1, S. 27-41.

Leigh, T.W./Mackay, D.B./Summers, J.O.: On Alternative Experimental Methods for Conjoint Analysis, in: Advances in Consumer Research 8(1980), S. 317-322.

Lempio, K.: Näher an die Fracht heran - Luftfrachtmarketing, in: Der Riese ist erwacht! - Entwicklungen und Probleme im Luftfrachtverkehr. Schriftenreihe der Deutschen Verkehrswissenschaftlichen Gesellschaft e.V., Reihe B, Band 122, Bergisch-Gladbach 1989, S. 83-89.

Leonhäuser, I.-U.: Bedürfnis, Bedarf, Normen und Standards, Berlin 1988.

Levitt, T.: Exploit the Product Life Cycle, in: Harvard Business Review 43(1965)November/December, S. 81-95.

Levitt, T.: Marketing Myopia, in: Harvard Business Review 53(1975)September/October, S. 26-44 und 173-181.

Levitt, T.: Marketing Success Trough Differentiation - of Anything, in: Harvard Business Review 58(1980)January/February, S. 83-91.

Liessem, P.: Expreßmarkt: Wachstumssektor im Luftfrachtgeschäft, in: Deutsche Verkehrs-Zeitung 46(1992)124 vom 17. Oktober, Sonderbeilage Luftfracht, S. 39.

Löwer, W.: Die Funktionsweise des Frachtzentrums Frankfurt, in: Deutsche Lufthansa AG (Hrsg.): Lufthansa Jahrbuch '87, Köln 1987, S. 115-121.

Luck, D.J./Ferrell, O.C.: Marketing Strategy and Plans, 2. Auflage, Englewood Cliffs, N.J. 1985.

MacDonald, M.E.: Air Cargo: 'Combi'Carriers Move To Recapture Domestic Market Share, in: Traffic Management (1990)April, S. 83.

Macharzina, K.: Unternehmensführung, Wiesbaden 1993.

Maleri, R.: Grundlagen der Dienstleistungsproduktion, 2. Auflage, Berlin u.a.O. 1991.

Malhotra, N.K.: Structural Reliability and Stability of Nonmetric Conjoint Analysis, in: Journal of Marketing Research, 19(1982)May, S. 199-207.

Manner-Romberg, H.: Strukturwandel in der Kurier- und Expreßdienstbranche: Wer schläft sündigt nicht - aber er kann Marktanteile verlieren, in: Deutsche Verkehrs-Zeitung 47(1993)88 vom 27. Juli, S. 6.

Maruhn, E.: Das Wachstumspotential der Luftfracht, in: Deutsche Lufthansa AG (Hrsg.): Lufthansa Jahrbuch '88, Köln 1988, S. 96-105.

Maruhn, E.: Dynamischer Luftfrachtmarkt: Potential ist noch nicht ausgeschöpft, in: Deutsche Verkehrs-Zeitung 44(1990)126 vom 20. Oktober, Sonderbeilage Luftfracht, S. 13.

Maruhn, E.: Integrators - Herausforderung für die Luftfracht, in: Deutsche Lufthansa AG (Hrsg.): Lufthansa Jahrbuch '92, Köln 1992, S. 146-153.

Maruhn, E.: Interview mit Jean J. Godart, Leiter des Ressorts Luftfrachtentwicklung und Produkte bei Kühne & Nagel: Immer mehr Kunden wählen "One-stop-Shopping", in: Deutsche Verkehrs-Zeitung 48(1994)108 vom 10. September, Sonderbeilage Luftfracht, S. 24 und 27.

Mazanec, J./Wiegele, O.: Zum praktischen Einsatz von Produktpositionierungsmodellen in der Produktpolitik, in: Köhler, R./Zimmermann, H.-J. (Hrsg.): Entscheidungshilfen im Marketing, Stuttgart 1977, S. 46-59.

McMullen, K.: Federal Express Corp.: The making of a mega cargo carrier?, in: The Avmark Aviation Aconomist 6(1989)March/April, S. 18-23.

Meffert, H.: Marketing: Grundlagen der Absatzpolitik, 7. Auflage, Wiesbaden 1991.

Meier, E.: Der Luftverkehr braucht eine bessere Infrastruktur, in: Deutsche Lufthansa AG (Hrsg.): Lufthansa Jahrbuch '91, Köln 1991, S. 38-51.

Meyer, A.: Dienstleistungs-Marketing, Augsburg 1983.

Moriarty, R.T./Reibstein, D.J.: Benefit Segmentation in Industrial Markets, in: Journal of Business Research 14(1986), S. 463-486.

Muckelberg, E.: Logistische Dienstleister als Partner der Industrie. Ergebnisse einer LOG-Umfrage bei Paket- und Expreßdiensten sowie Logistik-Dienstleistern, in: Logistik im Unternehmen 3(1989)Juni, S. 6-14.

Müller-Sartori, P.: "Trucking" Ergänzung oder Ersatz der "normalen" Luftfracht, in: Der Riese ist erwacht! - Entwicklungen und Probleme im Luftfrachtverkehr. Schriftenreihe der Deutschen Verkehrswissenschaftlichen Gesellschaft e.V., Reihe B, Band 122, Bergisch-Gladbach 1989, S. 37-48.

Müller-Sartori, P.: Trucking: Ergänzung oder Ersatz für "normale" Luftfracht, in: Frachtmanagement (1989)Mai, S. 40.

Muscati, M.: Die Verkehrsgebiete der Lufthansa, in: Deutsche Lufthansa AG (Hrsg.): Lufthansa Jahrbuch '86, Köln 1986, S. 107-119.

Myers, J.H.: Benefit Structure Analysis. A Tool for Product Planning, in: Journal of Marketing, 40(1979)October, S. 23-32.

Nagarvala, S.J.: Speditionen und Fluggesellschaften: Kooperation sichert Überleben, in: Deutsche Verkehrs-Zeitung 46(1992)116 vom 29. September, Sonderbeilage Fiata, S. 33.

Nieschlag, R./Dichtl, E./Hörschgen, H.: Marketing, 16. Auflage, Berlin 1991.

Nuutinen, H.: The North Atlantic market: American expansion and European reaction, in: The Avmark Aviation Economist 6(1989)March/April, S. 10-16.

o.V.: Fracht per LKW - mit Flugnummern über die Autobahn, in: Flughafen Frankfurt Main AG (Hrsg.): Frankfurter Luftfrachtbrief (1987a)2, S. 2-3.

o.V.: Wichtige Alternative: Trucking, S. 30, in: TD+Wico (1987b)10, S. 28 und S. 30.

o.V.: Wachstum der Haus/Haus-Expreßdienste: Integrators bringen den Frachtmarkt in Bewegung, in: Deutsche Verkehrs-Zeitung 41(1987c)138 vom 19. November, S. 15.

o.V.: IATA-Umsätze der deutschen Agenten 1987, in: Deutsche Verkehrs-Zeitung 42(1988a)117 vom 1. Oktober, Sonderbeilage Luftfracht, S. 22, S. 30, S. 38 und S. 41-42.

o.V.: Steigflug: Luftkurier- und Expreßdienste auf Expansionskurs, in: Zeitschrift für Logistik (1988b)Juli/August, S. 15-16.

o.V.: Aircargo per Truck: Cargolux kommt eine Vorreiterrolle zu, in: Deutsche Verkehrs-Zeitung 43(1989a)131 vom 12. November, S. 10.

o.V.: Die IATA-Zahlen 1988, in Internationale Transport Zeitschrift (1989b)18, S. 1612-1613.

o.V.: Das Spannungsverhältnis Carrier, Spediteur und Integrator, in: Frachtmanagement 21(1989c)Juni, S. 46-47.

o.V.: USA/Europa: Kunden stellen abweichende Forderungen an den Markt, in: Deutsche Verkehrs-Zeitung 43(1989d)7 vom 17. Januar, S. 9.

o.V.: Verhältnis Spedition\Carrier: Gemeinsamer Weg führt zum Erfolg, in: Deutsche Verkehrs-Zeitung 43(1989e)118 vom 3. Oktober, S. 8.

o.V.: Kooperationen bei dänischen Luftfrachtspediteuren, in: Internationale Transport Zeitschrift (1989f)41, S. 3469.

o.V.: Air cargo strategies: The difference between profit and loss, in: The Avmark Aviation Aconomist 7(1990)June, S. 7-8.

o.V.: Luftfracht-Verkehrsprognose 1989 bis 2000. Nordatlantik verliert seine führende Position, in: Deutsche Verkehrs-Zeitung 45(1991a)70 vom 13. Juni, S. 7.

o.V.: Möller International Aircargo: Pressespedition baut Geschäft und Management weiter aus, in: Deutsche Verkehrs-Zeitung 45(1991b)129 vom 29. Oktober, S. 8.

o.V.: Die IATA-Umsätze 1990, in: Internationale Transport Zeitschrift (1991c)18, S. 1459-1460.

o.V.: Rhenus Air und Impex selbständig bei Schenker, in: Internationale Transport Zeitschrift (1991d)3, S. 176.

o.V.: Deutsche Lufthansa: Carrier will näher an Fracht-Kunden sein, in: Deutsche Verkehrs-Zeitung 45(1991e)61 vom 23. Mai, S. 8.

o.V.: Auslastung noch unter Break-Even, in: Der Lufthanseat 38(1992a)484 vom 6. November, S. 2.

o.V.: Icao-Luftfrachtprognose: Frachtverkehr steigt weiter stärker als die Passage an, in: Deutsche Verkehrs-Zeitung 46(1992b)120 vom 8. Oktober, S. 12.

o.V.: Spediteur und Airline: Ein arbeitsteiliges System zum Wohle der Luftfrachtindustrie, in: Deutsche Verkehrs-Zeitung 46(1992c)21 vom 31. Oktober, S. 7.

o.V.: Air France reicht Spediteuren die Hand, in: Internationale Transport Zeitschrift (1992d)50, S. 4422.

o.V.: Integrators: Um Partnerschaft mit den Airlines bemüht, in: Deutsche Verkehrs-Zeitung 46(1992e)75 vom 25. Juni, S. 13.

o.V.: Die Umsätze der IATA-Agenten 1992, in: Internationale Transport Zeitschrift (1993a)21, S. 1783-1784.

o.V.: IATA-Umsätze der deutschen Agenten 1992, in: Deutsche Verkehrs-Zeitung 47(1993b)112 vom 21. September, Sonderbeilage Luftfracht, S. 34-36.

o.V.: Danzas Starconnect: Neues Standardprodukt für Haus-Haus-Verkehr eingeführt, in: Deutsche Verkehrs-Zeitung 47(1993c)112 vom 8. Juni, S. 8.

o.V.: Fluggesellschaften: Mehr als 100 Unternehmen sind reine Fracht-Airlines, in: Deutsche Verkehrs-Zeitung 47(1993d)125 vom 21. Oktober, S. 16.

o.V.: Lufthansa: Europa-Frachternetz gestartet. Zwei neue Expreßprodukte kommen im Juli auf den Markt, in: Deutsche Verkehrs-Zeitung 47(1993e)47 vom 22. April, S. 8.

o.V.: KLM lanciert Expressprodukt, in: Internationale Transport Zeitschrift (1993f)10, S. 773.

o.V.: Kurier-, Expreß- und Paketdienste in der Bundesrepublik, in: Außenwirtschaftsnachrichten der Dresdner Bank (1993g)August, S. 12-13.

o.V.: Federal Express hat umstrukturiert. Interview mit R. Todd Bradley und Greg Robey, in: Frachtmanagement 25(1993h)Juni, S. 6-10.

o.V.: Gefahrguttransport: UPS startet neuen Dienst, in: Deutsche Verkehrs-Zeitung 47(1993i)58 vom 18. Mai, S 12.

o.V.: TNT nimmt sich der Wertfrachtsendungen an, in: Internationale Transport Zeitschrift (1993j)37, S. 3156.

o.V.: Ratenzuschlag verzögert, in: Internationale Transport Zeitschrift (1993k)40, S. 3417.

o.V.: Hohe Verluste im internationalen Flugverkehr, in: Frankfurter Allgemeine Zeitung (1993l)254 vom 1. November, S. 13.

o.V.: Nurfrachtereinsatz: Immer stärker stellt sich die Frage nach Rentabilität, in: Deutsche Verkehrs-Zeitung 47(1993m)23 vom 25. Februar, S. 16.

Oberender, P.: Zur Problematik der Marktabgrenzung unter besonderer Berücksichtigung des Konzepts des "relevanten Marktes", in: Wirtschaftswissenschaftliches Studium 4(1975)12, S. 575-579.

Oelfke, W.: Güterverkehr - Spedition - Logistik, 29. Auflage, Bad Homburg 1992.

Orth, B.: Einführing in die Theorie des Messens, Stuttgart u.a.O. 1974.

Peter, J.P.: Reliability: A Review of Psychometric Basics and Recent Marketing Practices, in: Journal of Marketing Research, 16(1979)February, S. 6-17.

Peters, S.: Die Leistung des Verkehrsbetriebes - Bemerkungen zu einer Untersuchung von Thies Claussen, in: Zeitschrift für Verkehrswissenschaft 52(1981), S. 35-48.

Pfohl, H.-C.: Logistiksysteme. Betriebswirtschaftliche Grundlagen, 4. Auflage, Berlin u.a.O. 1990.

Phillips, L.W./Chang, D.R./Buzzell, R.D.: Product Quality, Cost Position and Business Performance: A Test of Some Key Hypotheses, in: Journal of Marketing 47(1983)Spring, S. 26-43.

Pinnecke, B./Poluha, E./Teuscher, R.: Europas Airlines im Abwind, S. 13, in: Deutsche Bank Research Bulletin vom 23.3.93, S. 12-17.

Planungsbüro Luftraumnutzer: Die Krise der europäischen Flugsicherung, in: Sonderdruck aus Aerokurier (1989)8, S. 1-12.

Ploog, H.: Die optimale Transportkette - zur Problematik ihrer Ermittlung, in: Internationales Verkehrswesen 26(1974)5, S. 199-222.

Polli, R./Cook, V.: Validity of the Product Life Cycle, in: Journal of Business 42(1969), S. 385-401.

Pompl, W.: Luftverkehr, 2. Auflage, Berlin u.a.O. 1992.

Porter, M.E.: How Competitive Forces Shape Strategy, in: Harvard Business Review 57(1979)March/April, S. 137-145.

Porter, M.E.: Competitive Strategy, New York 1980.

Porter, M.E.: Competitive Advantage, New York 1985.

Porter, M.E./Millar, V.E.: How Information Gives You Competitive Advantage, in: Harvard Business Review 63(1985)July/August, S. 149-160.

Prognos (Hrsg.): Luftfrachtmarkt Bundesrepublik Deutschland 1986 - das klassische Luftfrachtsegment, Basel 1987.

Rao, V.R.: Conjoint Measurement in Marketing Analysis, in: Sheth, J.N. (Hrsg.): Multivariate Methods for Market an Survey Research, Chicago 1977, S. 257-286.

Redenz, H.: Kozeption integrierter Logistik-Dienstleistungssysteme, München 1992.

Reibstein, D./Bateson, J.E.G./Boulding, W.: Conjoint Analysis Reliability: Empirical Findings, in: Marketing Science, 7(1988)3, S. 271-286.

Reifart, J: Internationale Regelung der Tarife im Linienluftverkehr, Frankfurt 1985.

Reuß, H.-J.: Frachtkonzepte der Zukunft, S. 12, in: TD + Wico (1988)1/2, S. 12-13.

Reuther, W.: Frachtautomation - Auf dem Weg zur papierlosen Bearbeitung der Luftfracht, in: Der Riese ist erwacht! - Entwicklungen und Probleme im Luftfrachtverkehr. Schriftenreihe der Deutschen Verkehrswissenschaftlichen Gesellschaft e.V., Reihe B, Band 122, Bergisch-Gladbach 1989, S. 49-58.

Riebel, P.: Absatzwirtschaftliche Probleme der Verkehrsbetriebe, in: Tietz, B. (Hrsg.): Handwörterbuch der Absatzwirtschaft, Stuttgart 1974, Sp. 2075-2086.

Riebel, P.: Verkehrsbetriebslehre als spezielle Betriebswirtschaftslehre, in: Zeitschrift für Verkehrswissenschaft 50(1979), S. 52-67.

Rödig, F.: IATA - Bedeutungswandel durch veränderte Marktbedingungen, in: Deutsche Lufthansa AG (Hrsg.), Lufthansa Jahrbuch '90, S. 48-55.

Rohrmann, B.: Empirische Studien zur Entwicklung von Antwortskalen für die sozialwissenschaftliche Forschung, in: Zeitschrift für Sozialpsychologie 9(1978), S. 222-245.

Ruhwedel, E.: Der Luftbeförderungsvertrag, Frankfurt am Main 1985.

Saaty, T.L.: The Analytic Hierarchy Process, New York 1980.

Saaty, T.L.: Aciomatic Foundation of the Analytic Hierarchy Process, in: Management Science 32(1986)7, S. 841-855.

Schaich, E.: Schätz- und Testmethoden für Sozialwissenschaftler, 2. Auflage, München 1990.

Scharf, A.: Konkurrierende Produkte aus Kosumentensicht, Frankfurt am Main/Thun 1991.

Scheuch, F.: Dienstleistungsmarketing, 3. Auflage, München 1989.

Scheuch, F.: Marketing, 4. Auflage, München 1993.

Schewe, C.D./Smith, R.M.: Marketing, 2. Auflage, New York u.a.O. 1983.

Schobert, R.: Die Dynamisierung komplexer Marktmodelle mit Hilfe von Verfahren der Mehrdimensionalen Skalierung, Berlin 1979.

Schobert, R.: Positionierungsmodelle, in: Diller, H. (Hrsg.): Marketingplanung, München 1980, S. 145-161.

Schöning, H.: IATA: Rückblick und Ausschau 1989/1990. Mit neuem Agentur-Programm in die neunziger Jahre, in: Deutsche Verkehrs-Zeitung 44(1990)4 vom 9. Januar, S. 7.

Schütt, A.: Expreßdienstleistungen für große Frachtstücke: Ein Marktsegment der Zukunft, in: Deutsche Verkehrs-Zeitung 48(1994)108 vom 10. September, Sonderbeilage Luftfracht, S. 28.

Schulte, C.: Logistik: Wege zur Optimierung des Material- und Informationsflusses, München 1991.

Schweikl, H.: Computergestützte Präferenzanalyse mit individuell wichtigen Produktmerkmalen, Berlin 1985.

Seidenfus, H.S.: Die volkswirtschaftliche Bedeutung des kombinierten Verkehrs, in: Gesamtkonzption des kombinierten Verkehrs. Schriftenreihe der Deutschen Verkehrswissenschaftlichen Gesellschaft e.V., Reihe D, Band 60/61, Köln 1974, S. 2-3.

Sever, M.: Der Marktanteil als Kriterium für die Produkteliminierung, Frankfurt/Main u.a.O. 1985.

Shaw, S.: Airline Marketing and Management, 2. Auflage, London 1985.

Sidow, H.D.: Key-Accout-Management. Wettbewerbsvorteile durch kundenbezogene Verkaufsstrategien, Landsberg/Lech 1991.

Simon, H.: Management strategischer Wettbewerbsvorteile, in: Simon, H. (Hrsg.): Wettbewerbsvorteile und Wettbewerbsfähigkeit, Stuttgart 1988a, S. 1-17.

Simon, H.: Management strategischer Wettbewerbsvorteile, in: Zeitschrift für Betriebswirtschaft 58(1988b)4, S. 461-480.

Simon, H.: Preismanagement, 2. Auflage, Wiesbaden 1992.

Smith, W.R.: Product Differentiation and Market Segmentation as Alternative Marketing-Strategies, in: Journal of Marketing 20(1956)July, S. 3-8.

South, S.E.: Competitive Advantage: The Cornerstone of Strategic Thinking, in: The Journal of Business Strategy 1(1981)Spring, S. 15-25.

SPSS Inc.: SPSS Categories, Chicago 1990.

Stackelberg, F.v.: Markttests im Verkehr als Instrument zur Ermittlung und Messung marktstrategischer Verhaltensweisen. Beiträge aus dem Institut für Verkehrswissenschaft an der Universität Münster, Heft 75, Göttingen 1974.

Stähle, W.H.: Management, 6. Auflage, München 1991.

Staffelbach, B.: Strategisches Marketing von Dienstleistungen, in: Marketing·ZFP 10(1988)4, S. 277-284.

Stahr, G.: Internationale strategische Unternehmensführung, Stuttgart u.a.O. 1989.

Statistisches Bundesamt: Fachserie 8, Verkehr; Reihe 6, Luftverkehr, Jahrgänge. 1980-1992, Wiesbaden 1981-1992 und 1994.

Steffen, S.: Wettbewerbsstrategien für deutsche Speditionen - Analyse eines sich wandelnden Marktes am Beispiel der Kühl-Speditionen, Dissertation Bielefeld 1994.

Steinhausen, D./Langer, K.: Clusteranalyse, Berlin/New York 1977.

Steinmann, H./Schreyögg, G.: Management: Grundlagen der Unternehmensführung. Konzepte, Funktionen, Praxisfälle, Wiesbaden 1990.

Stinnes AG: Geschäftsbericht 1992, Düsseldorf 1993.

Stock, J.R./Lambert, D.M.: Strategic Logistic Management, 2. Auflage, Homewood 1987.

Sustrate, V.: Determinanten der Entwicklung und Quantifizierung künftiger Luftfrachtpotentiale - aufgezeigt am Beispiel der Bundesrepublik Deutschland, in: Kracke, R. (Hrsg.): Wissenschaftliche Arbeiten, Band 27, Hannover 1986.

Swissair: Geschäftsbericht 1992. Finanzielle Berichterstattung, Zürich 1993.

Teller, K.-J.: Logistische Funktionen Transportieren, Umschlagen, Lagern, in: Baumgarten u.a. (Hrsg.): RKW-Handbuch Logistik, 4. Erg.-Lfg., Berlin 1982, Kennziffer 2050.

Tempelmeier, H.: Anwendung der Simulation bei der Auslegung von Fließproduktionssystemen, in: Isermann, H. (Hrsg.): Logistik: Beschaffung, Produktion, Distribution, Landsberg/Lech 1994, S. 297-318.

Thaler, S.P.: Betriebswirtschaftliche Konsequenzen des EG-Binnenmarktes und der EG-Güterliberalisierung für europäische Speditionsunternehmen, Band 22 der Schriftenreihe des Institutes für Betriebswirtschaft, Wirschaftwissenschaftliches Zentrum der Universität Basel, Bern/Stuttgart 1990.

Theuerkauf, I.: Kundennutzenmessung mit Conjoint, in: Zeitschrift für Betriebswirtschaft 59(1989)11, S. 1179-1192.

Thomas, L.: Conjoint Measurement als Instrument der Absatzforschung, in: Marketing · ZFP, 1(1979)3, S. 199-211.

Trommsdorff, V./Bleicker, U./Hildebrandt, L.: Nutzen und Einstellung, in: Wirtschaftswissenschaftliches Studium 9(1980)6, S. 269-275.

Tscheulin, D.K.: Ein empirischer Vergleich der Eignung von Conjoint-Analyse und "Analytic Hierarchy Process" (AHP) zur Neuproduktplanung, in: Zeitschrift für Betriebswirtschaft 61(1991)11, S. 1267-1280.

Uebele, H: Marktsegmentierung im Investitionsgüter-Bereich, in: Zeitschrift für betriebswirtschaftliche Forschung 36(1984)2, S. 158-170.

Urban, G.L./Hauser, J.R.. Desingn and Marketing of New Products, Englewood Cliffs, N.J. 1980.

Vedder, H.W.: Verkehrspolitische Perspektiven der Luftfracht aus Verladersicht: Teilhaben am Nutzen von Markt und Wettbewerb, in: Deutsche Verkehrs-Zeitung 45(1991a)126 vom 20. Oktober, Sonderbeilage Luftfracht, S. 17-18.

Vedder, J.: Frachtvertrieb: Anforderungen der Kunden im Wandel, in: Deutsche Verkehrs-Zeitung 45(1991b)84 vom 16. Juli, S. 13.

Venohr, B.: "Marktgesetze" und strategische Unternehmensführung, Frankfurt 1987.

Voigt, F.: Verkehr, 1. Band/1. und 2. Hälfte. Die Theorie der Verkehrswirtschaft, Berlin 1973.

Weber, J.: Zum Begriff Logistikleistung, in: Zeitschrift für Betriebswirtschaft 56(1986)12, S. 1197-1212.

Webster, F.E./Wind, Y.: A General Model for Understanding Organizational Buying Behavior, in: Journal of Marketing 36(1972)2, S. 12-19.

Weise, H.: Schenker-Rhenus AG schließt Neustrukturierung bis Ende des Jahres ab. Das Ziel ist Marktführerschaft im westlichen Teil Europas, in: Deutsche Verkehrs-Zeitung 46(1992)125 vom 20. Oktober, S. 3, S. 7 und S. 9.

Weisenfeld, U.: Signifikanztest für die Anpassungsgüte in Conjoint-Analysen, in: Marketing · ZFP, 9(1987)4, S. 267-270.

Weisenfeld, U.: Die Einflüsse von Verfahrensvariationen und der Art des Kaufentscheidungsprozesses auf die Reliabilität der Ergebnisse bei der Conjoint-Analyse, Berlin 1989.

Wenglorz, G.W./ Wittmann, M.: Tarife im EG-Linienluftverkehr, in: Zeitschrift für Verkehrswissenschaft 62(1991), S. 144-157.

Wilken, D.: Luftverkehrsprognosen: Problematik, Vergleich und Ergebnisse, in: Deutsche Lufthansa AG (Hrsg.): Lufthansa Jahrbuch '90, Köln 1990, S. 150-158.

Wilkie, W.L./Pessemier, E.A.: Issues In Marketing´s Use Of Multi-Attribute Attitute Models, in: Journal of Marketing Research 10(1973)November, S. 428-441.

Willeke, R.: Produktion der Verkehrsbetriebe, Sp. 2113, in: Kern, W. (Hrsg.): Handwörterbuch der Produktionswirtschaft, Stuttgart 1979, Sp. 2109-2119.

Wind, Y./Saaty, T.L.: Marketing Applications of the Analytic Hierarchy Process, in: Management Science 26(1980)7, S. 641-658.

Wittink, D.R./Cattin, P.: Commercial Use of Conjoint Analysis: An Update, in: Journal of Marketing 53(1989)July, S. 91-96.

Wörnlein, P.: Luft- und Seefracht im Verbund, in: Deutsche Lufthansa AG (Hrsg.): Lufthansa Jahrbuch '89, Köln 1989, S. 80-87.

Wolgast, R.: IATA-Frachtagenten: Chancen für Newcomer? Die Hürden sind hoch!, in: Deutsche Verkehrs-Zeitung 42(1988)117 vom 1. Oktober, Sonderbeilage Luftfracht, S. 39.

Woolley, D.: Airport Capacity Critical in U.S., Europe and Pac Rim, in: Airline Ececutive International 14(1990)May, S. 16-20.

Zantke, S.: ABC des Luftverkehrs, 6. Auflage, Hamburg 1990, S. 256-259.

Zapp, K.: Panalpina Welttransport AG: Interkontinentales Geschäft brachte auch 1992 den Erfolg, in: Deutsche Verkehrs-Zeitung 47(1993)72 vom 19. Juni, S. 3.

Zentes, J.: Grundbegriffe des Marketing, 3. Auflage, Stuttgart 1992.

Zöllner, W.A.: Strategische Absatzmarktplanung, Berlin u.a.O. 1990.